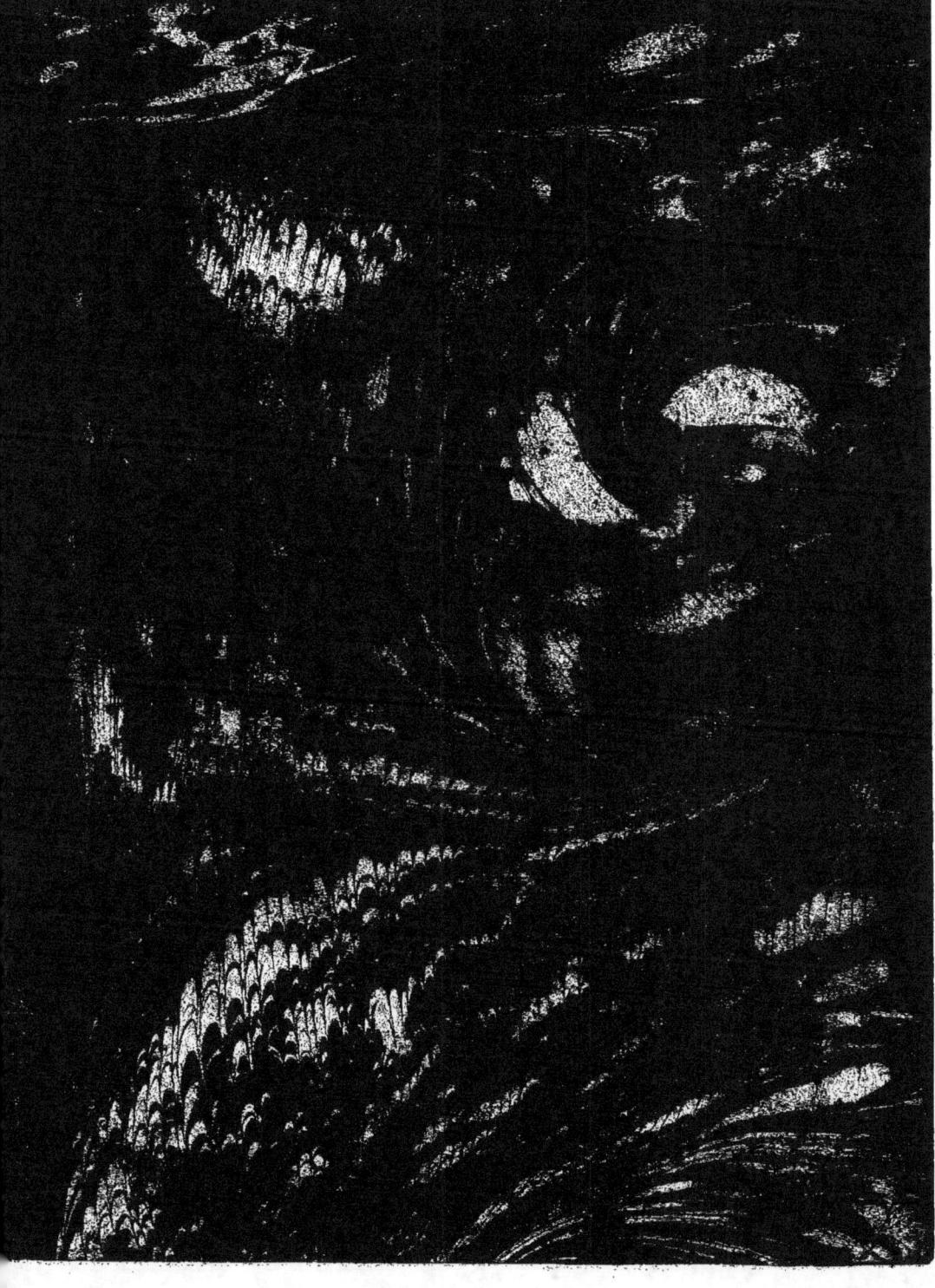

5640
H

C'est icy la 2.de Edition du 1.r Ouvrage de Varillas ;
quoiqu'il ait fait dernier de Roi, plus ancienne
il a commencé par celle de Charles 9 comme la plus
intéressante. Elle fut bien reçue et cela engagea
l'auteur à en faire paroître beaucoup d'autres.
La 1.re Edon est de 1683. et l'h.t. d'avoir déja couru mss. avant que
d'être imprimée.
La même année 1683. ou peu après il en parut une 2.de en 2. vol. 8.° Colog.
dans laquelle on rétablit des passages hardis qui n'avoient point
été mis dans l'impression de Paris. mais ces 2. 1.res Edons fourmilloient
de fautes, ce fut Charles d'hozier qui les corrigea et publia cette Edon. cy.
Il faut lire l'avertissem.t qui est à la tête de l'ouvrage ; on y trouvera de
bons renseignem.ts sur les mss. que l'auteur a consultés.

C'est dans ce vol. cy que Varillas a fait une faute singulière, faute
d'avoir réfléchi sur les calendriers de ce temps là. il paroît
étonné de ce que après avoir donné au 1.er janvier 1561. un
edit favorable aux huguenots, la reine regente Catherine
de medecis en donna un au mois de juillet qui leur
étoit très contraire. il croit que celui de juillet revoquoit
celui de janvier, et c'est tout le contraire, car comme l'année
ne commençoit alors qu'à pâques, (l'édit de charles 9
qui l'a fait commencer au 1.er janvier n'étant que
de 1563.) l'édit de juillet est de 9. mois plus ancien
que celui de janvier 1561.

HISTOIRE
DE
CHARLES IX.

Par le Sieur VARILLAS.

TOME PREMIER.

A PARIS,
Chez CLAUDE BARBIN, au Palais, sur le second
Perron de la Sainte Chapelle.

M. DC. LXXXVI.
AVEC PRIVILEGE DU ROY.

AU ROY.

IRE,

IL n'est pas possible d'écrire l'Histoire de CHARLES IX. sans commencer le Panegyrique de VOSTRE MAJESTÉ.

ã ij

EPITRE.

On y voit par tout les brêches faites à la Monarchie Françoise, sous le malheureux Regne de ce Prince; & Vostre MAIESTE' les repare d'une maniere si glorieuse, que Dieu semble ne les avoir pas tant permises pour punir les pechez de nos Peres, que pour faire admirer davantage la felicité dont nous joüissons. L'Heresie * avoit étably dans la France une espece de Republique, sur des fondemens que le Chancelier de L'hospital, le plus grand Politique de son temps, estimoit aussi solides que ceux de la Couronne; & Vostre MAIESTE' les sappe par des voyes si moderées que l'Etat n'en souffre aucune incommodité. Cette Republique avoit ses Loix, ses Magistrats, ses forces, ses finances, ses Places de seureté, & ses alliances avec les Etrangers; & l'on ne trouve plus rien de tout cela que dans l'Histoire des cinq derniers Roys, prédecesseurs de Vostre MAIESTE. L'Heresie avoit perdu quatre Batailles, sans en estre affoiblie; & Vostre MAIESTE la détruit, sans la combatre. L'Heresie avoit fait entrer dans le Royaume des Armées Allemandes, qui l'avoit ravagé jusqu'à la riviere de Loire; & Vostre MAIESTE' a preservé l'Allemagne

* Le Party Calviniste.

EPITRE.

du pillage des Turcs, par l'envoy des Troupes qui les ont vaincus sur le bord du Raab. L'Heresie acheva de dépoüiller CHARLES des Conquestes que ses Ancestres avoient faites durant soixante & dix ans ; & Vostre MAIESTÉ a rétably les anciennes bornes de sa Monarchie, en poussant ses Conquestes de-là les Alpes & jusqu'au Rhin. L'Heresie avoit fait dissimuler à CHARLES l'affront que les Espagnols luy firent au Concile de Trente, sur le sujet de la Préseance ; & Vôtre MAIESTÉ en a tiré une reparation authentique, en obligeant leur Ambassadeur à declarer en presence des Ministres des Princes étrangers, Qu'ils avoient mal à propos contesté cette Préseance. CHARLES perdit ses meilleurs Soldats à recouvrer le Havre-de-grace, que les Calvinistes avoient livré aux Anglois ; & Vôtre MAIESTÉ a tiré de leurs mains Dunkerque, sans qu'il en ait coûté de sang. La Rochelle eut l'impurdence de s'ériger en Republique, sous le Regne de CHARLES ; & Vostre MAIESTÉ a retably dans Strasbourg les droits de sa Couronne. L'Heresie, aprés avoir armé les enfans contre leurs peres, mit la division jusques

EPITRE.

dans la Maison Royale ; & le dedans de la France n'a jamais esté si longtemps ny si generalement tranquile que sous le Regne de Vostre MAJESTE'. La posterité n'aura donc pas lieu de s'étonner qu'un Prince si zelé pour le retablissement de la Religion Catholique, ait donné la Paix à l'Europe, d'une maniere qui le met au dessus de tous les Roys. Les Conquerans dans tous les siecles avoient bien imposé des Loix ; mais ils n'avoient pas trouvé le secret de rendre ces Loix agreables aux vaincus, ny de leur persuader qu'ils en tireroient de grands avantages. Un effet si merveilleux estoit reservé ponr le fameux projet que Vôtre MAJESTE' fit presenter à l'Assemblée de Nimegue : Les plus éclairez des Plenipotentiares l'accepterent d'abord ; & les autres qui different par jalousie, ou par ignorance de leurs veritables interests, avoüerent, aprés avoir allongé la Negociation une année entiere, Que Vostre MAJESTE' connoissoit mieux qu'eux, ce qui leur estoit propre. Le Projet fut converty en Traité de de Paix, & les Politiques ne se lasseront jamais d'amirer qu'il n'y eust pas un seul Article de changé. C'est icy que l'on ne sçau-

EPITRE.

roit assez loüer la profonde Sagesse de Vôtre MAJESTE', ny comprendre l'étenduë de son bonheur, que par opposition au malheur de CHARLES. La France n'avoit point esté plus affoiblie au dedans, ny moins respectée au dehors, qu'elle le fut sous la minorité de ce Prince; & il n'y en a jamais eu de si triomphante que celle de Vôtre MAIESTE', puisqu'elle est signalée par le gain des cinq Batailles de Rocroy, de Kempen, de Fribourg, de Norlingue & de Lens. La plus forte & la plus constante inclination de CHARLES fut de donner à ses Sujets une Paix solide. Il y travailla toute sa vie, & son ouvrage ne fut pas plus avancé à la fin de son Regne, qu'il l'avoit esté au commencement. Il se consola en mourant de n'avoir point de Fils, par la raison qu'il n'en pouvoit laisser qu'au berceau, & que l'Etat avoit besoin d'un Roy majeur Vôtre MAJESTE' possede le comble de ce que CHARLES n'osa esperer: Monseigneur le DAUPHIN a un Fils; & le calme de la France est si profond, qu'elle ne sçauroit desormais estre troublée que par elle-même. Il ne reste plus rien à souhai-

EPITRE.

ter pour Voſtre MAIESTE' que la continüation & la longue durée de tant de proſperitez, & ce ſont là les vœux,

SIRE,

De Voſtre trés-humble, trés-obéïſſant
& trés fidéle Sujet & Serviteur,
VARILLAS.

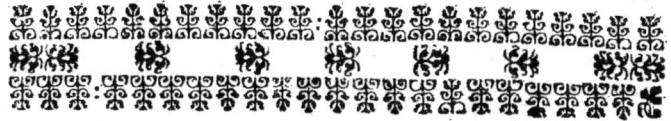

AVERTISSEMENT.

E me suis avisé de mettre devant cette Histoire au lieu de Préface, un éclaircissement sur les principaux Manuscrits dont elle est tirée. Je ne sçay si j'ay bien ou mal fait, & je ne puis l'apprendre que par le succés. S'il est favorable, je continüeray de même dans mes autres Ouvrages, & s'il ne l'est pas, je me corrigeray.

JE commence par le DUC D'ANJOU, parce que l'on sçait assez que Charles IX. abandonnoit la composition de ses dépêches aux Secretaires d'Etat, au lieu que le Duc d'Anjou écrivoit luy-même, ou dictoit la plûpart des siennes, & croyoit l'emporter en cela sur son Frere, quoy qu'il luy cedast pour la netteté de l'expression, & pour la Poësie.

ELISABETH D'ANGLETERRE s'estoit proposée d'imiter dans ses Lettres, la devotion affectée de Ferdinand & d'Isabelle Rois d'Espagne; mais il faut avoüer qu'elle en est fort éloignée. Il est plus mal aisé de déterminer, si elle les égale dans le rafinement de la Politique; & comme je ne voudrois pas avancer avec les Espagnols, qu'elle n'en approche pas, je serois assez du sentiment des Anglois les plus moderez, qu'elle ne leur est point inferieure: On a tort de reprendre la multitude des passages qu'elle insere dans ses longues Dépêches, & de l'attribuër au desir de paroître sçavante; c'estoit-là le stile à la mode, & l'on eûst trouvé étran-

ẽ

AVERTISSEMENT.

ge qu'elle euſt écrit autrement ; témoin cet Ambaſſadeur de France ſi celebre dans les pays étrangers, qui rendant compte de ſa Negociation à un Secretaire d'Etat, & n'ayant pû faire entrer dans ſa Lettre huit paſſages, écrivit pour cela ſeulement une ſeconde Lettre par le Courier ſuivant. Il n'eſt pas ſi aiſé d'excuſer Eliſabeth de ſes redites, ny de ce qu'elle ſe rend importune, en demandant trop ſouvent des graces pour les Calviniſtes de France.

CATHERINE DE MEDICIS eſtoit venuë en France à l'âge de quatorze ans, & s'eſtoit fort étudiée à nôtre Langue. Elle ne cedoit à aucune autre Dame, pour la vivacité & la ſolidité de l'eſprit, non pas même à la Reine MARGUERITE, Sœur de François premier. Elle eſtoit charmée des ſoixante-douze Nouvelles de cette Princeſſe, & elle en avoit compoſé cent par émulation : Cependant, lors qu'elle confronta ſon Ouvrage avec celuy de Marguerite, elle le trouva tellement inferieur qu'elle le ſupprima, comme ſi d'un côté elle n'euſt pû ſe reſoudre de luy ceder l'avantage, & de l'autre elle euſt fait conſcience de le diſputer. Il eſt pourtant vray, que la Reine de Navarre ne luy eſtoit pas preferable en toutes ſortes de ſtiles ; & que ſa Negociation en Eſpagne durant la priſon du Roy ſon Frere, qui eſt la ſeule dont elle s'eſt mêlée, n'obſcurcit pas la moindre de celles de Catherine, quoy qu'elles ſoient en trés-grand nombre. Ainſi on expliquera peut-eſtre nettement le caractere de ces Princeſſes, ſi l'on dit que Catherine dreſſoit mieux une Dépêche ſur les affaires d'Etat, & que Marguerite dictoit de meilleure grace un conte fait à plaiſir. On ne ſçait au reſte, ſi ce fuſt Catherine ou Philippe ſecond ſon Gendre, qui inventa l'art de cacher aux Ambaſſadeurs ordinaires, le ſecret des choſes les plus importantes dont ils eſtoient chargez ; mais il eſt certain qu'avant l'une & l'autre, le rafinement n'avoit point eſté porté juſques-là. Ils en uſerent de concert à l'égard de S. SULPICE, Ambaſſadeur ordinaire de France à Madrid, ſous la minorité de Charles IX.

AVERTISSEMENT.

Catherine traitta pour lors de trés-grandes affaires avec l'Espagne; & quand on n'en demeureroit pas d'accord, on ne sçauroit nier que celles qui se terminerent depuis à la fameuse Conference de Bayonne, n'y eussent esté pour le moins ébauchées. Il paroist toutefois par les Dépêches de Saint-Sulpice, qu'il n'en fut point informé, qu'on ne l'occupoit qu'à des bagatelles, & qu'on luy donnoit la mortification, lors qu'il y avoit à negocier quelque chose de meilleur, d'envoyer à Philippe second, le Baron de la Roche en qualité d'Agent secret, qui se contentoit de loger chez l'Ambassadeur, & ne luy communiquoit rien du sujet de son voyage. *Gentilhomme de Bretagne.*

LE CARDINAL DU BELLAY s'explique d'une maniere plus étenduë que Langey & Martin du Bellay ses Freres; mais il déplore trop son malheur, & montre évidemment qu'on n'est plus en état de se passer de Negociation, quand on s'en est une fois mêlé. On l'avoit relegué à Rome, sous pretexte qu'on le jugeoit necessaire dans le Consistoire: Cependant on ne luy donnoit aucune part des affaires de France, quoy qu'il s'en fust autrefois acquité avec beaucoup de gloire, & c'est-là pour luy un sujet de déplaisir dont il n'est pas consolable. Il sembloit qu'il fut né pour cette sorte d'Employ; & il s'y estoit plû de maniere, que quand on l'en avoit privé, il avoit plus pensé à le recouvrer qu'à témoigner son ressentiment: De-là vient qu'il n'oublie rien pour fléchir la personne qui avoit le plus contribué à sa disgrace, & ceux qui ont voulu l'accuser de lâcheté, n'ont pas pris garde qu'il estoit plus touché des troubles de sa Patrie, que de son propre malheur; & que ne pouvant s'empêcher d'apprendre dans le Consistoire dont il estoit Doyen, les fautes de ceux qui luy avoient succedé dans le Ministere, il craignoit que l'on ne réprochât à sa memoire, de n'avoir pas esté assez bon François, s'il ne s'offroit luy-même pour y remedier. Il y a de l'apparence qu'on l'eust rétably s'il eust vécu d'avantage, & qu'il eust eu sujet de mourir content; mais une défaillance de nature l'emporta dés la premiere

ẽ ij

AVERTISSEMENT.

année de la Regence, & ne donna pas le loifir à la Reine de reconnoître fes fervices, en luy permettant de les continuër. Il rend dans fes Lettres, un compte trés exact de ce qui fe paffoit dans le facré College, dont il importoit que la France fuft informée, & l'on y lit force particularitez qui ne font point ailleurs.

LE CARDINAL DE TOURNON eft au contraire fort refferré, & ne charge fon papier de rien de fuperflu ; mais il eft dur, & fes parenthefes embarraffent quelquefois. L'AMIRAL D'ANNEBAUT & luy, avoient eu la direction des Affaires les fept dernieres années du Regne de François premier ; c'eſt-à-dire pendant la difgrace du Connêtable de Montmorency : Mais le Connêtable eftant devenu principal Miniftre & Favory de Henry fecond, avoit envoyé le Cardinal de Tournon à Rome, où il eut fujet de fe confoler de fon exil, par le bon accüeil que luy fit le Pape Paul III. On le croyoit autheur des premieres feveritez exercées contre les Heretiques, quoyque François premier euft une averfion naturelle pour eux, & cette confideration luy rendit toûjours favorable la Cour de Rome : Mais d'un autre côté, elle empêcha fon retour en France, dans la crainte qu'eut Catherine de defefperer le party Proteftant, en témoignant de la confiance à fon plus grand ennemy.

LE CARDINAL DE LORRAINE a de l'élegance & de la force : Il écrit en homme de qualité, il eft le maître de fa matiere, & s'en joüe quelquefois à fon gré. Il paroift capable de toutes fortes d'affaires, & fe démefle agreablement de celles des Finances, & de la Theologie. Il ne fe détermine pas aifement ; mais quand une fois il a pris party, il ne fçait plus fe retracter. Ses amis & d'autres perfonnes aufquelles il avoit d'ailleurs beaucoup de creance, tâchant en vain de luy diffuader le Colloque de Poiffy, en luy remontrant les fâcheufes fuites qu'il aura, il avoüe de bonne foy, que s'il eftoit a recommencer, il feroit plus de

AVERTISSEMENT.

reflexion fur leurs raifons ; mais il pretend que fon honneur eft deformais trop engagé à tenir la Conference, & pourfuit là-deffus fa pointe. Il eft pourtant vray, qu'il changea de ftile à la mort du Duc de Guife fon frere aîné, & que depuis, il s'accommoda d'avantage à l'humeur & à l'intention de ceux aufquels il écrivoit.

LE CARDINAL BORROME'E, fi connu fous le nom de Saint Charles, n'écrit point de Lettres en qualité de Cardinal Neveu, aux François, qui ne leur foient defagrables. Il eftoit prévenu de l'opinion que le Chancelier de l'Hôpital avoit trop de credit, & qu'il favorifoit les Calviniftes : que c'eftoit pour leur faire fa cour, qu'il ne vouloit point de Concile general, & qu'il abhorroit fur tout la continuation de celuy de Trente : Que c'eftoit par fes confeils que la Reine en demandoit un National, & qu'il mettoit tout en œuvre pour y difpofer le Pape, dans la ferme refolution qu'aprés avoir épuifé tous fes artifices, fi fa Sainteté s'obftinoit à le refufer, on ne laifferoit pas d'en convoquer un à Paris & de l'y tenir. Cette dangéreufe conjecture, regne pour ainfi dire dans toutes les Dépêches du Cardinal Borromée, & de-là vient qu'il fait de la peine à ceux qui les reçoivent, & qu'ils luy en font à leur tour, en n'y répondant pas toûjours à fon gré. On y découvre au refte un caractere de pieté, qui n'eft prefque pas imitable ; & quand elles n'auroient que cette fingularité, elle feroit fuffifante pour attirer à les lire,

HYPOLITE D'ESTE, CARDINAL DE FERRARE eft plus agreable, auffi avoit-il connu les Miniftres de France, & s'eftoit fait reciproquement connoître d'eux dans fon voyage à Paris, où la Cour avoit efté ravie de trouver des inclinations toutes Françoifes dans un Prince Italien. Il l'avoit charmée par le luxe de fa Table, par la magnificence de fon Train, & fur tout par le choix de fes domeftiques. Chaque courtifan y avoit trouvé des gens conformes à fon genie, &

AVERTISSEMENT.

rares dans les fonctions du corps & de l'esprit. Les doctes n'y manquoient pas; & lors qu'il fut question de negocier, on eust en teste des Commissaires Italiens presque aussi bien informez des libertez de l'Eglise de France, que les Conseillers d'Etat du Roy Trés-Chrêtien.

LE CARDINAL ALEXANDRIN n'agréa pas au commencement de sa Legation, non plus que saint Charles, mais il plût à la fin aussi bien que le Cardinal de Ferrare. On trouva mauvais qu'il fust allé à Madrid avant que de venir à Paris, & qu'il eust ainsi semblé preferer les Espagnols aux François. Il ne s'en excusa que sur l'ordre exprés du Pape son oncle, auquel n'avoit pû se dispenser d'obeïr : Mais quoy qu'il pust dire, on l'eust traité comme fut le Cardinal Bessarion par le Roy Loüis onze, pour estre allé visiter le Duc de Bourgogne avant sa Majesté, si Charles n'eust pas eu plus affaire de Pie cinquiéme, qu'en avoit Loüis de Pie second. Les instances du Cardinal Alexandrin pour recevoir le Concile, ne peuvent estre plus pressantes, mais la Cour de France répond d'une maniere à laquelle il ne juge pas à propos de repliquer.

On ne sçauroit icy dissimuler sans crime l'obligation de la France à Marguerite Reine de Navarre, pour luy avoir donné en la personne de JEAN DE MONTLUC, Evêque de Valence, l'homme du siecle passé qui réüssit le mieux en Negociation. Montluc fut tiré de l'Ordre de S. Dominique, où le desir d'étudier & le peu de bien de la Famille où il estoit né, l'avoient engagé. Sa bienfaictrice l'envoya à Rome, & luy fournit les moyens d'y subsister en personne de qualité. Il ne fut d'abord que Prothonotaire, & l'on ne le trouvera pas étrange, quand on sçaura que c'estoit-là comme l'école par où l'on commençoit à se former aux affaires de la Cour de Rome. Il travailla sous Urfé Ambassadeur de France auprés de Paul III. Et le Cardinal de Tournon persuadé qu'il estoit pour le moins aussi habile que celuy dont il écrivoit les

AVERTISSEMENT.

Dépêches, le luy fit donner pour fuccefſeur. Il eut treize autres Ambaſſades enſuite de celle-là ; & il eſt ſurprenant qu'il n'en ſoit reſté qu'une d'un ſi grand nombre, & qu'il ne ſe ſoit pas perdu un des Sermons dont il inſtruiſoit ſon Peuple, quoyque ſon talent pour la Predication, n'approchaſt pas de celuy d'homme d'Etat. Auſſi prit-il pour Deviſe ces Vers de Virgile,

Quæ regio in terris noſtri non plena laboris ?
Quel climat ſous les Cieux n'eſt plein de mes travaux ?
Au lieu de ces paroles de Saint Paul. *Væ mihi ſi non évan-*   *Malheur à moy*
geliſavero. La Reine le connoiſſoit, & l'eſtimoit plus qu'au-   *ſi je ne preſche*
cun autre pour le Conſeil. Elle ne s'expliquoit qu'à luy &   *l'Evangile.*
à la Ducheſſe de Montpenſier, ſur les choſes qui luy faiſoient le plus de peine, & c'eſtoit dans ce Triumvirat ſecret, que ſe prenoient d'ordinaire les dernieres reſolutions, qui fourniſſent la plus ample matiere de cét Ouvrage : Cependant ſa Majeſté ne le tint que rarement à la Cour. Elle l'envoya le plus ſouvent dans les Pays étrangers, où il n'eſtoit pas poſſible qu'elle le conſultaſt ſeurement, ny qu'elle reçût promptement ſes réponſes. J'en ay quelquefois cherché la raiſon, & n'ay point eſté ſatisfait, de celle que rend   *Iean Coulom-*
le Pere de la Compagnie de JESUS, qui a fait ſon Apolo-   *mier.*
gie. Il pretend que c'eſtoit à cauſe que ſa Majeſté n'avoit point de Miniſtre ſi habile ; mais ce Pere ne ſçait pas qu'il n'y eut que la Negociation de Pologne, dans laquelle Catherine crût abſolument ne pouvoir ſe paſſer de Montluc ; & quand elle euſt eſté dans la meſme opinion pour les autres, elle n'euſt pas laiſſé de le retenir auprés d'elle, puiſqu'il luy eſtoit moins important ſans comparaiſon, d'employer au dehors des Miniſtres qui ne fuſſent pas ſi habiles, que d'avoir à la Cour une perſonne de la force de Montluc : Ce qu'il y a donc de plus vray-ſemblable ſelon moy, eſt que Montluc tout Evêque qu'il eſtoit, paſſoit dans le monde pour eſtre marié. Le ſcandale en eſtoit d'autant plus grand pour les Catholiques, que l'vêque perſeveroit avec cela dans leur Communion. La Reine avoit intereſt de les ménager ; cependant ils euſſent

AVERTISSEMENT.

achevé de perdre ce qui leur reſtoit de confiance en ſa Majeſté, s'ils euſſent vû demeurer regulierement auprés d'elle, un Prelat qu'ils ſoupçonnoient de Calviniſme. Mais quant l'affaire de Pologne, les François Orthodoxes conviennent avec les Proteſtans, qu'il n'y avoit que luy capable de la terminer. La Reine voulut pourtant l'envoyer au Concile de Trente, pour deffendre les libertez de l'Egliſe de France; & il ſe mit en chemin avec d'autant plus de joye, qu'il ſe propoſoit de montrer à cette auguſte Aſſemblée, toute l'étenduë de ſon genie : mais la Cour de Rome l'empêcha de continuer ſon voyage, & il s'en plaint dans une de ſes Lettres, avec tout le reſſentiment poſſible ſans perdre le reſpect.

L'émulation pour Montluc, rendit FRANÇOIS DE NOAILLES, Evêque d'Acqs, ſon égal dans l'étude des belles Lettres, & dans la ſcience du Cabinet. Il paroiſt par ſon Portrait de la main du Titien, & par ſes Ambaſſades qui ſe ſont conſervées, que c'eſtoit un des Prelats de France le mieux partagé pour les qualitez du corps & de l'eſprit. Il n'y en avoit point de meilleure mine, ny de plus riche taille. La Cour où ſon Frere aîné l'avoit engagé de bonne heure, luy avoit donné lieu de ſe perfectionner. Il n'avoit pas moins d'érudition que l'Evêque de Valence, quoy qu'il la cachaſt d'avantage; & les rares Manuſcrits Grecs qu'il avoit ramaſſez en Orient avec tant de ſoin & de dépenſe, & qu'il laiſſa à la Bibliothecque de Sorbonne, en ſont autant de marques. Ses plus fameuſes Ambaſſades furent celles d'Angleterre, de Rome, de Veniſe & les deux de Conſtantinople. Il s'agiſſoit dans la premiere de celle-cy, de tirer la Republique d'une Ligue avec le Pape & les Eſpagnols, qui l'euſt entierement ruinée, & de ſauver en la reconciliant avec les Turcs, Candie & les autres Iſles qu'elle tenoit encore, puiſqu'elle ne le pouvoit par les armes. L'Evêque d'Acqs en vint à bout; & les Eſpagnols qui ne pouvoient s'en vanger directement, luy ſuſciterent une fâcheuſe affaire. Le Cardinal Alexandrin

AVERTISSEMENT.

se declara contre luy par ordre exprés de la Cour de Rome, qui en avoit fait un des principaux Articles de sa Legation en France, & demanda qu'on le r'apellast des Pays étrangers; mais quelque besoin qu'eust alors le Conseil de France de la Cour de Rome, il ne pût se resoudre de sacrifier un homme qui ne l'avoit choquée qu'en obeïssant à son Maître. Il refusa nettement le Legat, & luy fit entendre que comme le Pape ne trouveroit pas bon que le Roy Trés-Chrêtien se mêlast des Ministres de sa Sainteté, sa Majesté ne souffriroit pas qu'il entreprist sur les siens. La Cour de Rome fut desabusée peu de temps aprés des mauvaises impressions que les ennemis de l'Evêque d'Acqs luy avoient données. Il la garantit de l'invasion dont la Flote des Turcs menaçoit ses côtes, & les remercimens qu'elle luy en fit, subsistent encore.

ODET DE COLIGNY, CARDINAL DE CHASTILLON, quoyque Aîné de sa Maison, s'estoit fait Ecclesiastique, pour subsister plus commodément & pour fournir à la dépense de ses Freres. Il s'estoit attaché à Catherine de Medicis dans le tems qu'elle craignoit d'estre repudiée, & que personne ne luy faisoit sa cour. Catherine luy en avoit sçû si bon gré, qu'elle n'eust pas manqué de l'employer aux Negociations, où il aimoit mieux exercer son adresse qu'aux armes, s'il ne luy en eust ôté l'occasion en se declarant Calviniste. Il se reduisit ainsi à ne paroître que dans les intrigues de son party, qui ne luy donnerent pas lieu de montrer tout ce qu'il sçavoit faire. Son principal employ fut auprés de la Reine Elisabeth, qui eut toûjours pour luy plus de consideration que pour aucun autre des Calvinistes étrangers. Ils avoient ensemble de longues conversations, & quoyqu'elle lui parlast plus volontiers de belles Lettres que d'affaires, elle ne laissoit pas de se relâcher sur plusieurs points qu'elle avoit resolu de ne pas accorder, quand il s'obstinoit à les vouloir; & de fait, elle assista plus puissamment les Calvinistes de France durant qu'il fut auprés d'elle, qu'elle n'avoit fait auparavant, & qu'elle ne fit depuis. Elle aimoit à lire ses Dé-

AVERTISSEMENT.

pêches, & admiroit la neteté, l'élegance, la douceur & la facilité de son stile.

MORVILLIERS, EVESQUE D'ORLEANS, s'estoit insinué dans l'esprit de Jacqueline de Longrüy, Duchesse de Montpensier, au point qu'elle n'agissoit que par ses conseils dans les affaires d'importance; & comme la Reine n'avoit que cette Duchesse pour confidente, & que sa Majesté ne prenoit pas volontiers d'elle-même ses dernieres resolutions, Morvilliers estoit à peu prés l'arbitre de sa conduite. Ce qu'il y eut de singulier en luy, fut qu'il ne profita point de sa faveur indirecte, & que la Duchesse qui fit tant pour elle-même, & se procura cent mille écus de rente, ne fit rien pour luy. Il y a de l'apparence qu'il ne voulut pas s'élever d'avantage par moderation, ou de crainte de s'exposer plus en bute à ses ennemis. Il estoit déja tant soit peu suspect aux Catholiques du côté de la Religion, & s'ils l'eussent vû pourvoir des premieres dignitez de l'Eglise, ils se fussent emportez contre luy, & appliquez à rechercher le détail de sa vie qu'il vouloit cacher : c'estoit alors la mode de traiter de Calvinistes les gens d'un sçavoir extraordinaire, sur tout s'ils entendoient les deux Langues originales de l'Ecriture sainte, l'Hebreu & le Grec; & la regle estoit si generale, que personne n'en fut exempt. Au reste il y a toujours du bon sens dans les Dépêches de Morvilliers; mais il seroit à souhaiter que les disgressions trop frequentes en fussent bannies.

L'ABBE' D'ELBENE s'énonce plus netement, & il y a plus à profiter dans sa lecture. Il estoit frere de lait de la Reine, & elle avoit voulu qu'il la suivist en France. Elle ne luy avoit pas fait beaucoup de bien; cependant elle tira plus de service de luy seul, que de tous les autres Italiens qui s'étoient attachez à elle. Il n'estoit point encore sorty de Florence un homme plus adroit; & les Courtisans François qui l'avoient frequenté, & qui vécurent assez longtemps pour connoître le Maréchal d'Ancre, estimerent le second fort in-

AVERTISSEMENT.

ferieur au premier. Certes, d'Elbene avoit tout ce qu'il falloit pour traiter avec les Françcis, fans les rebuter d'abord par fon air étranger. Il contrefaifoit fi parfaitement leur maniere d'agir, qu'ils la croyoient naturelle. Il les abordoit avec une ouverture de cœur, feinte à la verité, mais d'ailleurs trop bien fardée pour eftre découverte, & les obligeoit à n'avoir point de fecret pour luy. Il entroit dans les inclinations de ceux qu'il pretendoit gagner, & commençoit à negocier avec eux par les convaincre que leurs interefts ne luy eftoient pas moins chers que ceux de la Reine.

LE CHANCELIER DE L'HOSPITAL n'eftoit pas moins poly. Ses Harangues font pleines de gravité ; mais on voit dans fes autres Ecrits une gayeté qui ne paroiffoit ny fur fon vifage, ny dans fes mœurs. Il va droit au bien public, & ne parle que de la Paix ; mais ce n'eft pas toûjours au gré de la Reine, ny de fes Favoris. Elle l'écoute tant qu'elle croit ne pouvoir regner que par la Paix ; mais quand on luy fait accroire que les Catholiques la facrifieront à la haine des Calviniftes, fi elle laiffe ceux-cy plus longtemps en repos, les confeils du Chancelier deviennent alors fufpects, & le font enfin difgracier (par la même raifon que Caton d'Utique refta feul de fon party, quand il ne voulut entrer ny dans celuy de Cefar, ny dans celuy de Pompée, & qu'il en pretendit former un troifiéme qui devoit eftre celuy de la Republique.) Le Chancelier paffa dans fa maifon de campagne les dernieres années de fa vie, & il y avoit commencé à écrire l'Hiftoire de fon temps en Latin, d'un ftile plus approchant de Salufte que de Tite-Live. Il y a de l'apparence que la crainte d'eftre enlevé à tous momens, l'empêcha de continuër, & c'eft un dommage irreparable. On eut appris une infinité de fecrets qu'il pouvoit feul reveler, & il y euft au moins expliqué ce qu'il n'a dit qu'en termes obfcurs vers le milieu de fon Teftament, où il fait l'abregé de fa Vie. Il femble qu'il s'y plaigne de la Maifon de Guife, qui ne l'avoit pû fouffrir dans les Confeils, aprés luy avoir attiré la haine des Ca-

AVERTISSEMENT.

tholiques zelez, fous pretxe du refus qu'il avoit fait de recevoir le Concile de Trente pour la Difcipline.

Quoy que CHARLES DE COSSE' MARECHAL DE BRISSAC, euft efté élevé dans l'averfion de la Nobleffe Françoife pour les Lettres, il n'oublia rien pour empêcher que l'éducation de fes Enfans ne fuft en cela femblable à la fienne. Il voulut même que fes filles étudiaffent; & Saint-Luc d'ailleurs fi habile, difoit avoir trouvé dans l'aînée qu'il époufa, fon Maître & fa Maîtreffe. Ses Dépêches font pleines de bon fens, & écrites d'une maniere noble & degagée, fur tout lors qu'il rend raifon de fa conduite. On n'en fçauroit attribuer le ftile à Villars Boyvin fon Secretaire, qui n'en approche pas dans les Memoires qu'il a laiffez de la Vie de fon Maître. On ne trouvera point de Capitaine de fon fiecle, qui parle fi modeftement de foy. Il ne touche qu'en paffant la plus belle de fes Actions, qui fut la furprife de Cazal, & il en attribuë prefque tout le fuccés à fes Officiers. La politique ne fçauroit inventer plus de raifons, qu'il en employe pour détourner la Cour de rendre les quarante Places qu'il avoit conquifes, & quand il n'en peut venir à bout, il prie qu'on le rappelle.

TRAJAN CARACCIOLI, PRINCE DE MELPHE, ne manqua ny d'efprit, ny de conduite. Le fameux ftratagême dont il fe fervit pour détourner les Soldats François du frequent ufage des duëls, en eft une preuve inconteftable: mais il écrit mal en fa Langue naturelle qui eft l'Italienne, & plus mal encore dans la Françoife qu'il avoit apprife dans un âge trop avancé, & dans les Armées. Ainfi l'on ne doit pas s'étonner qu'il foit fi peu intelligible, & qu'il n'y ait prefque pas de profit à faire dans la lecture de fes Dépêches, quand même il n'euft pas eu le malheur de fe trouver dans la Lieutenance generale du Piémont entre Langey & Briflac, tous deux incomparables en ce qui luy manquoit

AVERTISSEMENT.

du côté de l'expreſſion. FRANÇOIS DE COSSE', ſecond Maréchal de ce nom, avoit eſté peu connu du vivant de Briſſac ſon frere. La vertu heroïque de l'aîné avoit obſcurcy celle du cadet, & ne luy avoit permis d'éclater que ſombrement, les Emplois de Coſſé avoient toûjours eſté ſubalternes à ceux de Briſſac. Il n'avoit eſté que ſon Lieutenant à l'Armée, & ſon ſoliciteur à la Cour, où il l'envoyoit paſſer tous les quartiers d'Hyver ; mais aprés que la guerre du Piémont euſt ceſſé, & que les deux freres ne furent plus à la Cour que ſur le pied de Courtiſans, Coſſé fut plus conſideré qu'il ne l'avoit eſté juſques-là, & quand ſon frere mourut, il luy ſucceda pour ce qui regardoit la reputation. Il ne luy parut inferieur que pour le ſtile, & fit incomparablement mieux que luy ſes affaires domeſtiques. Catherine eut plus de confiance en luy qu'en aucun autre des Capitaines François. Elle le fit ſur-Intendant des Finances : Elle le mit auprés de ſon Fils bien-aimé le Duc d'Anjou : Elle deffendit à ce Prince de rien entreprendre que de concert avec Coſſé : Elle approuva toutes ſes actions durant deux ans ; & l'on s'étonna mal-à-propos, qu'elle l'euſt rendu ſi long temps arbitre de la fortune de la France.

TIMOLEON, FILS AINE' DE BRISSAC, euſt ſurpaſſé ſon Pere & ſon Oncle, s'il euſt parvenu à la moitié de leur âge ; & l'on doute s'il eſt jamais né de Seigneur plus accomply que celuy-là. Buchanan qui l'avoit ſi bien inſtruit aux belles Lettres, ne luy avoit pas appris à négocier, puiſqu'il ne le ſçût jamais luy-même au ſentiment d'Eliſabeth d'Angleterre. On ne voit pourtant rien de plus délié que ce que Timoleon a écrit ſur cette matiere ; & il eſt fâcheux que Catherine ne l'ait occupé qu'à des intrigues de Cour. Si elle l'euſt envoyé dans les Pays étrangers, il euſt duré plus longtemps, & ne ſe fuſt pas moins ſignalé dans le cabinet, qu'il ſe fit admirer dans les Armées.

JACQUES DE SAVOYE, DUC DE NEMOURS, n'a

AVERTISSEMENT.

pas paſſé pour ſi grand Politique, qu'il l'eſtoit par la même raiſon que Timoleon ; c'eſt-à-dire, parce que les qualitez qu'il avoit pour la guerre & pour la Cour, éclaterent ſi fort qu'elles ne donnerent point aux autres le loiſir de ſe produire. Ainſi peu de gens ſçavent que c'eſt à ce Prince que la Monarchie Françoiſe eſt redevable de la facilité qu'elle trouva dans la conquête de Mets, & que ce fut luy qui dans les Conferences qu'il eut avec le Cardinal de Lenoncourt, ajuſta les conditions ſous leſquelles on permit au Connêtable de Montmorency de doubler les Compagnies d'Infanterie qui entreroient dans la Ville. Catherine ſe ſervit encore de luy pour entretenir le Duc de Savoye ſon couſin & ſon intime amy, dans de bonnes diſpoſitions à l'égard de la France, & ſur tout dans la volonté de donner paſſage par le Piémont aux Troupes & aux Recruës que le Pape & les Princes d'Italie envoyeroient au Roy contre les Calviniſtes. L'incommodité n'eſtoit pas mediocre : Les Piémontois ſe laſſoient de la ſupporter : Ils en murmuroient hautement ; & il eſtoit à craindre que le Duc de Savoye ne ſe laiſſaſt fléchir par leur importunité, quand même ce ne ſeroit que pour empêcher que l'on ne convertiſt en droit de paſſage la coûtume qui s'en introduiſoit. Nemours ſervit en cela la Cour avec un applaudiſſement univerſel ; mais il ne fut pas ſi heureux dans ſon Traité avec Caſtelnau & Mazere. Il avoit promis & ſigné de les traiter en priſonniers de guerre, & pourtant il les mit entre les mains des Commiſſaires nommez pour faire leur procez. Il pretendit s'en excuſer ſur l'ordre contraire qui depuis luy vint de la Cour ; mais on luy répondit qu'il n'y avoit pas de Courtiſan plus éclairé, ny qui la connuſt mieux que luy : Qu'il avoit dû prévoir qu'elle n'approuveroit pas le quartier qu'il donnoit aux principaux de la conſpiration d'Amboiſe ; & que par conſequent il avoit fallu ne ſe point engager, ou employer tout ſon credit pour obtenir la permiſſion de tenir parole. Sa derniere intrigue fut pour ramener des Adrets à l'obeïſſance du Roy, & il en vint à bout contre l'opinon de tout le monde.

AVERTISSEMENT.

LOUIS DE GONZAGUE, DUC DE NEVERS, Prince de la Maison de Mantoüe, estoit un si grand homme d'Etat, qu'il y a lieu d'estre surpris de ce que Catherine ne se servit pas plus souvent de luy, puisqu'il estoit Italien : qu'il avoit d'étroites liaisons avec la plûpart des Princes de son Pays, & qu'il ne cedoit à aucun François en zele pour la grandeur de la Monarchie, où il s'estoit marié, comme il parut dans son opposition de vive voix, & par des Ecrits tout-à-fait judicieux, à la restitution du Piémont. Les curieux ont cherché en vain ce qui pouvoit avoir obligé cette Princesse à le negliger, & les moins éclairez en ont attribué la cause à la jalousie que l'on a pour ceux de sa Nation, quand on les voit mieux établis ailleurs, qu'ils ne seroient chez eux ; mais les plus rafinez ont mieux aimé croire que ce fut à cause que Nevers estoit Beau-frere du Duc de Guise. Quoyqu'il en soit, il fut un des huit que l'on dit avoir sçû la Saint Barthelemy avant qu'elle fust executée, & cette marque de confiance peut suppléer aux autres qui luy manquerent. Il vécut & mourut dans le même zele pour la prosperité des François : Il s'opposa seul dans le Conseil du Roy à la demande des Espagnols, qu'il leur fust permis de remettre à la chaîne quatre cens Turcs esclaves que la tempeste avoit jettez sur la côte de Calais ; & convainquit ses Collegues, que ces miserables estoient devenus parfaitement libres au moment qu'ils avoient touché la Terre de France. Il fit des efforts extraordinaires pour sauver Cambray, & rendit l'ame de regret de les voir inutiles.

FRANCOIS DE VANDOSME, VIDAME DE CHARTRES, auroit esté privé de la moitié de la loüange qui luy est dûë, s'il n'eust point esté envoyé en Ambassade vers les deux Couronnes de la Grand'Bretagne. C'estoit le plus galant & le plus magnifique Courtisan de la Cour de France, qui n'eut de pareil en l'art de plaire que le Duc de Nemours, & qui fit beaucoup plus parler de soy, parce qu'il estoit plus riche, & que n'ayant point d'enfans, il ménageoit moins, &

AVERTISSEMENT.

furvenoit mieux à la dépenfe. La Cour d'Angleterre, & fur celle d'Ecoffe eftoient fauvages avant qu'il y allaft. Il leur donna le goût de la politeffe, & s'infinüa fi bien dans l'efprit de ces Infulaires, qu'il obtint d'eux ce qu'il pretendoit. Il euft eu lieu de s'applaudir à foy-même quand il fuft de retour en France, fur l'heureufe conclufion de deux Ambaffades trés-difficiles, s'il n'euft trouvé la Cour tout-à-fait changée à fon égard. On en devina deux caufes, dont la derniere eft la plus vray-femblable. Il y en eut qui pretendirent qu'il s'eftoit rendu luy-même barbare en civilifant les Anglois & les Ecoffois, & d'autres foûtinrent qu'il s'eftoit fait Calvinifte en Ecoffe. La Reine trouva mauvais qu'il fe fuft trop declaré, & ne le compta plus au nombre de fes amis, dés qu'elle le vit dans le party de fes averfaires. Elle le fit emprifonner, & il en mourut de regret.

LE MARESCHAL DE BIRON paffoit pour le meilleur Officier de guerre qu'il y euft en France, & l'on n'en étoit pas moins perfuadé à la Cour que dans les Armées. Il n'eftoit pas fâché de cette forte de reputation; mais il fouhaitoit avec plus d'ardeur qu'on l'employaft à négocier. Il ne fe fuft pas toutefois fignalé dans les Traitez, & n'euft jamais efté General, fi Gondy fon amy, qui fut depuis Favory fous le Marêchal de Rets, ne l'euft détourné de la refolution de fe confiner dans le Perigord. Il eut plus de part qu'aucun autre dans les trois premieres guerres contre les Calviniftes; mais il ne pût obtenir la permiffion de négocier feul la troifiéme Paix. On luy donna pour collegue Henry de Mefmes, alors connu fous le nom de Malafife, & depuis fous celuy de Roiffi. Il y a de l'apparence que ce fut à caufe que la Reine croyoit Malafife, principalement attaché aux interefts du Duc d'Anjou, & qu'elle tenoit Biron plus dévoüé au Duc d'Alençon. Cependant Biron s'en attribuë toute la gloire, felon fa coûtume, de faire paffer autant qu'il dépend de luy, pour fubalternes les collegues qu'on luy donne. Il n'oublie aucune des précaution, qui fervent à perfuader le Public qu'il

eft

AVERTISSEMENT.

est des plus zelez Catholiques; mais on ne le voulut croire ny sur sa parole, ny sur toutes ses autres demonstrations exterieures. Il passa toûjours pour estre du party de ceux que l'on appelloit politiques, qui n'agréoient pas à la verité que l'ancienne Religion succombast, mais ne vouloient pas non plus que la nouvelle fust entierement abolie, de crainte que cessant d'estre necessaires, on ne les consideraft plus. Il seroit difficile d'excuser Biron sur le Mary qu'il donna à l'aînée de ses Filles: car encore que le jeune la Force qu'il avoit sauvé à la Saint Barthelemy, fust pour elle un party trés-avantageux, qu'il fust resté seul de sa Famille, qu'il eust beaucoup de bien, & que Biron n'en eust pas à proportion des enfans dont il estoit chargé, il ne falloit pourtant pas se hâter dans une affaire capable d'estre mal interpretée. Les services de Biron estoient assez grands pour obliger la Cour à pourvoir ses enfans, ou du moins à luy en fournir les moyens. Rien ne pouvoit le dispenser d'informer le Roy du mariage de sa Fille, avant que de le conclure au lieu que s'estant mis d'abord dans la même posture que s'il eust attendu qu'on l'attaquast dans la Bastile, il donna sujet de croire que sa conscience luy reprochoit d'estre Calviniste, ou qu'il présuposoit au moins que les Catholiques eussent cette opinion de luy. Il les y confirma par les nôces précipitées de sa Fille avec un homme qui venoit de courir un extrême danger pour la nouvelle Religion, & ne donna que trop de fondement à la Cour pour luy ôter le Gouvernement de la Bastille, aussi tôt qu'elle le pût sans trop hazarder.

ALBERT DE GONDY, MARESCHAL DE RETS, fut en ce point plus grand politique que Birun, & la maniere dont il se gouverna, est plus generalement approuvée. Il estoit Italien; & il n'y avoit point eu de Courtisan de cette Nation, qui eust esté favory en France depuis la Regence de la Reine Blanche. Les François n'avoient pû souffrir qu'un étranger leur enlevast les bonnes graces de leur Roy; & le Regne de Charles IX. estoit d'autant moins propre à les faire changer

AVERTISSEMENT.

de conduite à cét égard, qu'il y avoit deux puissantes factions appliquées à tirer la Cour chacune de son côté. Cét obstacle n'estoit pas seul, & il y en avoit un autre aussi difficile à vaincre. Catherine vouloit bien qu'il y eust des gens auprés du Roy, pour le servir & pour le desanuyer; mais elle entendoit qu'ils en demeurassent là, & qu'ils ne s'émancipassent pas même jusqu'à la familiarité de leur Maître, bien loin d'aspirer à devenir ses Favoris. Elle s'en expliquoit avec eux avant que de les introduire; & quand elle ne l'eust pas fait, ils sçavoient assez qu'elle ne souffriroit jamais de compagnon dans la faveur de son Fils, & qu'elle pardonneroit plûtôt tout autre attentat que celuy-là. Gondy estoit plus obligé que les autres de se soûmettre à ces conditions, parce que n'estant protegé que de la Reine, il se perdroit en ne luy obeïssant pas aveuglément. Il se proposa neantmoins de pousser sa fortune : Il devint en peu de jours le plus civil des Courtisans, & sembla n'estre auprés de Charles que pour solliciter des graces en faveur de ceux qui l'en prioient. Il disoit du bien de tout le monde, & ne parloit jamais au préjudice de personne: Il servoit dans les occasions sans attendre qu'on l'en priast, & les manieres dont il rendoit office, estoient plus charmantes que les offices qu'on recevoit de luy. Pour se maintenir, il fit peu à peu insinuer à Catherine par des voyes indirectes, que de l'humeur qu'estoit Charles, il ne pouvoit plus se passer de Favory : Qu'il aimoit à se divertir avec de certaines gens : Qu'il en haïssoit d'autres jusqu'à ne pas souffrir leur aproche; Que c'estoit un mal necessaire de se conformer au moins en partie à son inclination; & que puisque la Reine ne vouloit pas qu'il eust d'autres Ministres qu'elle, il falloit qu'elle luy laissast la liberté de choisir un Favory, pourvû que celuy sur lequel il jetteroit les yeux, dépendist absolument d'elle; qu'il luy fust redevable de sa fortune, & qu'il ne se pust maintenir que par son moyen. Que toutes ces qualitez ensemble ne se trouvoient qu'en Gondy: Qu'il estoit la creature de Catherine: Que tous les Courtisans le sçavoient; & que quand il seroit ingrat, il y auroit

AVERTISSEMENT.

moins de peine à l'abaiſſer, qu'il n'y en auroit eu à l'élever. Catherine ne goûta pas d'abord ces raiſons, & ce ne fut qu'à force d'y refléchir, qu'elle les trouva bonnes. Elle ſouffrit plûtôt qu'elle n'approuva, que Gondy s'inſinüaſt autant qu'il pourroit dans l'eſprit de Charles ; & l'evenement juſtifia qu'elle n'avoit rien permis qui tournaſt à ſon deſavantage. Gondy pourſuivit ſon deſſein ; ſe fit unique Favory, & ne ſoublia pas, puis qu'il fut Duc & Pair, & Maréchal de France: qu'il acquit des biens immenſes, & qu'il obtint une Princeſſe pour l'aîné de ſes Fils : Mais en travaillant à s'agrandir, il ne negligea rien de ce qu'il devoit, & même de ce qu'il croyoit agreable à la Reine. Il conferoit regulierement avec elle à certaines heures : Il recevoit ſes ordres pour ce qui regardoit le Roy : Il les executoit à point nommé ; & prenoit ſi bien ſes meſures, que jamais la Reine n'eut occaſion de ſe plaindre de luy.

Le Marquis de Belle-Iſle.

CHARLES & RENE' DE BIRAGUE freres, étoient les derniers des Milanois reſtez au ſervice de la France. Il y avoit de la diverſité dans leurs genies ; & ſi Charles réüſſiſſoit mieux à la guerre, René eſtoit plus propre à la negociation. Il fit comprendre aux Princes d'Italie, qu'ils n'étoient gueres moins intereſſez que le Roy Très Chrétien dans les guerres civiles de France, & que ſi les Calviniſtes vainquoient ils eſtabliroient enſuite dans l'Italie la Democratie qu'ils vouloient introduire en France : Que leur ſecte à la bien prendre, n'étoit pas capable d'une autre forme de gouvernement : Que les Italiens l'accepteroient volontiers, ou du moins ne s'y oppoſeroient pas beaucoup par deux principes. L'un, qu'ils n'avoient pas oublié la grandeur où ils s'eſtoient elevez ſous la Republique Romaine & qu'ils eſperoient y revenir : L'autre, qu'ils ſe plaignoient d'eſtre ſurchargez par leurs petits Princes. Ces motifs tirerent du S. Siege des Troupes qui ſe ſignalerent dans les trois dernieres Batailles données ſous ce Regne, & de l'argent des Venitiens & du Grand-Duc de Toſcane. Certes, toutes les perſonnes avec leſquelles René de Birague

AVERTISSEMENT.

negocia, luy rendent ce témoignage qu'elles n'ont jamais vû de Miniftre dont les manieres fuffent plus infinüantes. Sa douceur attiroit les cœurs, & fa fincerité les retenoit. On eftoit excité à fe fier en luy dés qu'on l'entendoit parler ; & l'on fe tenoit d'autant moins fur fes gardes, que l'on fçavoit qu'il ne penfoit pas à tromper, mais feulement à s'empêcher d'eftre trompé. Il ne méprifoit le bien, ny par orgueil, ny par caprice; & il fuffifoit de le connoître pour juger que c'étoit par un motif de vertu. Sa pauvreté n'eftoit point incommode, & il n'importunoit pas plus fes amis que la Cour de la foulager. Il fe paffoit de peu, & ne s'en cachoit point.

CHARLES DE BIRAGUE avoit efté employé dans les guerres du Piémont : Il y avoit fervy de l'épée & de la plume : Le Marquis du Guaft, le Duc d'Alve & Ferrand de Gonzague, Gouverneurs de Milan, avoient confenty qu'il fift divers voyages auprés d'eux; & il en eftoit rarement revenu fans remporter quelque fatisfaction pour la France. Mais il paroift dans fes Lettres qu'il ne fuft pas fi heureux avec les Calviniftes, foit qu'il fe tinft trop ferme à leur égard, ou que les affaires dont il s'agiffoit, fuffent plus mal aisées à refoudre. De là vient peut-eftre que la Cour luy cacha quelques fois fes principaux deffeins, & qu'elle ne luy découvrit que ceux pour l'execution defquels on le croyoit neceffaire.

L'ADMIRAL DE CHASTILLON avoit crû d'abord auffi bien que Briffac, que la Science non feulement ne fervoit de rien, mais de plus qu'elle aviliffoit le courage. Il ne reconnut fon erreur que lors qu'il fe vit à la tefte d'un Party fi difficile à gouverner, que fes lumieres naturelles ne fuffifoient ny pour le commander, ny pour l'empêcher de commettre des fautes irreparables. Il voulut alors recouvrer ce qu'il avoit negligé, mais il n'en trouva pas le temps : Et d'ailleurs il n'y avoit pas beaucoup de difpofition, comme il paroift dans les premiers Ecrits qui reftent de luy. Ce font les Memoires de ce qui arriva de fingulier dans

AVERTISSEMENT.

Saint-Quentin, ou les Espagnols vainqueurs l'avoient assiegé. Son stile est dur & tellement embarrassant, qu'il faut le lire plus d'une fois, en quelques endroits, pour l'entendre. Il ne le dissimule pas luy-même, & il se proposa d'y remedier par la frequente lecture des Oeuvres Françoises de Calvin. Le modele estoit assez bien choisi, mais il ne fut que grossierement imité. On ne parle point icy des Ouvrages attribuez à l'Admiral, & l'on ne s'arrête qu'à ceux qui sont indubitablement de luy, & dont les Originaux subsistent encore. Son Apologie sur la mort du second Duc de Guise, est de cette nature; & certes il s'y deffend si mal, que les amis qu'il auoit conservez jusques-là entre les Catholiques, parce qu'ils ne le croyent pas capable d'une action si noire, en prirent occasion de soupçonner qu'il l'avoit commise, & de l'abandonner ensuite, sur la maniere trop foible dont il avoit travaillé à sa propre justification, sans y estre contraint, puisqu'il estoit en guerre ouverte avec ceux qui avoient fait le procés à Poltrot; & que quand il n'eust pû se dispenser de répondre, de trés-habiles gens qui se trouvoient alors dans ses interests, eussent pû composer une piece où le crime eust esté mieux déguisé.

Comme c'étoit par l'ordre de l'Admiral, que JACQUES SPIFAME, qui tout Calviniste declaré qu'il estoit, prenoit encor le titre d'Evêque de Nevers, avoit esté trois fois envoyé vers les Protestans d'Allemagne, & qu'il agissoit sous sa direction, on luy en peut sans injustice attribuër les Negociations. Spifame y excite ces Princes à secourir puissamment les Calvinistes de France, non pas tant pour la gloire qui leur en arrivera, que pour l'interest de détourner leur ruine. Il leur fait un épouventail de la Monarchie universelle de la Maison d'Aûtriche: Il suppose que la France en doit estre le centre; & que Philippes second, Roy d'Espagne, à dessein d'ajoûter cette Couronne à tant d'autres qu'il possede: Qu'il y travaille en aidant les Catholiques à exterminer les Calvinistes, afin de les ruiner à leur tour, quand ils se seront affoiblis par la défaite de leurs aversaires: Que l'Allemagne aprés cela ne luy

AVERTISSEMENT.

sçauroit resister : Que la Maison d'Autriche la tient par les deux bouts, qui sont les Pays-bas & la Hongrie : Que le Duché de Milan & les Provinces hereditaires en enveloppent d'ailleurs prés de trois cens lieuës : Que les Electeurs Ecclesiastiques son, à demy accoûtumez au joug ; & que bien loin d'assister les Protestans, ils contribuëront même à leur ruine; & que l'Allemagne ne préviendra tous ces maux qu'en envoyant en France une Armée capable de sauver les Calvinistes, de leur procurer une Paix avantageuse. Ce raisonnement eut tout l'effet que Spifame s'en estoit promis : & les Protestans d'Allemagne envoyerent des Armées au secours des Calvinistes de France.

Mais pour revenir à l'Admiral, jamais Capitaine François n'a sçû gouverner la Cavalerie Allemande avec tant de succez que luy. Elle avoit esté battuë à Montcontour : Il n'avoit point d'argent à luy donner pour l'en consoler ; & ce qui la fâchoit le plus, estoit qu'elle devoit faire une marche de cent ou six vingt lieuës dans la seule vûë de se mettre en seureté & de se rafraîchir. On luy avoit promis en la menant en France, que les plus importantes Places luy seroient ouvertes, & qu'elle n'auroit qu'à piller. Elle n'estoit point encore accoûtumée à souffrir aucune incommodité, & son genie alloit à se revolter dans les moindres occasions : L'Admiral eust neantmoins le credit sur elle de la promener par la Guienne & par les Provinces voisines, sans qu'elle en murmurast, de l'obliger à vivre en discipline chez tous ceux de la Religion Pretenduë, où elle logea ; de la remettre en estat avec quinze mille écus seulement, que la Reine Elisabeth luy envoya ; & de la ramener au bout de quelque mois, contre les vainqueurs, dans une posture si fiere, que bien loin de l'attaquer, ils conclurent la Paix à sa vûë. Ce qu'il y a de plus singulier dans les Dépêches de l'Admiral, est qu'elles sont merveilleusement proportionnées aux personnes ausquelles elles s'adressent. Celles à la Reine Catherine, ne perdent pas à la verité le respect, mais à cela pres, on y voit une liberté qui n'est plus d'usage. Ses Dépêches à la Reine Eli-

AVERTISSEMENT.

sabeth contiennent divers secrets d'Histoire, qui n'ont esté sçûs que par là, Celles aux Officiers subalternes de son party, & mêmes aux Generaux, ont un caractere d'intrepidité qui est sans exemple. Quoy qu'ils semblassent devoir estre dispensez de l'extréme rigueur de la discipline militaire, par deux invincibles raisons, l'une qu'ils avoient en effet les armes à la main contre leur Roy, & qu'il falloit, à quelque prix que ce fust les entretenir dans la nouvelle Religion: L'autre qu'ils ne recevoient point de solde, & qu'il estoit necessaire d'avoir pour eux autant d'indulgence pour le moins que pour des volontaires, l'Admiral les traite pourtent avec la même hauteur que s'il eust changé de condition avec le Duc d'Alve, alors General pour Philippes second dans les Pays-bas, & qu'il eust eu à commander une armée aussi bien payée que l'estoit celle de l'Espagne. Il ne dissimule pas les moindres desordres, & s'en plaint en des termes emphatiques: Il reprend avec aigreur, & la perte des Batailles ne sçauroit l'obliger à rien rabatre de la fierté: Il n'a de consideration que pour THELIGNY; mais il en a plus pour ce jeune Gentilhomme, que pour tous les autres Calvinistes ensemble: Il admire ses belles qualitez, & les vante en toutes occasions: Il luy renvoye les Commissions les plus difficiles à executer, & proteste de ne pouvoir mieux reconnoître sa vertu, qu'en luy faisant épouser sa Fille, non pas à cause qu'elle luy apparrient, mais parce qu'il n'en connoît point qui ait tant de merite. On doute si les deux Eloges n'estoient pas trop grands, & si l'Admiral n'encherissoit point sur la verité: Ceux qui le pretendent, sont fondez sur ce que Theligny ne vécut pas assez pour acquerir autant de reputation que l'Admiral luy en attribuë, & d'ailleurs sa Veuve le perdit si-tôt, & demeura si peu avec le Prince d'Orange son second mary, que les occasions de se produire luy manquerent. Mais les personnes extraordinaires ressemblent au Soleil des jours sombres, il faut que les nüages qui le couvrent soient bien épais s'ils l'empêche de les percer au moins durant quelques momens. Le peu d'ocasions qu'eut Theligny,

AVERTISSEMENT.

suffirent pour le diftinguer d'avec les autres Calviniftes, & même pour le mettre au deffus d'eux, La premiere fut l'induftrie avec laquelle il ménagea la Nobleffe de fa fecte, que la perte de la Bataille de Moncontour avoit rebutée, non feulement pour luy remettre les armes à la main, mais encore pour l'obliger à fournir la folde des Reîtres : La feconde, la hardieffe qu'il fçut infpirer aux Seigneurs Anglois les plus confiderez par la Reine Elifabeth, de propofer à cette Princeffe le jeune Roy de Navarre pour Mary, nonobftant la trop grande difproportion de l'âge; & la derniere, la facilité qu'il eut à découvrir qu'Elifabeth pretendoit fubftituër à fon alliance celle de Marguerite, Sœur de Charles IX.

ANNE DE COSIGNY fa veuve, avoit efté heureufe avec luy, mais elle y avoit efté fi peu, que ce n'eft pas fans fondement qu'elle compare ce bonheur à un fonge. Il faloit pourtant qu'elle l'eût trouvé grand, puifqu'elle avoit perdu l'efperance de recouvrer un fecond mary qui valût le premier; qu'elle demeura plus de dix ans dans le Veuvage, & qu'elle y eût achevé fa vie, fi les affaires de fon party ne l'euffent contrainte de paffer à de fecondes nôces avec le Prince d'Orange. Elle ne fut que dix-huit mois avec luy, & ne laiffa pas de luy donner un Fils. Le Prince d'Orange fut tué au bout de ce terme; & comme elle fe trouva hors de fon pays, elle eut plus de liberté de difpofer de fa perfonne. Elle deftina ce qui luy reftoit de vie à l'éducation de fon Fils; & l'on n'euft pas fçû qu'elle eftoit capable de plus, fi l'intrigue des Arminiens ne fuft furvenuë. La fin de cette intrigue alloit à ruiner toute la Maifon d'Orange, & la Princeffe s'y oppofa pour l'intereft de fon Fils. Il s'appelloit Frederic-Henry, & n'eftoit à la verité que le troifiéme des Fils que le Prince d'Orange avoit laiffez : mais Philippes-Guillaume l'aîné, eftoit fans enfans, & Maurice le puîné n'avoit point d'inclination pour le Mariage. Il confideroit fon jeune frere, comme luy tenant lieu de fils; & ce fut dans cette vûë que la Princeffe le feconda contre les Arminiens, & qu'elle détourna

AVERTISSEMENT.

tourna de vive voix & par écrit diverses personnes puissantes de s'engager dans cette faction. Elle en retira d'autres qui y estoient entrez. Elle découvrit à Maurice le foible des Arminiens, & luy fournit les lumieres dont il avoit besoin pour les surprendre. Maurice profita des Offices de sa belle-mere; mais il ne répondit pas tout-à-fait à l'esperance qu'elle avoit conçûë de sa moderation. Il trancha du Roy, quoy-qu'il ne fust qu'un General à gages; & ne trouva pas commode la puissance limitée, pour se tirer d'affaire hautement: Il osa employer la souveraine, sans en demander congé: Il profita de la terreur dont les Etats de la Province d'Utrech avoient esté saisis au bruit de sa marche: Il tourna contre les Arminiens toute son Armée la meilleure de l'Europe: Il la distribua en divers Corps, & la fit entrer en même temps dans les Villes où les Arminiens estoient les plus forts, avant qu'ils eussent pensé à s'en asseurer: Il les desarma, il leur ôta les Magistratures, &, les ayant ainsi mis hors d'état de nuire, il arrêta les principaux d'entre eux pour faire travailler à leur procés. Sa belle-mere avoit agy jusque-là de concert avec luy: Mais soit qu'elle apprehendast la conspiration que l'on forma l'année suivante contre la Maison d'Orange, ou qu'elle fust accoûtumée à la maniere dont on avoit terminé les guerres civiles de France, qui consistoit dans la voye d'accord, & non pas à jetter les hommes dans le désespoir; elle employa tout son credit & toute son industrie pour empêcher que l'on ne condamnast, & depuis, que l'on n'executast les prisonniers. Des Relations de bonne main ajoûtent qu'elle se broüilla là-dessus avec Maurice: Mais si la discorde est vraye, elle fut dissimulée si profondément de part & d'autre, qu'il n'en parut rien au dehors.

Ceux qui accusent CALVIN d'avoir esté l'autheur des troubles de son Pays, par d'autres voyes que celle de son Heresie, ne citent aucune Piece valable, sur laquelle ils soient fondez, &

ũ

AVERTISSEMENT.

certes j'avoüe ingenuëment de n'en avoir point vû. Il m'a bien paru qu'il avoit eu la meilleure part avec Farel, dans l'établissement de la Démocratie de Geneve, en la forme qu'elle subsiste encore; mais aprés cela on ne trouve point qu'il se soit mêlé du Gournement politique dans aucune autre rencontre que celle de Servet. Il se contenta de l'honneur que luy faisoient les Magistrats de le consulter dans les matieres de plus grande importance; Il ne voulut d'employ que dans le Consistoire, & ce fut peut-être en recompense de sa moderation qu'on luy permit d'y regner pour ainsi dire, & qu'il ne s'y prit aucune resolution qu'il n'eust suggerée, ou du moins approuvée. Il se fit diverses enquestes sur la conjuration d'Amboise, & ceux qui s'en mêlerent estoient trop zelez Catholiques pour épargner Calvin, s'il en eust esté autheur ou complice: Cependant leurs procés verbaux n'en font point de mention, & ce silence est sans doute une des plus surprenantes choses du siecle passé. Ce complot se fit à Geneve; La Renaudie n'y subsistoit que des charitez secretes que Calvin luy procuroit; & ce grand bienfait ne pouvoit estre reconnu que par une entiere ouverture de cœur. Il n'avoit pas lieu de se défier de Calvin; & il en avoit au contraire d'attendre de luy de grandes lumieres & de plus grands secours. La Renaudie nonobstant cela, luy cacha son dessein, ou du moins prit tant de précaution pour l'en instruire, qu'il ne reste aucune marque de la confidence, supposé qu'elle ait esté. Il n'en alla pas de même en Ecosse; & le changement d'Etat & de Religion que Calvin & Knox introduisirent dans ce Royaume, n'a esté caché ny dans son origine, ny dans son progrés. On n'en sçauroit deviner d'autre difference, sinon qu'il réüssit, & que la conspiration d'Amboise n'eut point de succés. Au reste, Calvin ne s'est jamais si bien dépeint que dans ses Lettres à Knox; & l'on ne sçauroit nier que l'idée qu'il y donne de son interieur, ne soit tout-à-fait ressemblante. On y voit un homme tout d'une piece, & qui n'a point d'égards: Il va droit à son but, & ne s'arreste par au-

AVERTISSEMENT.

cune consideration humaine : Le droit des gens ne luy est pas plus inviolable que celuy des particuliers ; & il ne delibere pas plus longtemps lorsqu'il s'agit de resoudre l'abolition des Loix les plus anciennes de l'Europe, que s'il n'estoit question que de s'expliquer sur un point de Theologie. L'autorité Royale n'estoit pas beaucoup plus grande en Ecosse, qu'elle l'avoit esté à L'acedemone ; cependant elle paroist trop grande à Calvin, & il opine toûjours à la diminuër.

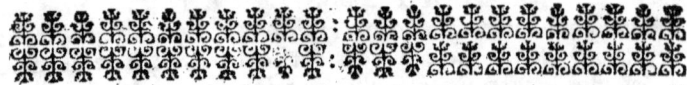

SOMMAIRE DES LIVRES
du premier Tome.

ARGUMENT DU PREMIER LIVRE.

Catherine de Medicis profite de la mort de François second, pour attirer à elle la direction des affaires. Elle trompe le Roy de Navarre & le Prince de Condé, & fait que l'un & l'autre renoncent à leurs pretentions en sa faveur. Ils r'entrent en eux-mesmes, & s'accordent avec le Connestable pour l'exclure de la Regence; mais elle rompt la partie en faisant commander par le Roy, au Connestable, de ne se pas éloigner de la Cour. Il se forme contr'elle un Triumvirat entre le Connestable, le Duc de Guise & le Maréchal de Saint-André. Elle tâche de le déconcerter, & n'en pouvant venir à bout, elle s'appuye du party des Calvinistes; Elle leur accorde un Edit favorable; mais ils en abusent, & les Catholiques la reduisent à la necessité de le revoquer, ou de s'exposer à la guerre civile : Elle se resoud à la revocation, & les Catholiques ont l'avantage ; mais le Cardinal de Lorraine par une faute irreparable sollicite & obtient le fameux Colloque de Poissy. La Reine y consent dans la seule vûë de regner, en tenant les deux partis en balance; mais elle reconnoist bien-tôt que les Catoliques & les Calvinistes s'échauffent trop, & n'osant rompre la Conference, elle trouve le secret de la rendre inutile.

ARGUMENT DU SECOND LIVRE.

LE Jurisconsulte Balduin propose au Cardinal de Lorraine un expedient subtil pour terminer à l'avantage des Catholiques le Colloque de Poissy, en commettant les quatorze Ministres qui y assistoient, avec les cinq Theologiens Lutheriens qui devoient y venir ; mais les Lutheriens arrivent trop tard, & rendent inutile par leur paresse la meilleure partie de ce projet. Le Cardinal ne laisse pas d'embarrasser les Calvinistes, en les disposant à se relâcher pour le bien de la Paix autant qu'ils pourroient, sur le point de la presence réelle. Ils le font, & mesme par écrit ; mais le Docteur Despences corrige leur Article, ce qui les met si fort en colere, qu'ils retractent ce qu'ils avoient accordé, & le Colloque se rompt là-dessus. La Regente apprehende alors que le party Calviniste ne succombe, & pour le soûtenir, luy accorde l'Edit de Iuillet ; mais au lieu de venir ainsi à bout de son dessein, les Triumvirs l'exposent au plus grand danger où elle fut jamais. Elle s'en tire contre leur opinion : Elle épuise toutes ses inventions pour s'empêcher de prendre party, persuadée qu'elle recevra la loy de celuy où elle entrera ; mais tous les deux la pressent de se declarer, & le Catholique l'y oblige. Le massacre de Vassy sert de cause ou d'occasion pour la guerre : Les Calvinistes manquent d'abord Paris, surprennent Orleans, & s'emparent de Roüen : Ils arrêtent eux-mesmes le cours de leur bonne fortune, en negligeant de se saisir du Pont de l'Arche & de Caudebec : La Regente confere à Toury avec le Prince ; mais en vain, parce qu'elle y avoit mené le Roy de Navarre qui se querelle avec son Frere.

SOMMAIRE.

ARGUMENT DU TROISIE'ME LIVRE.

LA Regente recherche une Conference nouvelle avec le Prince de Condé, & n'y réüssit pas mieux qu'auparavant. Les Triumvirs reprennent facilement les Villes sur la Loire, à la reserve d'Orleans, & deviennent les maîtres dans les Provinces par deux fautes considerables des Calvinistes. L'une, qu'ils brûlent les Ossemens de Saint Martin à Tours : L'autre, qu'ils déterrent le corps de Iean Comte d'Angoulême, trisayeul paternel du Roy, pour convertir en bales d'arquebuses la bierre de plomb où il estoit enfermé. La Cour va au Siege de Bourges ; & Yvoy-Genlis qui la deffend, capitule sans y estre contraint, nonobstant que l'Admiral de Chastillon eust enlevé toutes les munitions qui venoient aux Catholiques. Roüen se revolte,& Morvilliers y est envoyé pour les Calvinistes : Il y donne des marques extraordinaires de valeur & de prudence, en se deffendant du Siege que le Duc d'Aumale y avoit mis ; mais le dépit de voir que les Calvinistes traitent avec les Anglois, l'oblige à se retirer dans sa maison, où on le laisse vivre en homme privé. Son exemple est suivy de plusieurs Gentilshommes Calvinistes, & affoiblit d'autant leur party. Des Adrets pretend au Gouvernement de Lyon,& ne peut l'obtenir. Il fait des choses prodigieuses contre les Catholiques, jusques à ce que sa vangeance soit satisfaite ; mais ensuite son extrême valeur se r'allentit. Il laisse perdre Cisteron, d'où Mouvans avec mille Soldats & trois mille bouches inutiles fait une des plus belles retraites qui soit dans l'Histoire. La Regente abandonne au Duc de Savoye les meilleures Places du Piémont, dans le dessein qu'elle a de s'assurer une retraite en cas qu'elle soit poussée hors du Royaume. La Ville de Thoulouze se maintient Catholique, aprés un combat entre ses murailles, qui dure quatre jours.

DES LIVRES.

ARGUMENT DU QUATRIE'ME LIVRE.

LEs Catholiques deliberent s'ils assiegeront Roüen ou Orleans; & la necessité d'empêcher les Anglois de s'établir en Normandie, les détermine au Siege de Roüen. La Cour de France y va, & la Ville est attaquée avec toute la vigueur imaginable; mais Montgommery se deffend à proportion. L'émulation qui se met entre le Roy de Navarre & le Duc de Guise, attire ce Roy dans la tranchée; où il reçoit un coup mortel. Les Assiegeans conduits par Sainte Colombe, se rendent maîtres de la brèche, aprés avoir tüé jusqu'au dernier des Soldats qui la deffendoient; & les Calvinistes pour se relever de la perte de Roüen, tirent du secours d'Angleterre. Des Adrets mal-traité par eux, pense à changer de party: Les Calvinistes en ont de la jalousie, & en écrivent au Prince de Condé: On leur répond avec mépris pour des Adrets: Les Catholiques interceptent la Lettre, & la luy envoyent: Son dépit s'en r'allume, mais pendant qu'il differe de se vanger, il est arrêté: Les Calvinistes menent leur Armée en Normandie pour recevoir l'argent des Anglois, & les Catholiques les suivent: Il les atteignent à Dreux, & quelques fautes commises par le Prince de Condé & par l'Admiral, les empêchent d'éviter le combat, quoy qu'ils en ayent pris la resolution: La Bataille se donne: Les deux Armées combattent avec des circonstances singulieres de part & d'autre; & si le champ demeure aux Catholiques avec le Prince de Condé qu'ils font prisonnier, les Calvinistes se retirent sans perdre leurs rangs, & prenent aussi le Connétable, Chef de l'Armée Catholique.

SOMMAIRE

ARGUMENT DU CINQUIE'ME LIVRE.

Le Duc de Guise delivré des obstacles que la jalousie du Connétable prisonnier, & le luxe du Maréchal de Saint André mort, apportoient à ses desseins, prend seul la conduite de l'Armée Catholique, & reduit en moins de deux mois le Calvinisme à d'étranges extremitez. Il luy laisse faire de petits progrès en Normandie, & va pour luy donner le coup mortel, mettre le Siege devant Orleans: Il force d'abord les Tourelles; mais comme il est sur le point de donner l'assaut general, Poltrot le tuë. L'assassin est pris; il accuse l'Admiral, Soubise & Beze, qui s'en deffendent par des Apologies, mais il y a lieu de les convaincre par leurs propres Ecrits. La Regente tire plus d'avantage de la mort du Duc de Guise, que les Calvinistes qui en estoient les autheurs: Elle conclud la Paix: Elle reprend le Gouvernement absolu, & suivant le conseil du Chancelier de L'hôpital, elle fait declarer Majeur le Roy son Fils par le Parlement de Roüen: Elle luy persuade de former le Regiment des Gardes: D'Andelot en fait assassiner le Mestre de Camp Charry, parce qu'il ne veut pas dépendre de luy en qualité de Colonel de l'Infanterie Françoise, mais Strozzi successeur de Charry, ne le reconnoist pas non plus. Le Cardinal de Lorraine va avec les Evèques François au Concile de Trente: Il y répond d'abord à l'attente qu'on avoit conçuë de luy; mais il n'apprend pas plûtôt la mort du Duc de Guise son frere, qu'il se décourage & laisse prendre aux Espagnels deux avantages sur le fait de la Preséance.

CHARLES IX.

LIVRE PREMIER.

Où l'on voit les choses les plus remarquables, arrivées sous son Regne, durant le dernier mois de l'année 1560. & les neuf premiers de l'annee 1561.

A tristesse de la Reine-Mere Catherine de Medicis, pour la mort du Roy François second son Fils aîné, arrivée le cinquiéme Decembre 1560. n'étoit pas si grande qu'elle paroissoit au dehors : & cette habile Princesse avoit des sujets de se consoler, qui n'étoient connus que du peu de personnes qu'elle honoroit de sa confidence. Elle sortoit par un bonheur imprevû d'un regne où elle n'avoit gouverné qu'en apparence, puisqu'elle étoit obligée de suivre dans les plus importantes affaires, la volonté du Duc de Guise & du Cardinal de Lorraine. Elle avoit été contrainte de dissi-

1560.

Tome I.   A

1560. muler long-tems par l'apprehenfion de s'engager dans une querelle où elle étoit prefque affurée de fuccomber. Elle avoit reffenty prés de deux ans, tout le dépit dont une jeune femme ambitieufe jufqu'à l'excés, eft capable, en fe voyant privée du gouvernement qu'elle pretendoit luy être dû, fans en ofer faire de plainte. La bonne opinion qu'elle avoit de fa fuffifance, luy perfuadoit qu'elle eût prevenu la confpiration d'Amboife & tous les autres maux du regne precedent, & luy donnoit encore l'efperance d'y remedier, maintenant que le feul obftacle qui s'oppofoit à fon agrandiffement, étoit levé fans qu'elle y eût rien contribué.

La quarante-uniéme année de fon âge qu'elle avoit accomplie, l'avoit délivrée des emportemens de la jeuneffe. Elle avoit la taille admirable, & la majefté de fon vifage n'en diminuoit pas la douceur. Elle furpaffoit les autres Dames de fon fiecle en la blancheur de fon teint & par la vivacité de fes yeux : Et quoy qu'elle changeât fouvent d'habits, toutes fortes de parures luy féioient fi bien, qu'on ne pouvoit difcerner celle qui luy étoit la plus avantageufe. Le beau tour de fes jambes luy faifoit prendre plaifir à porter des bas de foie bien tirez, fuivant la galanterie du temps; & ce fut pour les montrer, qu'elle inventa la mode de mettre une jambe fur le pommeau de la felle, en allant fur des haquenées. Elle inventoit de tems en tems des modes également galantes & magnifiques; & comme on ne vit jamais un fi grand nombre de belles Dames qu'elle en avoit à fa fuite, on n'en vit jamais de plus brillantes.

Comme elle étoit la derniere de la Branche aînée de

LIVRE I.

la Maison de Medicis, il semble que la nature eût pris plaisir à luy donner toutes les vertus, & presque tous les vices de ses Ancêtres. Elle avoit l'attachement de Côme le Vieux [a], pour les richesses; mais elle ne les ménageoit pas mieux que [b] Pierre son Tris-aïeul, Fils de Côme. Elle étoit magnifique, au-delà de ce qu'on avoit vû dans les siecles precedens, comme [c] Laurent son Bisaïeul, & n'étoit pas moins rafinée en politique que luy; mais elle n'avoit ni la droiture de ses intentions, ni sa liberalité pour les beaux Esprits. Son ambition ne cedoit point à celle de Pierre [d], second du Nom, son Aïeul; & pour regner, elle ne mettoit pas plus de difference que luy, entre les moïens legitimes & les défendus. Les divertissemens avoient des charmes pour elle, mais elle ne les aimoit, à l'exemple de Laurent [e] second du Nom, son Pere, qu'à proportion de la dépense dont ils étoient accompagnez; & quoy qu'elle fût une des plus belles Princesses de son tems, & que ceux qui étoient en reputation de s'y connoître le mieux, comme le Duc [f] de Nemours, le Vidame de Chartres [g], & le Baron [h] de la Roche, neanmoins le Prince [i] de Condé, le Duc [k] de Guise, & [l] Lignéroles, ne laisserent pas de luy preferer la Princesse [m] Marguerite sa derniere Fille, suivant l'usage de cette Cour, où ces sortes de declarations qui n'avoient d'ailleurs rien de contraire à l'honnêteté, étoient si autorisées, que personne n'y trouvoit à redire.

Il seroit inutile de parler icy des avantages de son esprit; on les verra mieux dans la suite de cette histoire. Et la premiere marque qu'elle en donna aprés la mort du Roi son Fils, fut d'envoyer Saint [n] Gelais au Conné-

1560.

[a] Marié avec Contesina Bardi.
[b] Marié avec Lucresse Tornaboni.
[c] Marié avec Clarice Ursin.
[d] Marié avec Alfonsine Ursin.
[e] Marié avec Madelene de la Tour, Comtesse de Boulogne & d'Auvergne.
[f] Jacques de Savoye.
[g] François de Vendôme.
[h] Troïlus de Mescoüet.
[i] Loüis de Bourbon.
[k] François de Lorraine.
[l] Philbert le Voyer, Seigneur de Lignéroles au Perche, Gouverneur d'Auvergne.
[m] Mariée depuis avec Henri Roi de Navarre.
[n] Loüis de S. Gelais, Seigneur de Lansac, Chevalier d'honneur de la Reine, depuis Chevalier du S. Esprit.

1560.

Dans la negociation de Lansac avec le Connétable.

table de Montmorency, pour luy dire qu'il vint en diligence trouver le nouveau Roy Charles IX. Que Sa Majesté, à l'exemple de son Pere & de son Ayeul, desiroit qu'il fût son principal Ministre: Qu'il n'y avoit plus d'autres préeminences à la Cour, que celles des Charges & du merite; & que le tems étoit venu que la Noblesse Françoise y tiendroit son rang, sans être obligée de ceder aux Etrangers.

Le Connétable écouta Saint Gelais avec une extrême joye. Il manda au Maréchal de Montmorency son Fils aîné, que la maladie de Diane legitimée de France sa femme, avoit arrêté auprés d'elle, dans le Château d'Anet, de le venir joindre à Etampes, d'où ils allerent l'un & l'autre à Orleans. Le Connétable en y arrivant trouva un corps de garde à la porte de la Ville, que la Maison de Guise y avoit mis pour sa propre seureté, sous pretexte de celle du Roy. Il demanda fierement au Caporal, qui l'y avoit mis, & d'où venoit cette nouveauté? Et cet Officier se trouvant embarrassé de répondre à deux demandes si importantes, le Connétable se mit en colere, & le menaça de le faire pendre s'il ne se retiroit luy & ses Gardes. L'Officier & les Gardes disparurent à même temps: Et comme la curiosité y avoit attiré les Bourgeois, le Connétable qui avoit le plaisir de se voir obeï, leur dit d'un ton d'autorité, qu'il mettroit desormais si bon ordre à la seureté publique, que le Roy marcheroit sans Gardes, & se feroit obeïr par tout son Royaume, en envoyant un simple Valet de pied porter ses ordres.

La maniere obligeante dont la Reine-Mere reçut le Connétable, redoubla la jalousie de la Maison de Guise, & leur fit remüer des intrigues dont leurs averſaires ne ſe défioient pas, pour intereſſer cette Princeſſe à les conſerver. Ils ne s'amuſerent point, comme on avoit crû, à ſortir d'Orleans pour aſſiſter à la ſepulture du feu Roy, & pour conduire ſon Corps à S. Denis. Ils en laiſſerent le ſoin aux Seigneurs de Sanſac & de la Broſſe, qui luy rendirent les derniers devoirs ſans aucune pompe. Ils feignirent de n'avoir rien ſçû d'un billet attaché au drap mortuaire, avec ces paroles piquantes : Où EST TANNEGUY DU CHASTEL ? MAIS IL ESTOIT FRANÇOIS : Le reproche étoit ſanglant ; mais ils aimerent mieux qu'on les accuſât d'ingratitude à l'égard d'un Prince mort, dont ils avoient reçu tant de témoignages d'affection, que de faire une démarche qui donneroit lieu à leurs ennemis, de croire qu'ils quittoient la partie.

1560.

Du Chaſtel, Chambellan de Charles VII. avoit tué par l'ordre de ce Prince, le Duc de Bourgogne. Le Roy ſon maître, par le Traité d'Arras, fut contraint de l'abandonner : Et du Chaſtel qui s'étoit refugié dans ſon païs, bien loin de s'en ſouvenir, n'eut pas plûtôt appris qu'il étoit mort, ſans que perſonne penſât à luy rendre les derniers devoirs, qu'il accourut de la baſſe Bretagne, juſqu'à la Ville de Mehun en Berry, où Charles étoit decedé, & dépenſa cent ſoixante & huit mille francs pour ſes obſèques.

Mais la Maiſon de Guiſe faiſoit plus d'état de la prudence du Roy Charles VII. qui avoit ſacrifié ſon Favory au bien de ſes affaires, que du Favory qui s'étoit ruïné pour rendre à ſon maître méconnoiſſant de vaines démonſtrations d'amitié & de reconnoiſſance. Elle

A iij

s'employoit uniquement à former de plus étroites unions avec ses anciens amis, & le Duc de Nemours fut le premier à qui elle s'adressa, parce qu'il avoit succedé au malheureux Vidame de Chartres, en ce qui regardoit la confiance de la Reine-Mere. Le Duc ne se fit pas long-tems prier pour appuyer la fortune chancelante de la Maison de Guise, parce que d'un côté il avoit perdu l'esperance de se reconcilier avec ceux du party contraire, sans être obligé de ceder au Prince de Condé la Charge de Colonel de la Cavalerie Legere, & de l'autre côté son courage & son honneur le portoient à perir avec la Maison de Guise, plûtôt que de donner la moindre marque de foiblesse, en témoignant de vouloir acheter au prix de la démission de cette Charge, sa reconciliation avec le Prince.

Le Maréchal de Saint André se trouva dans la même disposition que le Duc de Nemours. Il avoit reçu de Henry Second des gratifications immenses, il en avoit prodigué la plus grande partie, il craignoit d'en être recherché : la seule Maison de Guise pouvoit l'en preserver, comme elle avoit garenty le Connétable & les autres Courtisans ; & ses amis étoient trop reservez ou trop foibles pour se charger de la protection d'un homme qui s'étoit attiré la haine de tant de personnes.

Le Maréchal de Brissac ne s'étoit point encore consolé de la restitution du Piémont, que le Connétable l'avoit forcé de faire, & ne demandoit que l'occasion d'y reporter la guerre, qu'il attendoit plûtôt de ceux de Guise, que de leurs aversaires.

Dans l'Apologie de ce Cardinal.

Enfin le Cardinal de Tournon n'avoit point oublié que la premiere action du Connétable, sous le Regne de Henry Second, avoit été de l'exclure du ministere, & n'attendoit pas de luy un traitement plus favorable, s'il rentroit dans le Conseil.

Ces personnes neanmoins, toutes bien intentionnées qu'elles étoient pour la Maison de Guise, ne se fussent ni si promtement, ni si avant engagées pour la soûtenir dans le penchant inévitable où les moins credules se figuroient qu'elle fût, si le Vidame de Chartres n'eût manqué au Connétable dans une conjoncture si importante. Le Vidame avoit conservé sur leurs esprits, le même ascendant qu'il avoit sur tous les autres Courtisans de sa volée : Et quoy qu'il eût perdu les deux choses qui le rendoient le plus considerable, sa liberté & la confiance de la Reine, il ne laissoit pas d'agir en prison, & d'y écrire des lettres qui eussent ôté dans la suite à la Maison de Guise ses meilleurs amis, si la mort ne l'eût surpris lorsque sa negociation étoit fort avancée, & n'eût consumé par une fiévre lente en sa personne, à l'âge de trente-huit ans, le plus parfait Courtisan des derniers siecles.

La Maison de Guise délivrée d'un si dangereux ennemy, pressa la Reine-Mere de prendre sa protection. Elle avoit penetré assez avant dans l'intention de cette Princesse, pour juger qu'elle se resoudroit difficilement de la sacrifier au Connétable, parce que ses interests étoient mêlez avec les siens : Et sur ce fondement le Duc de Guise & le Cardinal de Lorraine firent si bonne mine, que la Reine-Mere les croyant plus affermis qu'ils n'étoient en effet, les considera beaucoup davantage. Elle passa bien-tôt de l'estime à la confiance, & la Maison de Guise se voyant caressée comme aupa-

1560.

ravant, acheva d'engager la Reine, par la proteftation qu'elle luy fit de luy vouloir être uniquement redevable de fa confervation. Elle ne faifoit rien en cela qui ne fût prefque également conforme à fes avantages & à la verité, puifqu'elle prevoyoit que le party du Connétable feroit tôt ou tard obligé de fe jetter entre les bras de la Reine.

Pour entendre ce miftere de Cour, il faut fuppofer qu'encore que le Connétable eût employé tous fes foins à former fa faction, il n'avoit pû neanmoins s'en faire reconnoître le chef, & ceux dont elle étoit compofée, dépendoient principalement du Roy de Navarre, à caufe de fa qualité de premier Prince du Sang, & des grandes Terres que fa Femme poffedoit delà la Loire. L'humeur de ce Prince étoit affez connuë pour donner lieu de croire qu'il aimeroit mieux ceder fes pretentions à la Reine, que de s'embarraffer dans une guerre civile: Et comme on ne pouvoit douter que le party du Connétable ne devînt alors inferieur à celuy de la Reine, la Maifon de Guife trouvoit infailliblement fon falut en intereffant cette Princeffe à la maintenir. Enfin fa derniere reffource confiftoit dans les Deputez des Etats, dont la meilleure partie étoit à fa devotion.

Celles de Foix, d'Armagnac, d'Albret & de Cominges.

La Reine apporta de fon côté plus de facilité à cette liaifon, qu'on ne penfoit; & fi les amis du Connétable en furent furpris, ils n'avoient pas autrement fujet de l'être. L'experience leur devoit avoir appris que Sa Majefté n'avoit à proprement parler de paffion que pour commander, que la jaloufie ne l'avoit pas empêchée durant la vie de fon Mary, de vivre en bonne intelligence avec la Ducheffe de Valentinois: Qu'aprés la mort

LIVRE I.

1560.

mort de ce Prince, elle avoit pardonné à cette Duchesse, à la priere du Duc d'Aumale son gendre ; & que durant le regne de François II. elle ne s'estoit offensée des injures receües de la faction du Connêtable, & de celle de Guise, qu'à proportion que les mépris de l'une & de l'autre ébranloient son autorité, d'où il estoit aisé de conclure que son aversion pour ceux de Guise, avoit cessé au moment que la mort du Roy son fils, l'avoit délivrée de la crainte qu'ils ne la contraignissent de sortir de la Cour, & que pour peu d'avantage qui luy revînt de se reconcilier avec eux, elle seroit la premiere à les en rechercher.

Mais l'aveuglement des amis du Connêtable, estoit d'autant plus étrange qu'ils ignoroient la politique de la Reine, qui voyant la France divisée en deux factions à peu prés égales, pretendoit regner dans cet équilibre, en balançant l'une par l'autre : Et sur ce principe elle étoit si éloignée de pousser la Maison de Guise, que si le Duc de Guise, & le Cardinal de Lorraine eussent perdu le courage, & le jugement, dans cette conjoncture, elle les eût r'assurés, & même, si ces deux fréres eussent été assés étourdis par la mort du Roy, ou assés négligens pour ne pas chercher sa protection, elle fût allée au devant d'eux, & la leur eût oferte.

Et de fait, les Amis du Connêtable s'aperçurent de leur erreur, dés le troisiéme jour aprés la mort du Roi, lorsque René de Laval, Seigneur de Loüé, tua dans Orleans, le Bâtard [a] de Bueil, fils du Comte de Sancerre. Il sembloit que la querelle fût plûtôt géné-

[a] Lüis de Bueil, fils de Louis de Bueil,

1560.

Capitaine des Cent Gentils-hommes de la Maison du Roy, Chevalier de l'Ordre, & Gouverneur d'Anjou, du Maine & de Touraine.
b Ils étoient prés de huit cent.

c Loüis de Sainte Maure.
d Comme frere de Loüife de Sainte Maure, mariée avec Gilles de Laval Seigneur de Loüé, pere de René de Laval.
e Rohan Guiméné veuve de François de Rohan Seigneur de Gié, & du Verger en Anjou.

rale, que particuliére, en ce que ce Bâtard étoit un des plus renommés entre les braves qui fervoient d'épée de chevet au Duc de Guife. b C'eft ainfi qu'on nommoit les Gentilshommes que ce Prince avoit atachés à fa perfonne, par des bienfaits, & dont il avoit éprouvé fi utilement le fecours, dans la découverte de la confpiration d'Amboife. Le fujet de la querelle venoit de deux chefs, l'un que Laval prétendoit que le Duc de Guife, & le Cardinal de Lorraine euffent fuborné par le miniftére du Batard de Bueil, le Marquis de c Nefle fon d Oncle, dont il étoit héritier préfomptif, & l'euffent porté à leur faire une donation entre vifs de la Terre de Joigni. L'autre, que Bueil voïant Laval engagé dans la recherche de la veuve de Gié, ne s'étoit pas contenté de devenir fon rival, mais avoit de plus, infolemment publié que cette veuve, enfuite d'une promeffe de mariage écrite & fignée de main, lui avoit acordé les derniéres faveurs. e Son deffein n'étoit peut-être, que de Laval, & fes autres rivaux, de la recherche de cette Dame : mais Laval jugea que l'ofenfe étoit de celles qui ne fe lavent que dans le fang : il n'eftima pas affés le Bâtard, pour lui faire l'honneur de fe batre contre lui, il le prit à fon avantage, & le tua. Le parti du Connétable aprouva cette action, & folicita pour obtenir fa grace ; Mais la maifon de Guife l'emporta dans le Confeil, au moment qu'on la croïoit ruïnée fans reffource. Le Roi de Navarre dont le Palais fervoit d'azile à Laval, fut obligé de le faire évader la nuit, & fes biens furent faifis enfuite.

Cét éclat de faveur à quoy l'on ne s'attendoit pas,

LIVRE I.

arrêta dans la faction de la Maison de Guise, tous ceux qui avoient attendu à s'en separer, que la Cour ce fût declarée contr'elle, & diminua le nombre de la Noblesse qui s'alloit offrir au Roy de Navarre. Ce Prince n'eût pas laissé neantmoins d'obtenir la Regence, & la Reine sa concurente, avoüa depuis qu'elle n'eût pû l'en empêcher, s'il ne se fût luy-même desisté de sa prétention. Son ambition ne se reveilla pas même dans la conjoncture où les Estats le conjurerent d'accepter le Gouvernement. Ses amis luy representerent en vain qu'il ne manqueroit ny de conseil, ny de forces pour se faire obéir : Mais les persuasions de la Duchesse de Montpensier, que l'on appelloit sa Sirenne, l'emporterent sur les remontrances des Montmorencis, des Châtillons, des Calvinistes & des plus éclairez Catholiques. Il se contenta de l'ombre de l'autorité, en acceptant la Lieutenance generale de l'Estat, & il en laissa le solide à la Reine, en luy deferant la Regence.

Dieu dont les justes jugemens vouloient punir la France, ne se contenta pas d'aveugler un Prince qui d'ailleurs ne manquoit pas d'esprit, jusqu'à le faire servir d'instrument à l'ambition sans borne d'une femme qui mit tout en usage pour se maintenir durant trente-huit ans dans la souveraine direction des affaires, où la complaisance des François l'avoit élevée, & l'on peut dire que la facilité de ce Prince, fût la cause ou l'occasion de tous les maux qui affligerent la France durant un si long-temps. Cét aveuglement passa par une fatale contagion, au Connétable & à l'Admiral. Ils étoient venus à Orleans pour soûtenir

1560.

Dans la Negociation de la Duchesse de Montpensier avec le Roy de Navarre.

la foiblesse du Roy de Navarre, & ces deux grands hommes si éclairez dans les intrigues & dans les affaires, assez puissans sur son esprit pour décrediter la Duchesse de Montpensier, & capables de le faire changer, quelque resolution qu'il eût prise, au lieu de le detourner d'un si honteux désistement, l'y confirmerent par cette seule raison que son inconstance les embarassoit trop, & qu'ils disposeroient plus aisement de la Reine, aprés l'avoir obligée par un bienfait aussi considerable qu'estoit celuy de porter le premier Prince du Sang, à luy ceder la Regence.

La Reine qui craignoit aussi que le Connêtable & l'Admiral ne se desabusassent trop tôt, leur fit persuader qu'ils avoient sauvé la France, en donnant un conseil si moderé au Roy de Navarre : Et les flateurs de ce Prince ne manquerent pas de luy dire qu'il avoit fait une action héroïque, en preferant à sa propre fortune les interests de l'Estat, & en oubliant que cette Princesse peu de temps auparavant, avoit consenty qu'on le confinât à Loches, dans une prison perpetuelle, & que l'on tranchât la teste au Prince de Condé son frere.

Mais les fautes du Roy de Navarre, du Connêtable & de l'Amiral, ne furent ny si grandes, ny de si dangereuse consequence que celle des Estats. Ils se trouvoient par bonheur assemblez, & personne ne pouvoit contester qu'il ne leur appartînt de disposer de la Regence ; cependant ils ne se formaliserent pas que ceux dont l'autorité devoit cesser durant leur assemblée, en disposant sans leur consentement. Une partie des Députez aima mieux se rapporter sur un point

LIVRE I.

si delicat, à la prudence de ceux qui l'examinoient, que d'irriter la Reine, en voulant s'en mêler : Et l'autre partie qui ne voyoit que par les yeux du Cardinal de Loraine, n'eut garde de trouver mauvais ce qu'il leur representoit comme absolument necessaire.

1560.

La Reine devenuë ainsi Regente contre toute apparence, délibera avec la Maison de Guise, sur la maniere dont elle délivreroit le Prince de Condé. La difficulté n'estoit pas legere, car encore que Sa Majesté ne pût s'exempter de le mettre en liberté, il y avoit neantmoins à craindre que si on le délivroit aussi facilement qu'il avoit esté emprisonné, il ne traversât la Regence avant qu'elle fut établie en inspirant au Roy de Navarre son frere, de changer d'avis. Il faloit donc trouver l'expedient de l'élargir sans le laisser en pleine liberté : Et le Cardinal de Loraine n'avoit jamais rien inventé de si delicat que ce qu'il proposa pour tirer d'inquietude la Reine & le Duc de Guise.

Ce fut d'envoyer la Ferriere Maligny, Confident du Prince, que la Cour avoit trompé, luy dire qu'il estoit libre & pouvoit disposer de sa personne, comme il luy plairoit, de le combler de civilité, & de rejetter sur le feu Roy, sa prison, & le chagrin dont elle pouvoit avoir esté suivie ; mais de luy faire en même temps comprendre que s'il sortoit si-tôt de prison, l'on présumeroit qu'il seroit plus redevable de sa liberté au changement de regne, & à la faveur de la Regente, qu'à son innocence, au lieu que si avant que de paroître à la Cour, & de tenir son rang dans les Estats, il alloit se faire justifier par le Parlement de

B iij

Paris, il feroit une veritable action de Prince du Sang, & par là se mettroit à couvert de toutes sortes de reproches, & même de soupçon.

Il n'est pas étonnant que le Prince se laissa surprendre à cette proposition, puisqu'elle luy fut insinuée par une voye si peu suspecte, outre qu'elle estoit plausible d'elle-même, & qu'elle s'accordoit admirablement en apparence avec la franchise dont le Prince faisoit profession ; mais il est beaucoup plus étonnant, que les amis du Prince y consentirent, puis qu'ils voyoient sans prévention les avantages de la conjoncture qu'on luy faisoit perdre, sous pretexte d'une vaine formalité : Cependant ils luy dirent tous qu'on ne luy pouvoit inspirer de plus salutaire conseil, & donnerent ainsi le temps, dont la Cour & la Maison de Guise avoient besoin pour s'asseurer entierement du Roy de Navarre.

Le Prince refusa de sortir de prison, sans sçavoir auparavant sa partie, & demanda de se retirer dans une des Terres du Roy son frere, jusqu'à ce que le Parlement en eût decidé. On le prit au mot & on l'envoya d'abord au Château de Han, puis à la Ferre, avec cette precaution que les gens de guerre dont il estoit environné, protestoient de n'avoir point ordre de le garder, mais seulement de le servir en tout ce qu'il luy plairoit leur commander. Il y demeura jusqu'à ce que la Cour ne le craignant plus, le manda pour assister à sa propre justification.

La Regence n'estoit pas encore tout-à-fait asseurée à la Reine, quoy que le consentement du Roy de Navarre y fût intervenu, si les Estats ne l'approuvoient ;

LIVRE I.

Et ce fut là la seule raison qui porta cette Princesse à vouloir qu'ils se tinssent; car au reste il y alloit de son interest & de celuy du Roy son fils, de les congedier.

1560.

Le party du Connêtable tendoit presque à la même fin, & s'il ne desiroit pas qu'on les congediât absolument, il souhaitoit du moins qu'on les remît à un autre temps, parce qu'ayant sçû que le plus grand nombre des Deputez estoit à la devotion de la Maison de Guise, il apprehendoit que les affaires n'y prissent le mouvement qu'il plairoit au Cardinal de Loraine de leur donner.

Mais rien ne paroissoit impossible à une Princesse entreprenante qui croyoit que la fortune agissoit de concert avec elle. La Reine menagea les Estats avec tant d'adresse, par le ministere du Cardinal de Loraine, qu'ils ne déliberent que sur les matieres qu'il leur proposa.

L'ouverture s'en fit le 13. de Decembre, huit jours aprés la mort de François second, par un discours du Chancelier de L'hospital, qui ne pouvoit estre ny plus à propos, ny plus utile. Il commença en loüant la soûmission du Roy de Navarre; Il dit que les Rois les assembloient pour demander à leurs sujets des secours d'hommes & d'argent, pour reformer la Justice & les gens de guerre, pour les Apennages des Fils de France, ou pour pourvoir au gouvernement du Royaume: Que les Rois les avoient toûjours honnorez de leur presence, excepté lors qu'on y traita la fameuse cause de la Monarchie, qui fut celle de sçavoir à qui appartenoit de succeder à Charles le Bel, d'Edoüard d'An-

Dans la Harangue du Chancelier de L'hôpital aux Estats.

gleterre son neveu, ou de Philippes de Valois son cousin germain. Car les Chroniques témoignent que Philippes & Edoüard ne s'y trouverent pas pour deux raisons, l'une qu'ils n'estoient point encore declarez chefs de l'Assemblée, l'autre qu'ils estoient parties dans l'affaire dont il s'agissoit. Le Chancelier adjoûta que les Rois, bien loin de diminuer leur pouvoir, en prenant avis de leurs sujets, & de ravaler leur Majesté en se rendant trop familiers, devenoient plus capables de gouverner pendant la Paix, & de commander durant la guerre, qu'ils n'entendoient que par leurs Estats la verité qui le plus souvent hors de là étoit deguisée par les flateurs ; Que Loüis XII. n'ayant point occasion de les convoquer, aimoit à se trouver travesty dans les Assemblées où l'on parloit librement, & se vantoit d'y avoir appris beaucoup de choses importantes qu'il n'auroit jamais sçuës par une autre voye ; Que les Rois apprenoient dans les Estats, en quoy consistoient leurs veritables affaires, soulageoient leurs peuples, retranchoient les dépenses superfluës, donnoient les Charges au merite, & cherchoient les adoucissemens necessaires à rendre l'obeïssance plus agreable ; Que le Royaume au milieu de la Paix au dehors, qu'il avoit si cherement achetée, étoit menacé de la guerre civile au dedans, le plus grand des maux, & pour mieux dire le mal universel ; Que la Religion en estoit la cause ou le pretexte : [comme si Dieu estoit auteur de la discorde, & que l'avantage du Christianisme sur les autres cultes, ne consistât pas en ce qu'il ne devoit point son établissement à la force ny à l'adresse, mais à la patience :]

Qu'en

LIVRE I.

1560.

Qu'en attendant le Concile que le Pape alloit convoquer, sa Majesté Trés-Chrétienne estoit obligée d'empêcher qu'un chacun ne se formât une Religion selon son caprice, parce qu'il y alloit de la tranquillité publique & de la conservation d'un Estat dont elle n'estoit qu'usufruitiere : outre que la premiere charité dont elle devoit estre touchée à l'égard de ses peuples, se reduisoit à les empêcher de hazarder leur salut éternel ; Que si la Cour de Rome n'accordoit pas assez tôt à la France ce grand remede dont elle avoit besoin, on sçavoit la maniere dont les François avoient usé dans une semblable conjoncture, & l'on y auroit recours pourvû que les Prelats & Beneficiers à charge d'ame, prissent à l'avenir tout le soin necessaire de leurs Troupeaux, & commençassent ainsi eux-mêmes à reformer l'abus par où l'heresie s'estoit principalement introduite en France ; Que l'heresie ne s'étouffoit que par la parole de Dieu & par le bon exemple, & que la plus efficace persuasion estoit celle du Predicateur qui pratiquoit ce qu'il enseignoit : Que la violence ne servoit de rien en matiere de Religion, & que tout l'avantage que la politique en avoit tiré consistoit à depeupler les Estats, en perdant les corps avec les ames ; Que les feux allumez par tout contre les Heretiques, témoignoient que l'on avoit plus d'aversion de leurs personnes, que de leurs erreurs, & que comme aucun ne s'étoit jamais sincerement converty par cette horrible voye, on avoit presque toûjours obtenu par celle de la priere, leur retour à la communion de l'Eglise : Qu'il falloit bannir les termes seditieux de Huguenot & de Papiste, qui sous pretexte de zele, alloient allumer des seditions aussi funestes à la France, que l'avoient esté à l'Italie celle des Guelphes & des Gibelains ; & puis qu'on ne pouvoit douter que ceux qui se serviroient désormais de semblables mots, ne cherchassent à satisfaire leur ambition & leur avarice aux dépens de leur Patrie, il les falloit prévenir en les opprimant avant qu'ils eussent executé leurs detestables projets. Qu'il seroit pour cela besoin d'une puissante armée, mais que le Roy ne la pouvant entretenir sans fouler extraordinairement ses Sujets, il estoit plus à propos de mettre les armes en la main des bons Bourgeois, dans les Villes que l'on sçavoit estre infectées de seditieux, & de leur permettre de les prendre & de les punir suivant la rigueur des Edits, au premier signe qu'ils feroient de vouloir troubler la tranquilité publique ; Qu'il falloit imiter en ce point la prudence des Habitans des Provinces situées le long de la mer, qui ne manquent ny de s'attrouper, ny de courir aux lieux où les phares allumez les avertissent de l'approche ou de la descente des Corsaires ; & que comme la société civile ne connoissoit point d'aversion si dangereuse que celle que la diversité des Religions excite dans les mesmes familles, il n'y avoit point aussi de temps plus utilement employé que celuy que l'on donnoit à la prévenir ou à l'éteindre : Que le soin le plus important après la paix, devoit estre celuy des finances, & que les deux derniers Rois bien loin de laisser l'Espargne garnie de quatre à cinq millions, à l'exemple de François premier, avoient dissipé leur Domaine & laissé l'Estat chargé de quarante millions de debtes;

Mais que le Roy refolu de s'acquitter, offroit de retrancher fa dépenfe & fa Maifon, par l'avis de l'Affemblée, & la prioit feulement que la Majefté Royale n'en fût point avilie.

1560.

La premiere affemblée finit avec le difcours du Chancelier, mais à la fuivante plufieurs Deputez de la Nobleffe & du Tiers-Eftat pretendoient que leur pouvoir eftant expiré par la mort du Roy, ils ne pouvoient paffer outre fans avoir receu de nouvelles Commiffions; & les autres foûtinrent que leurs Procurations n'eftoient point alterées. Ainfi l'affaire fut renvoyée au Confeil d'Eftat, qui decida que les Commiffions apportées par les Deputez, fuffifoient, nonobftant le changement de Roy, parce que la mort faififfoit le vif par la Loy du Royaume, & que la Couronne paffoit fans aucune interruption du predeceffeur au fucceffeur.

Le Cardinal de Loraine avoit obtenu du Clergé de faire la Harangue au Roy, pour les trois Eftats, & l'avoit compofée à fa mode. Elle confiftoit dans une apologie continuelle de la conduite de fa Maifon, & dans une fanglante invective contre les Calviniftes: mais fon Emiffaire Grineau, Chantre de la fainte Chapelle de Paris, ne pût obtenir pour le Cardinal le confentement, ny de la Nobleffe qui s'excufa de le donner fur ce qu'elle ne vouloit rien innover, chaque Corps ayant accoûtumé d'avoir fon Orateur, ny du Tiers-Eftat qui répondit qu'il n'avoit garde de choifir pour fon Avocat un homme dont il avoit intention de fe plaindre.

Le Cardinal refufa de haranguer pour le Clergé en

particulier, de peur de se commettre en s'égalant à ceux qui seroient nommez par les autres Corps : Et Jean Quintin, Professeur en Droit Canon à Paris, harangua au lieu de luy, aprés que Jacques de Silly, Baron de Rochefort, eut esté nommé par la Noblesse, & Jacques Lange, Avocat au Parlement de Bordeaux pour le Tiers-Estat.

Quintin avoit autrefois esté soupçonné d'heresie, lors qu'il étudioit à Poictiers, à cause d'un Discours public, où il avoit inseré des sentimens presque semblables à ceux de Calvin, & n'avoit évité la prison que par une prompte retraite. Mais il luy estoit arrivé dans un âge plus avancé, le syptome ordinaire à ceux qui changent de Religion, qui est de passer d'une extremité à l'autre. Il avoüa neantmoins d'abord que le desordre estoit si grand parmy les Ecclesiastiques, qu'ils avoient besoin d'estre reformez par l'authorité du Roy : mais il ajoûta qu'ils devoient eux-mêmes estre les Ministres de leur reforme, & que la correction devoit regarder les mœurs & non pas la Doctrine ; Qu'il n'y avoit rien à changer dans les Articles de la Foy, dans l'usage des Sacremens, dans la Tradition de l'Eglise, ny dans les Ordonnances des Conciles generaux. Il proposa ensuite que l'on exterminât une Heresie qui faisoit profession de rüiner & de profaner les Eglises, de briser les Images, d'abatre les Autels, de dégrader les personnes sacrées, de violer les Vœux, de vivre sans jeûnes & sans abstinence, de haïr la mortification du corps, de marier les Prêtres, les Moines & les Religieuse, & d'affecter une entiere indépendance, en presentant des Requestes qui

Dans la harangue de Quintin.

tendoient à faire Schifme. Il demanda l'uniformité de
la Difcipline qu'il pretendit eftre fi abfolument neceffaire dans un Eftat Chrétien, que Gainas, General de
l'Armée des Goths, voulant ufurper l'Empire d'Orient
fur Arcade, ne trouva point d'autre rufe que de demander un Temple dans Conftantinople, pour y prier &
chanter avec fes complices, à la mode Arrienne. Il
pretendit que le commerce fut interdit aux Heretiques,
fur ce que c'eftoit principalement par cette voye qu'ils
fe multiplioient. Il s'étendit fur les Privileges des Ecclefiaftiques, quoy que les plus importants felon luy
vinffent de la liberté des Rois Payens.

1560.

Comme la plufpart de l'affemblée avoit jetté les
yeux fur l'Admiral, lors que Quintin avoit parlé des
Requêtes & de Gainas, & que d'ailleurs on ne pouvoit
douter que cet Officier de la Couronne n'euft efté de-
figné dans ces deux endroits, il en fit fa plainte le
lendemain au Roy & à la Reine. Quintin mandé pour
rendre raifon de fon difcours, repartit qu'il n'avoit
parlé que conformément aux Memoires que le Corps
dont il avoit eu l'honneur de porter la parole, luy
avoit fournis : mais la Reine luy fit promettre qu'a-
vant la feparation des Eftats, il declareroit n'avoir
point entendu parler de l'Admiral. Et l'Admiral ayant
égard au temps voulut bien s'en contenter.

Les zelez Calviniftes ne furent pas fi moderez, car
ils publierent un libelle fi fanglant contre Quintin,
divifé en trois parties, dont la premiere contenoit les
ignorances groffieres ; la feconde, les calomnies ma-
nifeftes, & la troifiéme, les omiffions malicieufes de
fa Harangue, que ce Docteur plus fenfible qu'il ne de-

1560. voit eftre, se mit au lit aprés avoir lû ce libelle, & n'en releva pas.

Rochefort parla cavalierement, & fuppofa d'abord que la Monarchie Françoife, à fon origine, n'avoit efté compofée que de la Nobleffe & du Peuple. Il ajoûta que la Nobleffe s'étoit d'elle-même affoiblie par fes liberalitez envers les Eglifes, & que non contente de les avoir revétuës du plus liquide de fes biens, elle leur avoit encore cedé la Juftice, par un aveuglement d'autant plus prejudiciable que la profeffion Ecclefiaftique n'eftoit point, felon luy, de fe méler des affaires feculieres, mais de vivre dans la folitude, de prier, de prêcher, d'adminiftrer les Sacremens ; Qu'il eftoit inutile de laiffer la Juftice à ceux qui ne pouvoient opiner dans les condamnations de mort ; & que la Nobleffe qui avoit toûjours l'épée au cofté, y eftoit fans comparaifon plus propre : Que le Clergé eftoit le Corps le plus dereglé de la Monarchie, & qu'il falloit commencer par luy à la reformer ; Qu'on n'y travailleroit jamais avec efperance de fuccez, qu'en luy retranchant des immenfes richeffes qui ne fervoient qu'au luxe & à la licence, & en les rendant à la Nobleffe, qui le plus fouvent manquoit des moyens de monter à cheval, lors que le fervice du Roy & la deffenfe de la Couronne l'appelloient à l'Armée : Que les Nobles avoient autrefois exercé feuls la Judicature, & que François premier avoit eu deffein de les rétablir dans ce Droit ; Qu'on ne leur pouvoit rendre en ce point ce qui leur eftoit dû, fi les Charges ne ceffoient d'eftre venales, & qu'en les diftribuant felon le merite, on obligeroit les jeunes Gentilshommes d'eftudier afin de

Ce font là les mefmes termes de railleries dont ufa Rochefort dans fa harangue.

Dans la harangue de Rochefort.

s'en rendre dignes : Que la chicane se pouvoit empescher en abregeant les formalitez de la Justice, & en punissant exemplairement ceux qui en affecteroient les longueurs, & que les confiscations ne devoient estre accordée qu'après l'Arrest de mort, ny converties qu'en des usages de pieté.

1560.

On observera que Rochefort, en parlant du Roy, affecta de ne se servir jamais du mot de Majesté, pour faire croire qu'il n'approuvoit pas ce terme de respect, que l'usage de nos derniers siecles a donné à nos Rois, avec autant de raison que les Romains le donnoient à leurs Empereurs.

Enfin Lange representa pour le Tiers-Estat, Que ce Corps ne pensoit point à se separer des autres, comme avoit fait autrefois le Peuple Romain en diverses rencontres. Ce n'est pas, ajoûta-t-il, qu'il n'en eust beaucoup plus de sujet, car il estoit sans comparaison plus nombreux que le Clergé & la Noblesse. Il ne possedoit pas la dixiéme partie de leurs biens : cependant il portoit luy seul presque toutes les charges publiques, contre l'équité naturelle, & la maxime de la Jurisprudence, qui desaprouvoit les societez; où les impositions estoient inégalement partagées, lors que les avantages que les particuliers tiroient de la Republique, estoient égaux. D'où il conclut, que si la conjoncture des affaires ne permettoit pas de soulager entierement le Tiers-Estat, on luy donnât au moins quelque relâche, & que le Roy eust la bonté de l'asseurer qu'il seroit traité plus favorablement, aussi tost que le Royaume joüiroit au dedans, comme au dehors d'une pleine tranquilité.

On avoit remarqué dans les Harangues, que ceux qui les prononçoient, n'avoient traité de Princes que les personnes du Sang Royal, & la Maison de Guise s'en formalisa. Elle en fit des plaintes par les Deputez de Bourgogne & de Dauphiné, dont elle avoit les Gouvernemens, comme d'une injure la plus sensible qu'elle eust put recevoir, puisque personne ne lui contestant d'estre sortie d'une Maison actuellement Souveraine, on ne laissoit pas de la frustrer du principal avantage qui luy en revenoit, en la privant en France où elle avoit rendu de si grands services, d'une qualité dont elle estoit honorée dans toute l'Europe.

Les autres Deputez répondirent, Que les Estats estoient en possession de ne reconnoistre pour Prince que ceux qui par la Loy fondamentale du Royaume pouvoient devenir leurs Souverains, & persisterent à soutenir la maniere dont on avoit parlé, quoy qu'on leur repliquât que les mots de Princes du Sang n'avoient pas toûjours esté si scrupuleusement employez à designer les mâles legitimes de la Famille Royale, qu'on ne les eût étendus en diverses Assemblées publiques, & particulierement sous le regne de Charles VII. au Comte de Dunois, bâtard d'Orleans.

La Maison de Guise piquée de ce refus, traita de seditieux ceux qui luy avoient esté contraires : Ce qui les obligea d'en faire leurs plaintes à la Reine, par la bouche du Vidame de Châlons. Sa Majesté tout-à-fait éloignée de s'attirer de nouvelles affaires, repartit, Qu'elle tenoit tous les Deputez, tant en general, qu'en particulier, pour de bons serviteurs & de fideles

les sujets ; & qu'ils avoient d'autant moins d'occasion de se piquer du terme de seditieux, que s'estant informée de ceux de Guise, à qui ils avoient pretendu l'attribuer, ils avoient pretendu l'attribuer, ils avoient répondu, que leur intention avoit esté seulement de designer les Deputez qui voudroient entreprendre contre son authorité & contre celle de son Fils.

1560.

Ce desaveu les satisfit, & la Reine leur demanda leurs cahiers, qui furent examinez dans le Conseil du Roy. On y trouva beaucoup d'articles qu'il étoit également dangereux d'accorder & de refuser ; le seul expedient capable d'en éluder la réponse, consistoit à congedier les Estas, sous pretexte de les remettre à une plus douce saison : car c'estoit au milieu d'un hiver extraordinairement rude. On differa donc leurs seances jusqu'au premier jour de May 1561. Et de peur que le delay ne passast pour ce qu'il estoit en effet, c'est à dire pour une rupture, on ordonna que les Estats particuliers s'assembleroient en chaque Province, & que les treize Gouverneurs envoyeroient chacun deux Deputez en l'Assemblée convoquée à Pontoise, pour examiner & pour resoudre les moyens d'acquiter les debtes de la Couronne. Ils requirent qu'on leur en communiquât le détail, & que l'on fist expedier des Lettres patentes pour la revocation des dons immenses qui pourroient avoir esté faits sous les regnes precedens.

On leur accorda volontiers la premiere de ces propositions, & il tint si peu au Roy de Navarre qu'ils n'obtinssent la seconde, qu'il offrit de rendre tout ce qu'il se trouveroit avoir receu des deniers publics.

Tome I.   D

Mais le Maréchal de Saint André, que cette recherche auroit ruiné fans reffouce, & la Ducheffe de Valentinois, dont la fucceffion eût efté inutile au Duc d'Aumale, en éluderent l'execution.

Les Evêques furent avertis de fe tenir prefts pour aller au Concile qui fe devoit continuer à Trente, & tous les Juges criminels du Royaume eurent ordre de mettre en liberté les perfonnes emprifonnées pour le fait de la Religion, & de les rétablir dans la poffeffion de leurs biens. On decerna des peines de mort contre ceux qui s'injurieroient pour la même caufe; & l'on ordonna que tout le monde fe conformât à la Religion receuë depuis tant de fiecles dans le Royaume.

Comme les Eftats avoient commencé immediatement aprés la mort du Chef de la Maifon Royale, ils fe terminerent à celle du dernier Prince du Sang. Le Marquis de Beaupreau, Fils unique du Prince de la Roche-fur-Yon, courant à bride abbatuë, tomba de cheval, & fut foulé aux pieds par celuy du Comte de Maulevrier, qui ne le pût retenir. Le Pere irrité d'avoir ainfi perdu fon Fils, Prince de la plus belle efperance que l'on eût vû, pardonna neantmoins au Comte, mais ce fut à condition qu'il ne fe trouveroit jamais devant luy, foit qu'il apprehendât que la vûë du Comte, tout innocent qu'il eftoit ne renouvellât fa douleur, ou qu'il fe défiat de pouvoir eftre le maiftre de fon reffentiment.

Le Cardinal de Loraine prit pretexte de la remife des Eftats pour aller refider à Rheims, d'où il eftoit Archevefque; mais on vit bien qu'il ne fe retiroit du

1560.

Dans les Memoires des Eftats d'Orleans.

François fecond.

Conseil du Roy, qu'à cause que le Roy de Navarre y avoit la principale authorité, ou qu'il craignoit de se commettre avec ce Prince dans les occasions qui s'en offriroient tous les jours.

1560.

Le Roy de Navarre ainsi délivré de la presence du Cardinal de Loraine, commença de regler les Finances par le retranchement de la moitié des Gages de la Maison du Roy, & du tiers des Pensions qui se donnoient aux François. On ne toucha point à celles des Etrangers, & cette injuste preferance obligea les interessez à presenter au Roy de Navarre un Ecrit si bien raisonné, qu'il ne s'en est peut-estre jamais composé de meilleur en matiere de politique. Il pretendoit que la dépense employée en temps de Paix à soudoyer les Etrangers & à leur donner des Pensions, estoit tout ensemble inutile & préjudiciable à la France. Que nos Rois avoient autrefois confié la garde de leurs Personnes aux Ecossois, à cause de l'inimitié de ces Peuples avec les Anglois nos irreconciliables ennemis, sans que neantmoins leurs Majestez se fussent avisées d'acheter par des liberalitez annuelles l'amitié des Ecossois, & sans que les Ecossois eussent pretendu de vendre à deniers comptans le service qu'ils rendoient : au contraire ils avoient toûjours témoigné estre plus obligez aux Rois Tres-Chrétiens de l'estime qu'ils faisoient de leur fidelité, que les Rois Tres-Chrétiens ne leur estoient obligez du soin qu'ils prenoient de veiller à la conservation de leurs Personnes sacrés : Que la Maison d'Autriche s'estant depuis agrandie par les successions de celle de Bourgogne & d'Espagne, les Rois de France avoient crû devoir s'allier

D ij

avec les Suisses, dont la pluspart avoient esté Sujets de cette Maison, parce que la crainte de retomber sous sa domination, les retiendroit plus étroitement attachez aux interests de la France : Que cette alliance n'avoit d'abord cousté que dix mille écus par an ; mais qu'elle avoit monté dans la suite à prés de deux millions de livres : Qu'une si prodigieuse gratification estoit peut-estre necessaire, & par consequent excusable durant la guerre ; mais qu'en pleine Paix il estoit à craindre qu'elle ne passast dans le monde pour une prodigalité ; que les ennemis de la France ne la prissent pour un aveu continuel qu'elle faisoit de sa foiblesse, & que les Suisses mêmes, accoûtumez depuis cent ans à recevoir ponctuellement leurs pensions, ne s'imaginssent enfin que c'estoit un tribut qu'elle leur payoit : Que ce ne seroit pas la premiere fois qu'une semblable chimere tomberoit dans l'esprit d'une Nation, & que les Anglois avoient interpreté de même la pension de cinquante mille écus que les François avoient bien voulu payer long-temps pour les dédommager en quelque façon des Provinces de Guyenne & de Normandie, qu'ils leur avoient ostées : Que la même raison qui avoit porté les Suisses à se mettre en liberté, les obligeoit assez d'entretenir une sincere correspondance avec la France, sans que l'argent y contribuât ; & que la grandeur de la Maison d'Autriche leur seroit suspecte tant qu'ils auroient chez eux le Château de Hapzbourg, que cette Maison regardoit comme son berceau, & qu'elle tâcheroit toûjours de recouvrer, puisqu'il estoit son premier & plus ancien heritage. Ainsi les affaires des Cantons à les bien

examiner, eftoient tellement difpofées, qu'ils n'a- 1561.
voient pas moins befoin de la France lors qu'elle
eftoit en paix, afin que la crainte de rompre avec cette Couronne, détournaft la Maifon d'Autriche de les
affujettir encore une fois : Que la France avoit befoin d'eux en temps de guerre, pour oppofer leur Infanterie à celle des Efpagnols : Que les interefts des
Allemans à la confervation de la France, n'eftoient
ny moins preffans ny de moindre confideration, &
qu'ils avoient affez reconnu par leur propre experience, que l'Empereur Charles-Quint, aprés avoir vaincu
les Proteftans & fait prifonnier le Duc de Saxe & le
Lantgrave de Heffe, euft infailliblement reduit l'A-
riftocratie d'Allemagne en une Monarchie abfoluë, fi
Henry II. avec une Armée de trente mille Hommes,
n'euft arrefté fes progrez, en penetrant plus avant
dans l'Empire, que la jaloufie de la Maifon d'Autriche ne pouvoit fouffrir : Que la France ne devoit *Il alla juf-*
pas non plus negliger l'amitié des Allemans ; mais *qu'à Vitz-*
que c'eftoit par des offices qu'il la falloit cultiver, *bourg.*
pluftoft que par de l'argent : fi ce n'eft que l'on jugeaft
à propos de donner des penfions à des vieux Officiers
de Cavalerie & d'Infanterie de la même Nation, pour
s'affurer d'avoir par leur moyen des Troupes fur pied, *Dans le pro-*
au moment que la France feroit menacée de quelque *jet de foulager*
rupture : Qu'il n'y avoit point de puiffance en Italie, *l'Efpagne en*
dont les Rois Tres-Chrétiens euffent lieu de menager *1561.*
l'amitié, excepté la Republique de Venife ; mais que
c'eftoit chez elle un crime tout-à-fait irremiffible que
d'accepter penfion des Etrangers, fous quelque caufe
ou pretexte que ce fait : Que les armes Françoifes

avoient penetré dans l'Italie, autant de fois qu'elles avoient voulu; & que l'entrée ne leur en pouvoit eftre fermée, puis qu'elles y tenoient encore le Marquifat de Saluces, & que le Maréchal de Briffac, avant que de fortir du Piémont, avoit fait démolir Caurali, Tende & les autres Forterefles qui commandoient les fentiers les plus commodes entre les Alpes : Que quand la France en feroit tout-à-fait excluſe, il y avoit trop de Princes en Italie pour fuppofer qu'ils vécuffent toûjours en parfaite intelligence, & qu'à la premiere divifion qui furviendroit entr'eux, celuy qui fe fentiroit le plus foible, ou qui foupçonneroit que fon averfaire fût affifté par les Efpagnols, s'adrefferoient au Roy Tres-Chrétien, & l'introduiroient encore une fois dans la même Italie, d'où les Rois Catholiques avoient pris tant de foin de bannir fes predeceffeurs : Que les Papes n'eftoient pas en état d'oublier le befoin qu'ils pouvoient avoir du Fils aîné de l'Eglife, puis qu'à tous momens ils avoient à craindre d'eftre dépoüillez par les Vicerois de Naples & par les Gouverneurs de Milan: que le Saint Siege avoit toûjours trouvé un azile en France; qu'il tenoit des liberalitez de Pepin & de Charlemagne la meilleure partie de fes états; & qu'il avoit befoin pour les conferver, de la même puiffance qui les luy avoit acquis.

La principale intention de l'Auteur de ce Memoire, avoit efté de prévenir les maux que les partifans Italiens, Intendans de la Reine-Mere, introduiroient dans le Royaume, au cas que cette Princeffe n'ayant point d'argent, les obligeât à faire des avances, comme il luy feroit impoffible de s'en difpenfer, fi elle ne re-

LIVRE I.

tranchoit au moins la dépense qui se faisoit au dehors. Mais un inconvenient que l'Auteur de l'Ecrit n'avoit pas prévû, rendit son avis inutile, en détournant le Roy de Navarre de le proposer au Conseil. Ce Prince encore plein des transports que luy donnoit la joye de tenir le premier rang, & prévenu de la crainte d'estre troublé dans sa nouvelle possession, en se commettant avec la Reine, se figura qu'elle estoit comprise en qualité d'Italienne, dans le Memoire, & sans l'approfondir davantage le supprima.

1561.

Le Roy de Navarre crut se comporter en grand politique, s'il executoit au moins une partie du Memoire, sans témoigner de l'avoir reçû : mais son malheur voulut qu'il s'adressa justement à la moins importante, & même qu'il choisit celle qui se trouvant separée des autres, devoit estre plus nuisible qu'avantageuse. Il ne prit du dessein general de se passer des Etrangers, que la circonstance particuliere de casser la Cavalerie Ecossoise ; & il la ferma si absolument, que le Comte d'Aran qui la commandoit, ne fut ni récompensé ni retenu. Ce fut en vain que le Duc de Guise & l'Admiral de Châtillon se mirent en devoir de remontrer qu'elle avoit servy avec l'admiration des amis & des ennemis, & qu'estant presque toute composée de Gentilshommes, ce seroit renvoyer autant de mécontens en Ecosse, où ils altereroient la parfaite intelligence des deux Nations. Mais on n'eut égard ni aux anciennes Alliances, ni aux preuves de valeur qu'ils venoient de donner.

Jacques Amilton.

La Reine asseurée du Roy de Navarre, par les précautions qu'il prenoit pour éviter de luy déplaire, crut qu'il estoit temps de tirer le Prince de Condé de la

Fére, où il entretenoit son chagrin par un continuel exercice de la chasse, au lieu de le dissiper. Elle luy écrivit de sa propre main, le 5. Fevrier 1561. qu'il pouvoit venir à la Cour, & le Prince n'eut pas plûtôt reçû la Lettre, qu'il prit la poste pour venir à Paris, où il trouva un grand nombre de ses amis arrivez pour l'accompagner à Fontainebleau. La crainte de renouveller l'ombrage qu'il avoit autre-fois donné, l'obligea de les renvoyer tous, à la reserve du Comte de la Rochefoucault son beau-frere, & de Senerpont, Lieutenant de Roy de Picardie. La Cour le reçut avec une joye qui parut universelle; ceux qui ne la ressentoient pas en effet, s'efforçans de la faire paroître sur leurs visages. Il alla le lendemain au Conseil, & demanda au Chancelier, s'il y avoit encore contre luy quelques procedures.

Le Chancelier repartit, qu'il n'y en avoit point; & tous les Conseillers d'Estat ayans opiné qu'ils estoient suffisamment convaincus de son innocence, le conjurerent de reprendre sa place dans l'Assemblée, pour luy témoigner qu'ils le tenoient tout-à-fait purgé des crimes qui luy avoient esté imposez sous le Regne précedent. Et de fait il y eut un Arrest en sa faveur, qui le declaroit exemt non seulement du crime, mais encore de soupçon; qui luy permettoit de solliciter un plus grand éclaircissement de son innocence devant le Parlement de Paris, où estoit la Cour des Pairs, s'il jugeoit cette démarche necessaire pour une plus ample reparation de son honneur; qui ordonnoit à ce Parlement de verifier & d'enregistrer le present Arrest; & qu'il vouloit enfin qu'on en distribuât des copies aux Ambassadeurs

Dans la Lettre de la Reine au Prince de Condé, du 5. Fevrier 1561.

LIVRE I.

baſſadeurs des Princes étrangers, & que le Secretaire d'Eſtat Laubeſpine en envoyât à tous les Ambaſſadeurs de France dans les Cours de l'Europe.

Le Prince retourna peu de jours aprés à Paris; mais ſoit que ſa preſence eût encouragé ſon Frere, ou qu'en effet il eût ſujet de ſe plaindre, il n'y avoit pas trois jours qu'il eſtoit party, que le Roy de Navarre ſe plaignit hautement de la Reine-Mere, ſur pluſieurs chefs. Il prétendit qu'elle ne l'amuſoit à la Cour que pour luy faire recevoir tous les jours de nouvelles injures du Duc de Guiſe ſon capital ennemy ; qu'il n'eſtoit qu'en apparence Lieutenant general de l'Eſtat, puis qu'on portoit tous les ſoirs chez ce Duc les clefs de la Maiſon du Roy ; & que par cette defference on reconnoiſſoit un autre que le premier Prince du Sang, pour dépoſitaire de la ſureté de leurs Majeſtez : Qu'il avoit juſques-là ſacrifié ſon reſſentiment à la tranquillité publique, mais qu'il ne pouvoit plus deſormais ſe contenir à moins que de paſſer pour inſenſible, puis que ſes ennemis prenoient ſa condeſcendance pour lâcheté & inſultoient à ſa patience. D'où il concluoit que l'honneur ne luy permettroit plus de demeurer à la Cour, tant qu'il y auroit de la competence entre luy & le Duc de Guiſe.

La Reine ne fut pas moins indignée que ſurpriſe de ce diſcours, parce qu'elle jugea que ſi le Roy de Navarre commençoit à prêter ſi-tôt l'oreille à ceux qui ne ſongeoient qu'à ſemer de la diviſion dans la Maiſon Royale , il n'y auroit pas moins d'affaire à le retenir dans le devoir, qu'à gouverner le reſte de l'Eſtat. Elle repartit donc d'un ton qui ſembloit animé par le dépit,

Tome I.   E

1561.

que sa principale application avoit toûjours esté & estoit encore de rendre au Premier Prince du Sang les honneurs qui luy estoient dûs à l'exclusion des Etrangers, & sur tout de témoigner en toutes rencontres la prefererance qui estoit si évidente entre la Maison de Bourbon & celle de Guise. Mais qu'elle s'étonnoit qu'il voulût regler la préseance de ces deux Maisons par les Charges dont les fonctions dépendoient de la volonté des Rois, & pouvoient par consequent croître ou diminuer, à proportion de l'autorité qu'ils donnoient à ceux qui les exerçoient, & sur tout lors qu'ils avoient l'honneur d'estre leurs Favoris : Qu'il n'en estoit pas de même de la Famille Royale, que la Loy fondamentale de l'Estat appelloit à la Couronne, indépendamment des Rois; & que Charles VII. l'avoit emporté sur les Anglois, quoy que son Pere en eût disposé en leur faveur, en le desheritant dans toutes les formes du Droit civil : Que le Roy de Navarre se faisoit tort d'avoir égard à des clefs qui se portoient au Duc de Guise, par la seule consideration de sa Charge, & non à cause de sa qualité de Prince ; & pour le montrer il ne faloit que prendre garde qu'on ne luy avoit point porté les clefs avant que le Connétable luy eût donné sa démission de cette Charge de Grand Maître, quoy qu'il fût déja Lieutenant General de l'Estat ; & qu'on les avoit aussi toûjours portées au Connétable, tant qu'il avoit esté pourvû de la même Charge : Que si neanmoins le Roy de Navarre s'obstinoit à trouver à redire dans ce procedé, on porteroit desormais les clefs dans la Chambre de la Reine, mais qu'il n'y avoit pas lieu de pretendre rien davantage, si ce n'estoit qu'on la voulût faire passer pour une Regente en peinture.

Ces dernieres paroles irriterent plus le Roy de Navarre, que l'offre de porter les clefs chez la Reine ne l'avoit appaisé. Il repliqua fierement, qu'on ne les avoit portées chez le Connétable qu'en qualité de Connétable; c'est à dire, parce qu'ayant le commandement des Armes, il devoit aussi avoir le droit de prendre garde que leurs Majestez fussent en sureté.

La Reine ne manqua pas de repartie; & la conversation s'échauffa de sorte que le Roy de Navarre prit congé d'elle, dans le dessein de se retirer de la Cour dés le lendemain. Il fit partir pour Melun les mulets qui portoient son bagage; & le bruit de son départ ne fut pas plûtôt répandu que tous les Courtisans qui n'estoient point dans les interests de la Maison de Guise, se disposerent à le suivre. Le Connétable qui luy faisoit regulierement sa Cour, fut le premier à s'offrir de l'accompagner. Les trois Châtillons l'imiterent; & tous les Princes de la Maison de Bourbon estimerent qu'il y alloit de leur honneur de ne se point separer de leur Chef, puisqu'il ne s'éloignoit de la Cour que pour une cause commune à toute leur Maison.

La Duchesse de Montpensier se mit inutilement en devoir de persuader à son Mary qu'il demeurât; & ce fut la seule fois qu'il resista à ce qu'elle souhaitoit de luy. Les Espions de la Reyne ne manquerent pas de l'avertir que la Cour alloit estre presque deserte, & que la Maison de Guise restant seule auprés du Roy, demeureroit aussi seule exposée à l'aversion publique, puisqu'on ne manqueroit pas de luy reprocher d'en avoir chassé tous les Princes & presque tous les Officiers de la Couronne; que l'intention de tant de mécontens estoit d'aller à Paris faire declarer par le Parlement le Roy de Navarre Regent, aprés que ce Pince auroit exposé qu'on avoit arraché par violence son consentement pour la Regence de la Reine.

On supposoit que les autres Parlemens suivroient l'exemple de celuy de Paris, & que les Estats Provinciaux qui se trouveroient par tout assemblez, ratifians ce que les Parlemens auroient ordonné, la revolution deviendroit en peu de jours si generale que rien ne seroit capable de l'arrêter.

La Reine n'avoit jamais esté si proche de sa rüine qu'elle estoit alors. Elle n'avoit aucune retraite assurée hors du Royaume. Côme de Medicis qui tenoit l'Estat de Florence, estant son ennemy, parce qu'elle l'avoit en diverses rencontres traité d'usurpateur. Les amis du Roy de Navarre apprehendoient trop l'esprit de cette Princcesse, pour la pouvoir souffrir un moment aprés qu'on luy auroit ôté la Regnce. Il faloit donc pour la conserver qu'elle empêchât le départ du Roy de Navarre, en attendant qu'elle pût rompre la liaison de ce Prince avec le Connétable; & voicy l'expedient qu'elle trouva pour arriver à une fin si vray-semblablement impossible.

Le Roy son Fils estoit le Prince de la plus belle esperance que l'on eût vû depuis Saint Loüis, sur le Trône de la Monarchie Françoise. Il estoit beau & d'une complexion extraordinairement robuste. Il avoit l'esprit delicat; & si le Duc d'Anjou son Frere avoit plus d'attraits pour se faire aimer, le Roy le surpassoit

LIVRE I.

1561.

de beaucoup dans un certain air de grandeur qui infpiroit la crainte & le refpect. Cette qualité convenoit admirablement à l'humeur altiere du Connêtable, qui fe laiffoit moins conduire par la condefcendance que par la feverité. La Reine qui le connoiffoit affez, inftruifit le Roy de ce qu'il avoit à faire : & le Roy manda le Connêtable par le Cardinal de Tournon, qui fut depuis foupçonné d'avoir infpiré ce merveilleux confeil à la Reine.

Le Cardinal trouva le Connêtable preft à partir auffi bien que le Roy de Navarre. Il luy declara en des termes fi précis que le Roy luy vouloit parler, qu'il ne reftoit plus aucun pretexte de s'en difpenfer ; & le Roy de Navarre même fut d'avis que le Connêtable devoit aller à l'heure même trouver le Roy. Le Cardinal l'accompagna, & le Roy, quoy que la Reine fa Mere n'y fût pas, le reçût avec un vifage ferieux, & luy dit d'un ton fier & de maître, qu'il luy défendoit de s'éloigner de la Cour dans une conjoncture où la prefence du premier Officier de la Couronne eftoit abfolument neceffaire. Le Roy, aprés avoir donné cét ordre, fe tourna vers les quatre Secretaires d'Eftat, comme pour leur en demander acte, & afin d'avoir en temps & lieu une preuve fuffifante pour faire le procez au Connêtable, en cas de contravention. Il répondit, qu'il n'avoit jamais défobeï aux Rois fes maiftres ; & que comme il s'eftoit piqué fous les trois regnes precedens d'une plus exacte fidelité que les autres, Sa Majefté le troveroit toûjours dans la même foûmiffion où il avoit efté.

Dans le premier Ordre de Charles neuf, au Connêtable.

1561.

a Odet de Châtillon Cardinal Evêque Beauvais, Gaspard de Coligny Seigneur de Châtillon Amiral de France, & François de Coligny Seigneur d'Andelot fils de Gaspard de Coligny Seigneur de Châtillon Maréchal de France, & de Loüise de Montmorency, Sœur aînée du Connêtable.

Dans les Resultats des Estats Provinciaux en 1561.

Il n'eut pas plûtôt donné cette parole au Roy, qu'il retourna chez luy, se prepara comme à l'ordinaire pour aller au Conseil, & ne pût jamais estre persuadé de partir par ses Neveux de Châtillon, [a] ny par le Roy de Navarre. Sa resolution retint à la Cour tous ceux qui en vouloient partir, & même le Roy de Navarre à qui on remontra à propos, qu'il perdroit sa reputation, si l'on venoit à sçavoir dans les Provinces qu'on pût se passer de luy à la Cour durant la minorité; ce qui arriveroit infailliblement, s'il s'en éloignoit sans le Connêtable, le party de ce premier Officier de la Couronne, joint à celuy de la Maison de Guise, estant assez puissant pour maintenir la Regente, de sorte que ceux qui devoient suivre le Roy de Navarre, voyant qu'il ne partoit pas, demeurerent à son exemple.

Mais son changement de dessein n'empêcha pas les Estats Provinciaux de l'Isle de France, de porter autant qu'ils le pouvoient, les affaires à l'extrémité, dans la pensée que la mesintelligence de ce Prince avec la Regente, seroit bien-tôt suivie d'une entiere rupture. Ils parlerent de reformer le gouvernement à leur mode, de bannir du Conseil la plusfart de ceux dont il estoit composé, d'y introduire de nouveaux Ministres, d'obliger les anciens à rendre comte de leur conduite, d'examiner l'administration des Finances, sous les deux derniers regnes, de revoquer les dons immenses faits au Mareschal de S. André & à la Duchesse de Valentinois, de demander que les accusez n'entrassent point au Conseil, jusqu'à ce qu'ils se fussent justifiez, & d'intenter procez au Connêtable pour le crime de peculat, s'il se trouvoit qu'il en fût coupable.

1561.

La hardiesse de ces Députez Provinciaux estoit d'autant plus grande, que les Estats generaux d'Orleans, avant que de surseoir leurs Assemblées, avoient ordonné que les Estats particuliers ne toucheroient en aucune maniere au Gouvernement. Mais les Estats de l'Isle de France opposerent à cela, que les Estats generaux avoient excedé leur pouvoir, & qu'il appartenoit aux Estats particuliers, aussi bien qu'à eux, de chercher les veritables causes des maux publics, pour tâcher d'y apporter quelque remede. Il estoit dangereux d'examiner cette question ; & si les Députez de l'Isle de France eussent continué leurs Assemblées, pendant qu'elle estoit sur le bureau, ils l'auroient par là decidée, & les autres Provinces eussent infailliblement suivy leur exemple.

Ce second inconvenient, qui ne paroissoit pas moindre que le premier, obligea la Regente à chercher les voyes de se reconcilier encore une fois avec le Roy de Navarre, qui seul pouvoit rompre les mesures des Députez. Elle s'en expliqua au Connêtable, qui se chargea de la negociation. Elle fut assez difficile, parce que le Roy de Navarre s'obstinoit à l'éloignement de la Maison de Guise, & que la Regente refusoit absolument d'y consentir. Mais enfin on gagna ce Prince en luy accordant deux articles qui sembloient relever l'éclat de sa Lieutenance generale, quoy qu'ils n'y contribuassent rien de solide. On le fit reconnoître Viceroy dans toutes les Provinces ; & la Regente luy donna une promesse par écrit, signée des quatre Secretaires

1561.

d'Estat, par laquelle elle s'obligeoit de ne rien faire à l'avenir que de concert avec luy.

Elle ne se fut pas plûtôt servie du Connêtable pour écouvrer l'amitié du Roy de Navarre, qu'elle reconnut que cette réünion redoubleroit la correspondance entre ces personnes les deux premieres de l'Estat, l'une à cause de sa naissance, & l'autre par sa dignité ; & que s'ils achevoient de former leur intelligence, ils seroient en estat de disposer de la Regence, comme il leur plairoit, & qu'ainsi la Regente leur seroit entierement soûmise.

Cette maniere de gouverner qui n'eût esté que précaire, c'est à dire de pure souffrance, estoit trop opposée au genie de la Reine, pour ne luy pas inspirer toutes sortes d'inventions à dessein de secoüer le joug : mais le moyen d'en sortir paroissoit impossible à la prudence humaine, & ce ne fut qu'aprés de longues meditations & d'extrêmes efforts d'esprit que la Reine s'en avisa. Il consistoit à commettre ensemble le Roy de Navarre & le Connêtable, & à s'insinuer si avant dans l'amitié des deux, qu'elle tirât tout l'avantage de leur mesintelligence, & qu'elle demeurât toûjours en estat d'empêcher que leur differend n'alterât tant soit peu la tranquillité publique. Les intrigues qu'elle employa pour aliener le Connêtable du Roy de Navarre, furent conduites par deux Dames, qui certainement estoient des instrumens convenables à une si artificieuse Princesse. L'une estoit la femme, & l'autre la meilleure amie du Connêtable.

Il aimoit passionnément Magdeleine de Savoye sa femme, pour sa fecondité qui l'avoit renduë mere de

cinq

LIVRE I.

1561.

cinq Fils tous propres aux armes & capables d'augmenter l'éclat de la Maison de Montmorency, & d'autant de Filles parfaitement belles, mariées dans les plus anciennes Familles du Royaume : il l'aimoit encore pour son humeur retirée & attachée au ménage, dont elle prenoit un soin tres-rare aux Dames de sa qualité : & pour son attachement à la Religion de ses Ancestres. Elle haïssoit le Calvinisme à cause des trois Châtillons qui en estoient le principal appuy, & l'aversion qu'elle avoit pour eux venoit de la passion qui l'avoit toûjours dominée pour l'agrandissement de sa Maison. Elle estoit fille [a] du Bâtard de Savoye, qui avoit laissé peu de biens au Comte de Tende [b] & au Marquis de Villars [c] ses deux fils. La Connétable leur sœur pendant la faveur de son mary n'avoit negligé aucune occasion de le solliciter qu'il leur procurât des graces de la Cour. Cependant elle y avoit toûjours travaillé inutilement, parce que le Connétable, qui n'avoit d'affection que pour ses neveux de Châtillon, n'avoit jamais voulu parler que pour eux; & [d] son humeur revêche empêchant sa femme de luy en témoigner du ressentiment, elle avoit tourné toute son indignation contre les Châtillons. La Regente qui la trouvoit dans cette disposition, la porta facilement à jetter dans l'ame de son mary les premieres pensées de jalousie contre le Roy de Navarre, & de froideur pour ses neveux, qui augmenterent toûjours depuis, sans qu'il fût possible de les arracher. Elle prit un de ces momens favorables qu'elle seule connoissoit, pour luy representer qu'il avoit perdu sa peine en reconciliant la Regente avec le Roy de Na-

[a] Elle étoit fille de René Bâtard de Savoye.
[b] Claude de Savoye Comte de Tende.
[c] Et Honorat de Savoye Marquis de Villars.
[d] Dans les causes de la rupture du Connétable avec ses neveux.

1561. varre, qu'il s'en devoit prendre à l'ingratitude & à la malice de l'Amiral, qui avoit representé à cette Princesse, que pour se passer desormais de la mediation du Connétable, elle n'avoit qu'à laisser vivre le Roy de Navarre conformément à la nouvelle Religion, & que ce Prince joüissant d'une liberté qui luy seroit si agreable, n'écouteroit pas aucune des raisons que ses amis luy apporteroient de se désunir d'avec elle.

L'autre personne qu'on employa pour mettre la division entre le Roy de Navarre & le Connêtable, fut la Duchesse de Valentinois. Elle estoit charmée de la generosité de la Reine qui luy avoit pardonné, la pouvant perdre au commencement du regne de François second, quoy qu'elle l'eût offensée en partageant le cœur du Roy son mary : Elle ne cherchoit que l'occasion de témoigner qu'elle avoit honte de demeurer ingrate, & la Reine luy en donna les moyens en la priant de l'aider à diviser le seul party qu'elle avoit à craindre dans le Royaume ; la Duchesse y consentit d'autant plus volontiers que ses interests se trouvoient mêlez avec ceux de la Regente : elle avoit feint de se laisser fléchir par les larmes de sa fille aînée & par les soûmissions du Duc d'Aumale son gendre, pour rentrer en bonne intelligence avec la Maison de Guise, qui l'avoit abandonné à la discretion de la Reine ; & la Cour avoit pris cette réünion pour une vertu heroïque, quoy qu'elle ne l'eût fait que par une indispensable necessité. La Duchesse avoit assez d'esprit & d'experience pour juger qu'elle ne conserveroit les immenses richesses qu'elle tenoit de la liberalité d'Henry second, que par l'appuy de la Maison de

Guise; & sa penetration s'estoit estenduë jusques à découvrir cette autre finesse de politique, que la Maison de Guise ne se maintiendroit pas long-temps si elle ne trouvoit le secret de se raccommoder avec le Connêtable. Ainsi la Duchesse travaillant en effet pour elle-même, lors que la Reine & le Duc d'Aumale se figuroient qu'elle agissoit pour eux, elle usa si efficacement de l'authorité qu'elle avoit conservée sur l'esprit du Connêtable, qu'elle l'accoûtuma à ne plus regarder les Guises comme ses plus grands ennemis.

Enfin l'artifice de la Regente pour s'insinuer dans l'amitié du Roy de Navarre, en faisant semblant de favoriser les Calvinistes, fut de laisser prêcher à la Cour, Jean de Montluc, Evêque de Valence, suspect aux Catholiques, non seulement à cause que son Archidiacre l'accusoit d'avoir épousé une Dame de qualité, & que Balagny, depuis Marêchal de France, nay du commerce de ce Prelat avec elle, pretendoit estre legitime, mais encore parce que les Sermons de Montluc sembloient attaquer la Doctrine de l'Eglise, sous pretexte de n'en vouloir qu'à la corruption de la Discipline; & les desordres pretendus de la Cour de Rome, y estoient aussi vivement dépeints, *Ils furent alors imprimez.* que dans les declamations les plus licentieuses des Heretiques. Mais les intrigues de la Regente, concertées en la maniere que l'on vient de representer, eussent eu moins d'effet, ou n'eussent pas si tôt réüssi, si le Roy de Navarre ne les eût secondées sans y penser, par une vaine ostentation de son autorité aux Estrangers. *Dans l'entretien du Roy de Navarre avec Gluk.*

Chrétien III. Roy de Dannemarc, avoit envoyé

1561. en France George Glux, en qualité d'Ambaſſadeur Extraordinaire, pour faire les complimens de condoleance ſur la mort du feu Roy, & pour feliciter le Roy Charles IX. ſur ſon avenement à la Couronne. Le Roy de Navarre ſe piqua de traiter l'Ambaſſadeur, & luy dit dans la gayeté du feſtin, qu'il pouvoit aſſurer ſon Maître, que dans un an au plus tard, la nouvelle Religion ſeroit profeſſée en France avec autant de liberté que dans le Septentrion. L'Ambaſſadeur qui eſtoit Lutherien, comme tous ceux de ſon pays, repartit qu'il loüoit Dieu de cet heureux changement; mais il avertit le Roy de Navarre de prendre garde que le Calviniſme ne s'introduiſit dans l'Eſtat, parce qu'il eſtoit dangereux pour les Monarchies, & qu'il uſât de ſon pouvoir pour y faire plûtôt accepter la Confeſſion d'Auſbourg, qui eſtoit déja reçûë dans des Royaumes dont l'étendüe n'eſtoit pas moindre que celle des Eſtats demeurez dans la Communion de l'Egliſe Romaine. Le Roy de Navarre repartit que Luther & Calvin s'étoient ſeparez en quarante articles de la croyance de l'Egliſe Romaine; que l'un & l'autre convenoient en trente-huit, & ne differoient qu'en deux, ſçavoir l'Euchariſtie & la Diſcipline; que de ceux-cy il n'y avoit que le premier de ſolide, mais qu'il ne faloit point eſperer d'accord entre les Lutheriens & les Calviniſtes, tant que le Pape ſeroit en eſtat de le traverſer; qu'il faloit donc que les Proteſtans uniſſent leurs forces & leurs richeſſes, pour renverſer la machine de la Cour de Rome, & qu'enſuite il leur ſeroit aiſé d'aſſembler un Concile tout à fait libre pour ſe reconcilier entr'eux, & pour rétablir l'Eglise dans son ancienne pureté.

La Regente avertie de cet entretien, s'en prévalut admirablement pour la fin qu'elle s'estoit proposée : Elle en fit le recit au Connêtable, puis elle ajoûta que c'estoit fait de la Religion Catholique en France, si on n'empêchoit l'union des Lutheriens avec les Calvinistes; que pour elle qui n'estoit qu'une femme, elle ne pouvoit ny s'opposer directement au Roy de Navarre, ny trahir les interests du Roy son Fils, qui demandoient qu'elle se ménageât avec un Prince qui changeoit tous les jours de resolution : Mais que pour luy qui estoit le premier Officier de la Couronne, sa reputation demeureroit éternellement noircie, si à l'âge de soixante-quinze ans, aprés s'estre élevé par son merite à la plus grande dignité où un sujet pouvoit pretendre, il souffroit que l'on alterât par une honteuse complaisance, la Religion de ses Ancestres qui luy avoient laissé pour leçon, aussi-bien que pour devise, *Dieu aide au premier Chrétien*, comme s'ils eussent eu dessein de l'avertir en particulier, que la Maison de Montmorency, qui s'estoit renduë la plus illustre du Royaume, en recevant la premiere de toutes, le Bptême, & qui s'étoit maintenuë aussi ancienne que la Monarchie, en retenant inviolablement la Foy Catholique qu'elle avoit alors embrassée, commenceroit à decliner, & periroit enfin aussi-tost qu'elle cesseroit de s'opposer en toute maniere au progrés de l'Heresie.

Le Connêtable déja beaucoup ébranlé ne fut point à l'épreuve d'un discours si touchant. Il se reprocha son indulgence pour les Calvinistes, & l'amitié qu'il avoit

1561.

contractée avec eux : il regreta les bienfaits dont il avoit comblé ses Neveux de Châtillon, parce que c'estoit autant d'armes qu'il avoit fournies à l'heresie. Il se proposa de les détacher des interests des deux premiers Princes du Sang, & promit de les traiter d'ennemis au cas qu'il ne les y pût resoudre. Le Sacrifice qu'il fit à sa Religion de ce qu'il aimoit le mieux, fut sincere, & l'on ne remarqua plus en luy de penchant pour les Châtillons, quoy qu'ils ne negligeassent rien de ce qui servoit à se reconcilier. Il se plaignit hautement que les François commençoient à changer de Foy comme d'habits, & qu'ils introduisoient un culte à la mode, dont ils ne prévoyoient pas les dangereuses suittes ; que des hommes inconnus, sans mission & sans aveu, s'ingeroient de prescher au peuple la parole divine, & de luy administrer les Sacremens, & que la viande se vendoit & se mangeoit publiquement les jours défendus ; que le Prince de Condé & l'Amiral, abusoient des chambres qu'on leur avoit accordées par honneur dans le Palais de Fontaine-Bleau ; & que par un attentat insupportable, ils faisoient prêcher dans la Maison du Roy, contre sa Religion.

Le Connétable ne se fut pas plûtôt declaré, que les amis de la Maison de Guise, n'oublierent rien pour le confirmer dans son aversion. Le Maréchal de S. André l'assura que c'estoit l'Amiral qui avoit fait resoudre dans l'Assemblée Provinciale des Estats de l'Isle de France, qu'on luy demanderoit compte des gratifications qu'il avoit receuës de François I. & de Henry II. & que pour joindre la moquerie à l'injure, il avoit fait ajoûter cette reſtriction, s'il eſtoit vray qu'il en eût receu, comme s'il eût eſté difficile de juſtifier que le Connêtable tenoit une partie de ſes biens de la liberalité de ſes Maîtres.

Montpezat gendre de Villars luy écrivit de quitter le Languedoc où il eſtoit Lieutenant de Roy, & de venir en poſte à la Cour, où l'occaſion s'offroit de ſe venger. L'Amiral l'avoit accuſé en plein Conſeil, de traiter avec trop de rigueur les Calviniſtes de ſa Lieutenance ; & ſoit que le fait euſt eſté ſuffiſamment prouvé, ou que la Regente euſt affecté de favoriſer l'Amiral, Villars avoit eu ordre de ſe défaire de ſa Charge. Il vint en diligence, & trouvant le Connêtable ſon beaufrere, déja prevenu contre l'Amiral, par l'intrigue du Maréchal de S. André, il fit aiſément changer en haine le ſoupçon qu'il avoit déja de ſon ingratitude.

Ainſi il ne reſta dans la Maiſon du Connêtable, que le Maréchal de Montmorency ſon Fils aîné, qui preſſé de l'inclination qu'il avoit pour les Châtillons, ou de la crainte que l'autorité de ſon pere ne ſuccombât ſous celles de la Regente & de la Maiſon de Guiſe, luy repreſenta avec la douceur qui luy eſtoit ordinaire, que la prudence ne vouloit en aucune occaſion, & bien moins dans celle où l'on eſtoit ſur le point d'entrer en une guerre civile, qu'on rompît avec des anciens amis dont la fidelité eſtoit éprouvée, pour ſe reconcilier avec des ennemis declarez, dont il eſtoit preſque impoſſible d'attendre une longue & ſincere correſpondance ; qu'en choquant le Prince de Condé, les Châtillons & le Comte de la Rochefoucaud, il pri-

1561.

Melchior Deſprez Seigneur de Montpezat mari d'Henriette fille unique de Honorat de Savoye Marquis de Villars.

1561.

voit sa Maison des plus puissans amis qu'elle eût, & s'attiroit de gayeté de cœur les plus redoutables ennemis du Royame, sans estre assuré que la Regente & le Roy de Navarre, luy en eussent obligation, parce qu'on sçavoit assez que ce Prince ne consentiroit jamais à la perte de l'Amiral, qu'il regardoit comme le principal appuy de la nouvelle Religion ; & l'on n'estoit pas moins persuadé que la Reine entretenoit une intelligence secrette avec l'Amiral, nonobstant l'aversion qu'elle feignoit d'avoir pour son party. Que les Maisons de Guise & de Coligny, alloient entrer dans une querelle qui ne se termineroit que par la ruine de l'une ou de l'autre, & que selon toute les apparences, celle de Guise succomberoit ; Que la Maison de Montmorency avoit d'autant plus d'interest de demeurer neutre, qu'elle n'estoit pressée de se mêler ni d'un côté ni d'un autre ; & que cependant elle en tireroit le principal avantage, parce que les Châtillons, aprés avoir renvoyé en Loraine les Guises leurs ennemis, & disposé de la Regence à leur fantaisie, se contenteroient d'obtenir l'exercice libre de leur Religion, & rétabliroient le Connétable leur Oncle dans le credit qu'il avoit eu sous le regne de Henry second :

On soupçonna dés lors le Maréchal de Montmorency d'estre Calviniste secret.

Qu'il n'estoit pas assuré que ce fussent eux qui l'eussent exposé à la recherche d'une Chambre de Justice, dans l'Assemblée Provinciale de l'Isle de France ; mais que s'ils l'avoient fait, on leur en devoit sçavoir gré, puis qu'enfin il ne pouvoit rien arriver de plus glorieux au plus ancien & au premier Officier de la Couronne, que de montrer à toute l'Europe, sur un theâtre aussi fameux que seroient les Estats Generaux, qu'aprés avoir

exercé

exercé plus de quarante ans les fonctions de premier Miniftre & de Favory tout enfemble, il n'avoit point accepté la feptiéme partie des gratifications accordées à la Duchefle de Valentinois, & au Maréchal de Saint André, & s'eftoit fi long-temps chargé de tout le poids des affaires, avec fi peu d'apointemens, que les Eftats feroient plus furpris de l'apprendre que luy de l'avoüer.

Le difcours de Montmorency y eftoit fi preffant, que le Connétable incapable de revenir, n'y répondit qu'indirectement. Il dit à fon Fils, d'un ton qui luy défendoit de repliquer, qu'il avoit affez vêcu pour apprendre que les Eftats ne changeoient point de Religion fans changer de forme; & que fi les Calviniftes obtenoeint enfin la liberté qu'ils prétendoient, la Monarchie dégenereroit du moins en Democratie, fi elle ne paffoit jufqu'à l'Anarchie: Qu'il eftoit redevable de fa Fortune à François premier; & que tant que les petits-Fils de ce Prince vivroient, il eftoit réfolu par reconnoiffance autant que par devoir, de dépenfer tout fon bien, & de répandre tout fon fang pour les maintenir fur le Trône. Qu'il n'apprehendoit point qu'ils luy ôtaffent ce qu'il tenoit de la liberalité de leur Pere & de leur Ayeul; & que quand il n'y auroit que le feul motif de conferver la réputation des trois derniers Rois, il ne confentiroit jamais que l'on permît dans leur Royaume, la profeffion d'un culte qu'ils avoient fi fouvent puny par le fer & par le feu.

Jufques ici la Regente avoit admirablement bien conduit fon projet; mais le plus adroit de ces Emiffaires, par un excez de précaution, la jetta dans un péril

1561.

Jean de Montluc.

incomparablement plus grand que les precedens. L'Evêque de Valence, le Confident le plus secret & le plus accredité de la Reine, continuoit de prêcher à la Cour, contre les abus introduits de temps en temps dans la discipline Ecclesiastique. Un jour qu'il s'emportoit avec plus de chaleur qu'à l'ordinaire sur cette matiere, il eut pour auditeurs le Connétable & le Duc de Guise, c'est à dire les deux personnes de la Cour les moins capables de juger équitablement de sa doctrine, faute d'étude.

Le Duc de Guise se contenta de dire qu'il ne retourneroit plus au Sermons de cet Evêque : mais le Connétable passa plus avant ; car estant bien informé de l'intelligence de Montluc avec la Reine, & s'imaginant que c'estoit par l'ordre de cette Princesse que l'Evêque declamoit contre la Cour de Rome, il jugea que bien que la Regente luy eût témoigné de l'aversion pour le Calvinisme, elle avoit dessein de le favoriser, en attendant que ses affaires luy permissent d'en faire une profession publique sans hazarder son autorité. De ce soupçon il entra dans un autre qui n'estoit ni moins dangereux, ni moins vrai-semblable. Il crut que la Regente s'entendoit avec le Roy de Navarre ; il l'accusa de mauvaise foy. Il examina les motifs qu'elle auroit pû avoir de le porter à rompre avec ce Prince, & n'en trouva point de plus apparent que celuy qu'il luy imputa d'avoir eu dessein de priver la Maison de Montmorency, de tous ses amis, afin de pouvoir ensuite la ruiner avec plus de facilité. Son erreur estoit si plausible, qu'un esprit plus subtil que le sien, eût eu bien de la peine à s'en preserver. Il venoit en effet

LIVRE I.

1561.

de rompre avec les deux premiers Princes du Sang, & avec ses trois Neveux de Châtillon ; & il sçavoit assez que tout ce qu'il avoit d'amis en France, l'abandonneroient aussi-tôt qu'ils sçauroient sa mesintelligence avec eux. Il ne pouvoit se résoudre à sortir de la Cour, puis que le Roy le luy défendoit, ni à demeurer sans amis dans un lieu où l'on n'estoit consideré que par le credit ; & cette derniere apprehension d'y rester seul, fut si puissante, qu'elle acheva de le déterminer à s'unir tres étroitement avec le Duc de Guise, & avec le Maréchal de Saint André, pour asseurer leur fortune, en défendant l'ancienne Religion.

Voila la principale cause du *Trium virat*, qui fut la source ou du moins l'occasion de quarante ans de guerres civiles, & qui ne fut pas moins funeste à la France, que celuy d'Auguste, d'Antoine & de Lepide à l'Empire Romain.

La liaison éclata aussi-tôt qu'elle fut formée, soit que les trois Collegues, eussent une égale envie de la publier, ou que leur interest fût d'engager dans leur parti les Catholiques zelez, en se declarant hautement leurs protecteurs. Ils souperent ensemble le jour de Pâques 1561. & allerent le lendemain dans un même carosse de Chantilly, celebrer les nôces de Thoré, cinquiéme Fils du Connétable, avec l'heritiere d'Humieres. Le Duc de Guise & le Maréchal de Saint André se retirerent ensuite à Nanteüil, qui n'estoit éloigné de Chantilly, que de six lieuës, d'où ils eurent de frequentes conferences par écrit, avec le Connétable.

La Regente ne fut pas moins alarmée du *Trium virat*, qu'elle l'avoit esté de l'union du Connétable avec le

1561.

Dans l'intrigue durant le Sacre de Charles IX.

Roy de Navarre; & le premier remede qu'elle crut y devoir apporter fut de mener au plûtôt le Roy à Rheims, pour y estre sacré. Le Duc de Guise prétendit marcher & s'asseoir dans la Ceremonie, entre le Roy de Navarre & le Duc de Montpensier; & le Duc de Montpensier soûtint que la qualité de Prince du Sang luy donnoit la préseance sur le Duc de Guise, en tous lieux. L'un & l'autre donnerent au Conseil du Roy, leurs raisons par écrit. Celles du Duc Guise se réduisoient à quatre. La premiere, qu'il estoit petit-Fils de Roy. La seconde, qu'il estoit plus ancien Duc & Pair que son concurrent. La troisiéme, que la qualité de Prince du Sang, n'estoit aucunement consideréé à l'égard du Sacre; & la derniere, que dans la Ceremonie du Sacre de Charles VI. Le Duc de Bourgogne, quoy que le plus jeune des trois Oncles paternels du Roy avoit precedé ses deux Freres, par la seule consideration qu'il estoit le Doyen des Pairs.

Le Duc de Montpensier n'apporta que deux raisons. L'une, que la Loy Salique mettoit absolument les Princes du Sang au dessus de toute comparaison, & principalement dans les occasions où il s'agissoit de sacrer celuy qui venoit de succeder comme plus proche de la Couronne; qu'ils ne demandoient la préseance ni par leur dignité, ni par aucune constitution des Estats, mais par le droit de la naissance, & parce qu'ils avoient l'honneur d'estre de la Maison Royale; & qu'entr'eux-mêmes, ils n'avoient point d'autre rang que celuy qui les approchoit plus ou moins de la Couronne, les premiers Fondateurs de la Monarchie Françoise l'ayant ainsi ordonné, pour ôter jusqu'aux pretextes qui pourroient à l'avenir troubler, ou alterer tant soit peu la succession Royale. L'autre raison estoit, que ceux de Guise estant Etrangers, & par consequent incapables de succeder à la Couronne, quoy qu'il pût arriver, ne devoient pas sous pretexte des Duchez & Pairies dont ils estoient presque tous revêtus, pretendre des honneurs, & occuper des places qui n'estoient duës qu'aux Princes du Sang; Qu'il paroissoit assez que leur ambition ne tendoit qu'à desacoûtumer le peuple, à mettre de la difference entre la Maison Royale, & la leur, en attendant qu'ils fussent plus en estat de profiter de la premiere occasion qui s'offriroit de remonter sur le Trône qu'ils prétendoient avoir perdu.

1561.

La Reine qui ne vouloit mécontenter ny l'un ny l'autre de ces Princes, trouva un expedient pour terminer leur querelle, & pour les reconcilier comme elle fit si parfaitement, que le Duc de Montpensier épousa depuis la fille du Duc de Guise. Il estoit vray qu'au Sacre des deux derniers Rois, le pere du Duc de Guise, & le Duc de Guise luy-même, s'estoient assis & avoient marché immediatement aprés le Roy de Navarre, c'est à dire devant tous les Princes de la Maison de Bourbon: d'où la Reine concluoit qu'en changeant un usage étably par deux exemples si recens, on reduiroit la Maison de Guise à n'oser plus paroître aux grandes Ceremonies; & en ne le changeant pas, on fourniroit un nouveau pretexte à la Maison de Bourbon, de se retirer de la Cour. Le milieu entre deux si fâcheuses extremitez, fut au sens de la Reine, d'innover en effet quelque chose dans la Ceremonie, mais avec le moins de préjudice des parties qu'il seroit possible.

Catherine de Lorraine.

G iij

1561.   Le Duc d'Anjou, frere aîné du Roy, fut assis, & marcha immediatement devnat le Roy de Navarre, & le Duc de Guise aprés. La Reine employa toute son industrie pour persuader à Montpensier qu'il y trouvoit son compte, puisque la preseance estoit conservée aux Princes du Sang, en la personne du Duc d'Anjou. Le Duc de Montpensier vit bien que l'avantage demeuroit par là tout entier au Duc de Guise; mais il avoit si peu de bien, & la Reine promettoit à sa femme de la rendre si riche par la restitution des biens confisquez, sur le Connétable de Bourbon, qu'il luy fut impossible de resister à la tentation.

La Maison de Guise ne se retira pas avec moins de reputation d'une autre querelle, qui luy fut suscitée au même Sacre. Duc de Guise, avoit persuadé la Maison de Longueville de luy ceder la Charge de Grand Chambellan de France, mais la Mere de Leonor d'Orleans Marquis de Rotelin, devenu Duc de Longueville, par la mort de son cousin germain sans enfans, pretendit que la Charge n'avoit pû estre venduë tant qu'il y auroit un mâle de la posterité de Jean bâtard d'Orleans Comte de Dunois, & se fonda sur ce que par les Lettres de provision de cette Charge, il estoit porté que c'estoit tant pour le Comte, que pour sa posterité masculine. Cette Dame qui estoit de la Maison de Rohoan, & faisoit profession du Calvinisme, s'estoit mise durant les regnes precedens, sous la protection du Duc de Guise, de peur d'estre recherchée sur sa Religion, & même estoit demeurée d'accord que son Fils épouseroit la Fille aînée du Duc; mais lors qu'elle vit les Calvinistes assez puissans pour se maintenir

Dans les provisions du Comte de Dunois.

Jacqueline de Rhoan Gié.

LIVRE I.

1561.

par leurs propres forces, elle changea de conduite, & prenant de nouvelles mesures pour l'alliance de son Fils, intenta procez au Duc de Guise pour la Charge de grand Chambellan. Elle demanda même à la Reine, que son Fils exerçât au Sacre la fonction de ses Ancestres, en attendant que le Conseil ou le Parlement eussent terminé leur different: Mais la Regente estoit trop politique pour sacrifier les interests de la Maison de Guise, à ceux de la Maison de Longueville, aprés les avoir maintenus avec tant de fermeté contre la Maison de Bourbon. Elle repartit que le Duc de Guise estant en possession de cette Charge n'en pouvoir estre justement privé qu'aprés qu'il auroit esté prononcé par Arrest, que ses provisions avoient esté mal obtenuës. Le Duc de Guise neantmoins, qui ne vouloit pas s'attirer de nouveaux ennemis, offrit de consentir que le Duc de Longueville exerçât au Sacre, la fonction de Chambellan, pourvû qu'il luy donnât une declaration que ce seroit en son nom, & qu'il ne pretendroit acquerir par cette condescendance, aucun nouveau droit à la Charge: mais le Duc de Longueville ne crût pas devoir accepter ce party, & se contenta de remedier par une protestation en forme, à l'injustice qu'il pretendoit luy estre faite. Il est vray que son Conseil, en pensant à luy conserver un privilege, eut assez peu de lumieres pour en negliger un autre de plus grande importance; car il oublia d'avertir ce Prince que la qualité de Prince du Sang, & la seance en ce rang, dans toutes les Assemblées publiques, sans excepter celle des Estats generaux, avoit esté accordée à sa famille, à cause des services rendus

1561. par le Comte de Dunois à la Couronne, & que ce Comte avoit commencé d'en joüir aux Eſtats generaux d'Orleans, en 1438.

 Le Prince de Condé mieux inſtruit de ſes intereſts, que le Duc de Longueville, pourſuivit bien toſt aprés le Sacre, ſa juſtification en Parlement, afin de la rendre plus celebre par toute l'Europe, & principalement en Allemagne, où il avoit deſſein d'établir ſa reputation. Il fut oüy, les Chambres aſſemblées, il prononça avec une hardieſſe qui ne pouvoit eſtre plus grande, un diſcours étudié, dont la ſubſtance fut, Que Dieu, par un miracle tout viſible, avoit protegé ſon innocence, & qu'il eſperoit de l'équité de la Cour, que ſes Arreſts feconderoient ceux du Ciel, & mettroient un frein à la calomnie pour l'empeſcher à l'avenir de s'étendre juſques aux Princes du Sang.

Dans le Plaidoyer de Robert, pour luy.

 Robert ſon Avocat, particulariſa ce qu'il avoit dit en general, & montra que les formes n'avoient point eſté gardées dans un procés de ſi grande importance: Que l'ordre judiciaire y avoit eſté renverſé par la ſubſtitution des Commiſſaires en la place des Chambres aſſemblées: Que les Appels n'avoient eſté ny receus, ny jugez dans le temps preſcrit par les Ordonnances: Qu'ils avoient eſté mis au neant, ſans que le Prince eût eſté oüy par ſa bouche, ou par celle de ſon Avocat; Que les Sentences intervenuës là-deſſus, n'eſtoient pas plus regulieres que leur fondement; & que le refus du Prince, de répondre aux interrogations, n'eſtoit procedé ny de la crainte de parler contre ſa conſcience, ny du defaut de ſoûmiſſions aux ordres du Roy, mais de la neceſſité de conſerver un des principaux

privileges

privileges des Princes du Sang, qui confiſtoit à ne pouvoir eſtre jugé que par le Roy même, au milieu de ſes Pairs dans le Parlement.

1561.

Le Procureur General fit quelques reparties, & conſentit aprés de faire la fonction de Deffendeur, pendant que le Prince feroit celle de Demandeur, ſe reſervant neantmoins de demander à ſon tour, s'il trouvoit dans la ſuite du procez, des preuves ſuffiſantes contre le même Prince. On luy donna du temps pour les chercher ; & aprés avoir declaré qu'il n'en avoit point, & que les quatre Secretaires d'Eſtat ſommez en preſence du Roy, de les repreſenter, eurent fait ſerment & expoſé par un Acte public, qu'ils n'avoient & ne ſçavoient rien dont le Prince pût eſtre chargé, il fut abſous par Arreſt du troiſiéme Juin 1561. & eut la liberté de ſe pourvoir par tout où il jugeroit à propos, contre ſes accuſateurs. La belle-mere du Prince, le Vicomte de Cany, & le Conſeiller la Haye, furent compris dans la même juſtification, & la memoire du Vidame de Chartres, fut auſſi rétablie.

Magdeleine de Mally.

François de Barbançon.

Et Robert de la Haye Conſeillers au Parlement.

Cét avantage augmenta la hardieſſe des Calviniſtes, & les fit agir dans leurs Aſſemblées de Pontoiſe & d'Amiens, avec auſſi peu de retenuë, que s'ils euſſent obtenu liberté de conſcience. Le Cardinal de Châtillon, au lieu de communier exemplairement dans l'Egliſe de Beauvais, dont il eſtoit Evêque, fit la Cene dans ſon Palais, avec ſes domeſtiques ; & le peuple en fut tellement émû, que peu s'en falut qu'il ne maſſacrât tous ceux qui y avoient aſſiſté. Les Calviniſtes s'en plaignirent comme d'un attentat contre la ſeureté publique ; & voyant la Regente reduite à leur accorder la

Tome I. H

L'Edit de Janvier.

meilleure partie de ce qu'ils avoient à luy demander, parce qu'elle n'avoit presque plus d'autre puissance que la leur, qu'elle pût opposer à celle du *Triumvirat*, ils la presserent de sorte, qu'ils luy arracherent le 28. Janvier 1561. un Edit irregulier adressé aux Gouverneurs des Provinces, sous pretexte que le mal qu'il estoit question d'éviter, estoit trop pressant pour donner le loisir d'attendre qu'il eût esté verifié dans les Cours Souveraines. Il renouvelloit les anciennes défenses de violer le droit que chacun avoit de faire ce qu'il luy plairoit dans sa maison, sans que ses voisins s'en formalisassent; & les étendoit même jusqu'aux cas où il s'agiroit de dissiper les assemblées clandestines, si l'enqueste ne se faisoit par une Ordonnance expresse des Magistrats, dont ils seroient obligez de repondre en leur propre & privé nom. Il ouvroit les prisons à quiconque estoit detenu pour cause de Religion. Il r'appelloit ceux que l'on avoit banis, sous les trois Regnes precedens, & les rétablissoit dans tous leurs biens, à condition de vivre desormais dans la profession Catholique, & de ne scandaliser personne par leur conduite : Enfin il donnoit la permission à ceux qui ne voudroient point retourner dans la Communion de l'Eglise Catholique, de vendre à leur commodité tout ce qu'ils possedoient en France, & de se retirer du Royaume.

Le Parlement averty de ce que contenoit l'Edit, ordonna que tres-humbles remontrances seroient faites à leurs Majestez, & empêcha cependant qu'il ne fût publié. Les remontrances se reduisoient, premierement à la licence qui s'alloit introduire dans le Royaume, si la Religion n'y estoit plus desormais reglée que par l'exterieur, au lieu que depuis Clovis, on n'en avoit point reconnu d'autre que la veritable.

En second lieu, aux grands troubles où la plufpart des familles feroient inévitablement expofées, fi les banis pour le Calvinifme depuis trente ans, rentroient dans leurs heritages: car outre qu'ils en demanderoient les joüiffances, & contraindroient les detempteurs de bonne foy, de proceder à nouveau partage, la claufe ajoûtée par l'Edit, de vivre à la Catholique & fans fcandale, eftoit illufoire, puifqu'il n'y avoit rien de fi facile que d'abufer du nom de Catholique, & que les Proteftans déja maîtres des immenes Provinces du Septentrion, afpiroient bien-tôt à la qualité de Catholiques, puis qu'ils auroient autant d'étenduë que les Romains.

En troifiéme lieu, que les Loix de l'Eftat de France, où il n'y avoit point d'autre argent que celuy que le commerce y apportoit, deffendoient expreffément de l'en tranfporter; & fi l'on en donnoit la permiffion aux Calviniftes, fous pretexte d'emporter le prix de la vente de leurs biens, ils en tireroient une fi prodieufe quantité, qu'ils appauvriroient le Royaume, & l'expoferoient par confequent à l'invafion du premier Conquerant.

La Regente n'eut point d'égard aux remontrances, & l'Edit publié dans les Provinces, y produifit tous les pernicieux effets que le Parlement avoit en vain prévûs. La France fe vit remplie en un moment, d'une infinité de perfonnes defacoûtumées de vivre à la Françoife, & d'autant moins propres à fervir d'exemples dans une Monarchie abfoluë, qu'elles avoient plus long-temps goûté de la Democratie de Geneve & des

1561.

Dans les remontrances du Parlement en 1561.

Suisses, & de l'Aristocratie d'Alemagne. Les Prêches devinrent par tout si frequentez, que les salles des grandes maisons, ne suffisoient plus pour contenir la multitude des Calvinistes ; & les Ministres obligez de parler en pleine campagne, deliberoient déja de demander les Eglises desertes, pour y faire plus commodement leurs fonctions, lors que le Clergé qui prevoyoit en ce cas la perte des plus riches Benefices, pressa le Cardinal de Lorraine, de prevenir le mal par de nouvelles remontrances qui ne seroient point inutiles, comme avoient esté celles du Parlement, s'il engageoit le *Triumvirat* à les appuyer. Le Cardinal estoit interessé dans l'affaire en plus d'une maniere. Il possedoit en France plus de Benefices que nul autre, & de plus grand revenu. Ces Benefices estoient à la bien-seance de ses ennemis ; s'ils s'en fussent une fois emparé, il eût esté presque impossible de les recouvrer : Et comme la jalousie des Grands contre la Maison de Guise, avoit esté la principale cause de l'agrandissement du Calvinisme, elle en devoit attendre sa principale rüine, pour peu qu'elle augmentât. Ces quatre considerations obligerent le Cardinal de Lorraine à se charger de porter à leurs Majestez, la parole du Clergé, aprés que le *Triumvirat* eut promis de le seconder. Il demanda audiance, & l'obtint si solemnellement, que tous les Princes, sans excepter le Prince de Condé & tous les Officiers de la Couronne s'y trouverent. Il representa avec son éloquence ordinaire, animée de ce que plus de la moitié de son auditoire luy estoit favorable, Que les derniers remedes dont on s'estoit servy contre l'heresie, n'avoient fait qu'entretenir le mal, au lieu de le guerir ; & que si l'on n'avoit incessamment recours à des remedes plus forts, il deviendroit tout à fait incurable : Que les Calvinistes, au lieu de ne s'assembler comme auparavant que dans les caves & dans les cavernes, tenoient la campagne & les places publiques, & s'empareroient bien-tôt des Eglises, si leur insolence n'estoit arrestée par des Edits plus rigoureux & plus conformes à ceux du regne de François premier : Que le peuple ignorant & curieux, estoit d'abord attiré au Prêche par le seul desir de la nouveauté, & se laissant ensuite surprendre par des discours artificieux qui flatoient les sens, il embrassoit par interest les erreurs qu'on luy proposoit comme necessaires au salut : que la vaine gloire achevoit de contribuer à le pervertir : Et comme il s'imaginoit sur la foy des Ministres, que toute la veritable Theologie estoit contenuë dans les quarante articles de leur Confession de Foy, il croyoit devenir docte en les apprenant par cœur, avec les passages citez aux marges, & demandoit ensuite avec une impudence insupportable, à disputer contre les plus sçavans Docteurs : Qu'un seul homme prevenu de ces maximes, estoit capable de seduire en tres-peu de temps tout un Village. Et que si les riches évitoient quelquesfois le piege, les pauvres y tomboient infailliblement, parce que l'on prenoit un soin extraordinaire de leur substance dans ces commencemens de Religion, où le faux zele n'avoit pas moins d'ardeur que s'il eût esté veritable : Que tant d'inconveniens ne s'éviteroient jamais que par un Concile, ou du moins par une Conference de bonne foy entre les deux partis ; mais qu'en attendant l'un ou l'autre, le Clergé re-

1561.

1561. queroit qu'il ne survint aucun changement sur le fait de la Religion ; & qu'il plût à leurs Majestez d'accorder un Edit dérogatoire au precedent, qui tiendroit lieu de loy indispensable par tout le Royaume, aprés avoir esté verifié dans les Parlemens.

Le Cardinal de Lorraine prononça ces dernieres paroles avec une confiance qui témoignoit assez qu'il estoit certain de la verification de l'Edit : Et le *Triumvirat* l'ayant appuyé de toute sa force, la Regente & les Calvinistes ne purent empêcher qu'on ne resolut dans le Conseil, que leurs Majestez iroient tenir leur Lit de Justice au Parlement de Paris, pour y prendre les expediens qui seroient jugez les plus propres à prevenir les desordres dont la France estoit menacée. Les Princes, les Officiers de la Couronne, & la principale Noblesse, y accompagnerent le Roy & la Reine en plus grand nombre qu'auparavant, & le Chancelier de L'hospital dit en peu de mots. Que le Roy venoit demander le sentiment de la Compagnie, & la prioit de s'expliquer en peu de mots, parce qu'il ne s'agissoit point du fond de la Religion, qui seroit examiné dans un Concile general ou dans un National, mais des moyens d'appaiser les differens deja survenus ou prests d'éclater sur le même sujet. Il y eut trois principaux avis. Le premier fut de surseoir la poursuite judiciaire & la punition des Calvinistes, jusqu'à ce que l'un ou l'autre des Conciles accordez, eût decidé les matieres sur lesquelles ils estoient separez de la communion Catholique. Le second, que l'on traitât les Calvinistes avec la rigueur dont François premier & Henry II. avoient usé à leur égard. Et le troisiéme, de renvoyer aux Tribunaux Ecclefiaftiques la connoiffance d'un crime qui fembloit leur eftre refervé, & de condamner irremiffiblement à la mort quiconque s'affembleroit fous pretexte de Religion, & adminiftreroit ou recevroit les Sacremens autrement que l'on avoit accoûtumé dans l'Eglife Catholique.

1561.

Ce dernier avis l'emporta fur les deux precedens, quoy que l'on foupçonnât le Greffier du Tillet de n'avoir pas compté avec affez d'exactitude le nombre des fuffrages. On dreffa conformément à ce qui avoit efté refolu le fameux Edit de Juillet, dont les principaux articles furent, que les fideles fujets du Roy ne s'engageroient dans aucun party fous pretexte d'affemblée: Que les Predicateurs éviteroient toutes fortes de termes feditieux, inftruiroient les peuples dans toute la modeftie Evangelique: Que s'il y manquoient, ils feroient auffi-tôt & fans autre forme de procez, punis de mort par la Juftice des Bailliages ou des Sieges Prefidiaux: Que l'on n'iroit aux Prêches ny en public, ny en fecret, avec armes, ny fans armes; & que les affemblées & l'adminiftration des Sacremens, ne fe feroient à l'avenir que dans l'Eglife Catholique, & felon fon ufage: Que lors qu'il ne s'agiroit que du crime de l'herefie fans mélange de fedition ou de rebellion, l'Edit de Romorantin qui en renvoyoit toute la connoiffance aux Tribunaux Ecclefiaftiques, feroit obfervé dans toute fon étenduë, & que neantmoins fi ces Tribunaux renvoyoient les accufez & convaincus au bras feculier, on ne les pourroit punir d'une peine plus rigoureufe que celle de l'exil, le tout par maniere de provifion feulement, & jufqu'à la decifion d'un Concile

Iean du Tillet Seigneur de la Buffier, Greffier du Parlement.

Dans l'Edit du 13. Iuillet.

general ou nationnal : Qu'il y auroit une Amniſtie generale de tous les deſordres commis à cauſe ou ſous pretexte de Religion, pourvû que ceux qui recevroient une grace ſi conſiderable, vécuſſent à l'avenir en Catholiques, & en repos : Que les faux délateurs feroient irremiſſiblement executez à mort ; & que perſonne ne porteroit les armes, excepté la Nobleſſe, la Soldateſque & les Officiers commis à l'execution de la Juſtice.

Si le Cardinal de Lorraine en fut demeuré là, il eût merité des loüanges des Catholiques, & l'admiration de ſes propres ennemis. Il auroit rendu à ſa Patrie & à ſa Religion, les deux plus grands ſervices qu'elles pouvoient attendre de luy dans une conjoncture ſi difficile, c'eſt à dire qu'il auroit obligé la politique mitigée de la Regente & du Chancelier de Lhoſpital, à la ſupreſſion de l'Edit de Janvier, & à l'execution de celuy de Juillet ; ce qui eût inſenſiblement ruiné les Calviniſtes. Il avoit ſurpris le Prince de Condé & l'Amiral de Châtillon, qui avoüerent depuis que lors qu'ils avoient accompagné le Roy au Parlement, ils n'avoient point eu le moindre ſoupçon de ce qui s'y devoit réſoudre, bien loin de prendre les meſures neceſſaires pour l'empêcher. Le *Triumvirat* alloit devenir le maître des plus importantes affaires, parce que n'y en ayant point alors d'autres que la conſervation de l'ancienne Religion, & l'obſervation de l'Edit de Juillet, la Regente eût eſté contrainte de ſe fier entierement à luy, & de rompre par conſequent le commerce qu'elle avoit continué juſques-là avec les Calviniſtes, par le miniſtere de l'Amiral de Soubiſe. Ces deux perſonnes qui remüoient

müoient tout le party, n'ayant plus de rendez-vous chez la Reine, ni d'audiance fecrette, n'euſſent plus eſté ſi conſiderables dans leur ſecte;& les eſprits remüans qui s'y eſtoient jettez dans l'eſperance d'un prompt ſoûlevement, n'y voyant plus aucune apparence, l'euſſent bien-tôt quittée pour ſe réünir aux Catholiques: Ainſi l'hereſie venant tout d'un coup à manquer de la faveur qu'elle auroit dû tirer de la nouveauté, tomberoit inſenſiblement dans le mépris, & perdroit ce qui la rendoient redoutable.

1561.

Iean Archevêque, Seigneur de Parthenay & de Soubiſe.

Mais il n'eſt rien de ſi difficile aux plus grands genies, que de reconnoître exactement le point où doivent s'arrêter les actions éclatantes. Si le Cardinal de Lorraine eût demeuré à celuy que l'on vient de repreſenter, il eût ſauvé ſa reputation, ſon repos, la vie de ſon Frere, a la ſienne propre, & celle de pluſieurs millions d'hommes ; au lieu que la trop bonne opinion qu'il avoit de ſon éloquence, & le deſir de diſputer contre des perſonnes qui avoient employé tout leur temps à l'étude de la Controverſe, l'engagerent dans une conference de Theologie poſitive, où l'avantage n'eſt pas toûjours du côté de l'eſprit.

On pretend que S. Barthelemy l'empoiſonna.

Pour s'expliquer en cette matiere auſſi nettement qu'elle le peut ſouffrir, il faut ſupoſer que le Cardinal de Lorraine n'avoit étudié en Sorbonne qu'à la mode de ſon temps, c'eſt à dire qu'il n'y avoit appris que la Theologie ſcolaſtique, fondée au ſentiment des Heretiques, ſur un ajuſtement des veritez Chrétiennes avec la Philoſophie d'Ariſtote. Il eſt vray qu'il s'eſtoit rendu ſi habile dans cette ſcience où il ne faloit qu'un peu d'attention & beaucoup de ſubtilité pour exceller, qu'il eût efté choifi pour foûtenant quand même la naiffance ne luy eût pas procuré cet avantage.

Mais les Calviniftes avoient le dernier mépris pour la Theologie fcolaftique, qu'ils accufoient comme la feve, ou du moins comme la principale caufe de la perte des belles Lettres & des bons Livres, & de l'introduction des abus qui s'eftoient gliffez dans l'Eglife. Tous les Miniftres fçavoient l'Hebreux & le Grec: ce qui eftoit fi rare parmy les Ecclefiaftiques, fans excepter les Docteurs Catholiques, qu'il fuffifoit de fçavoir les premiers élemens de l'une ou de l'autre de ces deux langues, pour eftre auffi-toft foupçonné d'herefie. L'ignorance des Conciles, des Peres, & même de l'Hiftoire Ecclefiaftique, eftoit à peu prés égale des deux coftez; mais les Calviniftes y trouvoient leur compte en plus d'une maniere. Ils avoient eu l'adreffe par une doctrine prefque toute negative d'engager leurs averfaires dans la preuve, & ils tenoient fi ferme dans ce fort, qu'il n'eftoit pas poffible de les en tirer par les voyes ordinaires. Ils fçavoient l'Ecriture par cœur. Ils fe mocquoient de la verfion Vulgate, eftant bien avertis que les Catholiques n'en étudioient point d'autre. Quand on la leur oppofoit, ils prenoient plaifir à la rendre ridicule en la confrontant avec les originaux Hebreux & Grecs; & comme ny leurs averfaires, ny leurs auditeurs, n'entoient aucune de ces langues, ils leur en faifoient accroire, ou du moins ils les étourdiffoient, de forte que le filence des premiers, & l'admiration des feconds, fembloient leur adjuger la victoire, la plûpart des hommes ne pouvant ny fe refoudre à avoüer leur igno-

LIVRE I.

rance, ny s'empêcher d'estimer trop ce qu'ils n'entendent pas assez. Ils intrepretoient avec la mesme adresse les passages des Conciles, des Peres & des Histoires Ecclesiastiques. Ils ne répondoient qu'à livre ouvert à ceux qu'on leur objectoit. Ils avoient toûjours recours à l'original Grec & Latin. Il falloit que le passage fust bien net s'ils n'en éludoient la force, en s'arrestant à quelques mots dont l'Autheur ne s'estoit pas servy dans toute l'exactitude de la Grammaire. Et quand tout cela leur manquoit, & qu'il ne faloit que des yeux & du sens commun pour en estre juges, les Ministre s'échappoient par un faux fuyant de pure critique, en niant que le passage fust du Pere ou du Concile à qui il estoit attribué, sur la difference du stile & des expressions, & en faisant de longs discours qui passoient pour une montre surabondante de doctrine, au lieu d'estre pris pour ce qu'ils estoient en effet, c'est à dire pour cacher leur ignorance.

Ils avoient moins de terrain à garder, puis qu'ils ne recevoient que les Conciles & les Peres des quatre premiers siecles : ce qui ne les empeschoit pas de foüiller impunément dans les siecles suivans, lors qu'ils y trouvoient quelque point capable de donner de la peine à leurs aversaires. Enfin ils n'avoient que quarante articles à soûtenir contre les Catholiques qui se chargeoient de deffendre toute l'Ecriture Sainte, toute la Tradition, toute la Discipline & toute la Litterature Ecclesiastique, sans en excepter même le Droit Canon.

Ces raisons avoient paru si fortes aux plus sages & aux moins passionnez des François, qu'ils eurent aver-

1561.

Dans les veritables causes du progrés des Calvinistes.

I ij

sion de la Conference, au moment que le Cardinal de Lorraine la proposa, & n'oublierent rien de ce qui servoit à détourner la Regente de la permettre, sous couleur que ce seroit mettre en compromis la Doctrine receuë durant tant de siecles, & hazarder temerairement la Foy dont on estoit en possession contre des gens la pluspart Apostats, ou prevenus de plusieurs crimes qui sufisoient pour les faire condamner à la mort, & pour s'en défaire par une si juste voye. Leur naissance estoit si basse, & leur vie si obscure, que s'ils succomboient dans la contestation, le Cardinal de Lorraine n'en tireroit aucun avantage, & il leur seroit toûjours glorieux d'avoir fait montre de leur sufisance à la veuë de toute la Cour : au lieu que s'ils paroissoient vainqueurs, ils entreroient dans l'entiere persuasion de leur doctrine qu'ils n'avoient jusques-là soûtenuë que par interest ou par caprice : ils deviendroient insuportables aux Catholiques : la foiblesse particuliere du Cardinal & des Prelats qui luy seroient associez, passeroit pour un défaut substantiel de l'ancienne Religion, & la Foy Catholique cederoit en France aux chimeriques nouveautez de Calvin.

Mais le Cardinal estoit si persuadé qu'il convaincroit ses aversaires dans une dispute réglée, & ses admirateurs chantoient si publiquement le triomphe avant la victoire, que la Regente voyant les deux partis demander la Conference avec une égale ardeur, crut ne la devoir pas refuser. Elle fut donc ordonnée pour le dixiéme Aoust 1561. & les Sauf-conduits furent dressez en bonne forme, tant pour les Ministres François, que pour les Etrangers. Mais il n'y avoit aucune apparence de la tenir pendant que les chefs des deux partis auroient à démefler une querelle particuliere ; & le Prince de Condé prevenu de la penfée que fa prifon eftoit l'ouvrage du Duc de Guife, croyoit dans les maximes d'honneur qui étoient alors en ufage, eftre obligé de s'en vanger. Il avoit affemblé les plus braves de fes amis, & le Duc de Guife revenu de Calais où il avoit vû embarquer la Reine veuve fa niece, pour l'Ecoffe, imitoit le Prince, afin de n'eftre pas furpris. Tant de gens de main ne pouvoient demeurer long-temps en prefence fans fe battre, & la France eût prefqu'également perdu de quelque cofté qu'eut efté le defavantage.

La Regente eut beaucoup de peine à negocier l'accommodement en fecret, parce que les deux Princes qu'il falloit porter à fe relâcher, eftoient également fiers fur le point dont il s'agiffoit ; mais elle les connoiftoit fi parfaitement, & les fçût fi bien toucher parce qu'ils avoient de plus tendre, qu'enfin l'un & l'autre luy remirent leurs interefts. La ceremonie de la réünion fe fit à l'ancienne mode, & le Roy à la veuë de toute la Cour, manda les deux Princes, leur fit une remontrance toute civile, où eftoit marqué l'eftime qu'il avoit pour eux, exagera le befoin qu'avoit l'Eftat de leur valeur, demanda la caufe de leur querelle ; & fur la plainte que fit le Prince d'avoir efté injuftement fait prifonnier, le Duc répondit qu'il n'en avoit efté ny l'autheur, ny le Confeiller. Le Prince dit qu'il tenoit pour fcelerat quiconque y avoit trempé, & le Duc repartit qu'il le tenoit auffi pour tel, mais que cela ne le regardoit point. Enfuite le

Dans l'accommodement du Prince de Condé avec le Duc de Guife.

1561.

Roy leur commanda de s'embrasser, & la reconciliation se termina par un magnifique festin chez la Reine.

Cette Princesse aprés avoir ainsi rétably le calme à la Cour, s'appliqua mieux aux plus pressant de ses interests, qui consistoit à se maintenir en possession de la Regence. Elle n'y estoit pas si bien affermie que les Estats generaux r'assemblez à Pontoise au commencement de Juillet 1561. ne pensassent à la luy contester; & du Mortier, le plus ancien Conseiller d'Estat, fut envoyé pour les en détourner. Il leur remontra que le Roy de Navarre seul interessé dans l'affaire, s'estoit demis de son droit en faveur de la Reine, & persistoit encore dans le même sentiment, qu'on ne pouvoit l'obliger à se charger malgré luy du poids des affaires; & que quand la Reine en seroit excluse, on ne trouveroit personne qui osât remplir une place si exposée à la jalousie, puisque le Roy de Navarre n'auroit garde de reprendre ce qu'il avoit cedé de si bonne grace; & les autres Princes du Sang qui luy estoient inferieurs, feroient scrupule de s'élever au dessus de luy.

Mais les Etats ne goûterent point ces raisons, & la Reine informée qu'ils traitoient sous main de son exclusion, s'adressa à l'Amiral de Châtillon, & surprit encore une fois la politique de cét habile courtisan. Elle luy fit entendre par un discours équivoque, qu'elle n'avoit plus besoin pour lever le masque, que d'estre confirmée dans la Regence par les Etats; & que si elle se declaroit Calviniste avant que de l'avoir obtenuë, elle ne luy seroit jamais accordée à la pluralité des suf-

André Guillart sieur du Mortier.

LIVRE I. 71

frages, parce que le plus grand nombre des Députez, étoit encore Catholique : Que le Colloque qui se tiendroit à Poissi dans six semaines au plus tard, serviroit de pretexte & de theâtre à ce changement de Religion; & que faignant d'y estre éclaircie de ces doutes, elle passeroit au Calvinisme sans estre soupçonnée d'inconstance dans une si delicate matiere.

Il n'y avoit personne en France, capable d'executer ce que pretendoit la Reine, que l'Amiral. Il estoit le maître de tous les suffrages des Députez Calvinistes; & s'il les faisoit pancher en faveur de cette Princesse, dans le mesme temps que le Cardinal de Lorraine & le Duc de Guise luy procureroient les voix du Clergé & de la Noblesse Catholique, elle estoit assurée non seulement de la pluralité, mais encore de toute l'Assemblée; ce qui l'établiroit d'une maniere si authentiqué dans la Regence, qu'il n'y auroit plus à craindre qu'elle luy fût contestée.

L'Amiral connoissoit assez son pouvoir & l'obligation que luy auroit la Reine, s'il la servoit à son gré. Il se trompoit seulement en ce qu'il estoit persuadé qu'elle estoit Calviniste dans l'ame; mais tout autre que luy s'y feroit également abusé. Soubise luy faisoit part des longues conferences qu'il avoit tous les jours avec cette Princesse sur le Calvinisme. Il l'asseuroit qu'elle n'en estoit pas moins instruite que la Reine de Navarre. Il supposoit qu'elle y eût du moins autant d'inclination; & comme ces deux Reines avoient sans comparaison plus d'esprit que les autres Dames de la Cour, il estoit à croire qu'elles les attireroient à la nouvelle Religion, & que ces Dames ensuite l'inspi-

1561.

Dans les entretiens de la Regente avec Soubise.

reroient à leurs maris, la mode de la Cour eſtant alors de gagner les hommes par les Dames.

La Ducheſſe de Montpenſier eſtoit toûjours preſente à ces entretiens, & témoignoit d'eſtre ſi perſuadée des diſcours de Soubiſe, qu'elle s'oppoſa autant qu'elle pût au deſſein de ſon mary, de mettre dans un Cloître leurs trois dernieres Filles ; & l'on ſoupçonna même depuis qu'elle les avoit inſtruites du Calviniſme, ſur ce que l'aînée viola ſes vœux, abjura ſa croyance, rompit ſa clôture, & paſſa en Allemagne, où elle épouſa le Prince d'Orange ; & de fait à l'article de la mort, où la diſſimulation n'eſt plus d'uſage, la Ducheſſe manda Jean Malot Miniſtre de Paris, & luy demanda la Cene à la Calviniſte. Malot répondit que ce Sacrement n'avoit pas eſté inſtitué pour chacun des fideles en particulier, dans l'intention de leur eſtre adminiſtré ſeparement comme le Baptême, mais pour eſtre receu par toute une Egliſe, c'eſt à dire par une Communauté aſſemblée : Ce qui ne ſatisfit pas la Ducheſſe.

Ainſi l'Amiral prévenu que l'affermiſſement du Calviniſme dépendoit de celuy de la Reine dans la Regence, ſe chargea de la negociation, & ménagea avec tant d'adreſſe les amis qu'il avoit aux Etats, qu'ils luy promirent leurs ſuffrages. Il revint trouver la Reine avec cette agreable nouvelle, & cette Princeſſe ſans perdre de temps, fit agir ſi efficacement le Cardinal de Lorraine auprés du Clergé, & le Duc de Guiſe auprés de la Nobleſſe Catholique, que l'on vit paſſer les Eſtats tout d'un coup, de la reſolution d'élever à la Regence le Roy de Navarre, malgré qu'il en eût, à

celle

LIVRE I.

celle de confirmer la Reine dans cette dignité, par un consentement universel, personne ne se lassant d'admirer l'adresse & le bonheur de cette Princesse, d'avoir obtenu ce qu'elle pretendoit par le ministere de deux partis contraires en toutes choses, excepté dans le dessein de l'empescher de devenir trop puissante.

1561.

Comme les Etats n'avoient esté continüez que pour ce sujet, la Reine après en avoir tiré ce qu'elle desiroit, se hâta de les terminer de peur qu'on ne luy suscitât de nouvelles affaires à leurs occasions. Ils furent mandez à S. Germain, où la ceremonie fut plus auguste que n'avoient esté les precedentes, quoy qu'elle fût d'ailleurs troublée par une difficulté de préseance. Les Cardinaux voulurent estre assis au dessus des Princes du Sang, sur ce que les Princes leurs donnoient la droite dans les autres Cours de l'Europe. Le Conseil obligé de juger la question, la decida en faveur des Princes. Les Cardinaux de Châtillon a & d'Armagnac b acquiescerent à l'Arrest, mais les Cardinaux de Tournon, de Lorraine, & de c Guise, se retirerent. Il échappa même au Cardinal de Guise de blâmer indiscretement les Cardinaux de Châtillon & d'Armagnac, en disant qu'il y avoit des gens qui honoroient la pourpre, & d'autres qui en estoient honorez.

a *Odet de Coligny frere aîné de l'Amiral.*
b *Georges d'Armagnac &*
c *Loüis de Lorraine Cardinal de Guise.*

Les Etats presenterent leurs cahiers, & l'on y répondit de maniere que la décision des principaux articles, fut remise à un autre temps. La Noblesse & le Tiers Etat s'excuserent de contribuer pour acquiter les detes de la Couronne, & le Clergé offrit quatre deci-

Tome I. K

mes pour chacune des six années suivantes qui furent acceptées.

La Regente obligée à l'Amiral d'un succez si peu attendu, se piqua de luy en témoigner du moins au dehors quelque reconnoissance. Elle écrivit au Pape une longue Lettre dattée du quatriéme Aoust 1561. dont on soupçonna l'Evêque de Valence d'avoir esté le Secretaire. Elle representoit à sa Sainteté le péril ou la Foy Catholique estoit exposée en France, l'exhortoit en Pere commun, d'y apporter le remede necessaire. Elle ajoûtoit que la multitude de ceux qui s'estoient separez de l'Eglise, estoit desormais si grande que l'on ne pouvoit plus user contre eux de la severité des Loix ; & que la consideration des Grands & des Magistrats, qui embrassoient à l'envy le Calvinisme, estoit assez puissante pour y attirer les peuples, qui n'examinoient pas s'ils faisoient bien ou mal : Qu'ils n'étoient distinguez (comme en Alemagne) ny de sentimens ny de party ; & que l'union si rare dans l'erreur, estoit infiniment à craindre : Qu'il y avoit au moins à loüer Dieu de ce qu'il ne se trouvoit parmy eux aucun libertin ny Anabaptiste, & de ce qu'ils concouroient tous à recevoir les douze articles du Symbole des Apostres, au sens que les sept premiers Conciles generaux luy avoient donné : Que les plus sages en tiroient cette conclusion, qu'il seroit à propos de les retenir dans la Communion de l'Eglise, quand même ils auroient des sentimens differens des Catholiques sur tous les autres articles : Qu'il ne paroissoit dans cette condescendance, aucun danger pour l'Etat ny pour la Religion, & que la Religion au con-

Dans la Lettre de la Regente à Pie IV.

traire, y gagneroit infiniment, en ce que les Grecs se réüniroient avec les Latins, & qu'il n'y auroit plus de schisme entre les Chrétiens : Que les animositez n'auroient pas plûtost cessé dans le sein de l'Eglise, que Dieu qui luy avoit promis de l'assister jusqu'à la fin du monde, luy donneroit assez de lumieres pour distinguer les abus des veritables maximes de l'Evangile, & pour connoistre (autant qu'il se pourroit par la Foy) tout ce qu'il y avoit à croire & à faire pour le salut : Que si sa Sainteté n'estimoit pas se devoir relâcher d'abord jusqu'à ce point, & qu'elle aimât mieux assembler un Concile general, elle devoit au moins considerer que le remede seroit trop long pour un mal si pressant, si on ne cherchoit en attendant les expediens necessaires pour ramener à la Communion de l'Eglise, ceux qui s'en estoient separez, & pour y retenir ceux dont on craignoit la separation : Que le premier de ces deux biens, dépendoit uniquement de la vigilance des Pasteurs, & des conferences familieres ; & le second, d'oster de bonne heure les occasions capables de scandaliser les simples, en ne souffrant, par exemple, plus d'Images aux lieux où elles pouvoient estre adorées, en retranchant les exorcismes & la salive des ceremonies du Baptême, en accordant la Communion sous les deux especes, & ne la distribuant plus en particulier, en abolissant la Feste Dieu, & l'usage de porter par les ruës un Sacrement qui n'avoit esté institué ny pour les spectacles, ny pour la pompe, & en rétablissant les prieres en langue vulgaire, principalement à la Messe, où les assistans offroient également avec le Prestre.

K ij

1561.

a Iean Ange Médiquin dit vulgairement de Médicis.
b Bernardin de Medicis.
c Iean Iacques de Medicis.

Cette Lettre produisit un effet que l'Histoire n'a pas assez remarqué : Ce fut la derniere convocation du Concile de Trente. Il y avoit deux ans que le Pape Pie IV. ne pouvoit s'y resoudre, quoy qu'il en fut sollicité par les Princes Chrétiens ; & les raisons qui l'en détournoient, estoient les mêmes qui avoient paru invincibles au Pape Clement VII. Pie IV. a estoit persuadé comme luy, que les Evêques ne tendoient qu'à recouvrer leur ancienne puissance ; ce qu'ils ne feroient qu'en diminüant la sienne. Il estoit fils d'un Receveur de la Doüanne b aux Portes de Milan. Son frere aisné c devenu par des trigues que l'on a particularisées ailleurs, Marquis de Marignan, & General des Armées de l'Empereur, l'avoit élevé à la pourpre ; & les Espagnols avoient efficacement brigué pour luy la Papauté, dans la pensée qu'il ne recevroit point d'autres mouvemens que ceux du Conseil de Madrid. Leur conjecture s'estoit d'abord trouvée assez bien fondée, puisqu'il leur avoit sacrifié les trois Caraffes, neveux de Paul IV. son predecesseur ; mais au lieu d'estre satisfaits de ces fameuses victimes, ils avoient supposé que Pie, après une grace si singuliere, ne seroit plus en estat de leur rien refuser. Ils l'avoient pressé de convoquer un nouveau Concile, ou d'achever celuy de Trente, & leur dessein estoit d'en tirer deux grands avantages, de purger d'heretiques les dix-sept Provinces des Païs-bas, & de perpetuer l'Empire dans la Maison d'Autriche, en affoiblissant les Protestans d'Alemagne, qui seuls estoient desormais capables de l'en tirer.

Le Pape qui n'osoit témoigner son aversion pour le

LIVRE I.

Concile, s'estoit toûjours excusé de le convoquer, sur ce que la France, quoy qu'elle feignit d'en avoir un extrême besoin, ne le desiroit point en effet ; & que pour une preuve de ce manquement d'intention, il ne faloit que remarquer que les Rois trés-Chrétiens n'avoient point envoyé de Prelats aux deux precedentes convocations.

Mais la Lettre de la Regente inspira de nouveaux sentimens à sa Sainteté. Elle ne douta plus que les François ne fussent resolus d'assembler un Concile de leur Nation, & d'y faire resoudre tout ce qui estoit contenu dans la Lettre : comme il estoit évident qu'en ce cas ils ne dépendroient plus de l'Eglise Romaine, il n'y avoit plus rien que le S. Siege ne dût mettre en usage pour les en détourner, parce que si la France s'en separoit, le contrepoids qui maintenoit la grandeur de la Cour de Rome cesseroit ; & l'Espagne ne le voyant plus sous une protection si sûre, n'auroit plus tant de consideration pour luy. Il y avoit donc moins de danger pour le Pape, de conserver les François dans la devotion du S. Siege, en assemblant un Concile general, que d'assujettir aux caprices de l'Espage, ce qui restoit de libre dans l'Eglise Catholique, en consentant qu'ils en fussent separez. Ainsi la continuation du Concile de Trente, fut preferée à la convation d'un nouveau, où l'on eût pû prendre des mesures plus dangereuses à la Cour de Rome.

Mais comme la precipitation de Clement VII. à fulminer la Bulle d'Excommunication contre le Roy Henry VIII. avoit esté fatale à l'Angleterre ; aussi la lenteur de Pie IV. à publier la Bulle de rétablissement du Concile à Trente, fut funeste à la France, en ce que le temps destiné pour la Conference de Poissy, estant arrivé, & le Cardinal de Lorraine & les autres Prelats François qui n'eussent osé s'aboucher avec les Calvinistes, s'ils eussent esté certains de la prochaine convocation du Concile, ne le voyant point publier, & se figurant que la Cour de Rome ne le promettroit qu'à dessein de rompre en France, aussi bien qu'ailleurs, toutes les disputes de Religion qui se feroient sans son autorité, commencerent le fameux Colloque de Poissy, dont ils eurent depuis de trop veritables sujets de se repentir.

Dans les Prélimenaires du Colloque.

Les Calvinistes n'avoient pas manqué de choisir les plus habiles hommes de leur secte; & comme les Saufconduits qu'on leur avoit accordez, estoient sans limite, ils avoient eu la liberté de produire à la Cour, sous ce pretexte, ceux de leurs Ministres qui pour des crimes abominables, ou pour l'Apostasie, eussent au moins dû presque tous passer leurs jours en penitence dans une solitude.

C'estoient Theodore de Beze, Pierre Martyr, Augustin Marlorat, François de S. Paul, Raymond, André Merlin, Jean Malot, François de Morel, Nicolas Polion, Claude de la Boissiere, Jean Viret, Nicolas Desgalards, Jean Bouquin, Jean de Lespine, & Jean de la Tour.

Leur premiere industrie avant que d'entrer dans la Conference, fut de presenter au Roy une Requeste qui se reduisoit à quatre chefs. Le premier, que les Evêques & les Prelats n'intervinssent pas dans l'affaire en qualité de Juges, puis qu'ils estoient parties. Le second, que sa Majesté avec son Conseil, presidât à la Conference. Le troisiéme, que toutes les questions se decidassent par la seule parole de Dieu; & le dernier, que des Ecrivains de probité connuë, & choisis du consentement des deux partis, marquassent sur le champ ce qui seroit accordé, ou nié de part & d'autre, afin que l'on y pût avoir recours en temps & lieu, & que le témoignage qu'ils rendroient fût irreprochable.

1561.

Le Roy repartit qu'il en communiqueroit à son Conseil; & Beze preschant le lendemain dans la Maison de sa Majesté, dans l'appartement du Prince de Condé, eut un si prodigieux nombre d'auditeurs, qu'il sembla que toute la Cour, & sur tout les Dames qui en faisoient le principal ornement, fussent devenuës Calvinistes.

La Regente même eut la curiosité d'entretenir le Predicateur, & luy manda de la venir trouver le soir dans la chambre du Roy de Navarre, ou se trouverent les plus considerables personnes des deux partis. La Reine se plaignit de quelques Vers satyriques contre elle, qui couroient sous le nom de Beze, & celuy-cy les desavoüa : Ensuite on parla de Religion ; & le Cardinal de Lorraine qui vouloit pressentir les desseins de son aversaire, en feignant de luy applaudir, le cajola sur son bel esprit, & luy dit que comme sa retraite à Geneve, avoit attiré au Calvinisme une infinité de François, son retour à la Communion de l'Eglise Catholique, les y rameneroit, pourvû qu'il ne s'embarassast pas davantage dans les erreurs de quelques Protestans d'Alemagne : ce qui estoit d'autant plus à craindre qu'il se souvenoit d'avoir lû

1561.

*Les mots La-
tins estoient
Cœlum Cœ-
num.*

dans un de ses derniers Livres Latins, que le Corps de Jesus-Christ n'estoit pas plus dans le S. Sacrement, que dans la bouë. La force de cette pensée consistoit dans l'allusion de deux mots Latins qui ne differoient que d'une lettre. Mais le Cardinal de Lorraine s'estoit trompé, ce n'estoit pas Beze qui avoit écrit cette proposition, & il ne s'estoit point encore trouvé d'heretique de qui l'impudence eût passé à un tel excés. Elle avoit esté formée dans la chaleur d'une dispute entre Melancthon & Carlostad, au sujet de l'Eucharistie, où le premier avoüoit la presence réelle de Jesus-Christ, & le second ne reconnoissoit que le signe. Surquoy Melancthon dit à Carlostad, que si son sentiment estoit véritable, il s'ensuivroit que Jesus-Christ ne seroit non plus dans le S. Sacrement, que dans la bouë. Carlostad s'estoit deffendu de cette consequence comme il avoit pû; & le Cardinal de Lorraine qui ne le sçavoit peut-estre que par le recit de ceux qui avoient lû les actes de cette Conference, avoit pris Beze pour Carlostad.

Mais Beze estoit trop honneste pour tirer avantage de ce défaut de memoire. Il ne luy insulta point, & ne fit pas même appercevoir de son erreur la compagnie. Il se contenta de répondre modestement qu'il ne se souvenoit point d'avoir écrit une proposition si scandaleuse, & que pour l'en convaincre, il la faloit trouver & montrer dans ses ouvrages. Il ajoûta qu'il croyoit que le Corps & le Sang & de Jesus Christ, estoient veritablement offert dans l'Eucharistie, à toutes sortes de personnes; mais qu'il y estoit receu spirituellement & par la Foy; & que neanmoins la communion

munion en estoit si certaine, que ce qui tomboit le plus évidemment sous les sens, n'estoit pas plus asſuré.

1561.

Le Cardinal qui ne vouloit pas ceder en civilité à un homme dont la naissance estoit si fort au dessous de la sienne, repartit qu'il ne desaprouvoit pas cette explication dans toute son étenduë, & que s'il faloit juger du succés de la Conference, par ce coup d'essay, il y avoit lieu d'esperer qu'il seroit heureux si l'on continuoit d'agir avec la même douceur & par raison. La compagnie se leva là dessus, & la Comtesse de Crusſol qui avoit succedé à la Duchesse de Montpensier, dans la confidence de la Reine, & se piquoit de railler aussi agreablement qu'elle, dit qu'il faloit obliger le Cardinal à signer ces dernieres paroles, parce qu'il y avoit à craindre qu'il ne s'en souvint pas le lendemain.

Loüise de Clermont. Tallart femme d'Antoine Comte de Crussol, Vicomte, puis Duc d'Vzez Grand Panetier de France.

La satisfaction que Beze pretendoit avoir receuë dans cet entretien, se r'allentit par une fâcheuse affaire. Il avoit vendu avant que de se retirer à Geneve, son Prieuré de Longjumeau, au Seigneur du lieu, quoy qu'il eût receu du Fermier, douze cens livres d'avance. Le Fermier depossedé avant que de pouvoir se rembourser, le fit suivre par son fils qui ne l'atteignit qu'à Geneve. Beze ayant besoin d'argent pour s'établir, ne paya le fils de son creancier que de promesses, & le fils fut obligé de s'en contenter, parce que le debiteur n'étoit point en lieu où il pût estre contraint par les voyes de la Justice.

La mort du Fermier, & de son Fils qui ne laissa qu'une veuve incommodée, & de petits enfans, em-

Dans la relation du Ministre Launoy.

pefcha Beze d'eftre pourfuivy, jufqu'à ce que la Conference de Poiffy ayant affez fait de bruit, pour n'eftre ignorée ny dans les Bourgs, ny dans les Villages, la veuve avertie que Beze y paroiffoit à la tefte des Miniftres, profita de l'occafion. Elle mena fes enfans à Poiffy : Elle preffa Beze de la fatisfaire, & le menaça que s'il y manquoit, elle iroit fe jetter aux pieds de la Regente.

Beze ne fut pas moins confus en la voyant que fes confreres en furent fcandalifez. Ils n'avoient tous eu d'argent que pour leur fubfiftance : ils n'ofoient en emprunter ; & la crainte d'eftre expofez à la raillerie des Catholiques, s'ils ne fermoient la bouche à ces importuns creancierr, leur perfuada qu'il eftoit permis dans une fi dangereufe conjoncture, de mettre les mains fur les deniers facrez. Il y avoit chez les furveillans de l'Eglife Calvinifte de Paris, une fomme notable en depoft pour la fubfiftance des pauvres. Ils en tirerent ce qu'il faloit pour acquiter Beze, & le Miniftre de Launoy choifi pour tirer de peine fon confrere, s'en acquita avec tant d'adreffe & de fecret, qu'on n'eût rien fçû de toute l'intrigue, s'il ne l'eût revelée long-temps aprés, lors qu'il rentra dans la Communion de l'Eglife Catholique. Et de fait Beze voyant que le Confeil du Roy ne répondoit point à fa Requefte, ne laiffa pas de fe mettre incontinent aprés, à la tefte des Miniftres & des Deputez Calviniftes, & d'en prefenter une feconde aux mêmes fins que la precedente. La Regente qui jugeoit de leur obftination par leur conduite, crut que la Conference fe romproit avant que d'avoir commencé, fi les Calviniftes n'obtenoient les quatre conditions préliminaires que l'on a rapportées. Elle repartit donc comme d'elle-même, & sans avoir communiqué la seconde Requeste au Conseil, qu'elle y consentoit pourvû qu'il y eût un Secretaire d'Estat avec ceux qui écriroient les actes de la Conference.

Beze ne fut pas tellement surpris de la condescendance de la Regente, qu'il ne se défiast de l'artifice dont elle usoit, & de sa precipitation à luy répondr. Il luy repartit par de profonds respects & par d'humbles remerciemens. Mais il ajoûta que les Calvinistes auroient une double obligation à sa Majesté, si elle les mettoit tout à fait hors de la crainte d'estre inquiettez ou surpris par les Catholiques, en leur faisant donner une réponse conforme à leurs Requestes, c'est à dire qui fust par écrit. La Reine n'avoit garde d'accorder cet écrit, parce qu'il eût servy de cause suffisante pour luy oster la Regence, si les Calvinistes se fussent accordez avec les Catholiques, pour y travailler. Mais il faloit chercher une autre excuse ; & la meilleure au sens de la Reine, fut qu'il ne se donnoit point de promesses par écrit pour les choses dont l'effet ne devoit point estre differé.

Ainsi l'ouverture de la Conference se fit le neufviéme Septembre 1561. en presence de leurs Majestez, de toute la Cour, de six Cardinaux, de trente-six Evêques & d'un grand nombre de Docteurs. Le Roy tout jeune qu'il estoit, parla d'une maniere aussi serieuse que l'exigeoit l'importance de l'affaire ; & se tournant vers les Prelats & les Docteurs, leur dit qu'il les avoit assemblez à dessein de prendre avec eux & par leurs avis,

L ij

les remedes necessaires à prevenir les troubles dont l'Etat estoit menacé. Sa Majesté les pria de suspendre leurs passions, & de n'avoir en veuë que la tranquillité publique, & les assura d'un gouvernement plus heureux que n'avoit esté celuy de ses Ancestres, s'ils y contribuoient sincerement ; ce qui dépendoit d'eux.

Dans la Harangue du Chancelier au Colloque.

Le Chancelier ajoûta que le Roy pretendoit faire ce que son Frere, son Pere & son Ayeul eussent executé, si les guerres étrangeres & les divisions civiles ne les en eussent empeschez ; & qu'elle souhaitoit d'avoir plus d'âge & d'experience pour assister toûjours à la Conference, & pour y presider comme avoit fait Constantin au Concile de Nicée : Que le salut spirituel & temporel de la France, aprés Dieu, dépendoit uniquement des Evêques, & qu'ils obligeroient leur patrie dans le point le plus important de la Religion, pourvû qu'ils ne se contentassent pas d'adoucir le mal pour un temps, au lieu de le guerir tout à fait : Que le remede si souvent proposé d'un Concile general, estoit à le bien prendre, sujet à deux inconveniens qui le rendoient inutile pour la fin que la France s'estoit proposée. Le premier, que quelque soin que l'on prît de se hâter, il se tiendroit trop tard ; & le second qu'il seroit composé d'Evêques presque tous inconnus, étrangers, ignorans de coûtumes Françoises, & par consequent mal propres à soulager le mal dont le Royaume estoit travaillé : Mais que les Prelats presens estoient tous François, & que c'estoit leurs freres, leurs parens & leurs amis qu'il s'agissoit de soulager ou de perseverer du plus dangereux des maux, qui estoit l'er-

reur : Que les motifs de charité dont ils devoient 1561.
eſtre touchez, eſtoient d'autant plus preſſans, que
perſonne d'entre eux n'ignoroit les cauſes & les ſym-
ptomes de la maladie : Qu'il ne faloit point s'amuſer
à l'impoſſibilité pretenduë de tenir deux Conciles en
même temps, puis qu'il y avoit des exemples dans
l'Hiſtoire Eccleſiaſtique, que cela s'eſtoit fait dans les
conjonctures où l'Egliſe avoit eu beſoin de s'aſſembler en plus d'un lieu ; & qu'aprés tout il y avoit moyen
de convoquer un Concile univerſel dans un païs, &
un national dans un autre, ſans violer la diſcipline pré-
ſente, puiſque les Decrets de l'un & de l'autre pouvoient
eſtre envoyez au Pape qui les confirmeroit ſéparément:
Que ç'avoit eſté la conduite de Charlemagne dans la
convocation du Concile national à Francfort, quoy
que les matieres qu'on y devoit traiter, fuſſent les
mêmes que le ſecond Concile de Nicée avoit entrepris de décider : Que le grand Saint Hilaire avoit pré-
ſervé par un Concile de peu d'Evêques Gaulois aſſemblez en ſecret, ſa partie de l'Arrianiſme, aprouvé dans
le Concile de Riminy ; & qu'il y auroit lieu d'eſperer
un ſemblable ſuccés de tant de Prelats & de Théolo-
giens qui ſe trouvoient alors à Poiſſy, pourvû qu'ils y
apportaſſent la ſoûmiſſion d'eſprit & le deſir de la paix,
qui avoient toûjours fait triompher leurs celebres Pre-
deceſſeurs, des héréſies qui s'eſtoient voulu introduire
de temps en temps dans la Monarchie Françoiſe : Que
ceux des deux partis qui avoient plus de doctrine que les
autres, ne les devoient pas mépriſer, & que dans une
ſi grande multitude de queſtions à décider, il ſeroit
ridicule de s'amuſer à celles qui ne regardoient que la

L iij

seule curiosité : Qu'il n'estoit necessaire pour trouver la verité, ny de beaucoup d'étude, ny de livres, & que le celebre Spiridion, qui faisoit profession de ne sçavoir que le Mystere de la Croix, ne laissa pas de confondre dans le premier Concile de Nicée, les Philosophes qui se servirent en vain contre luy, de toute la subtilité de leurs sophismes : Que puisque l'Ecriture Sainte estoit la mesure (pour ainsi dire) & la regle des sentimens Chrétiens, on ne pouvoit disconvenir qu'elle n'en dût estre encore la pierre de touche, & qu'on ne devoit pas se laisser tellement prévenir contre les Calvinistes, que l'on n'examinât à la rigueur sur le vieux Testament, & sur le nouveau, s'ils avoient raison, qu'après tout, leurs faux raisonnemens n'empêchoient pas qu'ils ne fussent nos freres, & qu'ils ne crussent JESUS-CHRIST comme nous : Qu'ils ne pouvoient estre amenez à la Communion de l'Eglise que par la douceur : Qu'Alexandre Patriarche d'Alexandrie, pour avoir traité Arrius Prêtre de son Eglise, avec trop de severité, l'avoit réduit au desespoir ; & que Nestorius eût infailliblement abjuré son erreur, s'il y eût eu plus d'intervale entre son procez & sa dégradation : Qu'il devoit suffire aux Prelats d'estre Juges dans leur propre cause, & qu'ils en devoient d'autant mieux concerter la Sentence, qu'ils avoient à la prononcer, puis qu'enfin si elle estoit conforme à la parole de Dieu, elle subsisteroit malgré toute la malice humaine, & fermeroit la bouche à leurs aversaires, en ne leur laissant ny sujet, ny pretexte de se plaindre de leur condamnation, & si elle n'y estoit point conforme, elle se détruiroit d'elle-même, quelque soin que prît la politique de l'établir.

Le Chancelier n'eût pas plûtôt achevé de parler, que le Cardinal de Tournon qui avoit eu bien de la peine à se contenir, tant il venoit d'oüir de choses contraires à ses sentimens, se leva. Il pretendoit estre le premier du Clergé de France, par sa qualité de Doyen du Colége des Cardinaux, & il l'étoit en effet par celle d'Archevêque de Lyon, & de Primat des Gaules. Il dissimula neanmoins une partie de son ressentiment, & loüa pour la doctrine & pour le zele, le discours qu'il venoit d'oüir; mais ce ne fut que pour remontrer ensuite à leurs Majestez, qu'il n'y pouvoit faire de réponse sans l'avoir concertée avec ses confreres, & que pour demander qu'on luy en communiquât une copie, afin que la réponse qu'il y feroit, fût plus précise, & que plusieurs Prelats qui n'estoient point encore arrivez, & que l'on attendoit le soir, en pussent dire leur avis.

Le Chancelier estoit trop éclairé pour ne pas apercevoir qu'on ne luy demandoit sa harangue que pour alonger la Conference, en changeant l'ordre d'y proceder de vive voix, en celuy de répondre par écrit, & pour luy susciter en son particulier une querelle avec le Pape, sous pretexte d'avoir avancé des erreurs. Il refusa de la donner pour deux raisons. L'une, qu'elle avoit esté prononcée devant une Assemblée si nombreuse, qu'il estoit impossible qu'il en eût échapé le moindre mot. L'autre, qu'il avoit tâché de se rendre si intelligible, que tout le monde pût comprendre ce qu'il avoit à dire.

Beze qui portoit la parole pour les Ministres, se mit alors à genoux, invoqua le Nom de Dieu, fit sa

1561.

profession de Foy, & se plaignit de passer avec ses Confreres, pour des perturbateurs du repos public, quoy qu'ils ne travaillassent que pour contribuer au salut des fideles, en leur annonçant les pures veritez de l'Evangile. Il declara que la liberté de conscience qu'ils demandoient, n'estoit pas pour mener une vie impure à l'exemple des Athées & des Anabaptistes, mais pour obeïr aux Puissances Souveraines, avec d'autant plus de joye, qu'ils le feroient sans contrevenir aux preceptes Divins. Il expliqua la difference des sentimens Calvinistes, d'avec ceux qu'il appelloit Romains. Il s'étendit sur la maniere de vivre Chrétiennement sur la Foy, sur les bonnes œuvres, sur la parole de Dieu, sur l'autorité des Conciles & des Peres, sur la vertu des Sacremens, & sur l'usage legitime que l'on en devoit faire ; & ce fut sur un point si debatu, que la chaleur du discours l'emporta au de-là des bornes qu'il s'estoit prescrites : car encore qu'il avoüât que les fideles participoient au Corps & au Sang de Jesus-Christ, aussi veritablement qu'ils mangeoient, touchoient & voyoient les especes, il ajoûta neantmoins que si l'on avoit égard à l'espace des lieux, comme il estoit necessaire de le considerer, lorsqu'il s'agissoit de la presence distincte du même Jesus-Christ, son Corps & son Sang étoient aussi éloignez des especes du pain & du vin, que le plus haut des Cieux l'est du centre de la terre.

Ces dernieres paroles exciterent un frémissement si universel dans l'Assemblée, que la présence de leurs Majestez, eut de la peine à la contenir dans le silence, & à l'empescher de se separer sur le champ. La Régente

gente commença pour lors à reconnoître la faute qu'elle avoit faite en permettant la Conference ; mais la honte d'en demeurer d'accord en se retractant, & la crainte d'irriter les Calvinistes, & de leur donner pretexte de publier qu'on avoit fait cesser la dispute pour leur ôter l'avantage qu'ils y eussent remporté, furent plus fortes dans l'esprit de cette Princesse, que la peur d'un danger éloigné, qu'elle ne découvroit pas encore dans toute son étenduë.

1561.

Beze continüa avec autant de hardiesse, que s'il n'eût scandalisé personne, & prit l'indignation qui paroissoit sur le visage des Catholiques, pour marques qu'ils se défioient de la justice de leur cause. Il traita de l'ordre des Calvinistes dans la Discipline Ecclesiastique. Il répondit à l'objection qu'on luy faisoit de violer l'obéïssance duë aux Magistrats, & conclût sa harangue en presentant la Confession de Foy des Calvinistes, qu'il demanda d'estre publiquement examinée.

Le Cardinal de Tournon qui ne regardoit Beze qu'avec des yeux de colere, s'adressa au Roy, & à la Regente, & leur dit d'une voix toute tremblante de courroux, que les Prelats s'étoient fait violence, d'avoir laissé blasphémer si long-temps un Evangeliste nouveau, sans l'interrompre, & qu'ils supplioient leurs Majestez de se souvenir que ce n'estoit que par leur ordre exprés & absolu, qu'ils avoient accepté la Conference : Qu'il avoit eu l'honneur de representer, en leur portant la parole pour ses Confreres, que les Ministres abuseroient de l'audiance qu'on leur donneroit, & qu'elles ne voyoient que trop sa prediction accomplie : Que l'on ne l'avoit pas plus écoûté, lors qu'il s'estoit réduit à pretendre que du moins le Roy ne fut pas present, & qu'il ne fût point exposé à des discours si dangereux, en un âge où il n'estoit pas encore capable de distinguer la verité d'avec le mensonge. Ensuite il se tourna vers le Roy : il conjura de perseverer dans la Religion de ses Ancestres, & de suspendre son jugement jusqu'au lendemain ; & il promit que les Prelats y feroient une réponse si nette & si satisfaisante, qu'il ne resteroit aux Calvinistes que la confusion d'avoir étalé sur un theâtre si fameux, leur abominable doctrine.

Dans le Discours du Cardinal de Tournon.

La Regente se sentit piquée de ce que le Cardinal sembloit insinüer qu'il se repentoit aussi bien que ses Confreres, de n'avoir pas rompu la Conference. Elle eut peur qu'il ne passât des menaces aux effets ; & comme cét attentat eût infailliblement mis en compromis l'authorité où elle s'estoit elevée avec tant de peine, elle crut estre obligée de repartir que la Conference n'avoit esté projettée que par l'avis des Princes, du Conseil du Roy & du Parlement : Qu'on n'avoit dessein ny de changer, ny d'alterer l'ancienne Foy, mais d'appaiser le trouble à qui cette Foy servoit de fondement ou de pretexte, & de ramener à la Communion de l'Eglise, par une si douce voye, ceux qui s'en estoient écartez.

Beze sçachant aussi le scandale que son emportement sur le Mystere de l'Eucharistie, avoit excité dans l'Assemblée, presenta à la Reine une troisiéme Requeste, pour adoucir ce qu'il avoit dit, en feignant de s'expliquer. Il se plaignit d'avoir esté mal entendu, &

traita d'impies & de blasphematoires les sentimens 1561. qu'on luy imposoit. Il avoüa que JESUS-CHRIST avoit institué l'Eucharistie à dessein de nous rendre de plus en plus participans de son veritable Corps & de son veritable Sang, & de nous attacher ainsi plus indispensablement à luy par un si precieux gage de la vie eternelle : Que JESUS-CHRIST estoit veritablement à la Cene ; mais qu'il ne s'ensuivroit pas que son Corps enfermé dans une certaine partie du Ciel, se cachât encore sous les especes du pain & du vin, puis que saint Augustin avoit soûtenu contre les Arriens, que JESUS-CHRIST comme Dieu, estoit present par tout, & dans le Ciel en qualité d'homme ; & Vigile Evêque de Trente, contre les Eutychiens, que le Fils Unique de Dieu, aprés s'estre fait homme, estoit contenu dans un lieu, pour ce qui regardoit la nature de sa chair, quoy qu'il ne fût contenu en aucun lieu selon la nature de sa divinité.

La Requeste fut communiquée aux Prelats, dans le temps qu'ils estoient occupez à convenir des mesures qu'ils avoient à garder pour la suite de la Conference. Ceux qui avoient esté d'avis d'empescher qu'elle ne se tint, insisterent que l'on dressât une Profession de Foy à la Catholique, comme les Calvinistes en avoient dressé une à leur mode ; qu'on la presentât à signer aux Ministres ; s'ils le refusoient, qu'on les declarât heretiques sans y apporter d'autre formalitez ; & que la Conference se terminât ainsi par l'excuse honneste qu'auroient les Prelats, de ne pas conferer davantage avec des gens qui se reconnoistroient eux-mêmes heretiques. Mais le plus grand nombre conclut qu'il estoit abso-

1561.

lument necessaire de répondre à Beze, parce que si l'on s'en dispensoit pour quelque cause que ce fût, toute la France croiroit qu'on ne l'auroit pû, & que c'estoit pour cela qu'on auroit pris le change, en proposant à contre-temps une Profession de Foy.

Mais comme il estoit difficile d'examiner dans un discours, tout ce que ce Ministre avoit dit, on demeura d'accord de ne toucher qu'aux deux principaux points de la harangue, qui estoient de l'Eglise & de la Cene; & le Cardinal de Lorraine, le plus éloquent de l'Assemblée, se chargea avec joye de porter la parole. Il avoit tant de chagrin de ce que les Ministres avoient demandé que le Roy presidât à la Conference, & que le Chancelier avoit depuis avancé que Constantin avoit presidé au Concile de Nicée, qu'il ne pût s'empescher de commencer par là le discours le plus pathetique qu'il prononça jamais. Il avoüa bien que le Roy estoit le Fils aîné, & le Prince le plus considerable de l'Eglise, mais il nia qu'il en fût le Chef, & qu'il eût d'autre droit sur elle, que celuy de la proteger. Il soûtint qu'il n'y avoit jamais eu que les Schismatiques qui eussent parlé de la sorte. Il cita les passages des Rois & des Empereurs les mieux instruits de la Religion, qui s'estoient declarez sujets de l'Eglise & de ses Ministres, en ce qui touchoit des matieres de Foy. Il montra que l'Eglise de JESUS-CHRIST n'estoit point une simple communauté d'Elûs, mais une grange où la paille estoit mêlée avec le bon grain, suivant l'expression de l'Evangile. Il ajoûta qu'elle estoit infaillible à la prendre en general, & que les particuliers qui tomboient dans l'erreur, pouvoient & devoient estre re-

Dans la seconde Harangue du Cardinal de Lorraine à Poissy.

dreffez par elle, lors qu'elle s'affembloit en corps dans les Conciles ; & qu'elle eftoit la fidelle depofitaire du veritable fens de l'Ecriture Sainte, & de l'autorité des Traditions: Que les Arriens, pour n'avoir pas fuivy cette regle, s'eftoient engagez dans des labyrinthes d'où la prudence la plus rafinée des deux Eufebes de Cefarée & de Nicomedie, n'avoit pû les tirer ; & que le même piege eftoit tendu pour les nouveaux inventeurs de dogmes en matiere de Religion, qui fe piquoient de voir un feftu dans les yeux de leurs freres, quoy qu'ils n'apperçûffent pas la poûtre qui eftoit dans les leurs.

Il les trouva dans un femblable aveuglement à l'égard de l'Euchariftie, fondé fur ce qu'au lieu de fe foûmettre à l'interpretation que l'Eglife avoit donnée aux paffages du nouveau Teftament, qui marquoient fon inftitution, ils s'eftoient épuifé le cerveau pour inventer jufqu'à quatre-vingts-deux fens differens des textes des Evangeliftes, & avoient ainfi reduit en abufant de la fubtilité de leurs efprits, à des recherches purement fpeculatifs, un myftere deftiné tout entier à embrazer les cœurs en l'amour divin : Qu'en ouvrant la porte à tant de queftions indiffolubles, & à des differens qui ne feroient jamais terminez, on n'auroit fait autre chofe que de feconder le principal effet du Demon, qui confiftoit à faire paffer pour une matiere feconde & durable de difcorde, le plus prodigieux effet de la charité de Jesus-Christ, & à le changer en un obftacle eternel de reconciliation entre les Chrétiens : car l'on fuppofoit que le Verbe depuis fon Incarnation, ne fe trouvât pas plus ny d'une autre maniere dans le monde, qu'il y eſtoit avant ſon Incarnation, qu'il n'eût point de Corps qui ne fût viſible, qu'il ne fût point autrement dans l'Euchariſtie, que dans la Predication de la parole Divine ; & qu'on ne le receut dans ce Sacrement, que comme en celuy du Baptême, il faloit renoncer à la Tradition, & former une Egliſe nouvelle en brûlant tous les Ecrits des Peres & des Conciles.

Les Prelats applaudirent au diſcours du Cardinal de Lorraine ; & le Cardinal de Tournon ajoûta qu'ils étoient tous preſts de répandre leur ſang pour cette doctrine. Il conjura le Roy d'y perſeverer, & declara que les Prelats vouloient bien continüer la Conference, pourvû que les Calviniſtes fouſcriviſſent aux deux points que le Cardinal de Lorraine venoit d'établir ; mais que s'ils refuſoient une ſignature ſi raiſonnable, non ſeulement il ne faloit plus les oüir, mais qu'il eſtoit neceſſaire de les chaſſer du Royaume à l'heure même.

Beze demanda la permiſſion de répondre ſur le champ au Cardinal de Lorraine, & fut remis à une autre fois, parce qu'il eſtoit déja nuit, & que l'auditoire eſtoit trop fatigué pour donner une attention qui feroit du moins auſſi longue que la precedente : Mais comme on ne parloit point à la Cour les jours ſuivans, de renoüer la Conference, les Calviniſtes apprehenderent que la Regente intimidée par le Clergé, n'oſât plus la continüer ; & ne doutant point que les Catholiques ne ſe vantaſſent d'en avoir remporté l'avantage, ſur ce que le diſcours du Cardinal de Lorraine eſtoit demeuré ſans replique, ils preſenterent une quatriéme Requeſte dont le ſens eſtoit, Que tous les gens de bien

LIVRE I.

avoient cru que la Conference de Poiſſy eſtoit l'unique moyen d'appaiſer les troubles de la Religion; mais que le Demon qui avoit ſujet d'en redouter le ſuccés s'eſtoit aviſé de la traverſer par l'intrigue de ſes emiſſaires: Que leurs Majeſtez bien loin de contribuer ce qui dépendoit d'elles pour en interrompre la ſuite, avoient trop de zele pour ne pas obliger les Evêques à la continuer; & que leurs fideles ſujets eſperoient qu'elles ne s'appliqueroient pas à ce ſaint œuvre avec moins de pitié qu'en avoit autrefois témoigné le ſaint Roy Joſias, dans une ſemblable conjoncture.

On n'euſt trouvé rien à redire dans la Requeſte, ſi ceux qui la dreſſerent, en fuſſent demeurez-là; mais comme ils apprehendoient le credit de leurs averſaires, & qu'ils s'imaginoient que le temps eſtoit venu de le ſaper par le fondement, ils ajoûterent tant de faits ſatyriques contre la pretenduë tirannie des Papes, & contre celle des autres Evêques, à leur exemple, en ce qui regardoit les conſciences, que le Conſeil du Roy fut d'avis de rejetter la Requeſte, afin de ne pas laiſſer aux Prelats qui n'eſtoient déja que trop animez, une occaſion nouvelle de mécontentement. La Regente même eſtoit reſoluë de ne plus inſiſter ſur le Colloque; car quoy qu'elle ne prevît pas encore les maux qu'il attireroit, elle commençoit à remarquer dans l'obſtination invincible des deux partis, qu'il ſeroit inutile de les avoir aſſemblez. Mais l'Evêque de Valence avoit trop d'intereſt de maintenir la Conference, qu'il appelloit ſon ouvrage, & trop d'aſcendant ſur l'eſprit de la Reine, pour ne la pas détourner d'un deſſein qui le touchoit en ce qu'il avoit de plus ſenſible.

1561.

1561.

Jean de Montluc Seigneur de Balagny, fils naturel de Jean de Montluc, Evêque de Valence, & d'Anne Martin, & legitimé au mois de Janvier 1567.

On a déja remarqué qu'il avoit un Fils qui fut depuis Maréchal de France, & Prince de Cambray, & si la Conference eust esté terminée avec douceur, on s'y fût au moins relâché en faveur des Calvinistes, pour ce qui regardoit le Mariage des Prêtres, & le Fils de l'Evêque en ce cas, eût esté legitime, puis que le Pere & la Mere eussent pû impunément avoüer les Nôces clandestines qu'on pretendoit qu'ils eussent contractées. C'est ce qui vray-semblablement obligea l'Evêque de remontrer à la Regente, que la convocation de la Conference, estoit une de ces entreprises que la politique appelle hardies, c'est à dire qui ne doivent point avoir esté formées, ou qui doivent s'executer dans toute leur étenduë : Qu'il n'y avoit lieu ny de retourner en arriere, ny de s'arrester sur un chemin si glissant ; & que si le précipice estoit à craindre au bout de la carriere, il estoit inévitable d'y tomber en tournant le dos, ou en prenant haleine : Que sa Majesté avoit deux partis dans l'Etat, qui luy estoient presque également à craindre, le Catholique & le Calviniste : Que le Catholique n'avoit jamais accepté sincerement la Conference ; & qu'encore que le Cardinal de Lorraine l'y eût fait condescendre, on sçavoit assez que l'artifice & les importunitez y avoient eu plus de part que l'inclination ; & qu'il arriveroit enfin dans ce vaste corps, ce qui ne se remarquoit que trop souvent dans les grands fleuves, qui sembloient n'avoir esté tirez de leurs lits par les digues & par les canaux, que pour y retourner ensuite avec plus d'impetuosité : Que les Calvinistes, qui pour des fins contraires, avoient souhaité la même Conference, n'estoient point à s'en repentir ; car outre qu'elle ne se

faisoit

LIVRE I.

faisoit ny dans les formes, ny aux conditions qu'ils avoient d'abord proposées, ils commençoient à s'appercevoir de deux défauts dans leur doctrine, qui leur avoient esté jusques-là inconnus, & qui cependant les empêcheroient de remporter le succés dont ils s'estoient tant vantez par toute l'Europe. L'un, que la maniere dont Beze venoit d'expliquer l'Eucharistie, avoit inspiré de l'horreur, ou pour le moins donné des sujets de scandale à tous ceux qui n'avoient jamais oüis parler des Ministres sur cette matiere, soit que la prevention eût entierement produit un effet si general, ou que la nouveauté en eût esté la seule cause. L'autre que le même Beze avoit si subtilement traité les difficultez, que les seuls beaux esprits & les doctes, les avoient comprises, & le reste, c'est à dire les trois quarts de l'auditoire pour le moins, estoient demeurez dans la même disposition qu'ils y étoient venus, ou avoient applaudy au Cardinal de Lorraine, par la seule raison, que son discours comme plus simple & moins élevé, s'estoit aussi trouvé plus conforme à leur portée : Que sa Majesté en faisant cesser la Conference, n'appaiseroit pas les Catholiques qui avoient témoigné trop d'indignation de la liberté accordée à Beze, de dire impunément tout ce qu'il avoit voulu, & mettroit neantmoins les Calvinistes au desespoir, en leur ostant l'unique moyen d'éclaircir les points de leur croyance : Qu'ils pretendoient n'avoir blessé les oreilles delicates, que pour avoir esté mal entendus ; au lieu qu'en continuant la Conference, sa Majesté devoit au moins s'assurer que les Calvinistes luy en seroient tout à fait redevables, & qu'ils tiendroient uniquement de ses bon-

1561.

Dans le Discours de l'Evêque de Valence à la Regente.

tez, la moindre indulgeance dont on useroit à leur égard, puis qu'il n'auroit dépendu que d'elle de les renvoyer sans en avoir rien obtenu.

 Le discours de l'Evêque de Valence, eut un effet assez bizarre, en ce que son credit auprés de la Regente, empescha qu'il ne fût entierement inutile; mais aussi la crainte d'aliener les Catholiques sans espoir de retour, fit que cette Princesse chercha & trouva enfin l'expedient qu'elle jugeoit propre à faire que personne ne se mécontentât. Elle accorda d'un côté la continuation de la Conference, aux instantes prieres de l'Amiral de Châtillon; mais elle ordonna dans le même temps en faveur des Catholiques, qu'elle ne seroit plus publique, mais particuliere, & promit que le Roy son Fils n'y assisteroit plus.

ARGUMENT
du second Livre.

LE Iurisconsulte Balduin propose au Cardinal de Lorraine un expedient subtil pour terminer à l'avantage des Catholiques le Colloque de Poissy, en commettant les quatorze Ministres qui y assistoient, avec les cinq Theologiens Lutheriens qui devoient y venir ; mais les Lutheriens arrivent trop tard, & rendent inutile par leur paresse la meilleure partie de ce projet. Le Cardinal ne laissa pas d'embarasser les Calvinistes, en les disposant à se relâcher pour le bien de la Paix autant qu'ils pourroient sur le point de la presence réelle. Ils le font, & même par écrit ; mais le Docteur Despences corrige leur Article, ce qui les met si fort en colere, qu'ils retractent ce qu'ils avoient accordé, & le Celloque se rompt la dessus. La Regente apprehende alors que le party Calviniste ne succombe, & pour le soûtenir, luy accorde l'Edit de Iuillet ; mais au lieu de venir ainsi à bout de son dessein, les Triumvirs l'expose au plus grand danger où elle fut jamais. Elle s'en tire contre leur opinion : Elle épuise toutes ses inventions pour s'empêcher de prendre party, persuadée qu'elle recevra la Loy de celuy où elle entrera ; mais tous les deux la pressent de se declarer, & le Catholique l'y oblige. Le massacre de Vassy sert de cause ou d'occasion pour la guerre : Les Calvinistes manquent d'abord

Paris; *surprennent Orleans*, &) *s'emparent de Roüen* : *Ils arrêtent eux mêmes le cours de leur bonne fortune, en negligeant de se saisir du Pont de l'Arche* &) *de Caudebec* : *La Regente confere à Toury avec le Prince ; mais en vain, parce qu'elle y avoit mené le Roy de Navarre qui se querelle avec son Frere.*

CHARLES IX.

LIVRE SECOND.

OV L'ON VOIT LES CHOSES les plus memorables arrivées sous son Regne, sur la fin de l'année 1561. & au commencement de 1562.

1561.

ON s'imaginoit à la Cour, que la continuation de la Conference avec les adoucissemens que l'on vient de representer, ne seroit agreable ny aux Catholiques, ny aux Calvinistes, parce que les Catholiques avoient assez témoigné qu'ils ne s'y étoient trouvez que pour rendre raison de leur foy en presence du Roy, qui n'y devant plus assister, feroit cesser le motif qu'ils avoient eu de conferer avec des gens convaincus de soûtenir des opinions déja condamnées : Et les Calvinistes frustrez de l'esperance de gagner la Cour, qui leur avoit

1561.

principalement fait rechercher la Conference, ne se mettroient plus en peine d'étaler leur doctrine devant leurs amis qui en estoient assez instruits, & devant leurs aversaires qui ne l'entendroient que pour la condamner. Cependant la Conference fut également continuée par les deux partis ; & les Calvinistes y consentirent les premiers, parce qu'ils supposerent qu'ils en tireroient au moins l'avantage d'ôter ce qu'il y avoit de rude & de plus scandaleux dans leurs sentimens sur l'Eucharistie, en accoûtumant les Catholiques, sans qu'ils y prissent garde, à les oüir. Et les Catholiques acquiescerent enfin aux prieres de la Regente, aprés que le Cardinal de Lorraine leur eut remontré qu'il n'y auroit plus de hazard pour la Religion, dans les Conferences, où les Prelats ne paroîtroient plus comme soûtenans, mais en qualité de Juges entre les Docteurs & les Ministres.

Dans la troisiéme harangue de Beze.

Ainsi le Colloque de Poissy recommença le vingtcinquiéme Octobre 1561. & Beze discourut des marques de la veritable Eglise. Il prétendit que les plus certaines consistoient dans la prédication de la parole Divine, sans aucun mélange des traditions humaines, & dans l'administration des Sacremens, en la maniere toute simple que Jesus-Christ les avoit institués, sans les alterer par de vaines cérémonies la plûpart inventées de nouveau, ou tirées du Paganisme. Il tâcha de prouver que les autres marques étoient équivoques, & il passa de ces raisonnemens subtils, à d'autres historiques, pour montrer que la succession des Prelats & de la Doctrine, avoit esté souvent interrompuë dans toute l'Eglise. Il ne parla que peu de la vocation ordinaire des Pasteurs, & s'étendit davantage sur l'extraordinaire, dont il se plaignit qu'on luy faisoit mal à propos, & à ses Collégues, un crime irrémissible. Il réduisit l'authorité de l'Eglise universelle, à la seule discipline. Il assura que les Conciles généraux s'étoient quelques fois trompés en matiere de Foy. Enfin il compara l'Ecriture Sainte avec la tradition de l'Eglise, & conclut qu'il estoit ridicule de donner la préférence à celle-cy, puis qu'elle empruntoit de celle-là, tout ce qu'elle avoit de plus avantageux.

1561.

Le Cardinal de Lorraine fit signe au Docteur d'Epence de répondre; & les Calvinistes avoüerent depuis, qu'il n'avoit pû jetter les yeux sur un plus digne sujet. C'estoit un Gentil-homme qui contre la coûtume de la Noblesse Françoise, s'estoit adonné à l'étude des saintes Lettres. Il ne s'estoit pas appliqué à la Théologie Scolastique, pour en demeurer là, comme les autres Ecoliers de son temps; & l'on avoit d'abord observé qu'il n'y employoit pas même la plûpart de ses heures. Il les reservoit pour l'Ecriture Sainte, pour les Conciles, pour les Peres & pour l'Histoire Ecclesiastique, qui sont comme les quatre parties de la positive; & s'il n'avoit que mediocrement profité dans un si long travail, ce n'estoit pas tant sa faute, que celles des matieres qui n'estoient pas encore assez developées, & des Autheurs, dont la plûpart estoient corrompus. Il avoit néantmoins entrevû la meilleure partie des véritez qui ont depuis esté éclaircies à force de recherches, & de confrontations des Livres imprimés, avec les anciens Manuscrits; & com-

Claude Tornel d'Epence.

1561.

me personne ne voyoit plus distinctement que luy, les abus qui s'estoient glissés dans l'Eglise, aussi personne n'estoit touché d'un zéle plus ardent de les retrancher, quoy que la prudence luy fit desaprouver les moyens injustes dont les Calvinistes s'estoient servis pour y parvenir, s'il estoit vray qu'ils en eussent eu le dessein. Il commença sa Harangue, par l'aversion qu'il avoit toûjours euë de voir brûler des miserables, pour la seule cause de la Religion. Il témoigna un extrême desir de terminer les differends par des éclaircissemens réciproques : Mais il avoüa de n'avoir jamais pû comprendre de quelle autorité, ny par quelle vocation, les Ministres, & sur tout les quatorze Chefs du petit Troupeau Calviniste, estoient entrez dans le Ministere, & comment ils osoient passer pour de veritables Pasteurs, & en faire les fonctions, puis qu'ils ne pouvoient nommer de Prélat qui leur eût imposé les mains, & que par consequent ils n'estoient point établis par la voye ordinaire dans la conduite des ames dont ils se méloient : Qu'ils ne l'estoient pas non plus par une voye extraordinaire, puis qu'on ne s'introduisoit par là dans la Maison de Dieu, qu'à la faveur des Miracles ; & que comme ils avoüoient qu'ils n'en faisoient point, ils ne devoient pas aussi trouver étrange qu'on ne les crût point sur leur seule parole : Qu'il estoit au moins necessaire d'avoir recours à la Tradition, lors qu'on ne convenoit point du vray sens de l'Ecriture ; & qu'en ce cas la succession legitime & non interrompuë des Evéques, leur devoit avoir acquis une autorité pour le moins égale à celle des Levites de l'ancien Testament, dont les décisions estoient infaillibles.

C'estoit le mot des Calvinistes.

libles : Que les Calvinistes mêmes, aussi bien que les Catholiques, recevoient beaucoup de choses qu'ils ne sçavoient que par cette voye, par exemple que dans la Trinité, n'estoit point engendré, & le Fils estoit consubstantiel au Père ; qu'il faloit baptiser les enfans, & que la Mere de JESUS-CHRIST estoit demeurée Vierge aprés l'enfantement : Que les Conciles generaux ne pouvoient errer par le même principe ; & qu'on ne trouveroit point qu'ils se fussent contredits en ce qui regardoit la doctrine.

Dans la Harangue de d'Epense à Poissy.

Le Docteur de Saintes, qui parla aprés d'Epence, ne dit que la même chose en d'autres termes ; & Beze répondant à l'un & à l'autre, établit pour principe, qu'il n'y avoit que deux marques suffisantes & necessaires pour distinguer la veritable vocation d'avec la fausse, l'Election & l'Examen de la doctrine & des mœurs ; d'où il resultoit que l'imposition des mains estoit tout au plus une marque équivoque & par consequent incertaine : Que ny ses Confreres ny luy, ne la vouloient point recevoir des Prelats qui se disoient leurs Ordinaires, parce que leur vie licentieuse, leur ignorance, leur superstition & leur idolatrie, les rendoient incapables de donner aux autres ce qu'ils n'avoient pas receu pour eux-mêmes. Outre que ces pretendus Ordinaires n'eussent jamais approuvé des gens pour annoncer une doctrine dont ils avoient interest d'empescher l'accroissement. Que les Miracles non plus n'estoient pas une marque indubitable de la vocation extraordinaire, puis que Dieu ne s'en estoit point servy pour appeller à la souveraine Prestrise Samüel, qui n'estoit point de la race d'Aaron.

Tome I.   O

1561.

Les Theologiens ne manquerent pas de repliquer à Beze ; & la Conference commençoit à dégenerer en une difpute de College, lors que le Cardinal de Lorraine dit qu'il faloit traiter avec moins de paffion les matieres Divines, & proceder avec ordre en examinant le fonds de celle qui contribuoit d'avantage à fomenter le fchifme entre les Chrétiens, comme eftoit la prefence de JESUS-CHRIST dans l'Euchariftie : Que les Calviniftes ayant choifi cét article pour motif principal de leur feparation, avoient plus d'intereft que leurs averfaires, qu'il fût éclaircy, & s'y devoient uniquement arrefter, bien loin de trouver mauvais que la queftion y fût reduite. Enfuite il fe tourna vers Beze, & luy demanda s'il approuvoit en ce point la Confeffion d'Aufbourg, receuë par tous les Lutheriens de l'Europe.

Anne du Bourg neveu d'Antoine du Bourg, Chancelier de France.

Beze fut d'autant plus furpris de cette propofition artificieufe, qu'elle le portoit à d'étranges extremitez. S'il l'avoüoit abfolument, il fe broüilloit avec fes Confreres, il ruinoit fa fortune, il rendoit ridicule la mort du Confeiller du Bourg, le plus confiderable de leurs pretendus Martyrs, il décreditoit le Calvinifmes, ou pour mieux dire il l'abandonnoit tout à fait en oftant la fameufe barriere qui le feparoit du Lutheranifme : S'il la rejettoit abfolument, il commettroit les Villes & les Republiques de fon party, avec ce grand nombre de Souverains du Nord, qui avoient receu la même Confeffion, & les privoit inconfiderément de leur affiftance dans une conjonéture où elle leur eftoit neceffaire, au cas que la Maifon d'Autriche & le Duc de Savoye, n'eftant plus occupez contre la France,

LIVRE II. 107

pensassent à recouvrer les Suisses & Geneve. S'il l'acceptoit en une partie, & la rebutoit en l'autre, il faisoit encore pis, puis qu'il s'exposoit aux deux sortes d'inconveniens que l'on vient de representer, sans en tirer aucun avantage pour luy, ny pour les siens : Enfin s'il differoit de répondre, en demandant quelque temps pour conferer avec ses Collegues, il découvroit le secret, ou pour mieux dire le foible du Calvinisme, en faisant voir que les Ministres, pour avoir reduit leur croyance à quarante articles, n'en estoient pas plus d'accord entr'eux. Il tâcha neanmoins de sortir de ce mauvais pas par un faux fuyant, c'est à dire qu'il pressa à son tour le Cardinal de Lorraine, de declarer si luy & les autres Prelats, voudroient signer le reste des articles de la même Confession.

Mais le Cardinal qui jugeoit de l'embaras de Beze, par sa repartie, avoit trop d'esprit & de desir de le vaincre, pour luy laisser prendre le change. Il ne luy repliqua rien sur ce qu'il avançoit de nouveau, parce qu'il supposa y avoir pleinement satisfait en reduisant l'entretien à la difficulté de l'Eucharistie. Il demanda d'un ton plus fier, si les Calvinistes approuvoient ou rejettoient la Confession d'Ausbourg, en ce qui regardoit la Cene ; & Beze aprés avoir regardé ses Confreres qui ne luy témoignoient rien ny de vive voix, ny par signe, trouva cette seconde défaite. Il dit que les quatorze Ministres n'avoient esté envoyez que pour soûtenir la Confession de Foy qu'ils avoient presentée à leurs Majestez, & que la Conference ne tendoit qu'à cette unique fin, qu'ils avoient ordre de ne travailler qu'à cela, & qu'ils ne

1561.

pouvoient sans une contravention manifeste s'en écarter, en répondant sur une autre Confession.

Mais l'Assemblée témoigna par un murmure, que l'excuse de Beze ne la satisfaisoit pas. Et de fait, le principal article de la Confession Calviniste, regardoit la Cene, & les Ministres par leur propre aveu, estant obligez à l'éclaircir, il n'estoit point hors de propos de s'enquerir, avant que de passer plus avant, s'ils reconnoissoient la presence réelle de Jesus-Christ dans le Pain Eucharistique à la Lutherienne, ou s'ils pretendoient l'en exclure.

Les Ministres voyant qu'on les chargeroit d'avoir rompu la Conference, s'ils persistoient dans leur obstination, demanderent la permission de conferer entr'eux en particulier; & s'estant retirez dans la chambre la plus proche, en sortirent au bout de trois quarts d'heure. Ils declarerent que si on leur donnoit par écrit l'article de la Confession d'Ausbourg dont il s'agissoit, ils l'examineroient à loisir, & en diroient leur sentiment à la premiere assemblée. Le Cardinal leur mit aussi-tost en main un écrit où la Cene estoit expliquée en deux textes Latins presques entierement semblables. Le premier tiré mot à mot de la Confession d'Ausbourg, & le second, de celle de Virtemberg. Ils ne demeurerent pas long-temps sans découvrir l'intention du Cardinal; & les émissaires que leur party entretenoit jusques dans sa maison rapporterent que les mesures estoient prises pour commettre encore une fois les Ministres Lutheriens avec les Calvinistes, & que l'homme dont se serviroit le Cardinal de Lorraine, pour arriver à cette fin, estoit le Jurisconsulte Baudoüin, devenu Precepteur du Fils naturel du Roy de Navarre, par les voyes que l'on va representer. François Baudoüin né dans la Ville d'Arras, avec beaucoup d'esprit & peu de bien, avoit en sa jeunesse suivy la destinée des Ecoliers de sa volée, qui pretendoient s'avancer par le moyen des Lettres, c'est à dire qu'étudiant avec trop de curiosité les nouvelles opinions, afin d'en pouvoir discourir à fond dans les compagnies, il estoit tombé dans l'heresie. Calvin qui pretendoit le pousser par les mêmes voyes que Beze s'estoit accredité dans le party, l'avoit appellé à Geneve, receu dans sa maison, mis dans l'intrigue du Consistoire & s'en estoit servy plusieurs années en qualité de Secretaire. Mais soit que l'humeur de Baudoüin fût extraordinairement inconstante comme les Calvinistes luy reprocherent depuis, ou qu'il eût reconnu que le Calvinisme n'estoit qu'une hipocrisie rafinée, comme il le publia dans une piquante Apologie, il se retira de Geneve à Heildesberg, où il professa la Jurisprudence jusqu'à ce que Cassander luy ayant inspiré la passion de réünir toutes les Religions, il crut qu'il faloit commencer par la France, où il s'attendoit de trouver moins d'opposition. Il vint à Paris, où il porta & communiqua au Cardinal de Lorraine, la fameuse consultation que le même Cassander avoit composée pour l'acheminement de son projet.

1561.

Dans la premiere invective de Calvin contre Baudoüin.

Le Cardinal de Lorraine le receut avec d'autant plus de joye qu'il prevoyoit qu'encore qu'elle ne produisist pas tout l'effet que son autheur avoit pretendu, elle commetroit du moins les Protestans les uns contre les autres, & diviseroit les Ministres de l'Assemblée de Poissy, par les ouvertures d'accord qu'elle suggeroit aux plus moderez d'entr'eux. Il la fit adroitement tomber entre leurs mains, & negocia de sorte que les Calvinistes de qualité qu'elle avoit ébranlez, demanderent à leurs Pasteurs ce qu'ils en pensoient.

Mais les Ministres n'avoient garde de l'approuver, puis qu'ils ne la jugeoient inventée que pour faire cesser leur employ, en réünissant leur petit Troupeau à un plus grand, comme celuy des Lutheriens, ou des Catholiques; & en l'un ou l'autre de ces cas, le ministere deviendroit inutil. Mais comme il eût esté trop dangereux de témoigner que leur interest particulier estoit mêlé avec celuy de la Religion, ils éviterent de censurer la consultation de Cassander, quoy que la pluspart des choses qu'elle contenoit, fussent directement opposées à leurs principes. Ils s'attacherent à dire seulement que l'Autheur du Livre avoit caché son nom, & conclurent de là que ce seroit se donner inutilement de la peine, que de l'examiner dans un lieu où le temps estoit si precieux, & où il y avoit tant d'autres importantes affaires à terminer. Ils sortirent ainsi du mauvais pas où Baudoüin les avoit engagez.

Mais ils n'eussent pas démeslé avec autant de facilité la seconde difficulté de Baudoüin, si la fortune ne les eût secondez. Il avoit persuadé le Cardinal de Lorraine, de mander les plus fameux Professeurs Lutheriens du Palatinat & du Duché de Virtemberg, pour les introduire dans la Conference, où il estoit assuré qu'ils s'emporteroient avec plus de chaleur contre les Calviniſtes, que contre les Catholiques; & 1561. que par cét artifice, outre le plaiſir qu'il y auroit de voir les heretiques aux mains les uns contre les autres, leur oppoſition les rendroit ridicules à la Cour, où leur doctrine eſtoit auparavant admirée; & le peuple qui les croyoit uniformes, apprenant qu'ils s'entredéchiroient, changeroient ſi promptement en mépris ſon ancienne eſtime pour eux, qu'on ne verroit plus de François ſortir de la Communion de l'Egliſe.

Il faut avoüer que les Catholiques ne receurent jamais de conſeil plus ſalutaire que celuy de Baudoüin; & s'il eût eſté executé avec autant de diligence qu'il en eſtoit beſoin pour le ſuccés d'une intrigue ſi delicate, on eût prevenu tous les maux qu'on vit depuis naître de la Conference de Poiſſy. Et de fait les Miniſtres qui n'ignoroient aucune des plus ſecretes maximes de leur averſaires, ayant ſçû ce que Baudoüin avoit propoſé à leur deſavantage, s'emporterent contre luy dans tous les excés que l'indignation, le dépit, la jalouſie & la fureur peuvent inſpirer lors qu'elles ſont animées par le faux zele, & qu'elles ſe cachent ſous une ſi ſpecieuſe couverture. Ils le traiterent d'Ante-Chriſt & de Satan. Calvin écrivit à cette occaſion le plus ſatyrique de ſes ouvrages. La conſultation de Caſſander devint le plus horrible objet de l'averſion des Calviniſtes, par la ſeule raiſon que leurs Miniſtres l'attribuoient à Baudoüin; & comme s'il eût eſté permis en cette occaſion d'étendre la vengeance au de-là du Tombeau, aprés la mort de Calvin, Beze ſe preſenta autant

Dans le dernier Volume de Calvin.

pour succeder à la querelle de son maître, que pour défendre sa reputation.

1561.

Mais Baudoüin ne fût pas si heureux dans le succez de son avis, qu'il le fût à repousser dans son Apologie les injures qu'on luy disoit. Le Cardinal de Lorraine, à la verité ne perdit point de temps à mander les Theologiens de Wirtemberg & du Palatinat. [a] Il en écrivit à Vieilleville, Gouverneur de Metz, qui negocia si promptement avec les Souverains de ces deux Etats, qu'ils accorderent les cinq plus habiles Professeurs en Theologie, qu'ils eussent : Mais le plus grand obstacle survint du côté qu'il estoit le moins attendu. Le Palatin avoit nommé pour la Conference de Poissy, Michel d'Illier, [b] & Pierre Boquin; & le Duc de [c] Wirtemberg, Jean André, Jacques de Bocling, & Balthasar Christofle. Ces gens de Lettres eurent tant de peine à sortir de leur païs, quoy que les sommes considerables qu'ils toucherent par avance, fussent à leur égard une assez puissante amorce, qu'ils n'arriverent à Paris que vers la fin de la Conference; & pour surcroît de malheur, Bucling le plus resolu d'entr'eux, estant mort de la peste dont cette Ville estoit affligée, ses quatre compagnons en furent si intimidez, que rien ne pût les obliger à continuer leur voyage jusqu'à Poissy, d'où ils estoient si proches, ny les empescher de retourner promptement en Alemagne.

[a] François de Scépeaux, Seigneur de Vieilleville, depuis Maréchal de France.

[b] Frederic III. du nom, Comte Palatin Electeur de l'Empire, Duc de Baviere.

[c] Christophe Duc de Vvirtemberg.

Le temps que Beze avoit demandé pour conferer avec ses Confreres, sur l'écrit qu'on luy avoit mis entre les mains, estant expiré, il revint à la Conference, où il lût un long discours qu'il avoit composé,

&

& divisé en deux parties, s'excusant de n'avoir pas eu le loisir de l'apprendre par cœur. La premiere partie mit tellement en colere les Prelats Catholiques, qu'elle les rendit incapables de donner assez d'attention à la seconde. Ce Ministre sous pretexte de justifier sa vocation & celle de ses Confreres, s'étendit sur la vocation du Clergé Catholique, montra par une longue déduction en forme de satyre, que les plus hautes Dignitez s'y achetoient à prix d'argent, ou par des voyes encore plus infames ; & tira de tout cela des consequences qui sembloient revoquer en doute leur validité. Le Cardinal de Lorraine n'estoit pas moins indigné que les autres Prelats, mais comme il luy vint en pensée que la declamation qu'il entendoit, n'estoit peut-estre prononcée que pour donner le change aux Catholiques, en les empêchant de presser les Calvinistes de répondre sur les articles de la Confession d'Ausbourg, il suspendit son ressentiment, & souffrit tout l'emportement de Beze, sans l'interrompre, afin de le faire souvenir ensuite de l'écrit dont il s'étoit chargé.

Beze ne pouvant plus differer de s'expliquer, avoüa que l'article qu'on luy avoit donné, estoit de la Confession d'Ausbourg, mais il ajoûta qu'il y avoit de l'artifice à proposer la signature d'un article tronqué, sans representer en même temps la piece entiere dont on l'avoit détaché. Il demanda que le Cardinal de Lorraine eût à declarer s'il avoit presenté l'article de son mouvement, ou de concert avec les Catholiques, parce que dans le premier cas, il suffiroit de luy répondre en particulier, & dans le second, les Eglises reformées de France, auroient sujet de loüer Dieu de ce que les Catholiques abandonnoient la Transubstantiation. Enfin il pressa à son tour le Cardinal de montrer l'exemple aux Ministres, en mettant le premier son nom au bas de l'écrit dont il exigeoit la signature, afin que ceux qui les avoient envoyez, ne les accusassent pas d'avoir trahy leur cause, en renonçant à l'égalité qui devoit toûjours estre dans les Conferences reglées.

Le Cardinal repartit que l'égalité estoit chimerique entre des Prelats & des gens qui s'estoient eux-mêmes retranchez de l'Eglise, & qu'on avoit seulement appellez les Calvinistes à Poissy, pour les éclaircir, & non pas pour traiter du pair avec eux. Il leur repeta qu'il faloit s'expliquer sur l'article de la Confession d'Ausbourg, ou se separer: mais au lieu d'en demeurer là, il en sortit à la persuasion des Prelats, qui le presserent de répondre à la satyre que Beze avoit faite contre leur vocation. Il fit un long discours pour exagerer l'insolence de ce Ministre, qui n'épargnoit pas même leurs Majestez, & les accusoit de superstition, d'idolatrie, de scandale & de simonie. Comme il sçavoit que c'estoit particulierement à luy que l'invective s'adressoit, parce que les Calvinistes supposoient qu'il fût redevable de la plûpart de ses Benefices, à la Duchesse de Valentinois, le ressentiment de cette injure; & la commodité de s'en venger, sous pretexte de celle qui estoit faite aux autres Prelats, le porterent si loin, qu'il ne se tût que lors qu'il ne luy fut plus possible de parler. Le Docteur d'Epence le voyant hors d'haleine, reprit le dernier argument qu'il avoit proposé, & montra par l'exemple de Calvin, que les Ministres pouvoient avoüer sans crainte d'estre repris de leur Superieur, que le Corps de JESUS-CHRIST estoit substantiellement dans l'Eucharistie. Il se servit de cet adverbe qui faisoit toute la contestation entr'eux & les Catholiques, comme le mot de consubstantiel avoit esté autre fois celle de l'Arrianisme, puisque le même Calvin qui avoit tant de credit à Geneve, n'auroit garde de souffrir qu'on leur fist le procés pour avoir parlé comme luy. Pierre Martyr qui ne sçavoit pas parler François, repartit en Italien, par un discours qui contenoit en substance un Livre entier qu'il avoit composé sur cette matiere, à dessein de montrer que les Peres de l'Eglise & les Theologiens modernes ne s'estoient servy du mot de substance, que pour ôter l'occasion de croire qu'il y voulussent introduire un corps imaginaire, & une maniere toute chimerique de le recevoir.

1561.

Dans le quatriéme Livre de l'Institution.

Une interpretation si contrainte, fâcha de telle sorte un sçavant Jesuite Espagnol qui assistoit à la Conference en qualité de Theologien du Cardinal Legat Hypolite d'Este, qu'il harangua à son tour avec toute la fierté de sa nation, mais non pas avec toute la subtilité. Il compara les heretiques à des singes, à des renards & à des monstres. Il soûtint que c'étoit perdre le temps que de disputer contr'eux, & qu'il les falloit renvoyer au Concile de Trente, où il leur seroit permis d'assister avec toute seureté : Que la bien-seance ne permettoit pas d'examiner des points de Religion devant les Dames & devant les Gens de

Jacques Laynez second General de la Compagnie de Jesus.

1561.

guerre ; & que comme le Christianisme ne s'estoit étably ny par les unes ny par les autres, il n'avoit pas besoin d'eux pour se maintenir.

Ce discours qui ouvroit un nouveau champ pour sortir de la question dont il s'agissoit, en examinant cette autre, si la convocation prochaine d'un Concile general, avoit droit d'empescher les Assemblées particulieres sur le fait de la Religion, inspira à tant de gens l'envie de parler tous ensemble, que la Conference devint si tumultueuse, & la bien-seance y fut si mal observée, aussi bien que la gravité, que la Regente & les Cardinaux de Tournon & de Lorraine, qui en estoient les principaux moderateurs, furent obligez à la faire changer de face une seconde fois. Ils ordonnerent du consentement des Calvinistes, qu'il n'y auroit plus que cinq personnes de chaque côté qui travaillassent à convenir des articles contestez & à les reduire par écrit, & que l'on commenceroit par celuy de l'Eucharistie. Les Catholiques nommerent les Evêques de Valence & de Sées, & les Docteurs Salignac, Bouthillier & d'Epence ; & les Calvinistes Beze, Martyr, Desgallards, Marlorat, & de Lespine.

La precaution que l'on avoit euë de jetter les yeux sur les personnes les plus pacifiques des deux partis, ne fut pas inutile. Les cinq Ministres pressez de se relâcher autant qu'ils le pourroient pour le bien de la paix, sans toucher au fonds de leur croyance, convinrent enfin de s'expliquer en ces termes. *Nous avoüons que* JESUS-CHRIST *dans l'Eucharistie, donne & nous presente veritablement la substance de son*

Corps & de son Sang, par la vertu de son Esprit saint, & que nous recevons & mangeons spirituellement par la Foy, ce veritable Corps offert & sacrifié pour nous, à dessein que nous devenions les os de ses os, & la chair de sa chair, qu'il nous donne la vie, & que nous y recevions les choses necessaires à nostre salut: Et parce que la Foy fondée sur la parole Divine, rend ces choses presentes, c'est par elle que nous recevons en effet le Corps & le Sang veritables & naturels de Jesus-Christ, *par l'efficacité de son Esprit; & c'est en cette maniere que nous le reconnoissons dans l'Eucharistie.*

1561.

Les Catholiques se fussent contentez du commencement de cét article, si la fin ne les eût rebutez. d'Epence eut ordre de la corriger, & mit au lieu de ces paroles, *Et parce que la Foy fondée, &c.* celles-cy. *Et parce que les paroles & les promesses Divines qui servent de fondement à la Foy, ne peuvent estre frustrés de leurs effets, nous recevons par l'efficacité & la vertu de la même parole, réellement & de fait le Corps & le Sang veritables & naturels de* Jesus-Christ, *& nous le reconnoissons present comme il est en soy.*

Lors que l'article ainsi reformé, fut presenté aux Ministres, d'Epence pour le rendre plus agreable, ou pour mieux dire moins choquant, leur dit que les Schismatiques le signeroient ainsi sans aucune difficulté, au lieu que de la maniere dont il estoit auparavant, les Eglises d'Orient & d'Occident, d'Afrique & d'Ethiopie, l'eussent également rebuté. Les Ministres qui pensoient avoir accordé tout ce qu'ils pouvoient aux Catholiques, indignez de ce que l'on ne se contentoit pas de les presser de se relâcher en

1561.

Dans les causes de la rupture de la Conference.

core, mais qu'on leur suggeroit des termes pour s'expliquer, comme s'ils n'eussent pas esté capables de dresser leur Confession de Foy, sans l'assistance d'autruy, effacerent ce que d'Epence avoit changé dans leur article ; & craignant que leurs aversaires ne profitassent de la maniere obscure dont il estoit conçû, l'interpreterent par une addition où leur doctrine estoit plus amplement exprimée en ces termes. *Qu'il n'y avoit aucune distance de lieu capable d'empescher de recevoir le Corps & le Sang de* JESUS-CHRIST, *puis que l'Eucharistie estoit une chose toute celeste, & qu'encore que l'on reçût en terre par la bouche le pain & le vin qui estoient les veritables signes de ce Corps & de ce Sang, on ne recevoit que par la Foy & par la vertu du S. Esprit, le même Corps & le même Sang, l'ame s'élevant dans le Ciel, où elle estoit veritablement nourrie de cette Divine viande, dans le temps que le pain & le vin passoient de la bouche dans l'estomach : Que c'estoit en ce sens que le pain estoit veritablement uni au Corps, & le vin au Sang de* JESUS-CHRIST; *mais que la maniere estoit toute particuliere à ce Sacrement, c'est à dire que la presence de* JESUS-CHRIST *ne regardoit ny le lieu, ny la situation naturelle, & que les especes signifioient efficacement que* JESUS-CHRIST *se donnoit à ceux qui le recevoient avec fidelité, & qu'ils participoient à luy veritablement & par la foy.*

Les Catholiques non moins irritez à leur tour de voir les Ministres reculer, lors qu'ils sembloient n'avoir plus qu'un pas à faire pour se réünir avec eux, insisterent que l'article fût rétably en la maniere que l'avoit mis d'Epence ; & les Evêques de Valence &

de Sées mediateurs, n'ayant pû reduire les Ministres à consentir qu'il demeurât au moins dans les termes qu'ils l'avoient d'abord presenté, le Colloque de Poissy fût rompu sans esperance d'estre jamais renoüé.

La Regente n'éprouva que trop tôt les malheurs que le Cardinal de Tournon luy avoit inutilement predits. Martyr en passant par la Ville de Troyes en Champagne, encouragea le Fils du Prince de Melfe, qui en estoit Evêque, de se declarer Calviniste; & pour tourner en ridicule le Clergé de France, en la personne de ce Prelat, il feignit de rétablir l'ancienne penitence publique. L'Evêque s'accusa devant les Calvinistes du païs, assemblez en forme d'Eglise, d'estre entré dans la Prélature par une voye simoniaque, de l'avoir acceptée à titre de recompense pour les services que son pere avoit rendu à la Couronne, & de dédommagement pour avoir perdu de grands biens au Royaume de Naples, & avoir mieux aimé se reduire à la mendicité, que d'abandonner le party des François. Il témoigna de vouloir estre élû par les suffrages du peuple. Il pria l'assemblée d'examiner par de purs motifs de prudence & de charité, s'il estoit à propos qu'il se démît de sa dignité, où si elle souhaitoit qu'il la retint, & il la pressa en ce dernier cas de procéder à une nouvelle élection à son égard. L'assemblée accepta sa démission; & voyant qu'elle ne pouvoit jetter les yeux sur un Prélat plus digne de son ministere, que celuy qui venoit de témoigner tant d'indifference pour l'Evêché, elle l'élût de nouveau. Il prêcha publiquement le Calvinisme dans son Diocése;

Antoine Caracciol, fils de Jean Caracciol, Prince de Melfe, au Royaume de Naples, Mareschal de France, & d'Eleonore de S. Severin.

Dans la relation de ce fait.

& ses Confréres scandalisés d'un exemple dont ils n'avoient que trop de sujet d'apprehender les suites, ne cesserent de poursuivre sa dégradation auprés de la Regente, jusqu'à ce qu'ils l'eussent obtenuë.

Mais il ne fut pas si facile de lever le scandale que les Princes Catholiques avoient pris de la Conference de Poissy. Comme Philippe II. Roy d'Espagne estoit le plus considerable d'entr'eux, la Régente eut un soin particulier de luy faire entendre tout ce qui servoit à sa justification. Elle luy envoya Montberon d'Ausance, Gentil-homme non moins considerable par son ancienne noblesse, que par sa prudence, & par la facilité de négocier, que ses diverses Ambassades luy avoient acquise. Montberon trouva des difficultés à Madrid pour avoir Audiance, qu'il n'avoit pas préveuës. Le crédit de Sebastien de Laubespine, Evêque de Limoges, Ambassadeur ordinaire de France en Espagne, ne suffit pas pour l'obtenir; & Montberon eût eu la mortification de s'en revenir à la Cour sans avoir exécuté sa commission, si la Reine d'Espagne, qui joignant une estime particuliere de sa personne, à l'affection naturelle qu'elle avoit pour tous les François, ne se fût interessée à ne pas souffrir que l'on renvoyât honteusement un homme d'un si grand mérite. Elle représenta si efficacement au Roy son mary, l'indignité de refuser à un Envoyé Extraordinaire de France, ce que l'on accordoit au moindre Agent des Princes d'Italie, & combien cela rendroit méprisable une Princesse, qui avoit l'honneur d'estre sa Belle-Mere, que le Roy Catholique plustost lassé des importunitez de sa femme, que persuadé de ses

raisons,

Iacques de Montberon, Seigneur d'Auzance.

LIVRE II.

raisons, donna audiance à Montberon, qui déguisa la Conference de Poissy avec toutes les couleurs dont l'éloquence est capable. Il représenta la France sur le point d'entrer dans une guerre civile, si l'on n'eût appaisé les Calvinistes extrêmement éfarouchés d'avoir perdu tant de vaillans hommes à Amboise, en leur accordant la satisfaction légére d'entendre leurs Ministres devant des Prélats & des Docteurs, dont la présence, & les reparties avoient confondu l'héresie, bien loin de luy laisser prendre l'accroissement qu'elle s'estoit promis de la Conference.

Le Roy Catholique laissa parler Montberon autant qu'il voulut, sans l'interrompre, mais aussi ne luy répodit il rien de positif, & demeura comme en suspens, entre la complaisance qu'il devoit à sa femme, & son propre ressentiment. Il eut honte de dire quelque chose de fâcheux contre une Princesse, dont il avoit épousé la Fille; mais il ne pût se resoudre de dissimuler le dépit d'une action qui le choquoit en son particulier, en ce que si les Calvinistes Flamans demandoient une Conference à l'exemple des François, il prévoyoit qu'il seroit impossible de l'éluder sans les exciter à la révolte. Il renvoya Montberon au Duc d'Albe, c'est à dire à l'homme d'Espagne le plus propre à le mortifier. Ce Duc, aprés avoir sauvé les Etats que le Roy son Maître avoit en Italie, du plus grand danger où ils eussent esté exposés, depuis que l'Espagne s'en estoit saisie, avoit esté rappellé à Madrid, sous prétexte de recevoir la récompense qu'il avoit méritée, mais en effet, de peur qu'il ne luy prit envie d'usurper ce qu'il avoit si heureusement conser-

Isabelle de France surnommée de la Paix.

Dom Fernand Alvarés de Tolede, Duc d'Albe.

Tome I.

1561.

Ruï Gomés de Silva.

Dans la negociation de Montberon.

vé. On l'avoit déclaré premier Ministre de la Monarchie Espagnole, pour satisfaire sa vanité par un titre spécieux ; mais l'autorité qu'on luy donna, ne s'étendoit presque que sur les matieres odieuses. Les affaires de grace estoient renvoyées au Prince d'Eboli, qui les expédioit sans les communiquer à personne ; & lors qu'il s'agissoit de refuser, ou de faire des corrections, on y employoit le ministere du Duc d'Albe. Ce n'est point icy le lieu d'examiner si la Cour d'Espagne luy faisoit injustice ; mais il est certain qu'elle n'avoit point de Sujet plus propre aux actions severes, & que le Duc d'Albe qui estoit naturellement le plus fier, & le plus rebutant de tous les hommes, le fit bien sentir à Montberon, lors qu'il luy dit que le Roy Catholique son Maître, n'avoit entendu qu'avec une extrême douleur, qu'on traitoit avec tant de tiédeur & de dissimulation, les principaux articles de la Religion, dans un Etat dont les Rois portoient la qualité de Tres-Chrétiens, & que l'on y eût si-tôt oublié la sévérité si religieusement pratiquée par les Rois Henry II. & François II. dans la Mercuriale, & dans la conjuration d'Amboise : Qu'il n'estoit plus temps d'avoir de la consideration pour le sang, ou pour le mérite ; & que si des Rois majeurs n'avoient crû pouvoir étouffer l'hydre renaissante de l'héresie, qu'avec les armes d'Hercule : la massuë & le feu, un Roy mineur, & une femme étrangere tutrice, se mettroient vainement en peine d'empescher son accroissement par une honteuse dissimulation : Que le Roy Catholique ne pouvoit mieux témoigner à cette Princesse, la sincérité de son affection, qu'en la conjurant d'avoir égard à Dieu, à son salut, à ses Enfans, à elle-même, & d'arrêter au plûtôt une cangrene, qui pour peu de négligence que l'on continuât d'y apporter, deviendroit incurable.

1561.

 Le Duc d'Albe ajoûta d'un ton plus terrible, que si la Régente différoit un remede si nécessaire, l'Espagne de son côté, ne pouvoit négliger le danger qui la menaçoit, puis qu'elle n'y estoit pas moins intéressée à cause des Païs-bas, que la France même ; & que le Conseil de Madrid avoit resolu d'employer toutes les forces de la Monarchie Espagnole, pour empescher les suites de ce mal, dans les diverses parties dont elle estoit composée, en l'arrestant par toutes sortes de voyes, dans les Etats de ses voisins : Que les François zélés pour l'ancienne Religion, faisoient tous les jours des plaintes au Roy Catholique, du progrés de l'hérésie, & pressoient qu'on les aidât à l'étouffer au défaut de leur Roy ; Que l'Espagne ne pouvoit plus les amuser par de belles promesses, sans s'atirer une rebellion en Flandre : Qu'il n'y auroit pas lieu de luy reprocher la rupture de la Paix, en faisant entrer ses Armées en France, puis que ce ne seroit que pour y maintenir la Couronne sur la tête du jeune Charles, en retenant dans l'ancienne Religion, les esprits inconstant de ses sujets ; & que les soldats Espagnols ne combatroient qu'avec des Catholiques François, & sous des Enseignes Françoises.

 Montberon fut plus étourdy du sens mysterieux de ces dernieres paroles du Duc d'Albe, que de la maniere outrageuse dont elles avoient esté prononcées. Comme il avoit l'esprit pénétrant, il reconnut qu'on

1561. avoit déja commencé à jetter en France les fondemens de la Ligue, qui fut si fameuse sous les Regnes suivans, & qu'une partie de la Noblesse Françoise Catholique, se défiant de l'éducation du Roy Charles, & de la Religion de la Régente, avoit plus d'intelligence qu'on ne croyoit, avec le Conseil de Madrid.

Cette conjecture fut bien-tôt appuyée par la découverte d'une intrigue, dont les Calvinistes ne manquerent pas de tirer avantage. Artus Désiré, Prestre qui ne s'étoit distingué que par une vie extraordinairement licencieuse, & par de méchans Vers qu'il avoit osé publier, se laissa persuader par quelques Docteurs en Theologie, de prévenir le changement de Religion dont la France estoit menacée, en implorant la protection d'Espagne. Ce projet luy parut si glorieux que pour l'exécuter, il ne trouva point de moyens illicites, quelques criminels qu'ils fussent. Comme il se connoissoit assez, pour juger que les Espagnoles rebuteroient infailliblement, s'il agissoit en son nom, il feignit d'être Député du Clergé de France. Il composa au nom de ce Clergé, une longue & pathétique Requeste à Philippe II. Il y insera tout ce qui pouvoit augmenter le zele, ou flâter l'ambition Espagnole. Il la fit transcrire sur du vélin, aprés l'avoir communiquée à ceux de sa faction, & se chargea d'en estre le porteur. Elle contenoit que l'héréfie étoit si puissante dans toutes les Provinces de France, & principalement dans celles de de-là la Loire, que les forces du Roy Tres-Chrétien ne suffisoient plus pour l'en arracher, & ne seroient plus même bien-tôt en

LIVRE II.

état de luy réfifter, fi elles n'étoient jointes à celles du Roy Catholique fon Beau-frere : Qu'outre fa minorité, & le peu d'obéïffance qu'il trouvoit en la plûpart de fes fujets, il étoit déformais trop foible, pour s'oppofer avec ce qui luy reftoit de Catholiques, à l'union des Calviniftes François avec les Proteftans d'Alemagne, & pour éviter qu'il ne fe formât une efpece de République au milieu de fon Royaume: Qu'il prendroit bien-toft envie aux Calviniftes Flamans, de fuivre un fi pernicieux exemple; & que la fortune ne pouvoit offrir à fa Majefté Catholique, une occafion plus éclatante d'exercer fa puiffance, & fa bonté, qu'en la conviant à prendre la protection du Clergé & d'une partie de la Nobleffe de France, qui luy feroient redevables de leur feureté, de leurs biens, de leur liberté, & de leur vie.

Mais la Requefte avoit été communiquée à trop de gens pour demeurer fecrete. Nicolas Peintre de la Régente, l'en avertit, & luy donna les éclairciffemens néceffaires pour furprendre Défiré, dans fon paffage de France en Efpagne. Le Prévoft des Maréchaux d'Orleans, l'arrêta fur la Riviere de Loire, où il s'étoit mis; & le Parlement de Paris, chargé de travailler à l'inftruction de fon procés, trouva tant de perfonnes de qualité envelopées dans l'affaire, qu'il jugea ne la devoir pas approfondir davantage. Il communiqua fa penfée à la Régente, qui l'approuva. Et Défiré ne fut condamné qu'à faire amande honorable, & à paffer le refte de fes jours dans les Chartreux, d'où il trouva moyen de fe fauver.

D'autres Thélogiens qui faifoient fcrupule d'avoir

1561.

Dans la Requefte de Défiré.

1561. recours aux Espagnols, n'en firent point de se porter à une extrémité qui n'estoit guere moins dangereuse. Ils se figurerent que le plus court & le plus facile moyen d'abolir promptement l'héréfie, étoit d'élever l'autorité du Pape, à une Monarchie absoluë, & de donner au S. Siege un Empire sans limites, sur les choses temporelles, aussi bien que sur les spirituelles. Jean Tanquerel, Bachelier en Théologie soûtint en Sorbonne des Théses, dont la substance estoit, qu'il n'y avoit point d'autre Vicaire de Jesus-Christ, que le Souverain Pontife, dont le pouvoir sur toute l'Eglise, estoit purement Monarchique, soit qu'elle fût divisée en autant de Communautés différentes, qu'il y avoit d'Evêchés, & de Parroisses dans le monde Chrétien, ou qu'on la regardât comme légitimement assemblée dans les Conciles generaux : Que tous les Fidéles de quelque qualité Ecclésiastique, & Séculiere qu'ils fussent, étoient également sujets du Pape, quant aux fonctions de l'une & de l'autre ; & que sa Sainteté pouvoit dépoüiller de leurs Etats, les Souverains qui refusoient de luy obéïr, sans que d'autres qu'elle, eussent droit de juger si la punition estoit proportionnée à l'offense.

 La hardiesse du Bachelier n'eût pas esté soufferte dans une autre conjoncture, mais dans celle-cy, où l'on s'imaginoit mal à propos que la Majesté Royale pouvoit estre impunément méprisée par les François, aussi bien que par les Etrangers, le Parlement se contenta de condamner par coûtumace Tanquerel qui s'en estoit fuy, & d'obliger le Bedeau de Sorbonne à faire une satisfaction publique.

LIVRE II. 127

On sçavoit que cét Arrest tout modéré qu'il estoit, ne déplairoit pas moins à l'Espagne, que la détention de Désiré, parce que le Conseil de Madrid estoit alors dans les sentimens d'augmenter autant qu'il pourroit, la puissance de la Cour de Rome. Et Montberon informé de ce qui se passoit en France, crut ne devoir plus s'arrester aux excuses de la Conference de Poissy, qu'il voyoit si mal receuës. Il proposa le rétablissement du Roy de Navarre dans le Royaume de sa Femme; & le Roy Catholique continüant à se joüer de la crédulité de ce Prince, renvoya Montberon au Duc d'Albe.

Le Duc ravy d'avoir à joüer le personnage d'un homme indigné, qui luy estoit si propre, prit un visage où le chagrin, & le dépit estoient vivement dépeints, & repartit qu'il estoit étonnant qu'un Roy Tres-Chrétien sollicitât de rendre un Etat entierement peuplé de Catholiques, à un Prince dont le pernicieux exemple avoit engagé presque toute la Guyenne dans l'héréfie, & dont la complaisance pour sa Femme, venoit de rendre Calviniste depuis deux ans, la moitié de la France. Il ajoûta que sa Majesté Catholique ne pouvoit négocier avec luy, que los qu'elle seroit si certaine de son retour sincere à la Foy Catholique, qu'il n'y eût plus lieu d'en douter. Monberon pressa le Duc de déclarer quelles preuves on exigeoit de cette conversion, & le Duc feignant de n'estre plus le maître de sa colere, repliqua brusquement que l'on commenceroit à tenir le Prince de Bearn pour bon Catholique, lors qu'on luy verroit déclarer la guerre aux Calvinistes de France, en qualité

1565.

Jean d'Albret.

de Lieutenant general du Roy mineur, & poursuivre avec le fer, & le feu, les Châtillons, que l'on sçavoit estre ses intimes amis.

Monberon doublement mécontant, revint en France, sans avoir tiré d'autre fruit de sa négociation, que d'apporter d'Espagne de quoy convaincre la Reine, qu'il y avoit moins de disposition dans l'esprit du Roy Catholique son Gendre, à la maintenir dans la Régence, qu'à ruiner son autorité, en tâchant de la rendre dépendante de celle dont les zelés Catholiques s'alloient emparer.

Cette Princesse ainsi frustrée de l'appuy dont elle pensoit estre assurée, en chercha un autre dans la Cour de Rome, que le Parlement venoit de choquer. Elle promit d'empescher le Concile national qui ne pouvoit plus estre differé en France, pourvû que le Pape convoquât un General: Et sa Sainteté qui suivant la maxime des derniers Papes, ne vouloit plus souffrir de Conciles nationaux, résolut de donner quelque satisfaction à la Régente, non pas en convoquant un nouveau Concile, qui eût pû retoucher aux matieres décidées au gré de la Cour de Rome, mais en rétablissant celuy de Trente, dont il y avoit apparence qu'elle seroit toûjours la maîtresse.

Ainsi la Bulle du Concile fut expédiée en des termes qui ne pouvoient estre plus doux, ny plus attirans. On ne s'y proposoit point d'autre fin que la gloire de Dieu, que le retour des brebis égarées au Troupeau de l'Eglise, que la paix inviolable de la Republique Chrétienne, & que la réünion de ses armes

contre

LIVRE II.

contre les Infideles. Toutes fortes d'hérétiques y eſtoient invités : on leur offroit des Saufs-conduits en tres-bonne forme : on leur promettoit tout le temps neceſſaire pour propoſer leur doutes ; & l'on montroit aux Evêques, l'eſperance prochaine de rentrer dans les anciens droits de l'Epiſcopat.

1561.

Les Proteſtans d'Alemagne réſolus de n'y point aſſiſter, quelques inſtances que leur en fit Ferdinand I. répondirent par la plume de Paul Verger, qui d'Evêque, & de Nonce du Pape auprés de ſa Majeſté Imperiale, s'eſtoit fait Lutherien, Que la réformation ſi néceſſaire dans l'Egiſe, & ſi déſirée de tous les gens de bien, ne pouvoit venir des Papes, qu'aprés que la Cour de Rome auroit réformé ſes propres déſordres : Que le Cérémonial Romain contenoit en termes exprés, que les Conciles généraux ou particuliers ne devoient eſtre compoſés que des Evêques, des Abbés & des Prélats qui auroient preſté ferment au Pape, avant que d'eſtre élevés à ces dignités, & que les autres perſonnes Eccleſiaſtiques & Séculieres, ſans en excepter les Empereurs & les Rois, pouvoient bien y venir pour expliquer les ſentimens que Dieu leur avoit inſpiré ſur les matieres qu'il faloit traiter, mais non pas pour déliberer ſur les choſes qui devoient eſtre décidées, ny pour les réſoudre : Que ſi cela s'obſervoit à Trente, on empêcheroit qu'une infinité de perſonnes habiles, ſeparées de l'Egliſe Romaine, ne fuſſent écoûtées, quoy que le Pape Paul III. eût ſolemnellement promis le contraire, & que les doctes Laïques, qui par foibleſſe, ou par d'autres conſidérations, eſtoient demeurés dans la même Egliſe, ſe voyoient entiere-

Tome I. R

1561.
ment fruſtrés de leurs eſpérances, puis que l'entrée du Concile ne leur eſtoit pas moins interdite qu'aux habile Proteſtans : Qu'ainſi la Cour de Rome retranchoit l'unique moyen qui reſtoit, de réünir les Proteſtans avec les Catholiques, & jettoit dans la République Chrétienne, les ſemences d'une diviſion qui ne ceſſeroit jamais, en ôtant au plus grand nombre des fideles, la qualité que le Sang de Jesus-Christ leur avoit aquiſe, d'eſtre les dépoſitaires vivans de ſa parole, & les témoins de la tradition qu'ils avoient receuë de leurs Peres. Verger conclut par une remarque que l'on a depuis attribué à un autre, que l'on verroit porter tous les huit jours, de Rome à Trente, les réſolutions qui ſeroient priſes dans le Concile.

La Bulle du Concile ne fut pas d'abord plus favorablement receuë en France, qu'en Alemagne. Les Calviniſtes la traiterent de ridicule ; & les Catholiques ſe diviſerent à ſon égard en deux partis à peu prés égaux. Le premier fut de ceux que l'on nomma Politiques ; & le ſecond, de ceux qui pour ſe diſtinguer des autres, prirent eux-mêmes le titre de Catholiques zélés. Les Politiques dont on prétendoit que le Chancelier de L'hoſpital fût le chef, n'eſtoient pas contens de la continuation du Concile de Trente, pour deux raiſons. L'une qu'eſtant General, il ne ſoulageroit que peu la France, qui avoit beſoin d'un Concile national. L'autre, que ſi les Evêques qui s'aſſembleroient à Trente, ſuivoient le projet de ceux que les Papes Paul III. & Jules III. avoient déja convoqués dans le même lieu, ils donneroient infailliblement atteinte aux libertés de l'Egliſe Gallicane, & réduiroient ainſi les

LIVRE II.

Parlemens du Royaume, à l'invincible nécessité de ne pas recevvoir entierement ses décisions.

Les Catholiques zélés au contraire, avoient de l'aversion pour le Concile national, parce qu'ils supofoient que toute la prudence humaine ne seroit pas capable d'empescher qu'il n'arrivât, où que la France changerot de Religion, ou qu'elle se commetteroit avec la Cour de Rome. Mais comme ils n'étoient pas les plus forts, ny pour le nombre, ny pour la qualité des personne, ils eurent recours à cét artifice, pour exécuter leur dessein. Ils engagerent le Pape à prier l'Espagne d'employer toutes sortes d'ofices pour détourner la Cour de France, d'assembler un Concile national; & Philippe II. à qui Pié IV. venoit de sacrifier les trois Caraffes, Neveux de Paul IV. son prédécesseur, & qui n'étoit pas moins interessé que le Saint Siege, dans la priere qu'on luy faisoit, envoya Antoine de Tolede, le plus adroit de ses Ministres subalterne, à la Regente sa Belle-Mere, pour luy remontrer qu'elle n'avoit rien tant à craindre que le Concile national, qu'on la pressoit de convoquer, & que les Calvinistes, & les Politiques ne le souhaitoient que pour se mettre en République, & pour saper l'autorité qu'elle s'étoit acquise, en ôtant la Couronne au Roy son Fils.

Tolede mourut en chemin; & Jean Manriquez qui luy succeda, eut d'autant moins de peine à persuader la Régente, qu'elle croyoit déja plus de la moitié de ce qu'il avoit à luy dire. Mais sa négociation n'en fut pas plus avancée: car le Roy de Navarre & le Chancelier, s'étant declarés pour la convocation du Concile

1561.

Le Cardinal Caraffe, le Duc de Paliano, & le Comte de Montorio.

1561.

national, impofoient à la Regente la neceffité d'y donner les mains, puis qu'elle ne pouvoit douter que le refte des Grands du Royaume, ne fuivît l'exemple des deux premiers Officiers de la Couronne, & que le party des Catholiques zélés, ne fût bien-tôt réduit aux feuls amis & dépendans de la Maifon de Guife. Ainfi la Regente étoit bien éloignée de donner aux Efpagnols une parole qu'elle ne pouvoit tenir; & quoy qu'elle n'oubliât rien pour empefcher Manriquez de découvrir la foibleffe de fon autorité, ce Miniftre jugea neantmoins par les défaites étudiées dont elle ufoit à fon égard, qu'elle n'étoit pas tout à fait maiftreffe de ce que le Pape & le Roy Catholique fouhaitoient. Il examina enfuite tous les endroits d'où pouvoit procéder un fi fubtil & fi dangereux obftacle ; & ne trouvant point de perfonnes plus propres à le former, que le Lieutenant general de l'Etat, & le Chancelier, il conclut auffi tôt que ce devoit être l'un & l'autre. L'unique expédient confiftoit à les gagner; mais le Chancelier étoit hors d'ateinte en toute maniere. Le Roy de Navarre ne l'eftoit pas, au moins indirectement, puis que fes favoris avoient trop de pouvoir fur fon efprit; & ce fut par là qu'il fut ataqué.

Dans la negociation de Manriquez.

On a remarqué fous le Regne de François II. que d'Efcars, Bouchard & l'Evefque de Mande, gouvernoient abfolument ce Prince. Bouchard étoit mort ; mais Philippe de Lénoncour Evefque d'Auxerre, avoit fuccedé à fa confidence. Ce Prelat avoit d'affés belles qualités pour la Cour, & s'y étoit jetté, non pas tant pour y faire fortune, que pour fuivre fon inclination. Il étoit extraordinairement crédule : il aimoit le luxe &

la bonne chere : il êtoit ravy qu'on luy dit à l'oreille de surprenantes nouvelles ; & quoy qu'il ne fût plus aifé de le corrompre, il ne l'étoit que trop, de le tromper. Ainfi Manriquez le prit par fon foible, & l'atira dans le party des zélés Catholiques, en luy rendant tous les offices qu'un Evefque ambitieux pouvoir civilement recevoir d'un Miniftre Etranger, & en luy ofrant l'amitié du Roy Catholique, pour toutes les prétentions en Cour de Rome, qu'il pourroit avoir dans la fuite de fa faveur.

d'Éfcars dont le génie êtoit diférent, fut engagé par une autre voye. Comme il n'avoit deffein que de s'enrichir, Manriquez luy promit tant de biens, qu'il n'y auroit en France aucune perfonne de fa qualité, qui n'eût ocafion de luy porter envie : Et il n'en falut pas davantage, pour difpofer ces deux favoris du Roy de Navarre à écouter encore une fois des propofitions d'acommodement avec l'Efpagne. Elles confiftoient en ce que n'ayant n'y troupes, ny moyens pour obliger le Roy Catholique à luy reftituer la Navarre, ou du moins à luy donner quelque autre Etat en échange de cette Couronne, il devoit rendre à fa Majefté Catholique, un office fi confiderable, qu'il tint lieu de troupes & de moyens : ce qu'il pouvoit faire, en prenant en France la protection de la Foy Catholique, & en fe laiffant perfuader de ce principe des Docteurs en Droit Canon, que l'héréfie étoit un fujet fuffifant pour rompre fon mariage : Qu'on luy feroit obtenir en Cour de Rome tout ce qui feroit néceffaire pour répudier Jeanne d'Albret, fur la notorieté publique du Calvinifme dont elle faifoit profeffion, fans que neantmoins il fût obligé de rendre à cette Princesse, sa dot, ny les pretentions qu'elle luy avoit apportées, parce que le Pape, de pleine puissance la dépoüilleroit de tout, pour en revêtir celuy qui avoit esté son mary ; Que le Roy de Navarre épouseroit incontinent aprés, la Reine d'Ecosse, Veuve de François II. & que cette Princesse, outre son incomparable beauté, luy apporteroit trois Couronnes, celle d'Ecosse qu'elle tenoit en droite ligne de ses Ancestres, & celles d'Angleterre & d'Irlande, qui ne luy pouvoient manquer, en qualité d'héritiere presomptive de la Reine Elisabeth, si elle vouloit attendre la mort de cette Reine, ou comme y ayant déja un droit incontestablement ouvert, si elle aimoit mieux soûtenir qu'Elisabeth étoit une usurpatrice, par la raison qu'elle étoit bâtarde, & sortie du Roy Henry VIII. & d'Anne de Boulen, durant la vie de Catherine d'Espagne sa Femme legitime ; & qu'étant tombée dans l'hérésie, on obligeroit le Pape à la déposer, & qu'ensuite le Saint Siege, & l'Espagne, fourniroient au Roy de Navarre à communs frais, de puissantes Armées par mer & par terre, pour se mettre avec la Reine sa Femme, en possession de l'Angleterre.

Il faut avoüer qu'il n'y eut jamais de tentation plus conforme au génie du Roy de Navarre, ny par consequent plus dangereuse que celle de Manriquez. Ce Roy étoit d'une complexion amoureuse, & ne se piquoit pas de garder une exacte fidélité à la Reine sa femme. Il sçavoit que Marie Stuart Reine d'Ecosse, étoit la plus belle Princesse de l'Europe, & qu'elle n'avoit que dix-neuf à vingt ans. Il se laissoit agréablement flater, par l'avantage qu'il recevroit en épousant la Veuve du feu Roy ; & il n'avoit pas si peu d'ambition, qu'il ne ressentît par avance, le plaisir qu'il y auroit de mettre sur sa teste quatre Couronnes effectives, au lieu de celle qu'on luy retenoit. Il connoissoit l'éclat qui réjailliroit sur l'auguste Maison de France, si un de ses cadets étoit jugé digne de commander à quatre Monarchies. Et l'austere vertu de Jeanne d'Albret, luy donnoit bien à la verité, de l'estime, & même de l'admiration, mais elle ne plaisoit pas toûjours à un mary, qui eût sans comparaison mieux aimé de sa femme, des caresses, que des respects. Cependant la bonne fortune de Henry le Grand, quoy qu'il ne fit alors, pour ainsi dire, que sortir du berceau, l'emporta sur la plus fine politique des Espagnols, qui jettoient déja des fondemens necessaires pour luy contester l'avantage de sa naissance, en travaillant à la rupture du mariage dont il estoit sorty.

La seule proposition du divorce, quelque adoucissement que Manriquez y eût apporté, inspira tant d'horreur au Roy de Navarre, qu'il repartit sur le champ avec une émotion extraordinaire, que tous les Sceptres de l'Univers ne seroient jamais capables de luy faire commettre une si noire injustice contre la Reine sa femme. L'étrange alteration qui parut sur son visage, donna suffisamment à connoistre à l'Envoyé d'Espagne, qu'il ne faloit pas s'engager plus avant dans un entretien qui offensoit trop ce Prince. Il changea de discours ; mais il chargea l'Evêque d'Auxerre & d'Escars, de prendre leurs temps pour repre-

1561.

senter au Roy de Navarre, le préjudice qu'il se faisoit, en s'opposant luy-même si mal à propos à sa propre grandeur.

Ces deux favoris n'oublierent rien de ce qui pouvoit contribuer à la conclusion d'une affaire, où leur interest étoit mêlé avec celuy du Roy leur maître. Mais les précautions dont ils userent, ne l'empescherent pas de se mettre contre eux dans une si violente colere, la premiere fois qu'ils oserent luy en parler, que ny les promesses, ny les presens de Manriquez, n'eurent plus la force de les obliger à rompre le silence. Tout ce que l'on pût obtenir d'eux fut qu'ils appuyeroient l'échange de la Navarre, avec la Sardaigne; & d'Escars sous pretexte qu'il avoit esté autrefois jetté par la tempeste dans cette Isle, quoy qu'il n'en eût reconnu que le Port qui l'avoit preservé du naufrage, receut de Manriquez une carte falsifiée, où la Sardaigne paroissoit un des plus beaux, & des plus importans Royaume de l'Europe, bien loin de passer pour ce qu'elle estoit en effet, c'est à dire pour un climat empesté, où la République, & les Empereurs de Rome, envoyoient autrefois en exil, les personnes de qualité dont ils avoient dessein de se défaire, & ne l'osoient pourtant par le fer, ny par le poison, dans la pensée que l'air grossier, & corrompu de l'Isle, suffiroit pour les ôter du monde.

L'Evêque d'Auxerre débitoit les mesmes impostures sur la foy de d'Escars, & soûtenoit aussi bien que luy, que la Sardaigne étoit la plus grande, la plus riche, la plus fertile, & la mieux peuplée des Isles de la Méditeranée, aprés la Sicile : Qu'elle abondoit en pâturages, en

troupeaux

LIVRE II.

troupeaux, en chevaux de prix, en froment, & qu'elle estoit si commode pour la navigation, que l'on pouvoit entrer de tous vents dans les ports: Qu'elle ne seroit pas de moindre importance entre les mains du Roy de Navarre, pour la conqueste de l'Italie, qu'elle l'avoit esté aux Espagnols, pour la conservation de ce qu'ils y possedoient; & que la nature sembloit l'avoir située à dessein que quiconque en seroit le maître, commandât à toute la Côte de Barbarie, tant il trouvoit de facilité à s'en emparer, pourvû qu'il entretint une Flote médiocre: Qu'il n'y avoit pas d'apparence de refuser une offre si considerable du Roy Catholique, qui promettroit avec la Sardaigne, son amitié & sa protection, sans estre assuré de luy pouvoir oster la Navarre; & que cependant il ne restoit aucune voye pour la tirer par force de ses mains: Que le Roy de Navarre ne pouvoit par luy même; & qu'il attendoit en vain du secours de la Régente, qui n'avoit garde de contribuer à le rendre si puissant, qu'il fût en estat de la chasser quand il luy plairoit: Qu'encore que cette Princesse fût tout à fait bien disposée à son égard, le Conseil de France ne consentiroit jamais que la Paix qu'on avoit achetée au prix de tant de Places, & de Provinces, se rompit pour une querelle particuliere: Que la France n'estoit pas assez puissante, pour sacrifier si légérement son repos à l'interest du Roy de Navarre; & qu'en refusant l'échange que les Espagnols proposoient, on leur donnoit sans y penser, le pretexte qu'ils cherchoient peut-estre pour s'exemter de rien donner.

Le Roy de Navarre n'avoit ny la force de refuser

1561.

Dans la remontrance de d'Escars au Roy de Navarre.

1561.

Charles de Bourbon.

Charles III. Duc de Bourbon.

entierement ses favoris, ny la foiblesse de leur accorder tout ce qu'ils demandoient. Cette irresolution l'obligea, avant que de repartir, à leur demander à quel prix le Roy Catholique prétendoit vendre son amitié. Ils répondirent qu'il n'y avoit point d'autre voye pour se bien mettre avec luy, que de rompre avec le Prince de Condé son frere, & les Châtillons ses meilleurs amis; & de se rendre Chef des Catholiques. Une déclaration si hardie, & si précise, au lieu d'aider au Roy de Navarre à se déterminer, augmenta l'embarras où il estoit; & à dire le vray, ce n'estoit pas sans raison. Il se connoissoit assés, pour juger que l'estime où il estoit en France, & sa consideration parmy les Etrangers, ne venoient à proprement parler, ny de sa personne, ny de son mérite; & que le Duc de Vendôme son pere, quoy que devenu premier Prince du Sang, par la mort du Connêtable de Bourbon, n'en avoit pas esté dans une plus haute fortune, ny plus respecté par les Princes voisins. Le Roy de Navarre concluoit de là, que ce qui avoit tourné les yeux de toute l'Europe sur luy, dés le commencement du regne des Rois François II. & Charles IX. procedoit uniquement, des grands, & riches établissemens, que luy avoit apporté sa femme, qui estoit Heritiere de Navarre, des démonstrations qu'il avoit fait d'estre Calviniste, lesquelles avoient engagé ceux de la nouvelle Religion dans ses interests; & de l'attachement inseparable que le Prince de Condé son frere, & les Châtillons, avoient eu pour luy, jusques-là, que ny les offres de la Régente, ny les propositions avantageuses de la Maison de Guise, n'avoient pas esté capables d'altérer la fidélité qu'ils luy avoient promise : ce que les Courtisans, & la plûpart de la Noblesse Françoise qui suivoit leur exemple, ayant penetré, ils s'estoient presque tous attachés à ses interests, dans la pensée qu'il auroit infailliblement le dessus, puis qu'il seroit soûtenu par la valeur du Prince de Condé, & par la prudence de l'Amiral.

Cependant le Roy de Navarre en acquiesçant aux Espagnols, se privoit luy-même de tous ces avantages. Il se divisoit d'interests d'avec la Reine sa femme, passionée Calviniste, & luy fournissoit un pretexte de se retirer dans ses Etats, aussi-tôt que la guerre civile seroit commencée en France, tant pour sa seureté, que pour empécher le Roy Catholique de s'emparer du reste de la Navare, que le Pape ne manqueroit pas d'abandonner au premier qui s'en rendroit le maître. Il se mettoit à la teste d'un party qui n'avoit intention que d'exterminer les Calvinistes ; & par une conduite que la prudence n'approuveroit jamais, il rompoit avec son Frere, & avec les trois personnes dont l'assistance luy étoit la plus certaine, pour se reconcilier avec des gens, dont l'union seroit d'autant moins sincere, que leurs interests étoient directement contraires aux siens.

Mais ce n'estoit pas là ce qui se presentoit de plus fâcheux à l'esprit du Roy de Navarre. Il prévoyoit encore qu'en déférant à l'Espagne, il se mettroit hors d'état d'en estre consideré, & qu'aparemment elle ne penseroit plus à luy restituer la Navarre, aprés qu'elle luy auroit osté ses anciens amis, & qu'elle ne le verroit protegé que des zélés Catholiques, qui dépen-

1561

droient plus sans comparaison d'elle, que de luy. Ainsi les magnifiques promesses des Espagnols, & les vaines persuasions des favoris du Roy de Navarre, n'eussent point achevé de déterminer ce Prince naturellement irresolu, si le Cardinal de Ferrare, Hipolite d'Este, Légat en France, ne se fût mis de la partie. Ce Cardinal, outre l'interest de la Cour de Rome, qui depuis l'établissement de l'Inquisition en Italie, consistoit à poursuivre l'heresie avec le fer, & le feu, en avoit de particulieres pour seconder les intrigues de Manriqués, & de la Maison de Guise. Il aspiroit à la Papauté. L'Espagne ne pouvoit estre disposée que par un grand service, à lever l'exclusion qu'elle luy avoit tant de fois donnée ; & plus le Duc de Guise qui avoit épousé sa Niéce, seroit puissant en France, plus il se trouveroit en estat d'assister en cas de besoin, ses Alliez d'Italie. Le principal Promoteur du Concile National, estoit le Chancelier. Il avoit mis les plus grands obstacles au succés de la Légation du Cardinal. Il avoit rebuté ses pouvoirs, sous prétexte qu'ils étoient contraires en plusieurs articles, au Résultat des Etats d'Orleans, qui défendoient d'envoyer en Cour de Rome, & de s'addresser à d'autres, qu'aux Prélats du Royaume, pour la Collation des Benefices, & qui déclaroit nulles, toutes les Dispenses qui s'obtiendroient à l'avenir, pour quelque cause que ce fût, contre les Constitutions des Saints Peres, & des anciens Canons.

Le Cardinal d'autant plus irrité de ce refus, qu'il s'attendoit moins qu'on en dût user ainsi, à l'égard d'un Prince comme luy, dont le a Frere avoit épousé une Fille b de France, avoit eu recours à toutes sortes

Dans la Légation du Cardinal de Ferrare.

Anne d'Este fille du Duc de Ferrare.

a *Hercules d'Este second du nom Duc de Ferrare.*
b *Renée de France, fils du Roy Louis XII.*

de moyens, fans en excepter les plus humbles prieres, pour obtenir la confirmation de fes pouvoirs, jufqu'à promettre de n'en faire aucun ufage. Le Chancelier pour y mettre le Sceau, avoit attendu que le Roy le commandât plus d'une fois, & ne l'avoit fait qu'en écrivant fur le replis, qu'il n'y confentoit point. Enfin, pour avilir le miniftere du Légat, en rendant fa perfonne odieufe, les Calviniftes avoient fait imperceptiblement tomber entre les mains des principales perfonnes de la Cour, des libelles où il eftoit déchiré par la plus outrageufe des fatyres; & l'on y tranfcrivoit le paffage qui avoit efté retranché de l'Hiftoire de François Guichardin.

Le Cardinal Légat obligé par tant de raifons, de feconder l'effort de l'Ambaffadeur d'Efpagne, alla voir le Roy de Navarre, & luy dit, que s'il taitoit avec le Roy Catholique, le S. Siege entreroit en garantie de ce qui feroit promis en échange de la Navarre.

Cette propofition à la bien prendre, ne contenoit rien de plus folide que celle de Manriqués: car outre qu'elle n'eftoit que conditionnée, & que le Pape ne s'engageoit à rien, fi les Efpagnols n'avoient pas deffein de conclure, elle eftoit injufte, en ce qu'elle exigeoit du Roy de Navarre des effets prefens, & folides, comme de changer de parti, & de rompre avec fes meilleurs amis, pour de vaines promeffes d'une recompenfe future, dont l'execution dépendroit toûjours de la bonne ou de la mauvaife foy des Efpagnols.

Cependant la méditation imaginaire de la Cour de Rome, fuffit pour refoudre le Roy de Navarre à feparer fes interefts de ceux de fon Frere, quoy qu'ils fuſſent joints en partie avec ceux de la Maiſon de Bourbon, dont il eſtoit le chef. Il renonça à tous ſes amis : il ſe mit à la teſte du party Catholique ; & tout ce que les larmes de ſa femme purent obtenir de luy, fut la permiſſion d'aller dans ſa Principauté de Bearn, vivre à la Calviniſte. Il n'attendit pour faire tant d'importantes démarches, ny le retour d'Anduze, dépêché à Madrid, pour ſçavoir ſi Philippe II. autoriſoit ce que Manriqués avoit promis, ny le ſuccés de la negociation de d'Eſcars envoyé à Rome, pour tirer du Pape un engagement par écrit à la garantie. Le Chancelier de L'hoſpital regarda ce changement ſi prompt, comme la derniere diſpoſition, ou pour mieux dire le ſignal de la guerre civile en France, qu'il avoit tant de fois détournée par ſes conſeils. Il ſçavoit que le Roy de Navarre en ſe mettant à la teſte des Catholiques zélés, leur apportoit les deux avantages qui avoient toûjours triomphé dans les troubles, la reputation & préjugé. La reputation, par ſa qualité de premier Prince du Sang, plus intereſſé que nul autre à la conſervation d'une Monarchie qui le regardoit de ſi prés : Et le préjugé, par ſa Charge de Lieutenant general de l'Etat, qui feroit conſiderer à toute l'Europe le party qu'il embraſſeroit, comme le meilleur, & ceux du party contraire comme autant de rebelles.

De plus le Chancelier qui connoiſſoit parfaitement les Guiſes, les croyoit aſſés habiles pour juger qu'ils ſe prévaudroient de l'inconſtance du Roy de Navarre, & que dans cette conjoncture où il y avoit pour eux toutes les apparences d'une entiere victoire, ils ne

LIVRE II.

1561.

manqueroient pas d'attaquer le parti Calviniste, qui comprenoit presque tous leurs ennemis particuliers. La prudence humaine ne découvroit plus d'autre expendient pour éviter la rupture entre deux partis si animés l'un contre l'autre, qu'elle ne vint du côté des Calvinistes; parce que les Catholiques zélés ne seroient point assés imprudens pour prendre les armes, quelque envie qu'ils en eussent, si leurs aversaires ne leurs en fournissoient une juste cause, ou du moins un pretexte plausible. Mais il n'estoit presque plus possible de contenir les Calvinistes dans le devoir. Leur nombre estoit tellement augmenté depuis la Conference de Poissy, que non seulement il n'y avoit plus lieu de les reduire à l'execution de l'Edit de Juillet, qui leur défendoit de s'assembler pour les fonctions de leur Religion, mais encore ils ne vouloient plus se contenter de ce qu'on leur avoit fait dire sous main, qu'il ne seroient point inquietés, pourvû qu'ils ne s'assemblassent que dans des maisons particulieres, & au nombre de vingt ou vingt-cinq personnes à la fois. Ils avoient prétendu que les sales les plus spacieuses ne suffisoient plus à tant de gens, & s'estoient attroupez dans les Jardins, & dans les Places publiques Le menu peuple Catholique ne l'avoit pû souffrir, & de là, s'estoient formées à Paris deux seditions que les Magistrats avoient eu bien de la peine à calmer. Il étoit aisé de juger qu'il en éclateroit bien-tôt une troisiéme, si l'on ne permettoit que les Prêches se fissent avec un peu plus de liberté; & le Chancelier estimant que la raison d'Etat serviroit d'excuse à cette condescendance. Il persuada la Régente de mander les Princes, les

Ducs & Pairs, les Maréchaux de France, & les autres Officiers de la Couronne, qui se trouverent à S. Germain en Laye, le 16. Janvier 1562.

Aprés que le Roy eut déclaré que son intention estoit d'attendre les avis de ses principaux sujets, sur une matiere où leur interest se trouvoit entierement uny avec le sien ; Le Chancelier expliqua ce que sa Majesté venoit de dire en terme generaux ; n'oublia rien de ce qui s'estoit fait jusques-là, contre les Calvinistes. Il montra que la severité, bien loin de les avoir exterminés, en avoit tellement augmenté le nombre, que si on continüoit de les maltraiter, on armeroit les peres contre les enfans, & l'on commenceroit une guerre, dont les vainqueurs mêmes seroient tellement affoiblis, qu'ils resteroient en proye aux ennemis de la France : Qu'il ne s'agissoit ny de deliberer ny de resoudre laquelle des deux Religions estoit la meilleure ; mais seulement d'examiner s'il y alloit de l'interest du Roy & de ses sujets, de permettre aux Calvinistes de s'assembler : Que l'établissement de la Religion, & l'ordre politique, estoient deux choses toutes differentes : Que l'on pouvoit estre bon citoyen, & mauvais Chrêtien tout ensemble : Que l'on ne cessoit pas d'estre François, & sujet du Roy, pour estre excommunié ; & que comme les Loix du Royaume approuvoient le Mariage entre des personnes de differente Religion, elles pouvoient se relâcher pour un aussi grand bien que seroit la bonne intelligence politique entre les Catholiques, & les Calvinistes.

Il y eut des Officiers de la Couronne qui proposerent leur sentiment avec beaucoup de liberté, mais la plûpart

1562.

Dans l'Assemblée des Notables en 1568.

plûpart apréhendant la guerre civile, où il n'y avoit que la Nobleſſe, & les plus inſolens du Tiers Etat qui s'enrichiſſent, conclurent qu'il faloit adoucir l'Edit de Juillet, & permettre les Aſſemblées publiques des Calviniſtes. Le Chancelier qui n'atendoit que leur conſentement pour ſe mettre à couvert des reproches des zélés Catholiques, dreſſa l'Edit de Janvier. Il ordonnoit que les Calviniſtes rendiſſent de bonne foy les Egliſes, les Maiſons, les terres, les décimes, & les autres biens Eccléſiaſtiques qu'ils avoient uſurpés, & qu'ils en laiſſaſſent déſormais joüir les Titulaires en toute liberté : Qu'ils ne touchaſſent ny aux Croix, ny aux Images ; & que quiconque d'entr'eux feroit une action ſcandaleuſe à l'égard des Catholiques, fût incontinent puny du dernier ſupplice : que ſous quelque cauſe, ou prétexte que ce fût, les Calviniſtes ne puſſent s'aſſembler en grand ou petit nombre, publiquement, ou en particulier, de jour, ou de nuit, dans l'enclos des murailles des Villes, ny d'y prêcher, d'y prier & d'y adminiſtrer les Sacremens à leur mode. Mais auſſi qu'il ne fut pas permis de maltraiter ceux de leur Secte qui s'aſſembleroient hors des Villes, pour les ſeules fonctions de leur Religion, juſques à ce que le Concile general eût reglé la Doctrine des Fidelles, ſur les matieres de controverſe, & que le Roy jugeât qu'il falût pourvoir d'une autre maniere à la tranquilité de ſon peuple : Que les Magiſtrats le priſſent en leur protection & employaſſent leur authorité pour empêcher qu'on ne les inquiétât : Qu'on punit exemplairement les ſéditieux, de quelque Réligion qu'ils fuſſent, & que quiconque leur donneroit re-

Tome I. T

1562.

Dans l'Edit de Janvier.

traite, ou refuseroit de les livrer, fut d'abord condamné à une amende de cent écus, puis au foüet, & enfin à la mort ; Que les Ministres Calvinistes ne receussent, & n'avoüassent personne, pour estre des leurs, sans une information suffisante de leur vie, & mœurs ; & qu'ils livrassent à la premiere demande qui leur en seroit faite, ceux que la Justice leur demanderoit, ou qui auroient esté condamnés par contumace : Que les Magistrats eussent de temps en temps la liberté de voir, & d'examiner ce qui se passeroit dans leurs Assemblées, & qu'on leur y rendît les respects convenables à leur dignité : Que les Calvinistes ne tinssent de Consistoire ny de Synode, sans y appeller le Magistrat, & que tout ce qui s'y feroit en son absence, fut nul : Qu'ils n'eussent le pouvoir ny de créer de nouvelles dignitez dans leur Eglise, ny de les remplir ; mais que lors qu'il s'agiroit d'un point de Discipline, ils concertassent entr'eux le Statut qu'ils jugeroient à propos de dresser, & qui pourroit le rejeter, ou consentir qu'on le mît en execution : Que les Loix civiles fussent exactement gardées, principalement celles du Mariage en qualité de Contract ; & que les Ministres prêtassent serment de ne rien enseigner au de-là de ce qui estoit contenu dans leur Confession de Foy.

a *Christofle de Thou.*
b *Iacques Viole.*

Le Parlement pressé de verifier l'Edit, fit des rémontrances par écrit qui furent présentées au Roy par le Président a de Thou, & par le Conseiller b Viole. Mais il receut le même jour des Lettres de Jussion qui luy ordonnoient de passer outre à cét enregistrement. Il ne se rendit pas neanmoins à ce second comman-

LIVRE II.

1562.

Charles de Bourbon.

dement, & il falut que le Roy luy témoignât par une troisiéme Jussion, dont le Prince de la Roche-sur-Yon fut porteur, que sa Majesté vouloit absolument estre obéye : Encore ne se relâcha-t'il qu'en ajoûtant ces modifications, qu'il ne le faisoit, que parce qu'il faloit céder à la volonté de son Souverain, & à la nécessité du temps; que sa complaisance ne passoit point pour une approbation, & qu'elle ne devoit subsister, qu'autant qu'il plairoit au Roy de favoriser l'execution de l'Edit.

La Maison de Guise jugea par l'opposition que l'Edit avoit touvé dans le Parlement, qu'il ne subsisteroit pas long-temps, & ne douta plus que les guerres civiles ne commençassent bien-tôt. Comme elle sçavoit que le party Catholique estoit plus fort que le Calviniste, elle prévit qu'il remporteroit la victoire, pourvû que les Protestans d'Alemagne n'entrassent point dans la querelle. Mais il n'estoit pas aisé de les en empêcher ; car encore que les Calvinistes ne fussent pas d'accord avec les Luthériens, en ce qui regardoit le Mystere de l'Eucharistie, ils convenoient presque en tout le reste de leur doctrine ; & la crainte qu'on ne pensât à les oprimer, aprés que les Calvinistes seroient ruinés, estoit un motif assés fort pour les proteger, sur tout s'ils aprenoient que le Pape, & le Roy Catholique s'en mêlassent.

Il s'agissoit donc de trouver un expédient pour endormir les Protestans ; & le Duc de Guise qui n'en connoissoit point de meilleur qu'une Conférence, feignit un voyage en Lorraine, & se rencontra avec le Cardinal son Frere, dans la Ville de Saverne, en Alface, où le Duc de Virtemberg arriva, sous prétexte

Christofle Duc de Virtemberg.

T ij

1562. d'aller à Montbéliard. Leur entretien dura trois jours, L'on n'oublia rien de ce qui servoit à donner de la jalousie aux Protestans, sur le progrés du Calvinisme, & à leur persuader qu'on ne l'alloit attaquer en France, qu'afin de travailler ensuite par des voyes douces, à réünir avec le S. Siege, les Lutheriens, qui n'estoient pas beaucoup prés, si éloignés des Catholiques.

Le Duc de Virtemberg s'estoit fait accompagner par les deux plus zélés Professeurs de la Théologie Luthérienne en Alemagne, Jean Brente, & Jacques André.

Le Cardinal de Lorraine, qui avoit appris dans l'Université de Paris, à gouverner ces sortes d'esprits si difficiles à manier, s'insinüa bien-tôt dans l'amitié des deux Lutheriens, en feignant de traiter du pair avec eux, & de n'avoir étudié à fond de Théologie Scolastique, que pour estre en état de la condamner ; & quoy qu'il eût apperçû qu'ils avoient déja de la créance pour ce qu'il disoit, il attendit encore qu'ils luy demandassent des nouvelles de la Religion en France, pour repartir d'un ton indifferent, & de l'air dont on exprime les choses connuës, qu'au Coloque de Poissy, il avoit toûjours opposé aux Calvinistes, la Confession d'Ausbourg, & qu'il les avoit voulu porter à la recevoir, mais qu'ils y avoient toûjours eu plus d'opposition qu'à reconnoître l'autorité du Pape : Qu'il n'estoit pas aisé de deviner d'où procedoit une aversion si déraisonnable, & pourtant si obstinée, à moins que de soupçonner qu'ils ne cherchoient pas tant à rétablir la Doctrine, & la Discipline des premiers sie-

Dans la Conference de Saverne.

cles, qu'à troubler l'Alemagne, en y répandant par la Suisse, leurs monstrueuses erreurs : Que le Roy de Dannemarck avoit sagement prévû cét inconvénient, lors qu'il avoit fait dire au Roy de Navarre, par son Ambassadeur en France, qu'il se réjoüissoit du dessein qu'on avoit pris de réformer la Réligion ; mais qu'il apprehendoit pour les François, qu'ils n'y travaillassent sur le modéle de Genéve : Que les Princes d'Alemagne y avoient le plus d'interest, parce que si la France devenoit Calviniste, elle feroit pancher la balance, & la Confession de Genéve l'emporteroit sur celle d'Ausbourg. D'où le Cardinal conclut, que si les Princes Protestans consentoient à supprimer en France la Religion de Zuingle, rien n'empêcheroit plus le Roy Trés-Chrétien de réformer de concert avec eux, les Eglises de son Royaume.

C'estoit là justement attaquer les deux Professeurs par leur foible, qui consistoit en général, à déclamer contre la Confession de Genéve, & en particulier, à plaindre la France de ce qu'elle panchoit plûtôt du côté de Calvin, que du côté de Luther. Ils en étoient si touchés à leur dire, qu'ils n'eussent rien épargné pour éviter un si grand mal ; & comme ils étoient assés éclairés, pour comprendre par le discours du Cardinal, qu'il ne désiroit autre chose, sinon que le Duc de Virtemberg & les autres Princes Protestans, ne prissent point de part dans la guerre que l'on méditoit en France contre les Calvinistes ; ils agirent si éficacement sur l'esprit de leur maître, qu'il donna parole au Duc de Guise, & au Cardinal de Lorraine, en prenant congé d'eux, qu'il approuvoit ce que le Cardinal venoit de propofer, & qu'il employeroit fes offices auprés de ceux de fon parti, pour les difpofer à confentir que l'on empêchât en toute maniere le Calvinifme de prendre racine en France, à condition que l'on y travaillât en même temps à réformer la Religion, & que l'on ceffât de perfecuter ceux qui n'eftoient inquietés que pour ne s'eftre pas voulu foûmettre à l'Evêque de Rome.

Une déclaration fi nette, fatisfit prefque entierement le Duc de Guife & le Cardinal de Lorraine : car encore qu'elle fût modifiée, il y avoit pourtant lieu de croire que les Catholiques n'en tireroient pas moins d'avantage, que fi elle eût efté abfoluë ; puis qu'il n'y auroit rien de fi facile en bonne politique, que d'en éluder les deux conditions, fous prétexte que la guerre civile où l'on alloit entrer, rendroit l'une & l'autre également impoffibles.

Le Duc & le Cardinal rétournérent à Joinville, où ils avoient deffein de fe divertir durant quelque temps, lors qu'ils y trouverent des Lettres du Roy de Navarre, qui les avertiffoit que leur prefence eftoit abfolument neceffaire, & qu'ils vinffent vîte à la Cour. Les termes de la Lettre, quoy que generaux, étoient neanmoins fi précis, que le Duc & le Cardinal jugerent qu'il y avoit une entreprife nouvelle du party Calvinifte contre le Catholique ; & monterent fur l'heure à cheval, pour en eftre plûtôt éclaircis, ne fçachant pas qu'ils aloient eux-mêmes donner occafion à la rupture, par un évenement où il leur importoit fur toute chofe de ne rien contribuer, tant il y a d'abus dans ce que l'on penfe avoir le plus fagement prévû.

LIVRE II.

Il y avoit en Champagne, auprés de Joinville, une petite Ville nommée Vassy, dont les Habitans étoient presque tous dévenus Calvinistes, par l'atrait de la nouveauté, ou par l'aversion qu'ils avoient pour la Maison de Guise. Ils se plaignoient de ce que sous le Regne de Henry second, elle avoit retranché du ressort de leur Prévôté, & de leur Siége Royal, la Baronie de Joinville, qui en estoit la principale dépendance, pour la faire ériger en Principauté, & comme le caprice du peuple ne cesse pas avec la même facilité qu'il commence, ceux de Vassi, dans la pensée de choquer le Duc de Guise qui avoit profité de ce qu'on leur avoit osté, s'estoient accommodés d'un lieu qui pouvoit tenir plus de douze cens personnes. Le Prêche s'y faisoit publiquement, quoy que ce ne fût que par intervales : Il n'y avoit point encore de Ministre particulier à Vassi ; mais les Calvinistes du lieu en faisoient venir un de Troyes, lors qu'ils en avoient besoin. Le Clergé s'en estoit plaint au Magistrat, qui n'ayant point assés de force pour y remédier, s'é- toit contenté de donner des Sentences fort inutiles. Les Ecclesiastiques, d'autant plus émûs, qu'ils se voyoient moins appuyés, avoient eu recours à leur Evêque, qui estoit celuy de Châlons sur Marne.

1562.

Dans la Relation du desordre de Vassi.

Hierome Burgensis.

Ce Prélat s'estoit transporté sur le lieu, sans autre fruit que d'obliger le Ministre qui s'y estoit trouvé, à disputer contre un Théologien Catholique de sa suite, sur la vocation des Pasteurs & sur l'imposition des mains. Le succés de la Conférence n'avoit point esté differend de celles qui se tenoient depuis le Coloque de Poissy. Elle s'estoit passé en tumulte, & chacun

1562.

des deux partis se vantoit d'avoir remporté l'avantage. Le Clergé aussi peu satisfait de l'Evêque, que du Magistrat, avoit mis en usage le dernier moyen qui luy restoit, en implorant la protection d'Antoinette de Bourbon, Duchesse Doüairiere de Guise. C'estoit une Princesse d'une vertu héroïque, qui avoit autrefois gueri le Duc Claude son mari, de la passion qu'il avoit pour une fille de Vilage, en faisant tendre la plus belle de ses tapisseries dans une chaumiere, où elle avoit sçû qu'il devoit la voir. Depuis son veuvage, elle s'estoit retirée à Joinville, où elle vivoit dans une exacte solitude, & ne sortoit du Château que pour vaquer aux œuvres de charité. Comme elle passoit le reste de son temps dans une austere penitence, son zele pour l'ancienne Religion, luy fit employer tout son crédit auprés de ses enfans, pour les disposer à ne plus souffrir si prés d'eux le Temple de Vassi, dont la contagion passeroit bien-tost à Joinville. Le Duc de Guise résolu d'accorder ce qu'il pourroit aux solicitations de sa mere, sans violer les Edits, passa par Vassi, avec le Cardinal de Guise, son plus jeune frere. Il

Loüis de Lorraine.

n'avoit que son train ordinaire, & quelques Gentilshommes qui l'accompagnoient par honneur. Son intention estoit bien éloignée de la violence, puis qu'il supposoit que sa seule presence suffiroit pour dissiper les assemblées des Calvinistes par tout où il se trouveroit. Mais il se trompa cette fois, & donna lieu, sans y penser, à former l'orage qui l'accabla deux ans aprés.

Il entra dans la Ville de Vassi le premier jour de Mars 1562. à neuf heures du matin, & alla droit à l'Eglise,

LIVRE II.

l'Eglife, où fon Chapelain commença la Meffe. Les Calviniftes, dont le Temple eftoit fort proche de là, entonnerent en même temps leurs Pfeaumes; & l'on n'a pû démêler fi fe fût par hazard, ou de propos déliberé. Le bruit qu'ils firent fut fi grand, que le Duc contraint d'interrompre fes prieres, leur envoya demander un demy quart d'heure de filence, & les affura qu'ils pourroient enfuite continuer leurs chants avec liberté, dés que la Meffe qu'il entendoit feroit finie. Les Calviniftes, au lieu de repondre civilement, chanterent encore plus haut; & quelques Rélations ajoûtent qu'ils ne repartirent à celuy qui leur parla, que par des railleries, & par des injures. Le Duc qui fut affés patient pour les endurer, fe remit à lire dans fon Livre des priéres, aprés avoir fait figne au Chapelain de continüer la Meffe : mais fes Domeftiques n'eurent pas tant de rétenuë. Chébeque, & Cliqueberg, deux de fes Pages, Allemans de nation, indignés du mépris des Calviniftes pour le Duc, coururent au Prêche, & fe trouvans armés, parce que le premier portoit l'arquebufe de chaffe, & le fecond, les piftolets du Duc, donnérent occafion aux Valets de les fuivre. Ils fe contentérent d'abord de crier à la porte, que ceux de dedans eftoient des chiens, & des rebelles à Dieu, & au Roy; mais entendans qu'on leur répondoit de même, & que les Calviniftes fermoient les verroüils, il leur prit envie d'enfoncer la porte, & le defordre devint fi grand, que les Maîtres craignans que leurs Valets, qui étoient dans le Temple, ne fuccombaffent fous le nombre des Calviniftes, coururent à leur fecours. Le Duc qui comprit par

Tome I.   V

les cris des femmes & des enfans, ce que ce pouvoit estre, quita la Messe, & marcha l'épée à la main vers la porte du Temple. Il y fut à peine arrivé, qu'une pierre jettée à l'avanture par un Calviniste, le blessa à la main dont il tenoit l'épée. Quoique la blessure ne fut ny profonde, ny dangereuse, il en sortit neanmoins une assés grande quantité de sang, & ses gens le voyant couler, entrérent dans une si grande fureur, que sans attendre ses ordres, ils donnérent tête baissée dans le Temple. Ceux qui y purent entrer, frapérent indifféremment sur tout ce qui se présenta devant eux; & ceux qui demeurérent au dehors tirérent toûjours sur les Calvinistes qui cherchoient à se sauver par dessus les tuilles, jusqu'à ce que le Duc, à force de priéres, & de menaces, fit cesser le tumulte, & poursuivit son chemin par Rheims, où il devoit joindre le Cardinal de Lorraine.

Le mal-entendu de Vassi, fit plus de bruit qu'il ne devoit, quoy qu'il y eût eu soixante morts, & plus de deux cens blessés ; parce qu'il y avoit déja en France, tant de disposition à la guerre civile, que la moindre étincelle suffisoit pour y exciter un grand embrasement. Chacun en jugea suivant le party qu'il avoit choisi, ou qu'il avoit dessein de suivre ; & ceux mêmes qui estoient indifférens, se partagérent en deux sentimens contraires. Les prémiers, attribuérent le tort à la Maison de Guise, sur ce que c'étoit en vain que l'on avoit suspendu par l'Edit de Janvier, les supplices pour le fait de la Religion, si l'on permettoit aux particuliers de vanger leurs propres injures : Et les autres la justifiérent, par la raison qu'on avoit euë selon eux, d'arrêter la licence des Calviniſtes Provinciaux, qui ne ſe contenoient en aucun lieu, dans les bornes preſcrites par l'Edit, & qui s'émancipoient tous les jours de plus en plus, ſoit qu'ils fuſſent prévenus de l'opinion d'être les plus forts, ou que la négligence des Catholiques augmentât leur hardieſſe. Mais il ne s'agiſſoit pas de ſçavoir qui avoit le droit, ou le tort ; & d'ailleurs, l'on reconnut aſſés que le Duc de Guiſe n'eſtoit point coupable, lors que ſe trouvant à l'extrémité de la vie, où l'on n'eſt plus en eſtat de feindre, il pria Dieu de luy pardonner toutes ſes fautes, excepté celle de Vaſſi.

1562.

Il faloit pourtant regarder cette action de Vaſſi, comme le ſignal qu'attendoit les factieux, pour prendre les armes ; & le Prince de Condé averty de l'émotion qu'elle avoit cauſée dans les Provincces, y ajoûta tout ce qu'il eſtimoit capable de l'augmenter. Il étoit à Mouceaux, où la Cour goûtoit les plaiſirs du Printems. Il avertit de-là les Calviniſtes de ſe tenir prêts, pour tirer eux-meſmes raiſon de l'injure qu'ils avoient recuë, ſi la Régente refuſoit de la faire. Il fit demander une Audiance particuliere à cette Prince : Il exagéra l'action de Vaſſi : & la fit paſſer pour plus criminelle, que tout ce que l'Hiſtoire Romaine reproche à l'Empereur Neron. Il prétendit qu'elle étoit d'un pernicieux exemple, & qu'elle ſeroit imitée par tout où il y auroit des Calviniſtes, ſi la punition n'étoit proportionnée à l'offenſe. Il demanda qu'elle fût commencée par une trés-étroite défenſe d'entrer dans Paris, à ceux qui avoient encore les mains teintes du ſang innocent ; & il proteſta qu'autrement, il ſeroit

V ij

impossible d'empêcher un soulévement général de ceux de son party.

La Régente fut extraordinairement surprise de voir ses intrigues déconcertées par un accident si imprévû. Ce que le Prince de Condé luy demandoit n'estoit pas en sa puissance ; car outre que la Maison de Guise avoit gagné les cœurs des Parisiens, par le recouvrement de Calais, on sçavoit assés qu'ils la recevroient à bras ouverts, lors qu'elle y seroit amenée par le Roy de Navarre, & par le Connétable, pour lesquels ils avoient tant d'estime & d'affection. Il y avoit donc apparence que le Prince cherchoit un prétexte de querelle, en proposant une condition dont la Régente n'estoit pas la maîtresse. Elle en estoit mieux persuadée que nul autre, puis qu'elle connoissoit l'esprit du Cardinal de Lorraine, sujet à se porter d'abord aux plus fâcheuses extrémités, & elle craignoit que s'il devenoit le maître du Triumvirat, aprés avoir disposé le Roy de Navarre à suivre ses conseils, il ne poursuivit le hardi projet qu'il avoit formé sous le Regne de François II. & ne le commençât par luy ôter la Régence.

Cependant il estoit d'une si grande importance pour elle, de retenir le Prince de Condé dans quelque modération, jusques à ce que l'on eût vû les mesures que prendroient le party des Catholiques zélés à Paris, où leurs Chefs s'aloient assembler, que l'on mît en usage à la Cour tout ce qui pouvoit servir à détourner le Prince des pensées de la guerre. La Régente n'écoûta plus que ce qu'il luy proposa. Elle feignit même, de profiter des leçons que Soubise luy donnoit tous les jours, pour l'instruire de Calvinisme.

Le Duc de Guise l'avoit prise sur l'Anglois en 1556.

Elle fit tous ses efforts pour détacher du Triumvirat le Maréchal de Saint André, en luy faisant entendre qu'il s'estoit mis dans un party dont il estoit le moins considerable, & que par conséquent, si les Catholiques triomphoient des Calvinistes, il n'auroit que la moindre part de l'honneur, & des avantages, qui passeroient presque entierement au Duc de Guise, & au Connétable : Et si les Catholiques succomboient, il y auroit sans comparaison plus de danger pour luy que pour ses colégues : au lieu qu'en entrant dans les intérest de la Régente, il ne verroit qu'elle au dessus de luy ; & la première dignité de la Couronne luy seroit assurée, lors que le Connétable viendroit à manquer par son grand âge, ou par le destin de la guerre : Enfin, soit que la victoire panchât du côté des Calvinistes, ou qu'elle se déclarât pour les Catholiques, il luy seroit d'autant plus aisé de s'accommoder avec ceux qui auroient le dessus, qu'il n'auroit point pris de parti.

Ce raisonnement paroissoit spécieux, mais le Maréchal estoit trop fin pour n'en pas remarquer le défaut. La Régente n'estoit point en estat de former un troisiéme party, & quand elle l'eût esté, le Maréchal la connoissoit trop bien, pour s'imaginer qu'elle voulût le mettre à la teste, ou qu'elle l'y laissât longtems. Il jugeoit par la haine irréconciliable des Calvinistes pour luy, qu'il ne pouvoit estre en seureté que parmy les Catholiques, & dans une occasion où il estoit absolument nécessaire de se fier à quelqu'un, il valoit mieux que ce fût au Duc de Guise, qui se piquoit d'une générosité au dessus de celle de son tems,

1562.

Antoine Comte de Cruſſol.

qu'à la Régente, dont il avoit luy-même tant de fois éprouvé la légéreté. Ainſi demeura ferme dans le Triumvirat, & la Régente ne le pouvant gagner, tâcha de le rendre inutile à ſon party. Elle envoya Cruſſol en Languedoc, & Montluc en Guienne, pour empêcher les Calviniſtes de ſe ſoûlever dans ces deux Provinces; puis, feignant qu'il y avoit beaucoup à craindre pour la Ville de Lion, à cauſe du voiſinage de la Provence, & du Dauphiné, où l'on avoit avis qu'ils s'eſtoient déja mis en campagne, Elle fit ordonner par le Roy, au Maréchal de Saint André, qui en eſtoit Gouverneur, d'y aller inceſſamment.

Si le Maréchal de Saint André eût eu l'eſprit moins préſent, il auroit eſté contraint d'obéïr à cet ordre ſi imprévû, parce qu'il n'eût pas trouvé d'excuſe aſſés plauſible pour s'en diſpenſer: mais il répartit ſur le champ, & ſans témoigner de ſurpriſe, Que ſa Majeſté n'avoit pas ſans doute fait réfléxion que le Roy, ſon pére l'avoit honoré du bâton de Maréchal de France, long-tems avant que de luy donner le Gouvernement de Lion : Qu'en acceptant le bâton, il avoit fait ſerment de ne pas s'éloigner de la perſonne du Roy, pour quelque cauſe que ce fût, dans les tems dificiles; & qu'en recevant le Gouvernement, il n'avoit fait ſerment que de conſerver au Roy la Ville de Lion : Qu'il pouvoit bien s'aquiter par un autre, de la ſeconde obligation, mais non pas de la prémiére ; & que ſi les deux ſermens eſtoient incompatibles, la raiſon vouloit que l'on s'atachât au prémier, qui ſe trouvoit ſans comparaiſon plus important, & plus indiſpenſable.

LIVRE II.

Le Roy, qui avoit déja asse's de pénétration pour voir l'artifice de ce discours, mais qui estoit encore trop jeune & par conséquent trop peu expérimenté pour l'éluder, répliqua au Maréchal, qu'il avoit raison: Et la Régente croyant trouver moins de résistance en ceux de la Maison de Guise, leur fit faire une défense générale d'entrer dans Paris, & écrivit en particulier au Duc de Guise de revenir à la Cour, sans estre accompagné.

Le Duc fit réponse à la Régente, que les Calvinistes s'estans déclarés contre luy depuis le desordre de Vassi, & ses amis estans accourus de toutes parts pour s'offrir à luy, il ne pouvoit s'exemter de leur faire le bon accüeil que meritoit leur zéle, & qu'il conjuroit leurs Majestés de luy en donner le tems. Ces deux tentatives n'ayans point eu le succés que prétendoit la Régente, précipitérent cette Princesse dans le plus grnd danger qu'elle eût couru de sa vie.

Le Triumvirat persuadé qu'elle ne tendoit qu'à le déconcerter, & informé à tous momens par les émissaires secrets qu'il entretenoit auprés d'elle, que trois personnes hérétiques, ou suspectes de l'estre partageoient toute sa confiance, s'assembla pour délibérer sur ce qu'il y avoit à faire. Ces trois personnes estoient le Prince de Condé, Soubise, & le Chancelier. Le Prince estoit reconnu pour le chef des Calvinistes. Soubise avoit esté choisi pour inspirer leur doctrine à la Régente, & pensoit avoir réüssi dans ses instructions. Le Chancelier ne donnoit point d'autres témoignages publics de la Religion qu'il professoit, que d'aller à la Messe les jours de Fêtes, & ses ennemis, pour con-

1562.

Dans la Lettre de la Régente au Duc de Guise en Mars 1562.

vaincre le peuple qu'il n'y aloit que par grimace, avoient mis en proverbe cette expreſſion ſatirique, *Dieu nous préſerve de la Meſſe du Chancelier.*

Il ſembloit donc que la Régente bornant toute ſa confiance en ces trois perſonnes, fut enfin réſoluë de ſe déclarer pour la nouvelle Religion ; & ſur ce préjugé, le Maréchal de de Saint André fut d'avis, pour prévenir les maux dont le Royaume aloit eſtre accablé, de ſe défaire de cette Princeſſe. La propoſition donna de l'horreur au Duc de Guiſe, & luy fit imaginer divers expédiens pour ſauver la vie à la Reine, en la mettant neantmoins hors d'eſtat de pouvoir diſpoſer, ny de ſa perſonne, ny de celle du Roy, ſans qu'il parût que ſon autorité fût diminüée, ou qu'on la tint priſonniere. Le Connétable fut de même ſentiment, par un reſte de tendreſſe pour la veuve de ſon Maître ; & Saint-André ſe voyant ſeul, fut obligé de paſſer à l'avis des deux autres.

Peu de jours aprés cette étrange délibération, la Régente en ſçût juſques aux moindres particularités, & l'on ſoupçonna que c'eſtoit par une ſarbatane, placée de ſorte dans la chambre où ſe tint le conſeil, que perſonne ne l'aperçût. Quoy que la Régente fût en réputation d'eſtre peu ſenſible au plus grands bienfaits, elle garda neantmoins dans le fond de ſon cœur, la mémoire de celuy cy ; & ſi quelques conſidérations l'empêcherent d'en témoigner de la reconnoiſſance au Duc de Guiſe, pendant ſa vie, elle le fit aprés ſa mort, en conſervant ſes Charges, & ſes Gouvernemens à ſes enfans, & en ſe déclarant ſi hautement leur protectrice, que les Calviniſtes qui ſans cet apui les euſſent infailliblement traités de meſme que leur pére,
furent

LIVRE II.

furent contraints de rechercher leur amitié.

1562.

La Régente aprés avoir évité ce grand danger, ne laissa pas de demeurer encore dans la crainte, car bien qu'elle fût assurée du Duc de Guise, le Maréchal de Saint-André étoit assés hardy, pour entreprendre seul ce qu'il avoit osé proposer, & assés adroit, pour ramener le Connétable à son sentiment. La frayeur de la Reine redoubla lors que le Roy de Navarre parut à la Cour, pour commencer d'éxécuter la résolution du Triumvirat, qui estoit d'observer de si prés la Régente, qu'elle ne pût se mettre entre les mains des Calvinistes, ny leur livrer le Roy, au cas qu'elle en eût formé le dessein. Il salüa leurs Majestés, dans le temps que Francour, & Béze se jettoient à leurs piés, pour demander justice du carnage de leurs fréres, fait à Vassi. La Régente se mit en devoir de les appaiser par de douces paroles : mais le Roy de Navarre se voulant servir en cette occasion de l'autorité que luy donnoit sa Charge de Lieutenant Général de l'Etat, répondit, que les innocens prétendus de Vassi avoient esté justement punis de leur témérité; Qu'ils s'estoient attirés le mal dont on se plaignoit; Qu'ils avoient commencé la querelle, en jettant des pierres aux Domestiques du Duc de Guise, & qu'une injure si pleine de mépris, n'avoit pû estre dissimulée.

Béze au commencement du 2. Tome.

Béze répartit, que si cela eût esté vray, le Duc de Guise qui estoit assés puissant pour se saisir des coupables, les eut mis entre les mains de la Justice, sans se la faire luy-mesme, & le Roy de Navarre offensé de la liberté de ces paroles, repliqua, qu'il s'étonnoit que Béze qui faisoit l'Avocat des Eglises prétenduës réformées, ignorât que c'eſtoit à l'Egliſe de ſouffrir, & de ſe taire dans les perſécutions.

Béze ne pouvant ſouffrir qu'un Prince qu'il accuſoit d'avoir abandonné légérement le Calviniſme, luy reprochât de le mal défendre, s'emporta juſqu'à repartir, qu'à la verité c'eſtoit à l'Egliſe d'endurer les coups, & non pas d'en donner ; mais que ſi elle eſtoit une enclume, elle avoit uſé beaucoup de marteaux.

Les menaces cachées ſous ces derniers mots, dont le Roy de Navarre ne ſentit que trop-tôt les effets, eſtonnerent toute l'Aſſemblée, & Béze qui en écrivit la Relation vingt ans aprés, avoüa qu'il s'eſtonnoit encore, qu'on l'eût laiſſé retirer avec tant de moderation.

Cependant la Regente qui par tout ailleurs, châtioit les moindres manquemens de reſpect à l'égard des Princes, feignit de n'avoir pas pris garde à celuy-cy : Et le Triumvirat ne doutant plus qu'elle ne fût entrée dans les intereſts des Calviniſtes, n'aporta plus tant de précautions pour la ménager.

Le Connétable, & le Maréchal de Saint André allérent prendre à Nanteüil le Duc de Guiſe, & le ramenérent à Paris, où une affectation légére donna ſujet de parler au deſavantage de la Maiſon de Guiſe. Le droit chemin en revenant de Nanteüil, à Paris, eſtoit d'entrer par la porte ſaint Martin ; & cependant les Triumvirs entrérent par celle de ſaint Denis. On gloſa là-deſſus, comme ſi leur deſſein eût eſté de ſonder l'inclination du peuple, & d'éprouver s'il ſouffriroit que d'autres que les Rois entraſſent avec pompe, par la Porte deſtinée à les recevoir au retour

LIVRE II.

de Rheims, lors qu'ils revenoient de leur Sacre.

Les Magistrats, & la Bourgeoisie augmentérent encore ce soupçon, sur ce que Guillaume de Marle Versigni Prévôt des Marchands, & les Echevins intimidés par les avis qu'on leur donnoit des Assemblées fréquentes des Calvinistes dans Paris, s'imaginérent qu'elles se faisoient à dessein de livrer la Ville au pillage des troupes du Prince de Condé; & comme les personnes accoûtumées à la vie paisible, passent aisément de l'extrémité de la peur, à la vaine confiance, le Prévôt des Marchands, & les Echevins, qui trembloient en l'abscence du Duc de Guise, n'eurent pas plûtôt sçû qu'il aprochoit, qu'il se figurérent que ce Prince les empêcheroit bien de tomber en la puissance des Calvinistes, puis qu'il avoit défendu Métz contre toutes les forces de l'Empereur; & sans délibérer davantage, ils allérent au devant de luy. Le peuple prévenu de la même pensée borda les ruës par ou les Triumvirs devoient passer, & dans l'excés de ses acclamations, on entendit parmy le bruit confus de ceux qui crioient, *Vive le Roy*, quelques-uns qui crioient aussi, *Vive Guise*.

La Régente attentive aux moindres bruits qui tendoient à l'affoiblissement de son autorité, jugea que le Triumvirat ne s'estoit retiré dans Paris, que pour se rendre maître des affaires publiques, sous prétexte d'empêcher les Calvinistes de s'emparer de cette grande Ville: Et comme elle s'estoit accoûtumée à la Souveraineté, afin de la conserver, elle ne balança plus, de porter les choses à l'extrémité. Elle conjura le Prince

1562.

Dans l'entrée du Duc de Guise à Paris, en 1562.

de Condé de la prendre en sa protection, elle, & ses enfans, & d'empêcher que les Triumvirs ne dépouillassent le Roy son Fils, de la plus belle Couronne de l'Europe, qu'ils vouloient partager entre eux: Elle luy persuada d'aller à Paris rompre leurs mesures: Elle luy écrivit plusieurs Lettres pour l'entretenir dans ce dessein; & ce fut toûjours avec la précaution de luy parler qu'en secret & de ne luy écrire que par des personnes afidées, afin de ne pas donner au peu d'amis qui luy restoient entre les Catholiques, l'occasion qu'ils cherchoient peut-être de l'abandonner. Mais il y avoit à craindre que le Prince de Condé profitant de la confiance qu'elle luy témoignoit, ne pensât à l'enlever, ou que le Triumvirat persuadé qu'elle se vouloit jetter entre les bras du Prince, ne la prévint en s'assurant de sa personne. Pour éviter ces inconvéniens, elle s'enferma dans Melun, elle, & le Roy son Fils, parce qu'ils y estoient hors de surprise; & d'ailleurs, s'ils y estoient assiégés par l'un des deux partis, l'autre ne manqueroit pas d'accourir incontinent à leur secours, quand ce ne seroit que pour avoir l'honneur de les délivrer, & pour imputer au party contraire, d'avoir entrepris sur la liberté de leurs Majestés.

Mais les Catholiques n'avoient garde de prendre si facilement le change. Le Roy de Navarre suivit la Cour à Melun: Et le Prevôt des Marchands y arriva dés le lendemain, pour remontrer à la Régente, que le Prince de Condé avoit écrit à tous les vieux Soldats Calvinistes, de le venir trouver à Paris: Qu'il y en arrivoit à tous momens: Que le nombre estoit déja si grand, que la Bourgeoisie avoit sujet de soupçonner que leur intention ne fut de s'en rendre maîtres, & que leurs Majestés n'avoient point d'autres moyens pour détruire ce projet, que de retourner à Paris, & de rendre aux Bourgeois les armes, que le Maréchal de Montmorenci leur avoit ôtées.

La Régente ne fut pas peu embarassée à répondre, puis qu'en déferant aux remontrances du Prévôt des Marchands, elle se mettoit à la discrétion du Triumvirat, & en les réjettant, elle luy donnoit prétexte de s'emparer du Gouvernement. Elle suivit pourtant le conseil du Chancelier, qui fut de promettre de rémener le Roy à Paris dans peu de jours, sur l'esperance qu'il surviendroit peut-être quelque événement qui la dégageroit de sa parole, & elle ordonna à Montmoranci de rendre les armes aux Bourgeois, parce que l'on sçavoit qu'en cas qu'on les refusât, qu'ils étoient dans la résolution de les aller reprendre eux-mêmes à l'Hôtel de Ville. Elle retourna donc à Fontainebleau, pour montrer qu'elle ne craignoit rien, & que la peur des Parisiens étoit mal fondée. Elle y reçût une Lettre du Prince de Condé, qui luy mandoit qu'il avoit une intelligence infaillible sur la Ville d'Orleans ; qu'il alloit monter à cheval pour l'éxécuter, & que si elle vouloit y conduire le Roy, la Cour y seroit dans une retraite assurée contre les entreprises du Triumvirat.

Mais outre que la Régente sentit une extrême répugnance à faire cette derniére démarche, les Triumvirs ne luy en donnérent pas le loisir ; & le Roy de Navarre, courut à Paris, aprés avoir laissé auprés d'elle des gens qui l'auroient empéchée de sortir de Fontai-

1562.

Charles de Bourbon.

nebleau, si elle se fut mise en estat de le vouloir faire. On y commença de mettre ordre aux affaires, en oftant à Montmoranci son Gouvernement : Et le Connétable son pére, au lieu de le maintenir, découvrit ses secrettes liaisons avec la Régente & avec le Prince de Condé. Le Cardinal de Bourbon fut mis en sa place, & la Bourgeoisie orgueilleuse de se voir armée, méprisant le Gouverneur qu'on venoit de luy donner, déclara qu'elle ne vouloit plus souffrir de Calvinistes.

Le Prince de Condé ne recevant point de réponse de la Régente, avoit differé d'éxécuter l'entreprise d'Orleans, pour ne se pas atirer toute la haine de la rupture, mais reconnoissant le danger qui menaçoit son parti, s'il demeuroit plus long-tems à Paris, où vingt-cinq mille Bourgeois Calvinistes, seroient exposés à la fureur des Catholiques, aussi-tôt qu'il n'y seroit plus. Il declara au Cardinal de Bourbon son frére, qu'il estoit prest de se retirer avec tous les gens de guerre qui l'accompagnoient, à condition que les Triumvirs en sortissent en même tems.

Les Triumvirs assurés que Paris ne seroit pas moins à leur devotion durant leur absence, parce qu'ils en avoient gagné les principaux Bourgeois ; & jugeans d'ailleurs leur présence nécessaire à la Cour pour arrêter la légéreté de la Régente prirent au mot le Prince, & alérent à Fontainebleau, pendant qu'il marchoit du costé de Meaux. Il estoit suivi d'environ mille chevaux, & l'Amiral, qui le joignit en chemin avec pareil nombre de Cavalerie, le fit apercevoir de la faute qu'il avoit faite, en sortant de Paris, dont il luy eût esté fa-

LIVRE II.

cile de se saisir, & de donner de la réputation à son parti, par une conqueste si importante. Il voulut la réparer, mais lors qu'il faisoit repaître pour retourner sur ces pas, un espion l'avertit que le Prévôt des Marchands & les Echevins y avoient déja fait entrer des troupes, pour veiller à leur sureté.

Le dépit d'avoir encore manqué cette occasion, le porta à une entreprise beaucoup plus hardie, & qui pourtant n'eut pas laissé de réüssir, s'il eût moins différé à l'éxécuter. C'estoit d'enlever le Roy, ses freres, & la Régente dans Fontainebleau.

Le succés n'en étoit pas si difficile à éxécuter, qu'il paroissoit; Le Roy n'avoit point encore de Régiment des Gardes, & la plûpart des troupes destinées à sa sureté, estoient, pour la commodité des logemens, dispersées en tant de lieux, qu'il eût esté impossible de les assembler, avant que le Prince eût exécuté son dessein. De plus, la meilleure partie des troupes que le Triumvirat faisoit venir, par le motif que l'on représentera bien-tost, n'estoient pas encore arrivées, & dans une ataque imprevëue, la plûpart des Courtisans eut disparu: Ceux qui fussent restés n'eussent pû soûtenir la prémiére impétuosité des plus braves du parti Calviniste, qui s'estoient rangés auprés du Prince: Enfin Soubise qui lassé des longueurs de la Régente, l'avoit enfin quitée, assuroit qu'encore qu'elle n'eût pas le courage de se déclarer Calviniste, elle ne seroit pas fâchée qu'on l'y contraignît.

Mais ce qui sembloit appuyer avec plus de force le dessein du Prince, le rendit inutile. Les plus sages de son conseil luy firent comprendre, que tout ce qu'il

1562.

Dans la Vie de Soubise.

y avoit de perfonnes de qualité dans le parti Calvinifte, eftoient actuellement auprés de luy ; & que fi par hazard l'entreprife de Fontainebleau venoit à manquer comme celle d'Amboife, (qui bien que concertée avec beaucoup de jugement, & éxécutée avec toute la hardieffe imaginable, n'avoit pas laiffé d'eftre funefte) la nouvelle Religion feroit entierement ruinée : Et le Triumvirat aprés en avoir oprimé les principaux, acheveroit d'exterminer le refte dans les Provinces, fans y employer d'autres forces que celle des Magiftrats Catholiques. On conclut donc que le Prince iroit à Orleans, & toutes ces confidérations l'emportérent.

Les Triumvirs ménagérent mieux le tems que le Prince leur avoit laiffé. Le Duc de Guife manda les Gentilshommes qui l'avoient auparavant aidé à diffiper la conjuration d'Amboife ; & le Connétable, & le Maréchal de Saint André ayans affemblé leurs amis, obtinrent par ce moyen, ce qu'ils n'auroient pû efperer autrement. C'eft à dire que la Régente fe déclara en leur faveur. Cette Princeffe avoit toute la timidité de fon fexe, quelque foin qu'elle prît de la cacher ; & fon inclination pour les Calviniftes ne la dominoit pas affés pour l'atirer dans leur parti, fi elle n'eût efté perfuadée qu'en y entrant, fa puiffance feroit fupérieure, ou du moins égale à celle des Catholiques. Sans cela, elle eftoit réfoluë de demeurer neutre tant qu'elle pourroit, & lors qu'elle ne le pourroit plus, de fe mettre du cofté qui fe trouveroit le plus fort. Il ne faloit donc que la convaincre que le parti du Prince eftoit le plus foible ; & les Triumvirs l'ayant fait de maniére qu'elle

LIVRE II.

qu'elle n'en pouvoit plus douter, elle ne laiſſa pas nean- 1562.
moins, avant que de ſe réſoudre, de demander aux
Emiſſaires que Soubize avoit laiſſés auprés d'elle, qu'ils
luy fiſſent voir préciſément de quelles forces, & de
combien de troupes elle pouvoit s'aſſurer en ſe déclarant pour les Calviniſtes.

Les Emiſſaires d'autant plus ſurpris de cette demande, qu'ils ſuppoſoient que le Prince de Condé, &
Soubiſe y euſſent répondu plus d'une fois, ſe figurérent
que puis que ny l'un ny l'autre ne l'avoient pas fait,
ils n'avoient pas crû luy devoir confier les ſecrets de
leur party ; & que par conſéquent ils ne devoient pas
luy en dire plus qu'eux. Ils ne répondirent donc qu'en
général à la Régente, & luy aprirent pourtant une nouvelle qui la tint encore trois jours en ſuſpens. Ils luy
dirent que le Prince s'avançoit avec toute ſa Cavalerie
vers le Pont de Saint Clou ; & qu'aparemment c'eſtoit
pour venir à Fontainebleau. Comme il faloit abſolument qu'il paſſât par là, pour aler à la Cour, ou pour
ſurprendre Orleans, il y avoit lieu de douter ſur la route qu'il prendroit ; & les Pariſiens perſuadés qu'il leur
en vouloit, ſe préparérent à ſe défendre, en cas qu'on
les attaquât. Les Triumvirs ne perdirent pas une occaſion ſi favorable de repréſenter à la Régente la né-
ceſſité de retourner à Paris, puis que leurs Majeſtés ne pouvoient eſtre en ſeureté que dans cette
Ville.

Cette raiſon toute preſſante qu'elle eſtoit, ne ſuffiſoit pas pour la Régente ; & le Maréchal de Saint
André ajoûta que les Eſpagnols luy feroient infailliblement la guerre, ſi elle ne la déclaroit aux Calviniſtes :

Tome I. Y

Que leur prétexte feroit d'empêcher l'Héréfie de couler dans les Pays-bas, & la véritable caufe, la facilité qu'ils auroient de conquerir un Royaume épuifé par les derniéres guerres, & fi divifé, que les factions ne s'y réüniroient pas même pour réfifter aux Etrangers.

La Régente fit affés connoître que la crainte qu'on luy vouloit donner, eftoit mal fondée, en répondant, que fi l'intention du Roy Catholique eftoit d'empêcher l'Héréfie de paffer de France, en Flandres, il éviteroit fur tout, la guerre entre les deux Couronnes, puis qu'il luy feroit impoffible, tant qu'elle dureroit, de fermer l'entrée des Pays-bas aux Proteftans d'Allemagne, dont il auroit befoin, pour renfoncer fes armées.

Dans les motifs de la premiere guerre civile.

Le Triumvirat irrité du peu d'effet qu'avoit produit le difcours du Maréchal de Saint André, leva le mafque, & le Roy de Navarre portant à la Régente de nouvelles Lettres des Magiftrats de Paris, plus preffantes que les autres, luy dit d'un ton auffi ferme, que fa contenance paroiffoit refpectueufe, qu'il fçavoit que le Prince de Condé fon frére eftoit en marche pour enlever leurs Majeftés, & que dans une fi périlleufe conjoncture, il eftoit du devoir de fa Charge, de conduire dans ce moment à Paris, la Perfonne du Roy. Il fortit aprés avoir dit ces paroles, pour donner les ordres du départ; & la Reine forcée d'accompagner le Roy, ou de perdre la Régence, en fe féparant de luy, le fuivit avec un vifage fi compofé, que les plus fins Courtifans n'y remarquérent aucun figne de triftesse.

LIVRE II.

Le jeune Roy ne diſſimula pas ſi profondément, & les larmes qu'on luy vit répandre, ne témoignérent que trop juſques à quel point il eſtoit touché de la violence qu'on luy faiſoit. Ainſi le Triumvirat atira de ſon coſté l'aparence de la juſtice, & rejetta ſur le party contraire, le préjugé de rebellion, dont il luy fut depuis impoſſible de ſe laver.

1562.

Et de fait, le Prince de Condé averti que le Roy eſtoit dans Paris, ſous la puiſſance du parti Catholique, jugea que le ſien eſtoit perdu ſans reſource, ſi l'intelligence qu'il avoit dans Orleans, ne luy donnoit à l'heure même, le moyen de la ſurprendre. Elle conſiſtoit en ce que Monteru qui commandoit dans la Place, en qualité de Lieutenant, en l'abſcence du Prince de la Roche-ſur-Yon, avoit favoriſé les Calviniſtes, en les employant à garder la Ville pour deux raiſons. L'une, qu'ils eſtoient plus grand nombre que les Catholiques. L'autre, que les amis qu'il avoit à la Cour, luy mandoient qu'elle ſe déclareroit infailliblement pour le Prince de Condé. Les Calviniſtes qui connoiſſoient ſon humeur, ne doutant pas qu'il ne ſuivit à leur égard les mouvemens de la Cour, avoient réſolu de le mettre hors d'eſtat de rendre les Catholiques maîtres d'Orleans, lors qu'il le voudroit. Ils avoient écrit à l'Amiral de les aſſiſter dans une tentative ſi néceſſaire à la ſureté du party; & l'Amiral leur avoit envoyé ſon frére d'Andelot, accompagné des meilleurs Officiers de l'Infanterie Françoiſe, qui eſtoient ſéparément entrés dans Orleans, déguiſés en Païſans. Leur arrivée n'avoit pû eſtre plus favorable à leur deſſein, parce que Monteru ne fut pas plûtôt averti que

Innocent Trḯpier.

Dans la Rḯlation de la ſurpriſe d'Orleans.

Y ij

le Triumvirat avoit mené la Cour à Paris, qu'il paſſa dans le party Catholique, & pour tenir en bride les Calviniſtes, il écrivit à la Régente de luy envoyer la Compagnie d'Hommes d'Armes de Cipiere, qui eſtoit la plus proche d'Orleans.

Philibert de Marcilly, Seigneur de Cipierres, premier Gentilhomme de la Chambre du Roy Charles IX.

La Régente avoit réconnu que les Triumvirs en la contraignant de les ſuivre, l'avoient plus obligée qu'ils ne penſoient ; puis qu'ils l'avoient empêchée de ſe jetter dans un parti, qui ſelon toutes les apparences, devant ſuccomber, l'eut envelopée dans ſa rüine. Elle ſuppoſa donc, qu'elle ne pouvoit déſormais, ſans manquer à ce qu'elle ſe devoit, s'éxemter de favoriſer le Triumvirat, par reconnoiſſance & par intéreſt. Mais en même temps elle borna ſon intention à deux choſes, qui ne s'accommodoient nullement avec celle du Triumvirat. Elle réſolut d'empêcher le Prince de Condé de ſurprendre les bonnes Villes, mais non pas les moins importantes, & de s'oppoſer à ſon agrandiſſement, de maniere qu'il ne fût point oprimé, au moins durant la minorité de ſon Fils. Ainſi dans les entrepriſes où la fin qu'elle s'eſtoit propoſée répondoit à celle des Triumvirs, qui eſtoit d'exterminer les Calviniſtes, elle agiſſoit ſincerement & de concert avec eux ; & comme celle d'empêcher la ſurpriſe d'Orleans, en eſtoit une, elle uſa de toute ſon induſtrie pour en détourner le Prince.

Elle luy dépêcha, divers Couriers, l'un ſur l'autre, à Angerville, où il coucha, la nuit du dernier Mars, mil cinq cens ſoixante-deux, pour l'arreſter, ou du moins pour ſuſpendre ſa marche. Elle l'aſſura qu'elle avoit diſpoſé les Triumvirs, à conſentir que les Calvinistes joüissent des privileges portés par l'Edit de Janvier, dans toute son étenduë : Elle luy promit en son particulier, des Charges & des Gouvernemens capables de satisfaire son ambition ; & tout ce qu'elle exigea de luy, fut de ne pas commencer la guerre civile. Mais il estoit difficile à cette Princesse de n'estre pas trompée par ses Domestiques, puis qu'elle leur montroit si souvent l'exemple de tromper les autres. Dans le même tems qu'elle amusoit le Prince par des Lettres, elle envoyoit dans Orleans, l'homme de France le plus propre à conserver cette Ville dans le party Catholique, sans donner d'ombrage aux Calvinistes. C'estoit Jean d'Estrées, grand Maître de l'Artillerie, le plus vieux Courtisan du Royaume, & le moins gâté de la corruption de la Cour. Il vivoit encore sous le regne de Charles IX. comme il avoit vû vivre les personnes de sa qualité, soixante & dix ans auparavant, sous le regne de Charles VIII. lors qu'il estoit Page de la Reine Anne de Brétagne ; Et quoy que le peu de lumiere dans la Foy Catholique, qu'avoient alors presque tous les Gentilshmmes, qui se piquoient d'une profonde ignorance, l'eût engagé dans le Calvinisme, il y estoit de bonne foy, comme l'on parloit alors ; c'est à dire qu'il estoit persuadé qu'on ne pouvoit prendre les armes pour cause de Religion, ou se mettre dans un party, qui fut en effet, ou en apparence, contre son Souverain. Ainsi, tenant pour de faux Calvinistes le Prince de Condé, & ceux qui l'accompagnoient, il eût infailliblement traversé la surprise qu'ils méditoient, si dans le même tems que les Triumvirs luy donnoient les Troupes qui devoient l'assister, un es-

1562.

Y iij

pion qu'avoit le Prince entre les Ministres subalternes de la Régente, ne l'eût averty qu'Lstrées se mettoit en campagne, à dessein de le prévenir. Il n'en falut pas davantage pour obliger le Prince de monter à cheval: mais sa fortune, ou pour mieux dire le malheur de l'Etat, travailloit avec plus de fruit à l'acheminement de son entreprise, que ces ennemis n'inventoient de ruses pour la déconcerter.

Monteru s'estoit figuré de pouvoir introduire dans Orleans les Troupes Catholiques logées à Boigency, en trompant la Bourgeoisie Calviniste, & luy faisant accroire qu'il estoit encore pour elle. Il luy avoit confié, comme à l'ordinaire, la garde des portes durant la nuit, espérant que le lendemain, lors qu'elle se retireroit à la pointe du jour pour dormir, la Bourgeoisie Catholique qui prendroit sa place, laisseroit entrer les Troupes de Boigency. Mais les Calvinistes informés par d'Andelot de l'approche du Prince, au lieu de retourner dans leurs maisons, demeurérent à la porte de Saint Jean, & réfusérent de la céder aux Catholiques. Montereu se mit plus d'une fois en devoir de s'en rendre le maître; mais d'Andelot & les siens, sortis du lieu où ils estoient cachés, luy résisterent si long tems, qu'ils donnérent le loisir au Prince de Condé d'arriver à leur secours. Il s'étoit avancé avec une diligence incroyable, & l'Histoire ne fait mention d'aucun Capitaine, qui ait fait faire en six heures, une si longue traite à plus de deux mille Chevaux. Ceux qu'il les voyoient courir à toute bride, sans en pénétrer le sécret, les prénoient pour des insensés, & se confirmoient dans cette pensée, lors que les Cavaliers piquoient leurs Chevaux avec autant de véhémence que s'ils euſſent eu intention de les crever. Ceux d'entre eux qui tomboient étoient impitoyablement foulés aux piés, perſonne ne s'amuſoit à ramaſſer ny ſon chapeau ny ſes armes ; & le ſilence de tant de Soldats, qui ne pouvoit eſtre plus grand, inſpiroit plus d'étonnement, que de curioſité.

1562.

Le Prince entra dans Orleans ſur les onze heures du matin, & après s'eſtre aſſuré de la Ville avec le moins de violence qu'il ſe pouvoit, ſon prémier ſoin fut décrire une Lettre circulaire aux deux mille cent cinquante Egliſes Calviniſtes de France, par laquelle il leur demandoit des ſecours d'hommes & d'argent. Les Miniſtres qui ſuivoient l'armée, y joignirent leurs ſollicitations : Et parce qu'il y avoit à craindre que les plus gens de bien du party, dont on eſperoit une ſubvention plus notable, ne fuſſent rétenus de contribüer, par des conſidérations approchantes de celles qui avoient porté Eſtrées à ſervir la Cour contre ceux de ſa Réligion, on ne tâcha pas moins de les ébloüir dans le Manifeſte qui fut publié, que de couvrir ce qu'il y avoit d'injuſtice, & de rebellion dans la ſurpriſe d'Orleans. On y prouvoit par un long détail de tout ce que les Triumvirs avoient fait en particulier contre les Calviniſtes, ſous les regnes précédens, que le Triumvirat en général, avoit un deſſein formé de les empécher de joüir des Edits que la bonté des Rois leur avoit accordés ; & que c'eſtoit pour conſerver un pretexte d'oprimer la nouvelle Religion, quand il en auroit la puiſſance : Qu'il s'eſtoit retiré de la Cour, auſſi-tôt qu'on y avoit parlé de l'Edit de Janvier : Que le

Dans la Lettre circulaire du Prince de Condé, en Avril 1562.

Duc de Nemours, dont personne n'ignoroit l'étroite liaison avec la Maison de Guise, avoit en même tems pris des mesures, pour enlever l'aîné des deux freres du Roy, presomptif heritier de la Couronne, & pour le conduire en Savoye ou en Lorraine, comme s'il n'eût pû estre élevé à la Catholique auprés du Roy son frere, ny de la Régente sa mere : Que ces deux voyes pernicieuses de commencer la guerre civile, n'ayans pas réüssi, le Triumvirat avoit eu recours à la troisiéme, qui estoit le massacre de Vassi, & s'en estoit servy comme de signal, pour exciter la sédition dans toutes les Provinces ; & que le Duc de Guise qui en avoit esté l'Auteur, avoit pratiqué dans une occasion si barbare, la maxime de ceux qui soûtiennent qu'il ne faut plus remettre l'epée dans le foureau, quand on l'a une fois tirée contre son Prince : Que la Regente luy avoit ensuite inutilement envoyé l'ordre de réjoindre la Cour à Monceaux ; & qu'au lieu d'obéïr, il estoit allé commencer la guerre, en se rendant le Maître de la Ville capitale du Royaume : Que le Connétable rencontrant la Cour sur le chemin de saint Denis, bien loin de luy rendre ses respects, l'avoit traitée d'inconnuë, en passant outre, sans la saluër : Et comme si les trois personnes qui composoient le Triumvirat, fussent convenu de se rendre également coupables, le Maréchal de Saint André avoit ajoûté l'insolence, à la désobeïssance du Duc de Guise, & au mépris du Connétable, en repondant à la Regente qui pretendoit l'envoyer à son Gouvernement, que sa presence estoit bien plus necessaire à la Cour : Que les Triumvirs avoient appellé Royal, le conseil qu'ils tenoient à Paris, quoy que la Cour

LIVRE II.

Cour en fût abfente, & que le Prince de Condé qui s'y trouvoit alors, n'y eût point efté invité : Et que ce Confeil n'avoit abouty qu'à l'enlevement de leurs Majeftés, afin de couvrir fous leur nom augufte, ou pour mieux dire, afin de rejetter fur elles tous les excés qui fe commettroient dans la fuite : Qu'ainfi le Triumvirat avoit levé le mafque, & temoigné qu'aprés s'eftre enrichy des libéralités des Rois precedens, il pretendoit par là plus noire de toutes les ingratitudes, dépoüiller le Roy de la même puiffance dont fes Ancêtres s'eftoient fervy fi long-tems, pour élever les Maifons de Guife, de Montmorency & d'Albon : Qu'il étoit aifé de difcerner qui avoit la meilleure caufe, de ceux qui tenoient le Roy prifonnier, ou de ceux qui n'eftoient armés que pour le délivrer ; de ceux qui troubloient la tranquilité publique, en violant les Edits, ou de ceux qui ne pouvant plus demeurer fous l'azile des Loix violées, s'eftoient mis dans Orleans, à couvert de l'orage ; de ceux qui cherchoient à monter fur le Trône, par l'abolition de la Loy Salique, & par la ruine de la Maifon Royale, ou de ceux qui expofoient leurs vies pour maintenir l'une & l'autre : Que le Prince de Condé & ceux de fon party, proteftoient folemnellement de ne s'eftre mis en campagne, que pour s'aquiter de leurs trois principaux devoirs, en obéïffant à Dieu qui vouloit eftre fervy d'un culte pur, c'eft à dire également éloigné de la fuperftition & de l'Idolatrie ; en tirant d'efclavage leur Souverain, & en prefervant leur Patrie de tomber fous la domination étrangere : Que les Triumvirs prétendoient partager entre eux les deniers deftinés par les Etats, à

1562.

Dans le Manifefte du Prince de Condé, aux premieres guerres.

payer les dettes de la Couronne ; & que le Prince, bien loin d'y consentir, les obligeroit même à rendre compte de ceux qu'ils avoient touchés depuis quinze ans : Que ny luy, ny ceux de son party, ne seroient point à charge à l'Etat, dont ils entreprenoient la défense à leurs propres dépens, & que c'estoit principalement par cette consideration, qu'ils invitoient les gens de bien, & les véritables François, à se joindre avec eux, & à n'avoir aucun égard aux ordres de la Cour, tant qu'elle seroit prisonniere des Triumvirs.

Les Calvinistes finissoient leur Manifeste en offrant de poser les armes, & de se retirer chacun dans sa maison, pourvû que le Triumvirat en fist de même, que leurs Majestés recouvrassent leur liberté ; que les Conseillers d'Etat n'eussent rien à craindre, en disant leurs avis, & que les Edits subsistassent jusqu'à la majorité du Roy.

Le second soin des Calvinistes, aprés la rupture, fut de prévenir les Princes Protestans d'Alemagne. Ils prévoyoient qu'ils en auroient besoin pour résister aux Catholiques : Et comme la Maison de Guise avoit choisi le Duc de Virtemberg, Prince Lutérien, pour empécher l'Allemagne d'intervenir dans la querelle, ils choisirent le Comte Palatin, Prince Calviniste, pour l'y engager. Ils luy depécherent ceux de leurs Emissaires qu'ils jugeoient les plus capables de luy persuader tout ce qui estoit contenu dans leur Manifeste ; & le conjurérent par des Lettres extraordinairement soûmises, de n'abandonner ny la cause de la Religion, dont les Triumvirs vouloient empécher la réforme, ny celle d'un jeune Roy qu'ils alloient détrôner, sous un si déraisonnable prétexte.

1562.

Le troisiéme soin des Calvinistes fut de dresser le Formulaire de leur union, qui les engageoit à reconnoître le Prince de Condé pour leur Chef, & à luy obéïr, jusqu'à ce que le Royaume eût esté rétably dans son premier lustre.

Les Calvinistes s'estoient jusques-là contenus dans les bornes que le droit des gens semble avoir prescrites : Mais le quatriéme soin qu'ils prirent fut si peu régulier, que leur Panégiriste réduit à l'impossibilité de l'excuser, a esté contraint de le passer sous silence. Ils feignirent d'avoir intercepté les articles d'une Ligue prétenduë entre le Triumvirat d'une part, & le Pape & le Roy Catholique de l'autre. Sur ce faux principe, ils inventérent des calomnies également indignes du Christianisme & de l'humanité. Ils suposérent qu'un Courier de la Maison de Guise avoit esté dévalisé au retour de Trente, d'où il rapportoit la ratification d'un Traité qui n'avoit point d'autre fondement que l'imagination de son auteur. Le Roy Catholique y estoit établi Chef de l'union la plus étroite entre ceux qui s'opposeroient déformais au progrés de l'Héréfie; & le Duc de Guise y estoit déclaré son Lieutenant en France, à des conditions qui luy donnoient toute l'autorité, & chargeroient l'Espagne de toute dépense de la guerre : Que si le Roy de Navarre vivoit en bonne intelligence avec le Triumvirat, on continuëroit de l'amuser en luy prometant la Sardaigne; & s'il se réünissoit avec le Prince de Condé son frere, il y avoit des troupes destinées à le dépoüiller du reste de la

Navarre, pendant que le Duc de Guise avec les siennes occuperoit les Calvinistes : Que le Pape alumeroit la guerre civile entre les Suisses Catholiques & les Sacramentaires ; & qu'aprés que les uns & les autres se seroient affoiblis, le Duc de Savoye avec une Armée assemblée aux dépens de la Ligue, recouvreroit sa Ville de Généve, & les autres Etats qu'ils avoient ôtés à son Pere : Que toutes les forces de la même Ligue se réüniroient ensuite, pour accabler les Calvinistes de France ; & que l'on enveloperoit dans leur ruine toute la branche Royale de Bourbon, afin que l'Hérésie demeurât sans apuy, dans un Royaume où elle avoit esperé de régner : Qu'aprés que celle de Calvin qui estoit la plus foible, & la plus dangereuse tout ensemble, auroit succombé, les seules forces de la Maison d'Autriche suffiroient pour accabler les Luthériens dans tout le Septentrion ; & si elles y trouvoient trop de résistance, la France & l'Italie marcheroient à son secours : Qu'un si vaste projet ne tendant qu'à ramener toute l'Europe sous l'obéïssance du Saint Siege, on prendroit la moitié des revenus Ecclésiastiques pour les frais de l'éxécution, & l'on emprunteroit de l'argent sur les biens de la Noblesse Calviniste pour les avances de la prémiére année : Que les Moines & les Prêtres qui voudroient servir dans les Troupes, seroient dispensés de leurs Vœux ; & que les séculiers y trouveroient des récompenses spirituelles & temporelles, proportionnées non seulement à leur besoin, mais encore à leur zéle.

Il n'estoit pas difficile de connoistre que ce projet n'estoit qu'une chimére, & l'on observa que les Fran-

LIVRE II.

çois & les Italiens ne s'y laisserent pas tromper. Il eut neantmoins tout l'effet en Allemagne, que ceux qui l'avoient supposé s'en estoient promis, soit que nonobstant les promesses faites à la Maison de Guise, les Princes Protestans de l'Empire, ne cherchassent qu'un prétexte pour secourir le Prince de Condé, & l'Amiral, ou qu'ils ne voulussent pas perdre l'occasion d'aguerrir aux dépens de la France, la multitude d'hommes dont leurs Etats abondoient, afin de les trouver instruits dans les exercices de la guerre, lors que la conjoncture se présenteroit de les opposer aux Turcs.

Le Triumvirat informé par les espions que le Cardinal de Lorraine avoit en Allemagne, que les Protestans armeroient en faveur des Calvinistes, jugea que ce contre-poids rendroit les forces du Prince de Condé à peu prés égales à celles des Catholiques, & qu'ainsi la guerre civile de France tireroit en longueur. Il commença même à douter du succés, quoy qu'il se fût auparavant vanté que la ruine du Calvinisme seroit l'ouvrage d'une seule campagne. Et comme il ne paroissoit rien de certain dans l'avenir, sinon, que si le party Catholique avoit le dessus, il seroit tellement affoibly, que l'Espagne en auroit bon marché, supposé qu'elle l'attaquât ensuite ; & si le party Calviniste avoit l'avantage, la Couronne & la Religion changeroient ; On travailla presque également de part & d'autre, à se précautionner contre ces deux formidables événemens.

Le coup d'essay des Triumvirs fut d'ôter du Conseil d'Etat les personnes suspectes, & comme le Chan-

1562.

celier de l'Hospital estoit de ce nombre, on luy fit dire de se retirer, sous prétexte que ne s'y devant plus traiter que des affaires de la guerre, sa présence y seroit inutile. Le Chancelier répartit en vain, qu'encore que l'expérience de la guerre luy manquât, Dieu luy avoit donné assés de lumiere pour connoître si elle estoit nécessaire, & quand il faloit avoir recours à cet étrange moyen de se faire justice, dont les Loix avoient dépoüillé les particuliers, pour en révêtir les Souverains : Il fut obligé de céder, parce que la Régente ne se sentant pas assez forte pour le soûtenir, fit ce que l'on devoit attendre d'une Princesse ambitieuse, c'est à dire qu'elle sacrifia le mieux intentionné de ses Ministres, à la vengeance de ceux qu'il n'avoit irrités que pour la servir.

Les Triumvirs introduisirent en sa place le grand Ecuyer ^a de Boisi, Vilars, ^b beaufrére du Connétable, ^c Sansac, d'Escars, & l'Evêque ^d d'Auxérre ; & s'estans assurés par cette voye, des résolutions qui s'y prendroient, ils firent publier une Déclaration, dont le sens estoit : que leurs Majestés se plaignoient du faux bruit que le Prince de Condé semoit de leur captivité. Elles soûtenoient que ce prétexte étoit le plus grossier qu'il pouvoit inventer pour couvrir sa rebellion ; puis que leurs Majestés n'avoient jamais, grace à Dieu, joüi d'une liberté plus entiere, & que leur retour à Paris n'avoit point eu d'autre motif, que celuy de chercher à loisir les moyens de donner à ce Prince, & à ceux de son party, des satisfactions qui les empêchassent de se soûlever.

Mais les Triumvirs eurent trois jours aprés recours

a *Claude Gouffier Seigneur de Boisi, grand Ecuyer de France.*
b *Honorat de Savoye, Marquis de Villars frére de Madelene de Savoye, femme du Connétable, Anne de Montmorency.*
c *Loüis Prévost Seigneur de Sansac.*
d *Philipe de Lenoncourt, depuis Cardinal.*

Dans la Déclaration du 7. Avril 1562.

à l'artifice dont avoit ufé l'Empereur Charles-Quint, pour affoiblir de forte les Proteftans d'Allemagne, qu'il pût les défaire fans rien hazarder, au paffage de l'Elbe. On a déja rémarqué que les Calviniftes étoient divifés en deux parties à peu prés égales. Il y en avoit de bonne foy ; il y en avoit auffi d'autres de pure cabale : Et l'on étoit affuré de ruiner les uns & les autres, en mettant la divifion entre eux. Car encore que les Calviniftes de cabale rempliffent prefque toutes les Troupes qui avoient furpris Orleans, & celles qui étoient en marche pour compofer l'Amée deftinée à conferver cette conquête, il étoit neanmoins aifé de juger qu'ils croiroient que c'eftoit affés que de fervir le party, de leurs perfonnes, & qu'ils prétendroient tirer leur fubfiftance des Calviniftes de bonne foy. Il ne faloit donc pour obliger les Calviniftes de cabale à fe féparer, & à rétourner chacun dans fa maifon, que leur retrancher les contributions des Calviniftes de bonne foy ; & l'unique moyen d'arrefter le zéle de ceuxcy, en les détournant d'envoyer au Prince de Condé, ce qu'ils avoient d'or, d'argent, & de pierreries, confiftoit à leur perfuader que la guerre que le Prince venoit de commencer, étoit purement d'Etat, & non pas de Religion, & que le Roy ne prétendoit que punir la révolte, fans toucher en aucune maniére au Calvinifme. Ainfi, l'on s'avifa, pour rendre les plus groffieres capables d'un difcernement fi fubtil, d'adreffer une autre Déclaration aux Gouverneurs des Provinces, & à leurs Lieutenans, parce que l'on fçavoit que le Parlement ne la recevroit pas plus que l'Edit de Janvier, dont elle n'étoit que la confirmation.

1562.

1562. Celuy qui l'avoit dreſſée, y avoit travaillé avec tant d'artifice, qu'à le bien prendre, elle eſtoit toute à l'avantage des Calviniſtes de bonne foy, & les Calviniſtes de cabale y eſtoient lézés, bien loin de trouver leur compte avec les autres. Elle accordoit une amniſtie générale à quiconque demeureroit chés ſoy, & ſe contenteroit d'y vivre à la Calviniſte ſans ſcandale & ſans ſe mêler d'inſtruire. Elle déſaprouvoit tous les procés criminels & civils, intentés ſur le fait de la Réligion. Elle permettroit les Aſſemblées publiques, les Sermons, les Priéres, & l'Adminiſtration des Sacremens, ſuivant la Diſcipline de Généve, par tout le Royaume, ſous l'autorité des Magiſtrats des lieux, excepté Paris, & ſa banlieuë, où leurs Majeſtés prétendoient que le reſpect qui leur eſtoit dû, ſuffiſoit pour empêcher de profeſſer en ſa préſence une Réligion contraire à la leur.

Mais la ruſe de Charles-Quint avoit eu ce défau commun avec tous les ſtratagémes inventés aprés une longue contention d'eſprit, de ne réüſſir que la prémiére fois qu'on les met en uſage, & de demeurer par conſequent inutiles à tout autre qu'à leur auteur. La Déclaration en faveur des Calviniſtes de bonne foy, n'en détacha pas un du party, ſoit qu'ils fuſſent mieux inſtruits de leurs véritables intéreſts, que n'avoient eſté les Proteſtans d'Allemagne, ou qu'ils ſuppoſaſſent que la Déclaration dont on tâchoit de les ébloüir, ne ſeroit exécutée que juſques à ce que le Prince de Condé fût défait, & Orleans pris.

Le Prince n'eût pas plûtôt évité la diviſion des ſiens, qu'il apprehendoit comme le plus grand des

maux

LIVRE II.

maux, qu'il chercha les voyes néceſſaires pour continuer la guerre, ſans eſtre à charge aux Calviniſtes de bonne foy, qui vénoient de luy eſtre ſi fidelles. La plus commode eſtoit de ſubſiſter aux dépens des Catholiques, & pour y parvenir, l'Amiral propoſa de s'emparer des meilleurs Villes du Royaume, avant que le Triumvirat y eût mis des garniſons ſuffiſantes. Cet avis étoit de ceux qui dépendent preſque tout à fait d'une diligence extraordinaire, parce qu'ils ne peuvent eſtre loüés qu'aprés l'éxécution. Le Prince dépêcha des Gentils-hommes, par tout où les Calviniſtes étoient en état d'entreprendre; & celuy qui alloit à Roüen ayant fait plus de diligence que les autres, ou trouvé les choſes mieux diſpoſées, excita le 15. Avril un tumulte, dont l'évément fut que les Calviniſtes partagés en pluſieurs bandes, ſe ſaiſirent des Portes, mirent hors du Château le Seigneur de Villebon, qui y logeoit en qualité de Bailli, chaſſérent du vieux Palais le ſieur de la Lande, prirent les munitions trouvées dans la Maiſon de Ville, & ſurprirent deux Galeres des mieux équipées, qui revenoient d'Écoſſe.

Iean d'Etouteville.

Le Duc de Boüillon, Gouverneur de Normandie, accourut à la conſervation de la Ville capitale de la Province; mais la Bourgeoiſie Calviniſte de Roüen ne le voulut recevoir que luy ſixiéme: Et la Cour perſuadée qu'il étoit luy-même Calviniſte, & que par cette conſidération il n'agiroit que foiblement contre ceux de ſa Religion, le revoqua pour mettre en ſa place le Duc d'Aumale ſon oncle.

Robert de la March.

Sa Mere & la femme du Duc d'Aumale étoient ſœurs.

Tome I.   A a

1562.

Ce changement néceſſaire à la vérité, mais fait à contre-tems, eut rendu les Calviniſtes maîtres abſolus de la Normandie, ſi, bien loin de ſuivre la fortune qui les favoriſoit, ils n'euſſent commis en s'arrêtant, deux fautes irréparables. La Ville de Roüen, la plus importante du Royaume aprés Paris, eſt ſituée ſur la Riviere de Seine, & par conſéquent ſujéte aux mêmes incommodités ; & comme Paris pouvoit être affamé par ceux qui ſe ſaiſiroient du Pont de Charenton, qui eſt au deſſus, & de celui de Saint Clou, qui eſt au deſſous ; de même, il étoit aiſé de retrancher à la Bourgeoiſie de Roüen toutes les proviſions qu'elle tiroit par eau, en s'emparant du Pont de l'Arche, qui eſt au deſſus, & de celuy de Caudebec, qui eſt au deſſous. Cependant les Calviniſtes de Roüen ne penſérent au Pont de l'Arche qu'aprés que Villebon y eut mis une garniſon Catholique, qui repouſſa vigoureuſement leurs attaques : Et quand ils eurent enſuite aſſiégé & pris Caudebec, au lieu de le raſer, ils s'amuſérent à le vouloir conſerver, quoy qu'ils ne fuſſent déja plus maîtres de la campagne. D'où il arriva, que peu de jours aprés, il fut ſurpris par le Baron [a] de Clér, Enſeigne de Villebon, & que les Calviniſtes de Roüen, furent ainſi preſque auſſi tôt inveſtis que ſoulevés.

Ils furent plus heureux à Diepe, à Caën, à Bayeux, à Falaiſe, à Vire, à Saint-Lo & Carentan ; & [b] Matignon avec toute ſa valeur, & tout ſon eſprit, eut bien de la peine à réténir dans le party Catholique, Granville, & Cherbourg. L'Evêque [c] du Mans, de

[a] Iean Baron de Clére en Normandie.
[b] Iacques Gouyou de Matignon, depuis Marechal de France.
[c] Charles d'Augennes de Rambouillet, depuis Cardinal.

Dans la Rélation des fautes militaires des Calviniſtes.

la Maison d'Angennes, ayant esté chassé de son Eglise par les Calvinistes, prit l'épée, & se fit Capitaine, de ceux qui voulurent s'enrôler dens son Diocése.

Le Prince de Condé, ravy que tant de Villes eussent esté conquises, sans éfusion de sang, crût qu'il ne faloit plus que mettre de son côté, l'apparence du droit, pour achever de vaincre le Triumvirat. Il présuposa, que rien ne seroit capable d'éloigner de la Cour les trois personnes dont il étoit composé, soit qu'il fondât sa conjecture sur le réfus qu'elles en avoient fait auparavant, ou que jugéant de la répugnance d'autruy par la sienne, il fût persuadé que quand on s'étoit une fois emparé de l'autorité souveraine, en quelque maniere que ce fût, on ne la quitoit jamais que par force. Il écrivit encore une fois sur ce fondement, au Roy, à la Régente, & au Roy de Navarre, qu'il étoit prêt de poser les armes, & de restituer les Villes prises, pourvû que les Triumvirs s'absentassent sincérement de la Cour : Et les Triumvirs trop fins pour souffrir que le Prince remportât sur eux cet avantage chimérique, dont il eût pourtant tiré de trés-solides éfets, consentirent qu'on le prit au mot. Leurs Majestés, & le Roy de Navarre répondirent, qu'encore qu'il ne fût pas juste de commander au Duc de Guise, au Connétable, & au Maréchal de Saint-André, de s'éloigner de la Cour, en un tems où leurs Charges, & le service de leurs Maîtres les y rétenoient : & les y auroient appelés, s'ils en eussent été absens, neanmoins ces trois Officiers de la Couronne, pour montrer leur inclination à la paix, offroient de leur bon gré, de se retirer dans l'endroit du Royaume qui leur seroit marqué, à condition que ceux qui étoient en armes dans Orleans rétournassent dans leurs maisons, pour y vivre en repos : Que les Villes occupées fussent rétablies dans leur ancien gouvernement : Que l'autorité Royale y fût uniquement respectées, & que le Roy de Navarre eût l'exercice libre de sa Lieutenance générale ; qu'on n'entendoit pas toutefois comprendre le Prince, parmy ceux d'Orleans qui se condamneroient à un volontaire exil ; & qu'au contraire, on le souhaitoit à la Cour, & on le conjuroit d'aler au plûtôt prendre auprés de leurs Majestés la place duë à sa naissance.

La politique du Prince, & l'expérience de l'Amiral, n'empéchérent ny l'un ny l'autre d'estre presque également déconcertés. La rétraite si volontiers acceptée par le Triumvirat, leur ostoit le prétexte de continuër la guerre, sur lequel ils fondoient pourtant, toute l'esperance de leur grandeur ; & comme ils ne concevoient rien qui les flatât davantage, que de se voir obéïs par tant de vaillans hommes, ils ne concevoient aussi rien de pire, que de quiter le commandement. Cépendant ils auroient perdu tout le crédit qu'ils avoient dans leur party, s'ils eussent témoigné de l'atachement pour l'authorité qu'il leur donnoit ; & le Calvinisme qu'ils avoient entrépris de protéger, tendant à la Démocratie, ce n'estoit pas le moyen de conserver l'amitié des

Calvinistes, que de leur faire soupçonner que leurs Chefs n'eussent esté attirés dans leur party, que par l'esperance d'un pouvoir absolu. Il faloit donc sauver au moins l'apparence de la modération, en témoignant le contraire, & couvrir l'inconstance toute visible de ce procedé, d'un prétexte si plausible, que s'il n'étoit suffisant pour éblouïr le Triumvirat, il le fût au moins pour retenir les Calvinistes : Et ce fut là le motif de la réplique du Prince du Condé à la Régente. Elle contenoit que les Calvinistes ne pouvoient accepter l'offre du Triumvirat, parce qu'elle estoit manifestement captieuse : Que les Calvinistes ne seroient pas plus en sureté, si les Triumvirs restoient dans le Royaume, que s'ils demeuroient à la Cour : Que quand le Duc de Guise seroit rélegué dans son Gouvernement de Dauphiné, la Maison de Guise, & le Maréchal de Brissac, ne laisseroient pas de poursuivre leurs ambitieux projets : Et que l'on devoit attendre la même chose des amis du Connétable, & du Maréchal de Saint André, aprés que pour tromper le public, ils se seroient retirés l'un & l'autre dans leurs Gouvernemens : Que ce feint éloignement ne suffisoit pas pour des gens qui s'estoient emparés de l'autorité souveraine, & qui ne travailloient plus en sécret, mais ouvertement à la ruine de la Maison Royale : qui introduisoient auprés du jeune Roy, des personnes dont l'unique fonction estoit de rafiner sur les vices, & qui menaçoient déja la Régente, de la reléguer dans sa Maison de Chenonceaux : Que les seules mesu-

1562.

Dans la réplique du Prince à la Ré-

res qu'il y avoit à prendre contre une si grande ambition, consistoient à chasser entiérement les Triumvirs du Royaume, & à les en chasser de sorte, qu'ils perdissent l'esperance d'y révenir, en se faisant rappeller par l'intrigue de ceux qu'ils auroient laissés à la Cour, pour y travailler durant leur absence.

Le Triumvirat ravy que ses aversaires se fussent donné le tort, au jugement de toutes les personnes éclairés ne s'amusa plus à écrires, & se mit en Campagne.

Le Prince de Condé craignant de perdre sa réputation s'il demeuroit enfermé dans Orleans, en sortit ; & la Régente persuadée qu'on en viendroit bien-tôt à une bataille, & que les vainqueurs disposeroient à leur gré des affaires, n'oublia rien de ce qu'elle jugeoit capable d'adoucir les esprits, avant qu'une si sanglante extrémité eût achevé de les rendre irréconciliables. Elle ménagea les Triumvirs avec tant d'adresse, qu'ils luy rémirent leurs intérês ; & ne doutant point que le Prince n'en fît de même, aprés la promesse qu'il luy en avoit tant de fois réiterée, elle luy envoya demander une entrevûë à Touri, pour le premier jour de Juin. Le Prince ne l'osa réfuser, quoy que son conseil n'en fût pas d'avis : Et elle avoit si finement éludé toutes les défaites qu'il eût pû trouver à dessein de s'en exempter, qu'il luy eut esté bien difficile de le faire.

Elle offroit de ne mener avec elle que le Roy de Navarre, & le nombre de gens que le Prince luy

LIVRE II.

marqueroit ; & elle confentoit qu'il en prit autant. Elle avoit même eu foin de marquer une diftance d'environ huit cens pas entre les deux Troupes, qui ne devoient eftre que de trente-fix Cavaliers chacune, de peur que la proximité ne leur fit naître l'occafion de s'attaquer. Mais la précaution fut inutile, & les François des deux partis ne furent jamais plus fages que dans cette conjoncture, qui paroiffoit affés délicate.

Aprés que la Régente, & les deux prémiers Princes du Sang eurent commencé leur entretien, les deux Troupes approchérent infenfiblement l'une de l'autre ; & appercevans de l'autre côté leurs fréres, leurs parens, & leurs amis, elles coururent s'embraffer. Ils plaignirent le malheur qui les avoit engagés dans des partis contraires ; & quoy qu'ils fuffent prêts de fe battre au prémier figne de leurs Chefs, ils fufpendirent durant la Conférence, les mouvemens que le véritable, & le faux zéle de la Religion infpirent également dans l'ame.

La Régente & le Roy de Navarre d'un côté, le Prince Condé, & Soubife de l'autre, retirés dans une Cappelle, y parlerent d'affaires ; & la Régente commença par l'inftance qu'elle fit au Prince, d'éxécuter la promeffe qu'il luy avoit tant de fois renouvelée, en préfence de Soubife, de pofer les armes au prémier ordre qu'il en recevroit de fa Majefté. Le Prince qui ne pouvoit le nier, l'éluda par une fubtile défaite. Il répondit, que lors qu'il avoit donné fa parole à la Reine, il n'eftoit que particulier, mais que

1562.

Dans la Conference de Touri.

depuis environ deux mois, estant devenu personne publique, par l'honneur que luy avoient fait ceux de sa Religion, de l'elire pour Général, il n'estoit plus en son pouvoir d'accorder une chose, où ils avoient pour le moins autant d'interest que luy. La Régente eût pû répliquer, que lors que le Prince luy avoit promis, il estoit libre, & que par conséquent, il n'avoit pû depuis s'engager à rien d'incompatible avec sa promesse, en acceptant le Généralat des Calvinistes, mais elle reconnut assés à l'air dont il s'estoit expliqué, qu'il aimoit mieux manquer à sa parole, que de renoncer au commandement. Elle luy demanda donc, pour ménager le tems, à quelles conditions ceux de son party consentiroient de désarmer. Il répondit qu'ils désarmeroient, pourveu que les Triumvirs, & ceux de leur cabale sortissent du Royaume, & qu'on observât exactement l'Edit de Janvier, & il ajoûta, pour ne pas abuser de l'honneur que Sa Majesté luy faisoit de s'entretenir avec luy, que les Calvinistes estoient résolus de ne se relâcher ny en l'un ny en l'autre de ces deux points.

La Régente, & le Roy de Navarre, estoient également d'avis de retenir à la Cour les Triumvirs, & de modifier l'Edit de Janvier, parce qu'ils n'eussent pû faire autrement, quand ils l'eussent voulu : cependant, il ne fut que trop aisé de remarquer dans leur refus, la différence, & même les contrariétés des mouvemens dont ils étoient agités.

La Régente, de qui l'interest consistoit à ne pas aigrir les esprits, & à tenir en balance les factions,

repartit

repartit doucement, qu'elle avoit bien du déplaisir que l'honneur, & la juſtice, ne luy permiſſent pas de bannir ſans forme de procés, les premiers Officiers du Royaume, durant une minorité ; & que tout le Clergé, tout le peuple, & plus de la moitié de la Nobleſſe, s'eſtant expliqués de ne vouloir plus en aucune maniere ſouffrir l'exercice de la Religion Calviniſte, & s'eſtant mêmes armés, & mis en campagne pour cet unique ſujet, il n'y avoit pas d'apparence de les choquer, à moins que de mettre un obſtacle inſurmontable à la Paix.

1562.

Le Roy de Navarre au contraire, réſolu d'éfacer le ſoupçon que ſa conduite paſſée avoit donné de ſon inclination pour le Calviniſme, ſe jetta dans l'autre extrémité, & traita ſon frere avec autant de dureté, que ſi la diverſité de Religion eût arraché de ſon ame tous les ſentimens de la nature : Il le ſaluä froidement : il luy parla comme à un étranger, dont il ſe défioit ; Toutes les réponſes qu'il luy fit, furent mêlées de reproches ; & il ajoûta pour l'irriter davantage, qu'encore que les Triumvirs, & l'éxécution de l'Edit de Janvier puſſent s'accorder, ſans que la France demeurât expoſée à la révolution que la Régente avoit ſagement prévûë, il s'y oppoſeroit neantmoins de toute ſa force, & autant que ſa qualité de premier Prince du Sang, & ſa Lieutenance générale luy donnoient d'autorité, pour empêcher que les trois meilleurs ſujets du Roy, & les plus grands Capitaines de l'Europe, ne fuſſent ſacrifiés au caprice d'une aſſemblée tumultueuſe de libertins, qui aprés avoir aban-

Tome I.   B b

1562.

donné le culte de Dieu, & s'eftre révoltés contre leur Prince, prenoient défroyables mefures, pour faire dégénerer la Monarchie, en Démocratie.

La Régente craignant que l'emportement des deux fréres ne paffât trop loin, rompit la Conférence, & fit connoiftre, en fe retirant fans rien conclure, que les entrevûës des Grands, ne fervent qu'à augmenter les paffions, en aigriffant les efprits.

ARGUMENT
du troisiéme Livre.

LA Régente recherche une Conférence nouvelle avec le Prince de Condé, & n'y réüssit pas mieux qu'auparavant. Les Triumvirs reprennent facilement les Villes sur la Loire, à la réserve d'Orleans, & deviennent les Maîtres dans les Provinces, par deux fautes considerables des Calvinistes. L'une, qu'ils brûlent les Ossemens de S. Martin à Tours: L'autre, qu'ils déterrent le corps de Iean Comte d'Angoulême, trisayeul paternel du Roy, pour convertir en bales d'arquebuses la bierre de plomb où il étoit enfermé. La Cour va au siege de Bourges; & Yvoy-Genlis qui la défend, capitule sans y être contraint, nonobstant que l'Admiral de Châtillon eût enlevé toutes les munitions qui venoient aux Catholiques. Roüen se revolte, & Morvilliers y est envoyé pour les Calvinistes: il y donne des marques extraordinaires de valeur, & de prudence, en se défendant du Siege que le Duc d'Aumale y avoit mis; mais le dépit de voir que les Calvinistes traitent avec les Anglois, l'oblige à se retirer dans sa maison, où on le laisse vivre en homme privé. Son exemple est suivy de plusieurs Gentilshommes Calvinistes, & affoiblit d'autant, leur party. Des Adrets prétend au Gouvernement de Lion, & ne peut l'obtenir: Il fait des choses prodigieuses contre les Catholiques, jusqu'à ce que sa vengeance soit satisfaite; mais ensuite son extrême valeur se r'alentit. Il laiſſe perdre Ciſteron, d'où Mouvans, avec mille Soldats, & trois mille bouches inutiles, fait une des plus belles retraites qui ſoit dans l'Hiſtoire. La Régente abandonne au Duc de Savoye les meilleures Places du Piémont, dans le deſſein qu'elle a de s'aſſurer une retraite, en cas qu'elle ſoit pouſſée hors du Royaume. La Ville de Toulouſe ſe maintient Catholique, aprés un combat entre ſes murailles, qui dure quatre jours.

CHARLES X.

LIVRE TROISIE'ME.

OV L'ON VOIT LES CHOSES les plus memorables arrivées sous son Regne, durant le reste de l'année 1562.

1562.

AU retour de la Conférence de Touri, le Prince de Condé mena son Armée contre celle du Duc de Guise, du Connétable, & du Maréchal de Saint-André, à dessein de la combattre. Elle étoit moins nombreuse que la leur; mais en recompense, elle estoit beaucoup plus aguerrie, parce que la plûpart des Soldats qui avoient servy en Italie sous le Maréchal de Brissac, s'y estoient jettés, soit qu'ils eussent apris le Calvinisme en passant, & repassant par les Valées des Alpes qui en estoient infectées, ou que l'Hérésie ne servit que de prétexte, pour couvrir leur haine contre le Connétable,

B b iij

1562.

a Antoine d'Aure, dit de Grammont, marié avec Héléne de Clermont, Dame de Toulonjour, sœur uterine de François de Vendome Vidame de Chartres.

Brantome dans l'Eloge du Vidame.

b François III. du nom, Comte de la Rochefoulcaut, marié avec Charlotte de Roye sœur d'Eleonore de Roye, Princesse de Condé.

c René II. du nom, Vicomte de Rohan, marié avec Caterine de Partenai, fille unique de Jean l'Archevêque, Seigneur de Soubise.

d Antoine de Croy.

e Charles de Hangest, Seigneur de Genlis, & Jean de Hangest, Seigneur d'Ivri

& le Maréchal de Saint-André, principaux auteurs de la Paix honteuse de Cateau Cambresis, pour laquelle on avoit rendu sans nécessité, le Piémont, le Montferrat, & les autres Conquêtes qu'on avoit fait en Italie.

Le Comte de ᵃ Grammont, y commandoit les Troupes Gasconnes, & cherchoit à venger la mort du Vidame de Chartres, son beau-frere, dont il croyoit que la Maison de Guise fût coupable, quoy que la vérité fût, que le Vidame n'avoit pû, ny voulu vivre, aprés l'inconstance d'une grande Dame, qui s'estoit lassée de l'aimer.

Le Comte de la ᵇ Rochefoucault estoit à la teste des Troupes de Xaintonge, & de Poitou, & s'estoit fait Calviniste, pour épouser la belle-sœur du Prince de Condé, qui ne luy avoit esté promise qu'à cette condition.

Le Vicomte ᶜ de Rhoan, menoit les Troupes du Languedoc, & du Dauphiné, qu'il avoit levées à la solicitation de Soubise, qui luy promettoit en mariage sa fille unique.

Le Prince ᵈ de Porcien conduisoit les Troupes de Champagne, aprés avoir contracté le Calvinisme à Genéve, où il avoit demeuré.

Les Troupes de Picardie obéissoient aux deux Genlis ᵉ fréres, qui croyoient estre intéressés à défendre le Calvinisme, parce que Calvin estoit fils d'un de leurs Domestiques, & qu'il estoit né dans leur maison.

Enfin, ᶠ Piennes estoit Chef des Troupes Bourguignones, & l'on supposoit qu'il n'avoit changé de Religion, que pour tirer par les armes, la réparation de l'injure faite à sa sœur par le Connétable, lors qu'il avoit rompu son mariage avec le Maréchal de Montrency, son fils aîné.

D'Andelot estoit Colonel de l'Infanterie Françoise, dont il avoit atiré les plus braves, sous les Enseignes des Calvinistes : Et l'Amiral, outre le Généralat de la Cavalerie, estoit le conseil, ou pour mieux dire, l'ame de son party.

Voilà les motifs qu'atribuoient aux principaux Officiers de l'Armée Calviniste, ceux qui jugeoient la Noblesse Françoise trop ignorente, pour se déterminer prudemment, & avec connoissance de cause, en matiére de Foy.

Comme les Ministres de ce party, se piquoient de rétablir l'Eglise dans la pureté où elle avoit esté du tems des Apôtres, ils retenoient les Soldats dans une modestie sans exemple, & dans une exactitude de discipline dont on n'eût jamais crû les François capables. Il y avoit un Ministre pour chaque Compagnie, qui n'y souffroit ny la licence, ny les blasphêmes si communs parmy les Catholiques; & c'estoit principalement à cette marque que l'on distinguoit les deux Camps. Dans celuy des Calvinistes, on prioit Dieu réguliérement ; la correction publique, ou particuliére, suivoit de prés la qualité des fautes, & leur estoit toûjours propprtionée. L'oisiveté & le luxe, en estoient également banis ; & si l'autorité du Maréchal de Brissac avoit esté assés grande dans son Armée, pour empécher qu'il ne s'y vuidât de querelle que par la douceur, les Ministres estoient alés au de-là, puis qu'ils avoient mê-

1562.

f *Charles d'Halvuins, Seigneur de Piennes, frère de Jeanne d'Halvuins, accordée avec François de Montmorency.*

me trouvé le secret de les prévenir. On n'y chantoit que les Pseaumes ; on n'y joüoit ny pour le divertissement, ny pour le gain. On n'y étaloit que les viandes grossieres, & absolument nécessaires ; & si les Vivandiers en apportoient d'autres, ils estoient sévérement punis. Les Filles débauchées ne s'y pouvoient ny garder, ny cacher, & aussi tôt que l'on en découvroit une, on obligeoit celuy qui l'entretenoit à l'épouser. Les Marchands & les Païsans y faisoient commerce en toute sureté ; & les Soldats ne s'écartoient jamais de leurs Enseignes pour aler à la picorée. Enfin durant la prémiere guere, l'Armée Calviniste ne fut soüillée que du crime public de Gabriel de Boulainvilliers, qui viola une vilageoise de Beausse. La Noüe, & les autres Calvinistes de bonne foy, demanderent qu'on le punît exemplairement ; mais le Prince de Condé, qui craignoit de commettre son pouvoir, en l'exerçant si tost sur un homme de qualité, luy pardonna : Et Dieu ne voulant pas que l'injure demeurât impunie, permit que le même Boulainvilliers fût pris, & conduit à Paris, où il eut la teste tranchée.

La Régente interessée à empécher les deux Armées de combattre, gagna Belle-ville, Agent du Prince, Gentilhomme pourvû de toutes les qualités necessaires à negocier ; mais qui ne s'estoit engagé dans le party Calviniste qu'à dessein d'y faire sa fortune, aprés l'avoir inutilement recherchée auprés des Catholiques. Comme il connoissoit mieux que les autres l'esprit du Prince, il le disposa insensiblement à une seconde entrevüe, sur l'offre qu'il luy fit de la part de la Regente, qu'elle accepteroit toutes les conditions qui luy seroient

LIVRE III.

roient imposées, & les feroit agréer aux Triumvirs, pourvû qu'il vint trouver la Cour à Talsi, où elle estoit alors.

Le Prince charmé d'une offre si agreable, qu'estoit celle de donner la loy à la Cour, & au Triumvirat, obtint des Calvinistes, quoy qu'avec peine, la permission d'aler conferer une seconde fois avec la Regente, en leur remontrant que cette seconde condécendance estoit necessaire, pour achever de mettre de leur côté tout le droit imaginable, puis que le monde seroit convaincu qu'il n'auroit rien negligé, non pas même la sureté de sa personne, pour faciliter l'accommodement.

Son conseil luy donna par écrit, les conditions qu'il se promettoit d'imposer à la Cour, sous pretexte de dresser un projet de reconciliation. Elles consistoient, en ce qu'à l'instant que le Prince partiroit de son camp, pour aler trouver la Regente, les Triumvirs partiroient aussi d'auprés d'elle, pour sortir incessamment du Royaume : Que le Prince Paroîtroit devant sa Majesté, en qualité d'hotage pour les Calvinistes ; & qu'ils obéyroient déformais à tous les ordres qu'ils recevroient de la Cour. Le projet fut accepté plus facilement que ceux qui l'avoient dressé ne s'imaginoient. On n'a pas bien penetré le veritable motif qui disposa les Triumvirs à un exil volontaire ; mais il est constant qu'ils partirent de la Cour, & se retirerent à Châteaudun.

Le Prince arrivant à Talsi, trouva Montluc, Evêque de Valence, avec lequel il avoit commerce de Lettres, nonobstant la rupture. Cet Evêque étoit uni-

Tome I.   Cc

1562.
En Vendomois.

Dans la Conference de Talsi.

quement dans les interefts de la Régente, & affés bon François, en tout ce qui pouvoit compatir avec cet atachement. Il n'avoit d'averfion ny pour les Calviniftes, ny pour les Triumvirs: mais il eut efté ravy que la retraite des uns & des autres eut laiffé la Régente feule, & par conféquent abfoluë dans le gouvernement. Il fe propofa dans cette vûë un deffein, qui tout hardy & extravagant qu'il eftoit, fe trouva neanmoins pris fur de fi juftes mefures, qu'il eût infailliblement réüffi, s'il n'eût efté traverfé par un événement imprévû. Ce fut de perfuader au Prince de Condé d'offrir à la Régente de fe bannir du Royaume, avec les principaux de fon party, pourvû que les Triumvirs, & les plus confidérables de leur faction fiffent de même. Les raifons employées pour y parvenir, furent de deux fortes. Les premiéres, fe fondoient fur l'honneur du Prince, qui ne manqueroit jamais d'eftre noircy de la tache honteufe, ou au moins du foupçon de rebellion, fi les peuples n'eftoient convaincus par une action éclatante, qu'il n'avoit rien oublié pour éviter la guerre civile, & qu'il s'eftoit même voulu bannir de fa patrie avec fes amis, pour ce fujet. Les fecondes eftoient tirées de l'intereft de ce Prince, qui réduifoit par là, les Triumvirs à deux extrémités inévitables, car s'ils acceptoient l'offre, ils eftoient affurés de ne retourner jamais en France, ce que le Prince n'avoit point à craindre, puis qu'il eftoit de la Maifon Royale, & s'ils le refufoient, ils atireroient fur eux mêmes l'envie qu'ils tâchoient de rejetter fur les Calviniftes.

Le Prince eftoit tellement attentif à ce qu'il y avoit d'héroïque dans l'action qu'on luy propofoit, qu'il ne remarqua pas affés les inconvéniens à quoy elle eſtoit ſujete. Il eut un long entretien avec la Régente, & les civilités de cette Princeſſe ayant achevé d'adoucir ce qu'il y avoit de rude dans ſon humeur, il luy fit l'offre dont il eſtoit convenu avec l'Evêque de Valence. La Reine, aprés luy avoir donné plus de Loüanges qu'il n'en eût merité, quand même il eût exécuté ce qu'il promettoit, n'oublia pas de le prendre au mot ; & le Prince en écrivit aux plus conſiderables de ſon party, comme d'une choſe réſoluë. Il les ſurprit d'autant plus, qu'il s'y attendoient moins ; & le peu d'apparence qu'ils virent à le déſavoüer, parce que le pouvoir qu'ils luy avoient donné, eſtoit ſans limite, les obligea d'avoir recours à des voyes extraordinaires, pour ſe diſpenſer de ce qu'ils ne vouloient point obſerver. Ils alérent trouver le Prince, & le firent aiſément revenir à leur avis, en le priant de remarquer, que s'il ſortoit du Royaume, il abandonneroit ce qui reſteroit de Calviniſtes à la diſcretion des Catholiques zélés, qui les voyans ſans Chef, & ſans ſupport, conviendroient de les exterminer en même tems, par toutes les Provinces.

Le Prince reconnu de bonne foy qu'il avoit eſté ſurpris, & comme il ne cherchoit qu'à ſe dégager, il mena ſes amis à la Reine, & cette habille Princeſſe ſe doutant du véritable motif qui les menoit, ſe mit en devoir de prévenir les plaintes qu'elle ſuppoſoit qu'ils luy venoient faire ; elle les traita de libérateurs, & les remercia d'avoir empêché les Triumvirs de la ſupplanter. Elle ajoûta auſſi, que le Roy ſon fils leur eſtoit redevable de la conſervation de ſa Couronne : Et ſei-

1562.

gnant de croire que le Prince se fût engagé de concert avec eux, elle les conjura de perséverer dans le dessein généreux de sacrifier leur satisfaction à la tranquilité de leur partie. Le Prince repartit d'un ton de voix qui marquoit assés qu'il n'estoit plus le même qu'il avoit esté le jour précédent, qu'il ne pouvoit, sans préjudicier à sa qualité de Prince du Sang, entrer en comparaison avec trois hommes qui n'estoient considerables, que par le seul honneur qu'ils avoient d'estre Officiers de la Couronne ; & que ce seroit les trop honorer que de se soûmettre au même exil.

Dans la Lettre interceptée du Duc de Guise en 1562.

La Régente évita le discours de la compétence, où elle voyoit bien que bien que le Prince n'estoit entré que pour couvrir sa faute ; elle aima mieux luy demander d'où venoit un si prompt changement, & le Prince en dit deux raisons, dont il avoit inventé la prémiére, & son conseil luy avoit suggéré la seconde. Il supposa que le dessein des Triumvirs estoit de s'arrester à Châteaudun, qui n'estoit qu'à cinq lieuës de Talsi, parce qu'ils n'en estoient point party le jour précédent, pour continuer leur route : Et il montra une Lettre du Duc de Guise, au Cardinal de Lorraine, qu'il prétendoit avoir esté interceptée, dont les termes obscurs ne laissoient pas de faire connoistre qu'il y avoit une grande conspiration prête d'éclater : car on y parloit d'une révolution prochaine, & de la ruine entiére de ceux qui pensoient avoir le dessus. Le Prince y fit des commentaires satiriques, & conclut en pressant la Regente de se déclarer pour son party, maintenant qu'elle le pouvoit, sans craindre le Triumvirat ; & qu'il avoit une Armée en estat de la secourir, & de l'escorter jusqu'à Orleans, où elle gouverneroit seule.

La Reine qui n'avoit plus rien à ménager avec des gens qu'elle prévoyoit la devoir traiter d'ennemie, au sortir de la Conférence, repartit au Prince, qu'elle hasarderoit trop à suivre le conseil des Calvinistes: Que leur party estoit sans comparaison plus foible que les Catholiques; & qu'ils ne devoient pas trouver étrange, que l'on usât en France à leur égard, d'une rigueur semblable à celle dont ils avoient usé en Suisse: que l'on comptât exactement dans chaque lieu du Royaume, toutes les personnes de l'une & de l'autre Religion, & que quand il ne se rencontreroit qu'un seul homme de plus en l'une qu'en l'autre, tous ceux du lieu fussent obligés à suivre la Religion où seroit cet homme. Le Prince repartit, que si sa Majesté le prenoit par là, & mesuroit une action qui s'estoit passée en Suisse de gré à gré, à une autre de même nature, qui ne pouvoit estre pratiquée en France, qu'à la derniere extrémité, elle ne devoit point aussi s'estonner, si tous ceux qu'elle voyoit devant elle, aloient répandre jusqu'à la derniere goute de leur sang, pour maintenir la pureté de l'Evangile.

L'Armée Calviniste murmuroit cependant des Conférences du Prince avec la Régente. Elle soupçonnoit cette Princesse de s'entendre avec les Triumvirs, & d'employer tous ses artifices pour arrester la premiere impétuosité de tant de braves & d'expérimentés soldats résolus de mourir, ou d'obtenir une entiere liberté de conscience, jusqu'à ce que les Troupes d'Italie & d'Espagne estant arrivées au secours du party Catholique, ils succombassent sous la multitude de leurs ennemis:

1562.

Et le Prince, pour rétablir parmy les siens la réputation que son engagement de parole avec la Reine avoit diminué, ne trouva point de meilleur expédient que de leur proposer d'enlever la nuit suivante l'Armée Catholique.

L'occasion n'en pouvoit estre plus favorable, parce que les Triumvirs qui estoient l'ame de cette Armée, en estoient absens; & quoy que le Roy de Navarre y fût resté, son autorité n'estoit pas assés grande pour mettre en action dans une attaque imprévûë, des gens qui ne servoient pas tant le Roy, que les Triumvirs. La Cavalerie avoit élargi ses quartiers dans les Bourgs & dans les Vilages voisins. Ce qui donnoit lieu de défaire l'Infanterie avant qu'elle pût venir à son secours. Toute la précaution qu'il y avoit à prendre, consistoit à marcher la nuit pour éviter d'estre découvert par les batteurs d'estrades, ou par la Cavalerie légére: Et les Calvinistes aprés avoir mis des chemises sur leurs armes, pour se reconnoistre, partirent de la Ferté Allais à la brune, avec autant de diligence, que de gayeté.

L'Amiral menoit l'Avant-garde, avec huit cens Lances destinées à surmonter les obstacles qui pourroient traverser la premiere attaque, Et d'Andelot la devoit commencer avec douze cens mousquetaires choisis qui avoient tous le morion doré en teste. Le reste de l'Infanterie que les Rôles des Calvinistes faisoient monter à plus de huit mille huit cens hommes avoient ordre de donner teste baissée droit à l'Artillerie Catholique & de s'en saisir; Et le Prince s'estoit reservé l'Arriere-garde de mille Lances, & la Cavalerie légere, pour

Dans la Relation de la marche des Calvinistes pour Talsi.

le secours de ceux qui en auroient besoin. On ajoûte que c'estoit pour faire un dernier éfort & pour détourner les Catholiques de se rallier par la crainte d'estre accablés par un si grand corps de Cavalerie qui n'auroit point encore combatu, & pour tailler en pieces les fuyars, à mesure qu'ils sortiroient de leur camp.

1562.

L'entreprise ne pouvoit estre concertée avec plus de régularité, & rien n'eût empêché la défaite de l'Armée Catholique, si Dieu qui prévoïoit peut être que de la conservation de cette Armée dépendoit celle de l'ancienne Religion en France, ne l'eût préservée du danger qui la manaçoit en permettant que les guides de l'Armée Calviniste l'égarassent de sorte, qu'aprés avoir marché toute la nuit dans un silence merveilleux & sans prendre haleine, elle ne se trouva au point du jour qu'à une lieuë de la Ferté Allais, d'où elle étoit partie. Les Calvinistes furent à l'instant découverts par la Garde avancée de Danville qui commandoit le quartier le plus proche d'eux : Et Danville, ayant fait tirer le coup de canon qui devoit servir de signal pour rappeller la Cavalerie Catholique, elle revint si promtement, que l'Amiral l'eût trouvé disposée à le bien recevoir, s'il eût poursuivy sa marche : mais le Prince luy manda de faire halte ; & les deux Armées ennemies s'estant depuis rencontrés deux jours de suite en présence l'une de l'autre, n'oserent en venir aux mains, soit qu'elles se fussent intimidées, ou que le jour fatal, où se devoit donner le plus rude & le plus obstiné combat du siecle passé, ne fut point encore venu.

Le Prince alla forcer Boisgency, & les Triumvirs,

Blois d'où la Bourgeoifie Calvinifte avoit chaffé la Catholique. La néceffité d'un exemple févere, qui retint dans le devoir les autres Villes qui voudroient fe déclarer pour les Calviniftes obligea les Catholiques de ne pardonner qu'aux enfans, & d'arquebufer même une femme qui n'avoit pû eftre noyée dans la riviere, quoy qu'on l'y eût jettée piés & mains liez.

Mais rien n'eft fi capable de porter l'humeur Françoife à d'éfroyables extrémités qu'un traitement trop rigoureux. Les Calviniftes de Tours, irrités plus qu'étonnés du carnage de leurs fréres, fe faifirent de leur Ville, & ne prévoyant ny la haïne qu'ils aloient attirer à leur party, ny l'obftacle invincible qu'ils mettroient à leur réconciliation avec les Catholiques, profanerent le Tombeau de Saint Martin, & brûlerent fes Reliques. Un facrilege de cette nature, à l'égard du plus grand Sant de l'Occident, & du plus précieux tréfor que la France fe vantât de poffeder, fit que les Calviniftes ne furent plus déformais regardés que comme des perfonnes abominables, & que ceux qui les avoient auparavant ménagés ne garderent plus aucune mefure à les punir. Béze même fi habile à déguifer les mauvaifes actions de fon party, par défefpoir d'excufer celle-cy, la paffe fous filence.

Le Parlement de Paris donna un Arreft qui permettoit indifferemment à tous de prendre les armes, de fonner le toxin, & d'attaquer par toutes voyes & d'exterminer les Calviniftes, comme autant de peftes publiques fans refpecter la qualité, l'âge & le fexe, de les affaillir dans leurs maifons, d'y faire main-baffe, de les piller, & d'y mettre le feu. L'Arreft publié dans
les

les Paroisses n'apporta guéres moins de préjudice aux Catholiques, qu'aux Calvinistes par le prétexte qu'il donna à tous les séditieux d'en estre les exécuteurs, & d'attenter sur la vie des plus gens de bien, en leur faisant accroire qu'ils estoient Calvinistes. Cette sorte de gens profiterent de l'occasion qui leur estoit offerte de vivre impunément dans le desordre. Ils se mirent à la teste des Païsans Catholiques extraordinairement animés de ce qu'on défiguroit leurs Images ; & quoy qu'ils ne se missent point en peine du fond de la Religion, ils ne laisserent pas de commettre ces horribles excés contre les prétendus martirs du Calvinisme, dont on fit des Livres entiers enrichis de Figures pour exciter leurs fréres à la vengeance.

Le Ministre de Ligueil fut brûlé à petit feu aprés avoir eu les yeux crevés. Les innocens perirent avec les coupables à Loches, à l'Isle-Bouchard, à Comeri, & à Chinon. On inventa de nouveau supplices pour punir les Calvinistes de Vendôme à cause que les plus emportés d'entr'eux avoient foüillé dans les Sepulchres des Ancestres du Roy de Navarre : Et le fameux Poëte Ronsard Gentilhomme du Païs, qui lassé de la Cour & de vivre peu accommodé dans sa maison avoit accepté la Cure d'Evailles, reprit les armes qu'il avoit autrefois portées en Ecosse & en Angleterre. Il s'en excusa depuis, en disant agreablement que n'ayant pû défendre ses Parroissiens avec la Clef de Saint Pierre, que les Calvinistes ne respectoient ny ne craignoient, il avoit pris l'Epée de Saint Paul, & se mettant à la teste de sa Noblesse voisine, avoit garanty du pillage son Eglise & sa Paroisse. De là vinrent l'éfroyable satire que Florent Crétien alors paſſionné Calviniſte & Precepteur du Prince de Navarre écrivit ſous le nom du Miniſtre de la Baronie contre le même Ronſard ; & la réponſe de celuy-cy où il montra que l'indignation eſtoit capable de luy faire compoſer de plus beaux Vers encore que la nature, quoy que ſon genie fût incomparable pour la Poëſie.

Les deux pieces ſont imprimées.

Les Calviniſtes ainſi pourſuivis ne trouvoient de ſalut qu'à ſe retirer dans les meilleures Villes ; & leur adreſſe les rendit maîtres d'Angers, ſans qu'il en coûta la vie à perſonne. Le Duc de Montpenſier Gouverneur, en eſtoit abſent, & n'avoit laiſſé que peu de Soldats dans le Château ſous un Gentilhomme nommé la Faucillé qui y commandoit. Celuy-cy eſtoit Catholique mais Beauchefne ſon fils, s'eſtoit déclaré Calviniſte, & enſeigna à Mebretin & à la Nobleſſe Angevine de ſon party un moyen d'entrer dans la Ville, & de s'en ſaiſir en commençant par le côté qui s'appelle la Cité. La Faucille fut laiſſée paiſible dans le Château, ſoit que ſon fils ne l'en oſât chaſſer, ou qu'il fût bien aiſe que la maxime politique fût déja pratiquée en France, qui conſeilloit à ceux d'une même Maiſon de ſe diviſer en paſſant dans les deux partis contraires, & de s'y faire conſiderer autant qu'il ſeroit poſſible, afin que celuy qui ſe rencontreroit par hazard entre les vainqueurs, ſauvât la vie de ſon pere, de ſon fils, de ſon frere ou de ſon ami, qui auroit le malheur de ſuccomber avec les vaincus.

La faute de laiſſer le Château d'Anger en des mains Catholiques ne fut ny la ſeule ny la plus importante que commirent les Calviniſtes, après avoir ſupris la

LIVRE III.

Ville. Ils y en ajoûterent bien-tôt une seconde en renversant l'ordre que ceux qui avoient surpris la place jugeoient necessaire, pour conserver leur conqueste. Beauchêne avoit cedé le commendement à Mebretin, qui en usoit avec tant de moderation que les Catholiques s'accoûtumoient insensiblement à le souffrir, lors que le Prince de Condé envoya Soucelles en qualité de Lieutenant dans Angers. Soucelles avoit toutes les qualités necessaires pour s'en acquiter dignement; & comme personne ne s'estoit plus hasardé que luy pour le Calvinisme, personne aussi ne meritoit mieux qu'on luy confiât une Place de l'importance d'Angers. Mais il n'estoit pas tant estimé dans son païs qu'ailleurs; & quoy qu'il fût capable de garder fidellement une Place de quelque importance qu'elle fût dans toute autre Province, il eut le malheur neanmoins de perdre celle où il estoit né. Il n'estoit que simple Gentilhomme, & il n'avoit pas même sçû le projet de surprendre Angers, bien loin d'y avoir contribué. Ces deux raisons suffirent pour empécher Mebretin de luy ceder le commandement, & pour détourner la Noblesse Calviniste de luy obéir : Mais le zele de la Religion qui eût trop souffert si le désordre eût éclaté, fit trouver cet expédient que Soucelles exerceroit sa commission, & que Mebretin iroit dans l'Armée du Prince de Condé avec les Gentils-hommes qui luy avoient aidé à surprendre Angers.

Soucelles reduit à garder la Ville avec la Bourgeoisie Calviniste, ne démeura pas long-tems sans estre chassé. Le Duc de Montpensier attentif aux occasions de la recouvrer en donna l'ordre à Pui Gaillard Capitai-

1562.

taine Gascon, qui se coulant sans bruit le long de la Loire trouva moyen de la passer à la brune avec des Troupes choisies, une lieuë au dessous du Pont de Cée occupé par les Calvinistes, sans en estre perçû. Ainsi il entra avec la même diligence dans le Château d'Angers où la Faucille le reçût, quoy que les Calvinistes prétendent qu'il eût promis le contraire : Et donnant à minuit sur le Corps de garde des Bourgeois qu'il trouva la plûpart endormis, reprit Angers aussi promptement & par la même voye qu'il avoit esté perdu.

Ce succés donna courage aux Triumvirs de faire sommer Tours, Chinon & Châtelleraut en même tems au commencement de Juillet 1562. sur l'avis certain que le Prince n'avoit pû jetter que mille Soldats dans ces trois importantes Places. Et de fait, la Bourgeoisie Calviniste qui y estoit demeurée la plus forte, craignant d'estre pillée, & jugeant que le Prince la méprisoit par le peu de secours qu'il luy avoit envoyé, n'atendit pas d'estre assiegée pour capituler.

Les sçavans en l'Art militaire remarquerent icy la bizarrerie des guerres civiles en ce que le Prince de Condé & l'Amiral de Châtillon avoient supposé que le meilleur, & peut-estre l'unique moyen de rendre leur party supérieur au Catholique, consistoit à surprendre d'abord & tout d'un coup les principales Villes du Royaume ; parce que les Triumvirs attaqués en tant d'endroits, & incapables de remédier assés tôt à tant de disgraces, perdroient le jugement & cesseroient de tenir la campagne, pour distribuer leur Armée dans ce qui leur resteroit de Places pour les conserver. Cependant cette raison fut la cause de l'affoiblissement des

LIVRE III.

Calviniſtes, en ce que le Prince n'envoyant dans les Villes ſurpriſes que la dixiéme partie des gens de guerre néceſſaires à leur défenſe, perdit ſa réputation, & fit voir ſa foibleſſe en un tems où il eſtoit important de la cacher, & encouragea ſes ennemis à récouvrer ce qu'ils venoient de perdre. La facilité qu'ils y trouverent, leur oſta la penſée d'abandoñer la campagne aux Calviniſtes.

1562.

Les Soldats de ce party ſortis de Tours, de Chinon & de Châtelleraut, ſe joignirent ſur la route de Poitiers, mais ils furent taillés en pieces par Villars, beaufrére du Connétable. Le Miniſtre Jean de Tournai fut le premier des quatorze de la Conférence de Poiſſi qui mourut alors pour confirmer la Doctrine qu'il y avoit profeſſée. On offrit de luy ſauver la vie s'il vouloit changer de Religion, & prendre l'Habit d'Auguſtin qu'il avoit quitté. Il refuſa l'un & l'autre avec la même obſtination; & ſon âge de ſoixante & quinze ans ne l'empécha pas d'eſtre mis entre les mains d'un Boureau qui le lia & le noya dans la riviere du Clain.

La Garniſon du Mans, qui deſeſperoit d'obtenir le pardon des profanations des Egliſes & de tout ce qui ſervoit à la Religion Catholique, évita par une prompte retraite dans l'Armée du Prince, la punition dont elle eſtoit ménacée.

D'un autre côté le Duc de Guiſe apercevant que la Ducheſſe de Ferrare ſa belle-mére avoit fait de la Ville de Montargis un azile générale pour les Calviniſtes, y voulut aporter de la modération, ſous prétexte d'empécher que la libéralité de cette Princeſſe ne luy fût nuiſible, & qu'il ne prît envie à ceux qu'elle logeoit avec tant de charité, de la déloger, en s'emparant de sa Ville & de son Château. Il y envoya de son chef Malicorne avec des Troupes, qui furent receuës dans Montargis sur une simple Lettre du Duc: Mais lors que Malicorne, aprés s'estre assuré de la Ville, voulut encore entrer plus fort dans le Château, La Duchesse s'y opposa: & Malicorne qui s'estoit trop avancé pour reculer, fit approcher l'Artillerie. La Duchesse, par un de ces transports de dépit & de courage qui s'excitent dans l'ame des personnes de la plus haute qualité au moment qu'elles se sentent méprisées en public par des gens beaucoup inferieurs, avertit Malicorne d'examiner encore une fois ce qu'il aloit faire. Elle ajoûta qu'il devoit sçavoir que les Filles de France ne déféroient qu'aux ordres qu'elles recevoient immédiatement du Roy, & que cependant celuy qu'il luy avoit apporté n'estoit que de son gendre: Que s'il insistoit à battre la Place, elle étoit résoluë de s'exposer à la premiere volée de canon, & d'éprouver s'il seroit assés téméraire pour ne point épargner la Fille de Loüis XII. assurée en tout cas, qu'il se trouveroit assés de personnes pour vanger sa mort, non seulement sur ceux qui s'en rendroient coupables, mais encore sur leurs parens & sur leur posterité.

Malicorne plus étonné de l'air dont la Duchesse avoit parlé, que de ce qu'elle avoit dit, délibéra sur ce qu'il avoit à faire. Il sçavoit d'un côté que cette Princesse n'avoit pas moins contribué à la naissance & au progrés de l'Hérésie que Calvin même; puis qu'elle luy avoit donné retraite aprés son évasion de France,

& que c'eſtoit chés elle à Ferrare qu'il avoit compoſé les Livres de ſon Inſtitution : Qu'elle s'eſtoit broüillée avec ſon mari le plus doux des hommes par ſon obſtination à ſuivre les égaremens de cet Héréſiarque ; & que c'étoit pour les ſoûtenir avec la liberté qui luy étoit déniée à Ferrare, qu'elle étoit retournée en France. Mais il conſideroit de l'autre côté que la même Princeſſe poſſedoit toutes les qualités de l'eſprit, capables de la conſoler de ce qu'elle étoit privée de celle du corps : Que perſonne ne la ſurpaſſoit dans les connoiſſances les plus profondes de la Philoſophie, des Matématiques & de l'Aſtrologie : que ſon courage étoit à l'épreuve des choſes les plus terribles ; & que ſi elle eût eſté d'un autre ſexe, la France n'eût jamais eu de Monarque plus digne de commander. Elle s'eſtoit inſinüée dans l'amitié des François en uſant d'une prodigieuſe liberalité à l'égard des Soldats malades & ſans argent, qui paſſoient par Ferrare. Elle n'avoit point d'autre retraite que le Château de Montargis : Elle y continüoit ſes charités ; & le Duc de Guiſe qui pretendoit empêcher les Calviniſtes de s'en ſaiſir, eût eſté fâché qu'il en eût coûté la vie à ſa belle-mere. Ces dernieres raiſons l'emporterent ſur les premieres, & Malicorne laiſſa la Ducheſſe en liberté de diſpoſer de ſon Château, où elle ne fut depuis inquietée ni par l'un par l'autre parti.

 La commiſſion donnée en même temps au Duc d'Aumale, de bloquer la Ville de Roüen, ne fut pas plus regulierement exécutée. Les Calviniſtes maîtres de la Ville y avoient fait entrer quatre mil cinq cens vieux Soldats, mais ils manquoient de Cavalerie &

1562.

1562.

Tans la Lettre de la Régente au Duc de

de Chef. Le Prince de Condé qui n'osoit y conduire son Armée de peur que les Triumvirs ne profitassent de son éloignement pour assieger Orleans, en donna le Gouvernement à Loüis de Lanoi Morvillier, & lui commanda d'y mener trois cens Chevaux choisis. Morvillier étoit homme de qualité & d'experience ; & quoy qu'il fût Picard, on le tenoit le plus propre des Calvinistes à se faire obéïr par les Normands. Il cachoit sous une douceur apparente l'extréme exactitude dont il se piquoit ; & il n'avoit recours à l'autorité, qu'aprés avoir inutilement employé les prieres. Il ne portoit jamais aucune marque qui le distinguât de ceux qui servoient sous luy, & il se plaisoit à les traiter d'égaux par tout où il ne s'agissoit pas de leur commander. Comme il n'estoit pas en estat de forcer les Troupes du Duc d'Aumale il feignit d'aller au Havre de grace, dont la Ferriere, Vidame de Chartres, & Beauvais la Nocle s'étoient emparés pour les Calvinistes : Et pour mieux tromper ses ennemis, il commença par donner le change à ceux de son parti. Il traversa le Païs Chartrin, & arriva au Ponteau de mer où il s'arrêta pour jetter les Catholiques & les Calvinistes dans une égale incertitude, s'il vouloit entrer dans Roüen ou dans le Havre. Le Duc d'Aumale se figura d'abord que c'estoit dans Roüen ; & comme les Troupes qui bloquoient cette grande Ville, n'étoient point assés nombreuses pour empécher Morvillier d'y entrer en se glissant durant la nuit au travers des Quartiers trop éloignés les uns des autres, il crût qu'il valoit mieux lever le blocus, & se saisir du défilé de la Boüille, où six cens hommes suffiroient

pour

LIVRE III.

1562.

pour empêcher de passer une Armée entière.

Morvillier n'eut pas plûtôt apris le prémier succés de son stratagême, qu'il changea de conduite. Il témoigna du chagrin de ce que le Duc d'Aumale avoit occupé le seul endroit par où il pouvoit entrer dans Roüen, & fit semblant de changer le dessein d'y aler en celuy de passer au Havre. Il descendit jusqu'à Homfleur où les Calvinistes s'étoient trouvés les plus forts, & il embarqua sa Cavalerie sur des bateaux qui servoient au transport des marchandises de cette Ville dans celle du Havre, la riviere de Seine qu'il y faut traverser, estant en cet endroit large de deux lieuës.

Le Duc d'Aumale informé de cette contre-marche, soupçonna que Morvillier prétendoit faire un gros des Troupes de son party qui s'assembloient aux environs du Havre, & de Diepe, & sur la frontiere de Picardie, pour les mener dans le Païs de Caux, dont il luy étoit aisé de s'emparer à cause que le nombre des Calvinistes y égaloit presque celuy des Catholiques. L'impossibilité de continuer le blocus de Roüen si les Troupes qui le formoient étoient privées des commodités qu'elles tiroient du païs de Caux, fit retour le Duc d'Aumale sur ses pas. Il traversa la riviere au Pont de l'Arche à dessein de prévenir Morvillier, & de le combatre avant qu'il eût été renforcé : Mais l'extrême diligence dont il usa ne servit qu'à favoriser la ruse de Morvillier, qui faisant débarquer sa Cavalerie la mena par le droit chemin à Roüen, où il arriva sans obstacle, au point du jour l'onziéme de Juin. Comme il prévoyoit qu'on l'assiegeroit bien-tôt il ménagea tous les momens que luy donnoit l'éloignement du Duc

Dans la Rélation du stratagême de Morvillier.

Tome I. E e

d'Aumale, pour rétablir fa Garnifon dans une exacte difcipline, afin que les Bourgeois n'en fuffent point incommodés; pour enlever du plat-païs tout ce qu'il y trouva de vivres & de fourages, à quoy la Galere qui s'eftoit trouvée dans Roüen fut d'un merveilleux ufage; pour reparer les Fortifications du Mont Sainte Catherine, & pour en entreprendre la défenfe, aprés que le brave Languedot fon Lieutenant fe fut chargé de garder la Ville.

Ces preparatifs donnerent occafion à la fortune de Matignon le plus adroit Gentilhomme de Normandie; car le Triumvirat connoiffant qu'il y auroit plus de difficulté à recouvrer Roüen qu'il n'avoit crû d'abord, & fe défiant du Duc de Boüillon Gouverneur de la Province, à caufe qu'il eftoit Calvinifte, chercha les moyens de tirer adroitement de fon obéïffance les Villes qui luy eftoient afidées. Matignon étoit l'homme le plus propre que l'on pouvoit choifir pour exécuter une entreprife de cette nature; parce que s'il ne réüfiffoit pas, il n'y avoit point de rifque à le défavoüer; & s'il réüfiffoit, il y auroit moins de peine à tirer les Places de fes mains que de celles du Duc de Boüillon, dans une conjoncture de minorité où les Gouverneurs n'obéïffoient que par bien-féance. Il étoit dans les interefts de la Régente qui le propofa: Et les Triumvirs l'ignorant, mirent dans l'employ fans y penfer un homme, qui fe rendit incontinent fi fort en Normandie, qu'il y eût pû donner retraite à la Reine, s'ils fe fuffent broüillés avec elle. Car fans montrer qu'à peu de perfonnes la Commiffion fecrete qu'il avoit reçûë de la Cour, il fe trouva infenfiblement le plus fort dans

LIVRE III.

1562.

Alençon, Séz, Argentan, Domfront, Pontorson, Avranches, le Mont Saint Michel, Granville & dans Cherbourg.

Le Duc d'Aumale encouragé par ses progrés retourna devant Roüen, & fit dresser une batterie de treize gros canons & de deux doubles coulevrines au bois de Turinque, d'où il batit le Fort Sainte Catherine dans le même tems qu'une autre baterie dressée sur le chemin de Paris, tiroit jusqu'au milieu de la Ville; & ce fut celle-cy qui tua Languetot & Saint-Aignant gendre de Senarpont. La bréche fut raisonnable l'onziéme de Juillet au Fort sainte Catherine, & les Catholiques y donnérent avec autant de vigueur que de jugement. Ils passérent au travers des ruines, & plantérent trois Enseignes sur le Donjon : Mais Morvillier qui prévoyoit que la conservation de la Ville étoit atachée à celle du Fort, chargea si vigoureusement les Catholiques avant qu'ils eussent le loisir de prendre haleine, qu'il les repoussa.

Le Duc d'Aumale dont les forces ne sufisoient pas pour une nouvelle tentative, leva le siege la nuit suivante. Il laissa beaucoup de malades & de blessés, & Morvillier n'en eut pas moins de soin que s'ils eussent été des siens. Comme il n'aprehendoit pas tant le retour du Duc d'Aumale que la venuë des Triumvirs avec toutes leurs forces, il agit en Chef expérimenté, & supposa que le Siege qu'il venoit de soûtenir n'étoit qu'un jeu, en comparaison de celuy qu'il devoit attendre. Il convertit en Artillerie la plûpart des cloches de Roüen, il rétablit les eaux des Fontaines que d'Aumale avoit détournées ; il fit dépecer les bateaux qui

E e ij

1562.

Dans le Siege de Roüen par le Duc d'Aumale.

se trouverent au Port de Saint Oüin pour servir de Palissades, & il applanit les éminences d'où les assiegeans avoient batu la place. Mais son extrême diligence n'empécha point le Duc d'Aumale d'éprouver s'il ne réüssiroit pas mieux par surprise que par la force ouverte. Il eut intelligence avec plusieurs Catholiques de Roüen que Morvillier ennemi de toutes les résolution extrêmes, n'avoit pas voulu chasser, & leur persuada de se soûlever, & de venir attaquer par derriere les Calvinistes à l'endroit où il presenteroit l'escalade. Villebon son Lieutenant, se chargea de les avertir quand il seroit tems, & choisit pour cela un jeune garçon, qui fut découvert. Morvillier au lieu de le faire prendre, luy fit donner un écu d'or, & le renvoya dire au Duc d'Aumale qu'une autre fois il se servît de plus habiles gens, & que ses échelles étoient trop courtes.

Cette galanterie n'étoit pas de saison dans un party qui sur les moindres apparences étoit sujet à concevoir de tres-dangereux soupçons contre ses Chefs, & les Calvinistes jugerent que la clemence de Morvillier étoit intéressée, & qu'il travailloit à se faire des amis parmy les Catholiques, en cas de besoin. Les bruits qu'ils en firent courir ne l'empécherent pas de se disposer à soûtenir un Siege regulier avec autant de circonspection, que s'il n'eût pas sçû qu'il travailloit pour des ingrats.

Il ordonna que les Catholiques sortiroient de Roüen dans vingt-quatre heures. Il éleva une plate-forme extraordinairement spacieuse entre la riviere de Seine & la muraille au dessus du Pont, d'où l'on pouvoit battre jusqu'au delà du Fort de Sainte Catherine. Il abatit les arbres & les maisons d'une Isle qui empéchoient qu'on ne vît ce qui se faisoit aux deux bords de la riviere. Il tira trois profondes tranchées, l'une devant le Fort Sainte Catherine, l'autre au bout de la chaussée de Martinville, & la derniére entre les murailles & les maisons. Il remplit de terre le vieux Palais, il démolit le Monastere des Dominiquains & le Fauxbourg de la Porte Cauchoise, il mura les portes qui n'étoient pas absolument nécessaires, & répara les murailles des démolitions des Eglises, des Statuës, & des Autels.

1562.

Mais l'attachement qu'il avoit à son party venoit, de ce qu'il n'en connoissoit, ny le sec et, ny le défaut, & qu'il ne distinguoit point encore les Calvinistes de bonne foy d'avec les Calvinistes de cabale. Il commença de s'en appercevoir, lors qu'il apprit que le Prince de Condé, pour être secouru des Anglois, avoit dessein de les introduire dans les Places maritimes de Normandie. Le zéle dont il étoit prévenu pour sa Religion ne l'aveugloit pas jusqu'à l'empécher de juger qu'il n'étoit pas permis pour en obtenir l'exercice, de livrer les clefs de la France à ses anciens ennemis : mais il ne fut pas assés éclairé pour conclure, qu'il ne pouvoit plus en consciene persister dans une Religion qui dés son origine cherchoit à se maintenir par la perfidie & par la rebellion. L'expédient qu'il choisit dans cet embaras, pour satisfaire tout d'un coup & par une mesme voye, à sa conscience & à son honneur, fut de quiter les armes, & de se retirer dans un lieu où il ne fût obligé d'agir, ny contre son party, ny contre son Roy. Il conjura le Prin-

ce de Condé par une Lettre extraordinairement pref́-
fante de luy envoyer un fucceffeur fous prétexte qu'il
avoit befoin de repos, & que la Ville de Roüen n'a-
voit déformais rien à craindre, le Duc d'Aumale ayant
divifé fes Troupes. Le Prince n'ofa refufer un homme qui venoit de fervir fi utilement ; & Morvillier ainfi
déchargé de fon Gouvernement, alla droit à Diepe
pour empêcher s'il eftoit poffible, cette importante
Place de tomber au pouvoir des Anglois, en détournant de la livrer les deux Capitaines Calviniftes qui
l'avoient furprife, la Chenaïe & Valfréniere. Il n'eut
pas beaucoup de peine à les perfuader : mais fon éloquence n'en eut pas plus d'éfet en ce que la Chenaïe
& Valfreniere voulant à leur tour perfuader leurs Soldats, furent découverts & mis en prifon. Morvillier
rebuté par ce contre-tems, fe retira dans fon Château
de Folleville en Picardie, où les Triumvirs le laifférent
vivre à la Calvinifte fur la parole qu'il donna & qu'il
obferva tres exactement, de ne fe plus mêler de
rien.

Nicolas Rouhault de Gamache fon voifin engagé
dans le même party, fuivit fon exemple : Et l'on ne
doute point qu'il n'y en eût eu beaucoup d'autres, fi
les Calviniftes qui prévoyoient l'affoibliffement qu'ils
en recevroient, ne fe fuffent avifés d'y remédier, en
traitant d'infames déferteurs ceux qui afpiroient à la
neutralité, & en les perfecutant d'une maniere à donner de la crainte, lors que le hazard ou le malheur
les faifoit trouver dans les lieux où ils arrivoient les
plus forts.

Le Prince de Condé & la Bourgeoifie de Roüen ne

s'accordérent pas au choix de celuy qui fuccederoit à
Morvillier. Il avoit jetté les yeux fur Bouchavannes,
& elle demandoit Mongommery. Le danger en ne la
fatisfaifant pas étoit d'autant plus grand, que la fortune fembloit alors pencher du cofté des Triumvirs.
La facilité qu'ils avoient trouvée à recouvrer les Villes de Blois & de Tours donnoit un prétexte de perfuader au Roy de Navarre de faire venir le Roy dans leur
camp pour achever de mettre l'apparence de leur côté ; & le Roy de Navarre y avoit enfin confenty par
la douce vanité dont on avoit fçû le flater, de commander une Armée où fe trouveroit en perfonne le
plus grand Roy du monde. Ainfi la Cour eftoit venuë à Chartres, où les Triumvirs n'ayant plus d'intereft de hazarder une bataille, avoient réfolu de divifer
leurs forces. Le Duc de Nemours en avoit méné les
deux tiers devant Bourges que les Calviniftes avoient
furpris & le Maréchal de Saint-André s'eftoit chargé
avec l'autre tiers de recouvrer Poitiers.

Le Prince de Condé n'avoit pas tant affecté d'imiter fes ennemis, qu'il y avoit efté contraint. La prémiere impetuofité des fiens ne trouvant point d'obftacles, s'eftoit ralentie d'elle-mefme ; & comme l'efpérance de combattre auffi-toft qu'ils feroient enrôllés,
les avoit attirés fous les Enfeignes du Prince, le peu
d'apparence d'en venir aux mains les faifoit foûpirer
aprés leurs maifons. Il y avoit d'autant moins de fujet de les retenir qu'ils avoient déja dépenfé l'argent
qu'ils avoient apporté, & que d'ailleurs il n'y en avoit
point à leur donner. Il les faloit donc congédier, où
s'expofer à les voir deferter par troupes ; & la prémiere

1562.

1562.

Licenciement des Troupes.

de ces deux extrémités n'eſtant pas à beaucoup prés ſi préjudiciable à la réputation du Calviniſme que la ſeconde, le Prince s'y ſoûmit, ſous prétexte d'envoyer Soubiſe avec une partie de ſes Troupes à Lion, qui venoit de ſe déclarer pour les Calviniſtes; la Rochefoucault en Poitou pour obſerver le Maréchal de Saint-André; d'Andelot en Alemagne, pour hâter le ſecours des Proteſtans; & Ivoy-Genlis, pour ſoûtenir le Siége dont Bourges étoit ménacé.

Dans la fauſſe tentative d'Iſſoudun.

Mais rien n'eſt ſi difficile en Politique que de déguiſer les véritables cauſes du licenciement d'une Armée. Les gens de Soubiſe ſe diſſiperent tellement en chemin, qu'il ne luy reſtoit que vingt Cavaliers lors qu'il arriva au Port de Digoin; & les autres Officiers ne furent pas plus heureux, excepté Ivoy-Genlis, qui entra dans Bourges avec quatre Enſeignes, & trois Cornetes. Comme il s'attendoit d'eſtre bien-toſt aſſiegé, & qu'il connoiſſoit l'importance de ſe rendre maître d'Iſſoudun, où la Bourgeoiſie Calviniſte l'invitoit de venir, offrant de ſe ſoûlever à ſa vûë, il y mena ſes Troupes, & donna un furieux aſſaut: mais ſur la nouvelle que les Catholiques en plus grand nombre marchoient au ſecours d'Iſſoudun ſous la conduite de a la Broſſe le pére, & étoient déja arrivés à Romorentin; Ivoy-Genlis fit ſonner la retraite, & reprit le chemin de Bourges.

a *Jacques Seigneur de la Broſſe.*

Cette précaution ſi peu conforme à la hardieſſe de Montgommeri qui avoit ſurpris Bourges avec ſix vingts Chevaux ſeulement, rendit Ivoy-Genlis l'objet de la haine & du mépris de ſes propres Soldats. Ils prétendirent qu'il s'eſtoit laiſſé corrompre, & qu'il avoit reçû de l'argent

pour

pour faire cesser l'attaque d'Issoudun. Leur mécontentement dégénéra en sédition, aprés leur retour à Bourges : Ils le voulurent déposer, & mettre en sa place Haumont Soldat de réputation & de mérite : mais celuy-cy, qui n'estoit pas assés imprudent pour s'attirer la haine de la Noblesse Calviniste, en acceptant la démission forcée d'Ivoy-Genlis, la refusa modestement, & apaisa le desordre, en remontrant d'un côté aux gens de guerre, le danger qu'ils couroient, en deposant à la veille d'estre assiegés, un homme d'experience & de qualité ; qui leur faisoit l'honneur de de les commander ; & en conseillant de l'autre côté à Ivoy-Genlis de leur faire distribuer de l'argent, pour les dédommager en quelque maniere du pillage d'Issoudun, dont ils prétendoient avoir esté frustrés.

Ses conseils n'eurent pas le succés qu'ils méritoient, un des maux particulierement attachés à la guerre civile, est que les reconciliations n'y sont ny faciles, ny sinceres, ny entieres, ny de longue durée. La paix que fit Haumont, ne fut que plâtrée ; & le Duc de Guise informé de cette circonstance, excita le Roy de Navarre à mettre sur pied de nouvelles Troupes, dans le tems que le Prince de Condé licencieroit les siennes, & d'en assembler un si grand nombre, que le Siege de Bourges pût estre formé, sans que l'exécution des autres desseins des Catholiques en fût interrompuë.

Le Roy de Navarre, plus animé contre les Calvinistes, que le Triumvirat, par un changement incompréhensible à ceux qui l'avoient vû persuadé de leur Doctrine, & qui sçavoient que son frere étoit à leur teste, arresta au service de la France deux Corps d'Al-

Tome I. Ff

1562.

Dans la négociation de Paſcal.

lemans, l'un d'Infanterie, commandée par Roquendolf, & l'autre de la Cavalerie ſous le Rhingrave Foelc, Colonel de réputation, qui eut ordre de lever dans la Suiſſe les quinze Compagnies que les Cantons étoient obligés de fournir à la France, par le dernier Traité; & ce nombre ne ſuffiſant pas pour les deſſeins du Triumvirat, Paſchal, qui de Clerc de Greffe à Grenoble, s'étoit élevé à la dignité de Chevalier de l'Ordre, fut envoyé en qualité d'Ambaſſadeur, pour obtenir un ſuplément de ſix autres Compagnies. La négociation fut difficile, parce que les quatre Cantons Proteſtans de Berne, de Baſle, de Zurich & de Schafouze, & les deux mi-partis de Glaris, & d'Apenzel, gagnés par Maligni confident du Prince de Condé, furent d'avis d'en demeurer préciſément aux termes du Traité, ſous prétexte que c'étoit obliger la France, que de contribuer le moins qu'on pourroit à fomenter les troubles dont elle étoit agitée. Mais enfin l'adreſſe de Paſchal l'emporta; car outre qu'il engagea les Cantons Catholiques dans ſes intérefts, en leur inſpirant de la jalouſie de ce que les Cantons Proteſtans ſe déclaroient trop ouvertement pour les Calviniſtes, il menaça les principaux des Cantons Proteſtans qui tiroient du Roy Trés-Chrétien des penſions particulieres, de les faire retrancher, s'ils ne ſervoient le Triumvirat de tout leur crédit. Ces Offices furent ſecondés par ceux du Nonce du Pape, & de l'Ambaſſadeur d'Eſpagne; & l'Aſſemblée de Bade accorda ce que deſiroit Paſchal, à condition neanmoins que la France envoyeroit auparavant à Souleures une années de Penſions générales: Mais les intrigues de Foulc furent ſi puiſſantes, que l'Assemblée de Bade se relâcha depuis à l'égard de cette clause.

1562.

Le Roy de Navarre, aprés ce renfort, enferma son Frere dans les murailles d'Orleans; & ne jugeant pas encore à propos de l'assiéger dans une Ville abondante en toutes choses, & défenduë par une garnison de sept mille vieux Soldats, alla droit à Bourges. La nouvelle qu'il reçût en chemin, hâta sa marche, en luy donnant de l'émulation pour la valeur & la bonne fortune du Maréchal de Saint-André, qui luy mandoit qu'il venoit de reprendre Poitiers. Cette Place qui avoit esté le berceau du Calvinisme, c'étoit soûlevée à la faveur des Troupes de la Rochefoucault: mais les Calvinistes s'étoient mal à propos avisés de confier la garde du Château à un homme de la Secte, nommée Pineau, qui l'avoit demandée pour y mettre en seureté les deniers Royaux, dont il étoit Receveur général. Gramont, en passant par là, les avoit fait appercevoir de la faute qu'ils avoient commise, en laissant la plus importante clef de leur Ville entre les mains d'un Financier, qui pour conserver sa Charge, seroit indispensablement obligé de suivre les mouvemens de la Cour.

Sainte-Gemme, que le Prince de Condé avoit envoyé pour commander dans Poitiers, fut de même avis; & Gramont aïant ofert ses Troupes pour livrer l'assaut, le Château eût été des lors ataqué, si la Bourgeoisie Calviniste ne s'y fût opposée, par la raison que si les Gascons de Gramont emportoient le Château, il seroit impossible d'empêcher le pillage des deniers Royaux, que l'on ne manqueroit pas de demander aux

Habitans, aussi-tôt que la Paix seroit faite. Ainsi, Sainte-Gemme fut contraint de se contenter de la parole que donna Pineau, de vivre dans une parfaite neutralité, & Poitiers demeura paisible jusqu'à ce que Villars, aprés avoir défait les Garnisons Calvinistes de Tours, de Chinon & d'Angers, qui s'y vouloient jetter, s'en approcha du côté du Château, comme s'il eût eu dessein de l'attaquer. Par là [a]. Sainte-Gemme soupçonna que les Catholiques n'auroient pas fait cette démarche, sans estre assurés de Pineau, & le somma de luy rendre le Château. Pineau répartit qu'il mourroit plustost ; & Sainte-Gemme renforcé de neuf Compagnies que luy menérent à point nommé Tigni, Minquetiéres, Mangot, la Bresche, la Tour, Bournezeau, Corneille, la Riviere, & Besse, fit battre le Château, & donner un assaut, qui dura depuis cinq heures du soir, jusqu'à deux heures aprés minuit.

Pineau qui n'avoit pas encore pris ses mesures avec Villars, se défendit avec plus de générosité que l'on en attendoit d'un homme de sa profession. Les plus braves des Calvinistes demeurérent sur la bréche ou dans le fossé ; mais les assiegeans plus indignés que rebutés de leur prémiere tentative, gagnérent les offices du Château à la seconde attaque. Pineau & ses gens, si las qu'ils ne pouvoient plus agir, demandérent suspension d'armes jusqu'au lendemain, & l'obtinrent, par la même crainte du pillage des deniers Royaux, qui avoit empêché qu'on ne les pressât dabord. La suspension ne fut pas plustost expirée, que Sainte-Gemme livra un troisiéme assaut ; & Pineau l'ayant soûtenu, ne fut plus inquieté, parce que les Calvinistes

[a] Lancelot du Bouchet, Seigneur de Sainte Géme.

[b] Dans la Rélation de la reprise de Poitiers.

furent depuis assés occupés à se défendre contre Villars. Celuy-cy fit sommer Poitiers, au nom du Roy de Navarre, Lieutenant général de l'Etat ; & Sainte-Gemme s'étant caché pour ne pas répondre, la Ville fut batuë du costé de la Porte S. Lazare, par où Montpezat & Richelieu tâchérent inutilement d'entrer. Mais enfin le Maréchal de Saint André arriva au Siege le premier d'Aoust 1562. & comme il étoit pressé d'aller joindre le Connétable & le Duc de Guise, devant Bourges, il fit à l'heure même un dernier éfort contre Poitiers. Ses troupes furent repoussées : mais lors qu'étant intimidées par la perte du vaillant Capitaine Lagot, qui venoit d'estre tué sur la bréche, elle commençoient à lâcher le pié, Pineau se déclara pour elles, en déchargeant son Artillerie sur les Calvinistes qui défendoient la bréche. Les plus déterminés d'entre eux aimérent mieux estre foudroyés que de reculer : mais les autres s'étant mis à fuïr, attirérent à leurs trousses les Catholiques, & les rendirent ainsi maîtres de Poitiers. Le Maréchal l'abandonna huit jours au pillage ; & mena les troupes qui avoient repris cette Ville, devant Bourges, deux jours aprés que le Duc de Guise y fut arrivé avec trois mil chevaux, & quinze mil hommes de pié.

La Ville fut si promptement investie, qu'Ivoy Genlis n'eut le loisir que de mettre le feu aux Fauxbourgs. Ceux qu'il avoit envoyez pour rompre la chaussée du grand Estang de Bougi, qui eût remply d'eau tous les marais dont Bourges est presque entierement environné, furent repoussés par la Faïette, Gouverneur de Nevers : Et le 28. Août, l'Artillerie des Catolique com-

1562.

Loüis du Plessis, Seigneur de Richelieu.

1562.

mença à batre les murailles du costé de S. Ursin. Les assiegés tâchérent de la démonter, & tuerent Chatenier Toufou qui en avoit le soin. Ils sortirent trois jours aprés, au nombre de trois cens, pour nétoyer la tranchée; & ne furent repoussés qu'aprés le combat singulier du Capitaine a Saint-Martin Brichanteau avec Richelieu, où celuy-cy fut laissé pour mort & désarmé. Le 21. sept cens vingt-quatre volées de canon firent une bréche considérable, qui fut reparée la nuit suivante : Et le 22. l'Amiral de Châtillon, que le Prince de Condé avoit laissé dans Orléans, ne fut pas plustost averty, qu'il étoit party de Paris un grand convoy de munitions de guerre, pour le Camp devant Bourges, qu'il résolut de l'enlever. Il en donna l'ordre au Baron d'Anconne & à cinq cens chevaux qui l'ateignirent auprés de Chartres, le 28. Mais ceux qui conduisoient ce convoy eurent le loisir de le mettre en seureté dans cette Ville, & d'y demeurer jusqu'à ce que l'escorte que le Duc de Guise envoyoit, fut arrivée. Elle étoit composée des Compagnies d'Hommes d'armes de Vaudemont, b d'Elbeuf, de c Gonnor, & d de Cipierre, & de six Enseignes d'Infanterie, sous le Capitaine la Chambre, qui s'étoit donné ce nom pour avoir été autrefois Valét de chambre du Prince de Condé.

L'Amiral peu satisfait de ce qu'Anconne n'avoit pas réüssi, se mit luy-méme en campagne, il sortit d'Orléans le dernier d'Aoust, à la teste de huit cens chevaux, à huit heures du soir; & sa marche fut si prompte & si secrete, qu'il ateignit le lendemain à midy, le convoy, à une lieuë de Châteaudun. Il y avoit deux

a *Il y avoit deux Capitaines du nom de S. Martin, dans la Garnison.*

b *Nicolas de Lorraine, Comte de Vaudemont.*
c *René de Lorraine Marquis d'Elbœuf.*
d *Artus de Cossé, Seigneur de Gonor, depuis Maréchal de France.*
e *Philibert de Marcilli Seigneur de Cipierre.*

cens caques de Poudre, sur trente-six charettes, si gros canons avec leur attirail, & une prodieuse quantité de boulets. La Cavalerie Catholique soûtint avec assés de vigueur la premiére ataque ; mais elle succomba sous le nombre des Calvinistes à la seconde ; les fuyars furent poursuivis jusqu'aux Portes de Châteaudun & de Chartres, où ils jetérent tant d'éfroy, que si les vainqueurs eussent profité de leur avantage, en sommant ces deux Villes, personne n'eût eu le courage de les défendre. L'infanterie de l'escorte fut presque toute taillée en pieces, & le charoy entier demeura au pouvoir de l'Amiral. Il luy fut neanmoins inutile, parce que les chartiers, aprés avoir coupé les traits, s'étoient sauvés de bonne heure avec les chevaux ; & tout ce que pûrent faire les Calvinistes, fut de gâter les munitions. Ils les mirent en un monceau : ils tournerent la bouche des canons l'une contre l'autre. Ils firent une longue traînée de poudre, & ils y mirent le feu, lors qu'ils se furent retirés sur une montagne voisine, d'où ils pouvoient regarder sans péril un spectacle plus terrible & plus innocent, que celuy dont Neron s'étoit donné le bizarre plaisir à l'embrasement de Rome. Le tonnere fut horrible, mais les canons ne crevérent pas. Cette perte eût obligé le Duc de Guise à lever le Siége de Bourges, par le défaut des choses nécessaires pour le continüer, si la Régente qui avoit mené le Roy au camp, ne se fût avisée d'entrer dans Bourges par une autre voye.

Elle envoya dire à Ivoy-Genlis de la venir trouver, & celuy-cy n'osant la refuser, assembla son Conseil de Guerre, où il luy fut permis de voir la Reine, à condi-

1562.

1562.

Dans l'intrigue pour la prise de Bourges.

tion d'avertir le Prince de Condé de tout ce qui se passeroit dans la conférence, & de ne rien conclure sans sa participation. La Régente le receut accompagné des trois meilleurs amis qu'il eût, le Duc de Nemours, le Maréchal de Montmorenci, & le Rhingrave. On usa de tant d'artifices pour le gagner, & on luy offrit une capitulation si avantageuse, qu'il l'accepta, sous le bon plaisir des Calvinistes enfermés dans Bourges. Il la fit approuver par les Capitaines la Porte, Saint-Martin-Brischanteau, Brion, & Saint-Remi, dont les Compagnies étoient plus nombreuses que celles du Capitaine Harnoult, Saint-Martin le Lutérien, Peté, la Magdelaine, & Copé, qui luy étoient contraires. Il dépécha Chénoncher à Orléans, pour recevoir les ordres du Prince de Condé. Chénoncher n'alla pas loin, sans estre enlevé par des coureurs Catoliques, qui vray-semblablement étoient informés de sa route, & du sujet de son voyage : Et le terme qu'il avoit pris pour revenir, s'étant écoulé, sans qu'Ivoy-Genlis receut aucune de ses nouvelles, il exécuta la capitulation.

Le Duc de Guise traita si généreusement ceux qui l'avoient signée, qu'ils prirent tous party dans ses Troupes, à la reserve d'Ivoy-Genlis, qui retourna vers le Prince de Condé. Mais le Prince luy fit dire, que s'il entroit dans Orléans, rien ne le pouvoit exempter d'avoir la teste tranchée ; & cette menace suffit pour l'obliger à se retirer dans sa maison, jusqu'à ce que la nécessité eût contraint ceux de son party de le r'apeler, comme il arriva, leurs affaires ne permettant pas de mécontenter impunément les personnes de qualité

lité perſuadées de leur Doctrine.

La Rochefoucault, à ſon retour en Poitou, les a- voit fait entrer dans Angouleſme, Coignac, Pons, & dans Saint Jean d'Angeli; mais la licence qu'ils s'é- toient donnée de foüiller impunément dans les Tom beaux, leur avoit atiré là comme ailleurs, l'abomina- tion publique. Ils ne s'étoient pas contenté de tirer d'une biere de plomb qu'ils avoient convertie en bal- les d'Arquebuſe, le corps de Jean d'Angouleſme, Tri- ſayeul du Roy, mort il y avoit cent ans, en réputa- tion de ſainteté, & leur emportement avoit paſſé juſ- qu'à vouloir traîner à la voirie ce corps, qui s'étoit exemté de pourriture, de crainte, diſoient-ils, que les Catoliques n'en fiſſent une Idole. Les peuples, à qui la mémoire de ce bon Prince étoit en ſinguliére véné- ration, s'étoient armés contre les profanateurs de ſon cercüeil; & la Maiſon même de la Rochefoucault s'é- toit diviſée à cette occaſion. Martron, Oncle pater- nel du Chef de la Famille, s'étoit mis avec Sanſac, à la teſte des Catoliques, & avoit ſi utilement employé les Troupes que le Maréchal de Saint André luy avoit envoyées aprés la repriſe de Poitiers, que les Calvi- niſtes avoient eſté chaſſés d'Angouleſme. Son Neveu irrité de tant de pertes, & plus encore de ce que la Nobleſſe Calviniſte de Xaintonge & d'Angoumois, n'étoit plus ſi diſpoſée à monter à cheval, parce qu'el- le commençoit à douter de la juſtice des armes priſes contre le Roy, quoy que ſa Majeſté fût en la puiſſance des Triumvirs, aſſembla ſoixante Miniſtres dans la Ville de Xaintes.

La queſtion y fut éxaminée, & le ſcrupule levé, par

une décision dont le sens étoit, que les armes que la Régente avoit mises en la main du Prince de Condé, & de ceux de son party, contre les ennemis du Roy & du Royaume, étoient tout ensemble légitimes & nécessaires : mais les plus sçavans Calvinistes ne furent pas contens d'un decret si prompt & si général. Belleville, le plus docte de ceux du party qui portoient les armes, en montra les nullités par un discours si judicieusement écrit, que la Rochefoulcaut ne tira pas l'avantage qu'il esperoit d'un cas de conscience si favorablement répondu ; & l'éloquence du Ministre Léopard, ne réüssit pas mieux à persuader au Seigneur de Jarnac, quoy que zélé Calviniste en tout le reste, qu'il y avoit sureté de conscience, à croire ce qui venoit d'estre prononcé solemnellement dans le Temple de Xaintes.

Ceux de la Rochelle, que la Rochefoucault prétendoit sur tout engager dans ses interests, luy déclarérent qu'ils ne croyoient pas pouvoir s'aquiter de ce qu'ils devoient à leur Souverain d'un côté, & de ce que le Calvinisme, dont la pluspart de leur Bourgeoisie faisoit déja profession, exigeoit de l'autre ; qu'en demeurant dans une telle indifference, qu'ils n'eussent rien à se reprocher sur deux articles si délicats. Ils ajoûterent, qu'il leur sufisoit de se maintenir dans la liberté portée par l'Edit de Janvier : Que ce n'estoit point une marque d'avoir la veritable Religion, que de vouloir l'établir par le fer, le feu, le sang, & le tumulte : Que les événemens de la Guerre étoient trop incertains pour atendre d'eux la décision d'une chose de si grande importance ; & que si la fortune étoit aussi peu favorable

LIVRE III.

aux Calvinistes à la fin, qu'elle l'avoit été au commencement, leur procédé ne serviroit qu'à leur atirer l'envie publique, & à détourner les gens de bien de recevoir la verité par leur ministere.

Les Calvinistes de Meaux périrent tous, à la reserve de quarante, pour n'avoir pas imité la modération des Rochelois. Ils oférent se soûlever, quoy qu'ils ne fussent que quatre cens hommes ; & ils prirent si bien leur tems, qu'ils renversérent les Autels, & briserent presque toutes les Images : mais Lioux, a frere de Montluc, étant accouru au prémier bruit, avec sa compagnie d'ordonnace, les chassa. Leur dessein étoit d'aler en Champagne, se joindre au Prince de Portien, mais en chemin ils furent presque tous taillés en pieces par les Païsans.

b Le Duc de Nevers, Gouverneur de Champagne, Fils de la Sœur du Prince de Condé, avoit promis à son oncle de se déclarer pour luy, mais il en fut détourné par c Vigenaire son Secretaire. Et les Calvinistes de Châlons sur Marne, & de Troyes, qui s'étoient revoltés sur cette fausse presupposition, furent si généralement opprimés, que Robert, Procureur du Roy à Troye, fit pendre son propre Fils, par la seule raison qu'il étoit Calviniste.

d Saint Estienne voulut résister dans le Château dont il portoit le nom, avec e Beaumont f & Chalouzi ses frères, & vingt-deux Gentilshommes Calvinistes qui s'y étoient réfugiés, à dessein de joindre au passage l'Armée Alemande qui marchoit déja pour secourir le Prince de Condé ; mais seize cens Soldats Catoliques ne leur en donnérent pas le loisir. Ils attaquérent le

1562.

a *Ioachim de Montluc, Seigneur de Lioux, frere de Blaise, Seigneur de Montluc.*
b *François de Cleves II. du nom, Fils de François de Cleves, premier Duc de Nevers, & de Marguerite de Bourbon.*
c *Blaise de Vigenaire.*
d *Gui Cauchet, dit de Beaumont Seigneur de Saint Estienne, auprés de Richelieu.*
e *Roland de Beaumont, Seigneur d'Auvilliers.*
f *Jean de Beaumon Vicomte de Chauvruß.*

Château, d'autant moins facile à défendre, qu'il n'y avoit point de fossés : cependant la Noblesse qui s'y étoit enfermée, ne l'abandonna, pour se retirer dans une vieille Tour prochaine, qu'après qu'on y eut mené le canon. On batit la Tour le vingt-troisiéme Septembre, depuis midy jusqu'au soir ; & la bréche ne paroissant pas suffisante, on recommença le lendemain. L'assaut fut donné, & dura deux heures. Les Catoliques furent repoussés, sans perte que de deux hommes de la part des assiégés. La mine succeda à l'assaut ; mais les mantelets & les loges dressées pour couvrir les Mineurs, furent brûlés : & les Catoliques pensoient à la retraite, lors que le Baron de Cerni qui les commandoit, cousin issu de germain de Saint-Estienne, s'avisa de gagner une petite chambre jointe à la Tour, d'où les assiégés n'ayant pû chasser le Mineur, le même Cerni demanda de parler à Saint-Estienne, & le pressa de se rendre au Duc de Nevers, qu'il disoit estre en personne au siege. Saint-Estienne offrit d'obéïr à ce Prince, pourvû qu'il le vît ; mais on luy dénia cette satisfaction, soit que le Duc ne fût pas en effet au camp, où qu'il y eût trop de danger à l'exposer aux arquebusades des ennemis, irrités de ce qu'il avoit abandonné leur party. L'attaque recommença donc, & les assiégés furent assés heureux pour brûler la petite maison d'où l'on travailloit à la mine : Mais le 25. la Tour éfroyablement batuë, menaça ruine ; & les assiégés n'eurent pas plûtôt mis dans le caveau, leurs femmes & leurs enfans qu'une partie de la Tour tomba, & les contraignit de se retirer à leur tour dans le même caveau. On apporta de la paille pour les

Dans le Siege de Saint-Estienne.

Iean Iacques de Susanne, depuis Seigneur du Saint-Esprit.

LIVRE III.

1562.

y étoufer à force de fumée, aprés que l'on en eut tiré les femmes par une corde. Cerni fit dire à Saint-Eſtienne, que le Duc de Nevers étoit là pour luy tendre la main ; & Saint-Eſtienne n'eut pas plûtôt montré la teſte, qu'une arquebuſade luy fit voler la cervelle. Les autres furent traités de même, excepté quatre, qui trouvérent des parens ou des amis plus charitables parmy les aſſiegeans ; & le maſſacre de dix-neuf Calviniſtes determinés, coûta la vie à cent ſoixante braves Catoliques qui périrent dans une occaſion ſi peu importante.

On a remarqué ſous le regne de Henry II. qu'un Duc de Brunzvick dans Amiens, avoit eu l'audace de mettre la main au piſtolet contre le Duc de Guiſe ſon Général, & qu'il avoit été durant quelque tems priſonnier dans la Baſtille. Le deſir de ſe venger l'engagea dans le party des Calviniſtes ; mais ſa précipitation fut cauſe de ſa mort ; car au lieu d'attendre l'Armée Alemande, qui marchoit pour entrer en France, il ſe hazarda de traverſer la Champagne avec ſi peu de Troupes, que Buſſi d'Amboiſe, [a] & ce qu'il pût aſſembler de ſes amis, eut la hardieſſe de l'arrêter entre Vitri le François & Troyes, & de luy donner un combat, dont l'événement fut ſi funeſte à Brunzvik & à ſes Reîtres, [b] qu'aucun n'en échappa. Les Calviniſtes de Châlons ſur Sône, mirent leur Ville entre les mains de Montbrun, [c] qui ne ſe ſentant pas aſſés fort pour la défendre avec cinq cens Soldats levés à la haſte, contre toutes les forces de la Bourgogne, commandées par Tavanne, l'abandonna.

Les Calviniſtes de Mâcon qui s'étoient auſſi revol-

[a] *Loüis de Clermont dit d'Amboiſe, Seigneur de Buſſi.*

[b] *Cavaliers Alemans.*

[c] *Charles Dupuy, Seigneur de Montbrun.*

1562.

té, furent d'abord plus heureux, en ce que Ponsenat, Capitaine de reputation, entra dans leur Ville avec plus de deux mil Suisses Zuingliens, qui la préservérent des tentatives que Tavannes fit ensuite pour la surprendre, pendant que les Calvinistes du voisinage, pillérent l'Abbaye de Clugni, & mirent le feu à la fameuse Bibliotecque de Manuscrits, qui avoit épuisé le travail des Moines durant plus de cinq cens ans, & où les doctes esperoient de trouver ce qui manque des anciens Auteurs.

Mais dans le tems que Ponsenat renforcé de tant de Troupes, qu'il se jugeoit inutile à garder Mâcon en étoit sorty, pour camper entre cette Place & Châlon. Tavanes, aprés avoir gagné quelque Bourgeois de Mâcon, entreprit de surprendre cette Ville, & exécuta son dessein d'une maniere qui donna lieu de douter, laquelle de la prudence, de la hardiesse, de la valeur ou de la fortune y avoit le plus contribué. Il ne pouvoit tirer de Châlon que treize cens hommes de pié, & quatre Cornettes de Cavalerie. Il faloit passer auprés des ennemis, qui n'eussent pas manqué de le défaire, s'ils l'eussent apperçû. Sa marche, quoy que longue, devoit estre si secrete que personne ne la découvrît ; & quand même il seroit assés heureux pour éviter ces trois inconveniens, & pour arriver devant Mâcon invisiblement & sans peine, il y avoit apparence qu'il succomberoit au quatriéme, qui consistoit dans l'impossibilté de faire sa retraite, s'il étoit repoussé. Cependant la gloire qu'il y auroit à se signaler, en ôtant aux Calvinistes une Ville qui leur rendroit celle de Lion presque inutile, l'emporta dans l'esprit de Tavannes, sur

LIVRE III.

toutes les autres considerations. Il se démêla des partis de Ponsenat, qui batoient l'estrade. Il se coula le long de leur camp ; Il arriva dans un profond silence au point du jour, devant la porte de la barre. Il fit coucher sur le ventre ses fantassins, il les mit derriere les murailles des jardins les plus proches, & se tint plus loin avec sa cavalerie, pendant que des charettes chargées de blé & de paille, se présenterent pour entrer, & dire que c'étoit pour le magazin public. Celuy qui gardoit les clefs de la porte, étoit d'intelligence, & n'eut pas plûtôt receu l'ordre d'ouvrir qu'il l'éxécuta. Les charettes entrérent à la file ; & celuy qui conduisoit la prémiere, aprés avoir adroitement passé la prémiere & la seconde porte versa sous la troisiéme. Vingt Capitaines & Soldats choisis, passérent aussi-tôt à droit & à gauche, & surprenant le Corps de garde, qui ne venoit que d'estre changé, l'égorgérent sans nulle peine. L'Avocat du Perron, qui avoit formé l'entreprise avec Tavannes, la conduisit avec tant de précaution, que personne ne l'en pouvoit convaincre, que celuy qui gardoit les clefs ; & la crainte d'un si dangereux témoin qui le pouvoit perdre, si les Calvinistes recouvroient Mâcon, luy fit commettre une infidélité, en priant les prémiers Catoliques qui entrérent, de tüer ce malheureux : ce qu'ils firent.

Ponsenat averty d'une si grande perte, marcha à l'heure même pour la reparer, & l'on ne doute point que trouvant les Catholiques occupés au pillage, il n'eût recouvré Mâcon aussi facilement qu'il l'avoit perdu, sans une pluye extraordinaire qui l'empécha d'arriver à tems, ce qui fut cause que sa petite armée

1562.

N......de Boucé, Seigneur de Posenat en Bourbonnois.

1562.

a *Jean de Mandoſa, premier Maiſtre d'Hôtel du Roy François I.*

Dans la *Vie de Henry II.*

b *Loüis d'Ailli.*

n'ayant plus de retraite aſſurée, elle ſe diſſipa d'elle-même.

Les Suiſſes preſſés par le vieux ª Mendoze, dont on a parlé ſous le regne de François I. r'appellerent leurs compatriotes enrôllés ſous les Enſeignes des Calviniſtes, & les Soldats qui avoient ſervi ſous Ponſenat, chercherent un Capitaine plus heureux, en la perſonne de François de Beaumont, Baron des Adrets. On a remarqué dans un autre lieu, les raiſons qui avoient engagé des Adrets. On a remarqué dans un autre lieu, les raiſons qui avoient engagé des Adrets dans l'héréſie, dont la principale étoit la paſſion de ſe venger de la Maiſon de Guiſe, qu'il ſoupçonnoit avoir empéché la Cour de luy rendre juſtice, contre le Vidame b d'Amiens. L'occaſion n'en pouvoit eſtre plus favorable; & il y avoit d'autant moins d'apparence de la manquer, que vray-ſemblablement elle ne reviendroit jamais ſi belle. Le Duc de Guiſe étoit Gouverneur de Dauphiné, où il avoit un double intereſt d'empécher l'héréſie de s'accroiſtre. Le premier en qualité de Triumvir & de Chef le plus eſtimé du party Catolique. Le ſecond, pour diminüer le nombre des ennemis qu'il étoit aſſuré de trouver dans cette Province, s'il y cherchoit une retraite en cas de diſgrace. Il luy faloit donc choiſir, pour repréſenter ſa perſonne en Dauphiné, un homme de qualité, dont le mérite fût connu de tout le monde, & la réputation ſi grande, qu'on ne l'oſât choquer impunément. Il le faloit encore zélé Catolique, intrépide, incapable de diſſimuler un affront, & ſur tout entiérement dévoüé à ſa Maiſon.

Toutes

LIVRE III.

1562.

Toutes ces conditions ensemble ne paroissent en aucun Gentilhomme du Royaume, avec tant d'éclat qu'en la Motte Gondrin. C'étoit un cadet de Gascogne, qui n'avoit en partage que la naissance & la valeur. Las de la chasse, & de la vie oisive, il étoit passé en Piémont, où le Maréchal de Brissac l'avoit enfin connu pour le meilleur Officier de Cavalerie qui fut dans son Armée ; & le témoignage qu'il en rendit au Roy, estoit d'autant plus considérable, que cette Armée estoit une pépiniere de Capitaines & de Généraux. Lors qu'elle fut licenciée, le Duc de Guise qui étoit en faveur, tâcha de s'aquerir l'amitié des principaux. Il réüssit en plusieurs, sur tout à l'égard de Gondrin, & ce fut particulierement par leur assistance qu'il se développa de la conspiration d'Amboise. Mais il eut le malheur de négliger des Adrets, & de ne se pas reconcilier avec luy parce qu'il présupposa que ce seroit en vain, puis que des Adrets s'estoit déja déclaré Calviniste : Mais il ne sçavoit pas que ce Baron ne l'avoit fait que pour se venger de luy, & que comme il estoit encore plus ambitieux que vindicatif, si on luy eût offert la Lieutenance du Dauphiné, il eût quité l'héréfie, & servi la Maison de Guise, avec la même ardeur dont il fut depuis transporté contre elle. Cependant il fut exclus de cette Lieutenance, & Gondrin en l'emportant sur luy, devint son plus grand ennemy.

Le prétexte que prit des Adrets, pour le rendre odieux aux Dauphinois, fut de leur représenter, qu'on avoit violé leurs privileges, en leur donnant un Lieutenant qui n'estoit pas du païs. Il assembla ensuite la

Hector de Pardaillan.

Dans les causes de la revolte de des Adrets.

Nobleſſe Calviniſte à Valence, en luy perſuadant que Gondrin n'y eſtoit allé que pour faire élire des Conſuls contraires à la nouvelle Religion ; & il acheva de l'irriter en luy montrant des Lettres du Duc de Guiſe à Gondrin, dans leſquelles il y avoit un ordre ſecret de faire pendre le Miniſtere de Valence. On n'a pas ſçû ſi elles eſtoient ſuppoſées ou veritables ; mais il n'importe, puis qu'elles ne laiſſerent pas de produire le même effet. Gondrin n'eut pas plûtôt déclaré qu'il vouloit proceder à l'élection des Conſuls, que la Bourgeoiſie Calviniſte ſe ſouleva, & ſe ſaiſit de la Porte de S. Felix. Gondrin y accourut, & fit de ſi prodigieux efforts, qu'il l'eût recouvrée, ſi la Nobleſſe Calviniſte qui s'eſtoit cachée dans les maiſons prochaines, ne fût venuë au ſecours des ſiens. Gondrin, à la vûë de tant de Gentilshommes, fut abandonnée de tous ceux qui le ſecondoient ; & ſe faiſant neanmoins jour au travers de tant d'ennemis, ſe retira dans ſa maiſon, extraordinairement las, & chargé de bleſſures, peu dangereuſes, à la verité ; mais incommodes à cauſe de leur multitude. Il eſperoit d'y prendre du repos, & d'y recevoir du ſecours ; mais on ne luy en donna pas le loiſir. Il y fut preſque auſſi tôt inveſti qu'entré. On mit le feu à ſa porte. On enfonça celle de ſa chambre, & l'on apercut qu'il s'eſtoit ſauvé ſur les tuiles. On l'en fit deſcendre ſur la parole qu'on luy donna, qu'il ne recevroit aucun mal ; mais elle ne fut point obſervée. Un des principaux Gentilshommes Calviniſtes, apelé Montroux, ami de des Adrets, & beau-frere de ᵃ Blacons, ſe faiſant voye entre la preſſe, aborda Gondrin, & le poignarda. On pendit enſuite le

ᵃ Hector, de la Foreſt.

LIVRE III. 243

corps aux fenêtres pour servir de spectacle.

1562.

Aprés que des Adrets eut satisfait sa vengeance, il eut le loisir de faire réfléxion, que le crime qu'il venoit de commettre, le rendroit abominable à tous les gens de bien des deux partis. Il tâcha de s'en excuser en écrivant à la Régente, qu'il estoit allé à Valence pour travailler à la reconciliation de quelques Gentilshommes, & qu'il y avoit trouvé le peuple tellement animé contre Gondrin, qu'il n'en avoit pû empécher l'assassinat, ny les outrages faits à son corps aprés sa mort.

Dans la Lettre de des Adrets à la Régente.

La Lettre fut à peine envoyée, que des Adrets se douta qu'elle seroit démentie par une infinité de témoins, & que par consequent on n'y ajoûteroit aucune foy. La punition estant donc inévitable, à moins que de s'en exemter par la force, il eut recours à l'unique moyen que la politique fournit pour sauver les grands coupables. C'est à dire qu'il n'oublia rien de ce qui servoit à rendre ses complices irréconciliables avec la Cour. Il feignit d'avoir trouvé entre les papiers de Gondrin, une commission en bonne forme, d'exterminer tous les Calvinistes du Dauphiné, sans distinction d'âge, ny de sexe, & sans pardonner aux femmes grosses. Le jour, l'heure, & les autres circonstances y estoient marquées, & les Calvinistes du Dauphiné trop credules, élurent des Adrets pour leur Chef, en l'absence de Montbrun, occupé dans la Bourgogne.

Des Adrets trop fier pour se contenter de commander en la place d'autruy, chercha les moyens de se procurer un employ plus solide, & s'approchant de

H h ij

1562.

Antoine de la Tour, Baron de S. Vidal.

Lion, sous pretexte de mener un prompt secours aux Calvinistes de cette grande Ville qui s'en estoient saisis, il les cajola si bien qu'il leur persuada de luy obéir, & d'écrire au Prince de Condé qu'ils seroient ravis de l'avoir pour Gouverneur. Il fit en attendant la réponse des choses si prodigieuses qu'on eût eu de la peine à les croire, s'il n'eût imité la foudre en laissant de funestes marques de son passage par tout où il estoit allé. Il défit avec cinq cens hommes, Saint Vital qui venoit avec trois mille ravager les environs de Lion pour y causer la famine ; & sçachant que la Noblesse de Forest s'estoit assemblée pour le même dessein, il la prevint, la dissipa sans rien perdre, en contraignit une partie de se sauver dans les montagnes voisines, & reduisit l'autre partie à s'enfermer dans Feurs, où il la força de se rendre à discretion, & la tailla en pieces. Il passa de là comme un éclair dans le Dauphiné où il se porta pour Lieutenant de Roy, quoy qu'il n'en eût pas même les provisions du Prince de Condé. Il contraignit le Parlement de Grenoble de chasser ceux de son Corps qu'il soupçonnoit estre affectionnés aux Triumvirs ; & l'obéissance qu'on luy rendit en ce point important luy servit comme de moyen pour achever de rendre Calviniste la Ville de Grenoble. Il permit à ceux de son party d'en oster toutes les marques de l'ancienne Religion, & l'argenterie des Eglises fut envoyée par son ordre à Valence, quoy que ceux qui l'en avoient tirée pretendissent qu'elle devoit estre employée aux frais de la garde de leurs murailles. Il ne pardonna pas même à la grande Chartreuse, sur ce que sa situation & son voisinage pouvoient estre à la bienseance

LIVRE III.

des Catoliques. Il imputa fauſſement au Religieux qui l'habitoient, d'avoir donné retraite aux Troupes que ᵃ Maugiron avoit levées pour la ſureté des Catoliques, & ſans chercher de pretexte plus vray-ſemblable, il pilla & reduiſit en cendre ce Monaſtére, où on vivoit plus regulierement qu'en pas un de la Crétienté. Son inconſtance, ou pour mieux dire ſon ambition cachée, qu'on pouvoit appeller l'ame de ſes actions parut incontinent aprés, en ce que ne doutant point que les Catoliques ne luy enlevaſſent Grenoble à la premiere occaſion que la neceſſité des affaires l'obligeroit d'en ſortir, il en tira deux groſſes pieces d'artillerie & vingt de campagne, ſous couleur qu'il en avoit beſoin pour chaſſer des places voiſines les Catoliques; mais en effet, pour les empécher d'en profiter, puis qu'il les fit conduire à Valence.

Il ſe preparoit à diſſiper par une attaque impreveuë ſelon ſa coûtume, les levées de Maugiron, lors que les Italiens luy fournirent le prétexte qu'il cherchoit depuis long-tems d'exercer dans toute ſon étenduë, la cruauté qui luy étoit naturelle: Le Pape au premier bruit des troubles de France, avoit envoyé des gens de guerre pour la ſureté du Comtat d'Avignon ſous les ordres de Fabrice Serbellon Gentilhomme Milanois, d'ancienne famille & de longue experience, qui s'abandonnoit à la plus grande partie des vices de ſon païs comme il en poſſedoit les vertus. Serbellon ne pouvoit ſouffrir, autant par inclination que par politique que les Calviniſtes d'Orange ſe fuſſent rendus maîtres de leur Ville, & qu'ils y euſſent introduit une garniſon de ſix cens hommes. Il ſe figuroit

1562.

ᵃ *Laurent, Seigneur de Maugiron en Dauphiné.*

H h iij

1562.

Dans les causes de la prise d'Orange.
a *Honorat de Savoye.*
b *François de la Baume, Comte de Suze en Dauphiné.*
c *Jean de Pontevès, Comte de Carces, en Provence.*
d *Durand de Pontevès son frere, Seigneur de Illessam.*
e *Jean Perrin, Seigneur de Parpaille.*

que c'estoit à dessein de ravager son Gouvernement, & pour les prevenir, il se joignit aux Catoliques de Provence que les Comtes de ª Sommerive, de ᵇ Suze, de ᶜ Carces & de ᵈ Flassam, avoient assemblés, il leur persuada de faire une entreprise sur Orange, mais des Troupes levées à la hâte ne suffisoient pas pour un Siege regulier, & neanmoins la Place ne pouvoit estre surprise autrement, si les Calvinistes ne fussent privés de leur avantage par une precaution à contre-tems. Ils envoyerent à Lion le plus considerable de leurs Magistrats ᵉ pour y prendre les mesures d'une commune défence, & pour y acheter des munitions de guerre. Parpaille s'aquita fort adroitement de sa commission; mais au retour il fut trahy par le Bâtelier qui le conduisoit sur le Rhône, & livré aux Catoliques à cinq lieuës d'Orange. La Bourgeoisie de cette Ville fut incontinent informée du fait; & la passion qu'elle eut de recouvrer son Magistrat fut si violente, qu'elle fit sortir incontinent toute sa garnison pour courir aprés ceux qui l'emmenoient. L'inconsideration fut d'autant plus déplorable, qu'il n'y avoit que cinq heures que la garnison estoit partie lors que Serbellon parut devant Orange avec ses Troupes & celles des François Catoliques.

La Bourgeoisie surprise écrivit à la hâte à sa garnison de revenir, & tâcha cependant d'amuser Serbellon par une fausse negociation; Mais Serbellon estoit trop convaincu que le succés de son entreprise dépendoit d'une diligence extraordinaire pour perdre un seul moment. Sa baterie fit une bréche raisonnable; & pendant que ses Soldats y livroient l'aussaut, les Cato-

LIVRE III. 247

liques restés dans Orange, luy en ouvrirent une Porte. Il entra par là, & ses gens se contenterent d'abord de tüer tout ce qui se trouva sous les armes; mais ils renouvellerent ensuite les exemples d'une inhumanité la plus rafinée que les Tirans eussent inventé autrefois. Ils employerent leur industrie à faire que ceux qui avoient esté assés malheureux pour éviter leur premiere furie se sentissent mourir, & ne les tüerent qu'à petits coups. Ils en precipiterent sur des pieux, sur des hallebardes, sur des épées & sur des piques. Ils en pendirent à la cheminée & les brûlerent à petit feu. Ils prirent plaisir à leur couper les parties secretes; & leur rage ne pardonna ny aux enfans, ny aux vieillards, ny aux moissonneurs, quoy qu'ils ne leur eussent point trouvé d'autres armes que leur faucille. Les femmes & les filles n'en furent pas quittes pour la perte de leur honneur, & pour estre ensuite abandonnées aux Goujats, car on les mit en bute aux arquebusades, & on les pendit aux fenestres. Les garçons furent reservés pour servir au comble de l'abomination; Et pour ajoûter la moquerie à l'injure, les Dames qui avoient mieux aimé mourir que d'assouvir l'impudicité des vainqueurs, furent exposées nuës à la risée publique avec des cornes enfoncées dans les parties que la pudeur défend de nommer. Il y en eut de l'un & de l'autre sexe lardés avec des tirets de papiers coupés des Bibles de Geneve : On ne pardonna pas même aux Catholiques qui avoient ouvert la porte, & aprés qu'on leur eut marqué une place, & promis qu'ils y seroient en seureté avec leurs femmes & leurs enfans on les tailla en pieces.

Il ne se trouva que cent neuf Soldats dans le Châ-

1562.

teau, qui ne fufifant pas pour le défendre demanderent à capituler. On leur accorda tout ce qu'ils propoferent, mais ils ne furent pas plûtôt fortis qu'on les envelopa, & ceux qui ne furent pas jugés dignes de mourir par la main des Soldats, furent precipités du haut du rocher. Aprés que le pillage eut efté mis en feureté, les vainqueurs travaillerent à la démolition des murailles d'Orange ; & Serbellon perfuadé qu'il y auroit de la folie à laiffer fi proche du Comtat d'Avignon une Ville confiderable dont le Souverain eftoit Calvinifte, y fit mettre le feu qui reduifit incontinent en cendres le Palais de l'Evêque, & trois cens maifons avec ceux qui s'y eftoient cachés. L'embrafement eût continué fans une pluye extraordinaire qui l'éteignit en un moment & rendit inutile le foin de ceux qui atifoient le feu. L'horrible tonnere qui la preceda, donna lieu aux habitans qui trouverent l'occafion de fe fauver, d'aller joindre la garnifon à Serignan, d'où ils pafferent avec elle au camp des Adrets.

Cet intrepide & vigilant Capitaine aprit les cruautés exercés dans Orange, avec les tranfports interieurs de joye dont eft capable une ame fanguinaire, lors qu'un accident imprevû la met en eftat de commettre toutes fortes d'excés, fans qu'on luy puiffe reprocher d'avoir commencé. Comme le faccagement dont il fe plaignoit n'avoit point d'exemple parmy les Crétiens, il refolut de ne garder ny moderation ny mefure à le punir ; & fçachant que trois cens des Soldats qui l'avoient commis, eftoient demeurés en garnifon dans Pierrelatte, par l'ordre du Comte de Suze, il les y furprit le lendemain. Son artillerie eut à peine abatu

deux

LIVRE III.

deux ou trois toises de muraille qu'il monta luy-même à l'assaut, & intimida de sorte les assiegés qu'ils abandonnerent la breche, quoy qu'ils la pussent aisement défendre, & se retirerent dans la Citadelle situëe sur un roc escarpé, où il n'y avoit d'accés que par un sentier fort étroit. Des Adrets qui jugeoit de leur crainte par l'avantage qu'ils avoient negligé, ne leur donna pas le loisir de se reconnoître, & les poursuivit de si prés qu'ils ne s'aviserent pas de luy disputer l'entrée d'un sentier que dix hommes pouvoient défendre contre mile. Ils ne penserent qu'à parlementer, & des Adrets fut ravy de les amuser par une feinte négociation, pendant que ceux de ses Soldats qui s'estoient sauvés d'Orange trouverent moyen d'ouvrir la porte & de se cou'er dans la Citadelle. Il leur permit alors de se venger à leur fantaisie, & ces ames éfarouchées ne mirent aucune distinction entre les innocens & les coupables. Tout passa par le precipice ou par le feu, & des Adrets dont la fureur n'estoit qu'éguisée par un chastiment si general & si severe, tira de Pierrelatte reduite en une affreuse boucherie, ses Soldats encore dégoutans du carnage, pour les mener devant Bourg.

Quelque diligent qu'il fût, le bruit de ce qu'il venoit de faire l'avoit precedé; & les Bourgeois de la Ville qu'il menaçoit apprehenderent d'estre traités de même que leur voisins. Ils luy porterent humblement leurs clefs, & cette soûmission leur ayant sauvé la vie, excita ceux du Pont S. Esprit à les imiter. Ils envoyerent au devant de luy, & le mirent en possession de cette Clef du Rhône, qui empéchoit la communication des Catoliques en trois ou quatre Provinces. Il y

1562.

Dans la reprise de Pierrelatte.

Tome I.   I i

laissa une forte garnison sous la conduite de du Pont, le meilleur de ses Officiers, quoy qu'il n'eût qu'un bras; & n'apprehendant plus que les forces du Triumvirat pûssent dérober Serbellon à sa vengeance il se jetta dans le Comtat d'Avignon. Boulenne, petite Ville où le Regiment de Bartelesso s'estoit mis à couvert avec une partie du pillage d'Orange, se mit inutilement en devoir de resister : elle fut emportée de vive force, & de toutes les rigueurs de la guerre elle n'évita que celles du feu.

Rien ne pouvoit plus traverser l'ataque d'Avignon, & des Adrets y couroit avec toute la vitesse imaginable. Les Calvinistes le suivoient avec d'autant plus d'ardeur, qu'il avoit promis de leur abandonner Serbellon & generalement tout ce qui se trouveroit entre les murailles de cette agreable Ville. La Bourgeoisie y estoit intimidée, & les Soldats Italiens se trouvoient en trop petit nombre pour soûtenir sans elle un assaut. La conjoncture sembloit favorable d'oster aux Papes un Etat florissant qui ne leur avoit coûté que cinquante-deux mille livres d'achapt ; & les Calvinistes outre la satisfaction d'affoiblir l'Eglise Romaine, y trouvoient leur compte en s'emparant d'une Ville qui fût bientost devenuë entre leurs mains une seconde Geneve.

Mais les grands évenemens sont presques aussi souvent traversés que les petits par de legers obstacles. Soit que le moindre éfort sufise pour les déconcerter, ou que l'orgüeil humain ne puisse estre reprimé par une voye plus charitable qu'en assujetissant ses vastes desseins aux moindres irregularités de la nature

LIVRE III.

& de la fortune. Des Adrets reçut à une lieuë d'Avignon la seule nouvelle capable de l'obliger à retourner sur ses pas, qui fut celle de la surprise de Grenoble par les Catoliques. Maugiron à qui le Duc de Guise avoit fait donner la Lieutenance generale du Dauphiné, aprés la mort de Gondrin, estoit passé en Savoye pour y faire des levées, sans crainte que des Adrets qui ne sortoit point du Royaume les dissipât.

Elles étoient presque achevées lors que la Bourgeoisie Catolique, que les Calvinistes avoient retenuë pour l'employer au travail des fortifications, resolut d'appeller Maugiron, & de se mettre en liberté à la faveur de ses Troupes. La négociation fut conduite avec tant d'adresse que les Calvinistes ne la découvrirent pas, & ce ne fut que par un leger soupçon fondé sur l'approche de la Cavalerie de Maugiron qui se tenoit le plus prés de Grenoble qu'elle pouvoit, sans sortir neanmoins des Terres du Duc de Savoye, que le Magistrat Calviniste de Grenoble pria le Parlement d'ordonner à Maugiron d'envoyer ses Troupes en des quartiers plus éloignés. Le Parlement estoit Catolique, & supportoit avec beaucop d'impatience que ce Magistrat luy ravit tous les jours quelque chose de son autorité. L'occasion de s'en défaire ne pouvoit estre plus favorable, en ce que Brionne que des Adrets avoit laissé pour Gouverneur dans Grenoble estoit malade. Le Parlement en profita sous pretexte de contenter le Magistrat. Il députa vers Maugiron, pour le conjurer en apparence de lever les justes soupçons que le voisinage de ses gens de guerre donnoit aux Calvinistes de Grenoble, mais en effet pour le hâter d'y venir, & pour

1562.

Dans la reprise de Grenoble.

Ii ij

1562. concerter avec luy toutes les circonstances de l'entreprise. Maugiron qui avoit apris à dissimuler à la Cour, où il avoit esté Page d'Henry II. eut avec les Deputés des conferences secretes, où l'on prit les mesures necessaires pour surprendre Grenoble, il leur donna ensuite par écrit sa réponse au Parlement concuë en des termes dont le sens estoit, Qu'il n'avoit assemblé le peu de Soldats qui donnoient de l'ombrage que pour la pompe, & pour estre accompagné lors qu'il prendroit possession de la Lieutenance generale du Dauphiné : Que ses predecesseurs en avoient eu pour le moins autant, & comme il ne leur estoit inferieur ny pour la naissance, ny pour les biens, il n'estoit point aussi d'humeur à leur ceder en ce qui regardoit l'éclat : Que les Calvinistes n'avoient aucun interest de s'en formaliser, & que neanmoins s'il y avoit de la défiance dans leurs esprits il estoit prest de la lever en leur communiquant les ordres exprés qu'il avoit recus de la Cour pour maintenir ceux de la nouvelle Religion dans tous les privileges qui leur estoient accordés par l'Edit de Janvier. En même tems il se saisit des avenuës de Grenoble, s'avança jusqu'au Pont de la Roche, envoya ses Provisions au Parlement & fit alte en atendant qu'elle fussent enregistrées. Le Parlement & les Officiers de la Ville, s'assemblerent extraordinairement ; ils remontrerent aux Calvinistes qu'ils n'estoient pas les plus forts, & que des Adrets étoit trop éloigné pour venir assés promptement à leur secours : ils les intimiderent d'un côté, en les menaçant d'une mort inévitable, pendant qu'ils les assuroient de l'autre par les promesses d'un traitement encore plus favorable que celuy que les Catoliques avoient reçu d'eux; & les reduisirent enfin à consentir que Maugiron entrât par une Porte, en même tems que la garnison de des Adrets sortiroit par l'autre, à condition que les Calvinistes y auroient liberté de conscience, & que l'Eglise des Cordeliers leur serviroit de Temple.

1562.

Maugiron se mit vainement en devoir de reprimer l'insolence de ses Soldats, parce qu'ils ne s'étoient enrôlés que pour piller. Les potences qu'il fit dresser ne les empécherent pas de rençonner les riches Heretiques, & l'on ne trouva point d'autre expedient pour arrester leurs excés, que de les tirer de Grenoble, pour les mener au siege de la Côte Saint André, Château qui tenoit encore pour des Adrets.

Maugiron le prit aisement, mais il échoüa devant celuy de la Bussiere, où des Adrets avoit laissé le Capitaine la Roche, Officier en qui la grandeur de courage suppléoit abondamment à l'extraordinaire petitesse du corps. Les assauts y furent soûtenus avec tant d'ordre & de vigueur, que Maugiron trop habile pour laisser plus longtems consumer ses forces devant une Place qui n'en valoit pas la peine, les ramena à Grenoble, où il obligea les Habitans de luy porter quatorze mil écus pour une entreprise qu'il avoit formée sur Valence.

Elle étoit si bien concertée, que rien ne l'eût empêchée de réüssir, si le hazard ne s'en fut mélé. Des Adrets qui ne sçavoit rien de l'intelligence des Catoliques dans la Place, y arriva un peu devant qu'elle dût estre livrée; & l'approche de Maugiron luy donna lieu

I i iij

1562.

de soupçonner la verité, il en fit une si exacte recherche qu'il la découvrit. Il abandonna la punition des Bourgeois coupables à leurs Concitoyens Calvinistes, & courut à Romans, où il esperoit de joindre les Troupes de Maugiron & de les combatre quoy qu'elles fussent plus fortes que les siennes, & principalement en Cavalerie; mais Maugiron quita la partie, rentra dans la Savoye, méprisa les défis de son aversaire, & laissant en doute laquelle il craignoit le plus de sa fortune ou de sa valeur, il aima mieux mener sa petite armée en Bourgogne pour la joindre à celle de Tavanes. Romans ouvrit ses portes à des Adrets qui n'y demeurant qu'une partie de la nuit, parut le lendemain au point du jour devant S. Marcellin. Il la força en moins de trois heures, & aucun des trois cens Soldats qui la défendoient, n'évita la corde ou le precipice.

Dans la reprise de Grenoble par ces Calvinistes.

Les Catoliques de Grenoble n'atendoient rien de plus doux d'un homme crüel qu'ils venoient de trahir; mais il n'est point de passion dont une Communauté soit moins souvent capable que celle du desespoir. Celle-cy ne s'amusa à se plaindre ny de la lâcheté, ny même de l'ingratitude de Maugiron; & quoy qu'également persuadée de la grandeur de sa propre offense & l'humeur implacable de des Adrets, elle joignit ses Deputés à ceux de ses Concitoyens Calvinistes, qu'elles sçut interesser dans la conservation. Elle fut plus heureuse qu'elle ne pensoit puis qu'elle obtint tout ce qu'elle demanda. Des Adrets se contenta d'avoir recouvré Grenoble aussi facilement & avec beaucoup plus de gloire qu'il n'en avoit aquis en la surprenant; & y logea toute son armée, où il y avoit plus de six mille hommes, sans qu'elle y commit aucun defordre. Il ne voulut pas même que le Parlement ceffât de s'affembler, pour ne rien oublier de ce qui fervoit à gagner cette Compagnie toute compofée de la principale Nobleffe du Dauphiné.

Lors qu'il fut obligé de retourner à Lion, il laiffa Grenoble à la garde d'un Confeiller Calvinifte nommé de Ponnat, avec cinq Enfeignes d'Infanterie. Mais il n'eut pas tant de complaifance pour ceux qu'il devoit ménager le plus ; & ce fut là l'origine & même la principale caufe de fa dégradation. Comme il eftoit le plus fouvent obligé de tenir la campagne, non feulement pour y faire fubfifter fes Troupes, mais encore pour déloger les Catoliques des environs de Lion, il jetta les yeux pour commander les gens de guerre dans cette importante Ville, fur ᵃ Bourjac, Gentilhomme de fon Païs, fidele à la verité, mais plus capable de toute autre chofe que des fonctions militaires. Ce choix fait par un Capitaine Soldat s'il en fût jamais, fut trouvé d'autant plus étrange que les Calviniftes de Lion s'eftoient imaginé qu'il prendroit un d'entr'eux pour fon Lieutenant, ou du moins qu'il n'en chercheroit pas plus loin que parmy la Nobleffe du voifinage. Ils fe piquerent d'autant plus de cette exclufion, qu'elle paffoit dans leur efprit pour un effet de fon mépris ou pour une marque de fa defiance; & ils ne voulurent point obéïr à Bourjac, fous pretexte que c'eftoit un des plus anciens privileges de leur Ville de ne fe pas foûmettre aux Chefs qu'ils n'auroient point élûs. Ils prefferent Soubife de revenir à Lion, pendant que des Adrets perfuadé qu'ils recevroient

1562.

André de Ponnat.

ᵃ *Felix de Bourjac, Sénéchal de Valentinois.*

enfin le Bourjac, avoit mené son Armée devant Mouron.
Cette petite Place ne se défendit pas long-tems, & celle de Montbrison resista davantage. Moncelar qui en estoit Gouverneur, pretendoit arrester la fougue de des Adrets. Il fut même assés heureux pour dissiper la crainte qui s'estoit emparée de la Bourgeoisie au seul nom de son ennemy, & pour leur inspirer la resolution de tenir jusqu'à l'extremité ; mais leur nombre étoit trop petit & leurs murailles trop foibles pour resister à une longue batterie. Des Adrets en mit par terre prés de la moitié, & livra un assaut si furieux, que les assiegés ne purent le soûtenir. Ceux qui moururent sur la breche furent les mieux traités, parce que les autres qui s'étoient retirés dans un boulevart furent contraints de se rendre à discretion. On se contenta d'abord de les desarmer ; mais l'aprésdinée des Adrets voulut avoir le plaisir de les voir tous se precipiter eux-mêmes l'un aprés l'autre du haut de la Tour. Poncenat, Mouvans, Blacons & ses autres Officiers, luy representerent que le droit des gens regnoit dans la guerre, aussi bien qu'ailleurs : Qu'il y avoit de la barbarie à tuer de sang froid les plus dangereux ennemis vaincus, & de l'inhumanité à se divertir du supplice des plus coupables : Que les prisonniers de Montbrison n'estoient plus à craindre : Que leur perte atireroit au Calvisme une infinité de nouveaux adversaires ; & que le Ciel étoit trop juste pour continuer de favoriser les armes d'un Chef qui renouvelleroit dans sa patrie des excés qui n'y avoient point esté commis depuis les guerres des Anglois. Des Adrets repartit avec un visage dont

la

LIVRE III.

la laideur naturelle étoit beaucoup augmentée par la fureur, & qui par conſequent tenoit plus de la furie que de l'homme. Que le châtiment dont il aloit uſer étoit neceſſaire pour arreſter la cruauté des Catoliques; & que pour les reduire aux loix de la bonne guerre qu'ils avoient violés les premiers à la priſe d'Orange; il leur faloit montrer auparavant que les Calviniſtes ſçavoient faire la mauvaiſe guerre auſſi bien qu'eux.

1562.

Ces deux ridicules excuſes furent ſuivies d'une execution qui devoit eſtre retranchée de l'Hiſtoire, s'il étoit permis de ſupprimer les verités honteuſes à la nation. On monta les priſonniers ſur la plate-forme au deſſus de la Tour. On jetta du haut en bas ceux qui n'eurent pas la reſolution de ſe precipiter eux-mêmes; & l'on ne pardonna pas même à leur Chef le brave Moncelar, quoy qu'il ne ſe fût rendu qu'à condition d'eſtre traité en priſonnier de guerre. Des Adrets contempla tant d'horribles ſpectacles avec autant de froideur que s'il eût aſſiſté à la Comedie, comme s'il eût voulu montrer que l'excés des paſſions n'eſt jamais ſi grand qu'en matiere de cruauté.

Il y eut neanmoins un Soldat qui ſauva ſa vie par une action qui tenoit plus du ridicule que de la preſence d'eſprit. Il prit deux fois ſa ſecouſſe d'un bout de la plate-forme à l'autre comme s'il eût eu deſſein de ſauter plus loin; & cependant il s'arreſta tout court ſur le bord du precipice. Des Adrets indignés de ce qu'il avoit fruſtré ſon attente, luy dit d'un ton aigre, Qu'il perdoit le tems, & qu'il ſufiſoit d'avoir deux fois ſondé le gué : Mais le Soldat ſans s'étonner luy répondit qu'il le luy donnoit en quatre ; & des Adrets admirant l'intrepidité d'un homme à qui l'approche de la mort n'eſtoit pas capable d'ôter la liberté d'eſprit neceſſaire à la raillerie, luy pardonna.

Il reçut dés le lendemain la nouvelle que Soubiſe étoit rentré dans Lion ; & il ne pût s'empécher dans les premiers tranſports du dépit dont il fut ſaiſi d'accuſer d'ingratitude le Prince de Condé. Il falut pourtant obéir & faire bonne mine : car d'un côté ſon humeur farouche rebutoit ceux à qui ſon incomparable valeur donnoit de l'eſtime, & le rendoit plus propre à eſtre dépoſé impunément : & de l'autre, Soubiſe fit plus qu'on ne devoit attendre de la prudence la plus conſommée. Il mania cet eſprit fier avec tant de delicateſſe, que non ſeulement il luy fit avaler ſans dégoût un breuvage auſſi amer qu'étoit à ſon égard la perte du Gouvernement de Lion, mais encore il luy perſuada d'aller avec ^a Montbrun continüer la guerre dans le Dauſiné.

^a *Charles du Pui, Seigneur de Montbrun en Daufiné.*

Ce n'eſt point icy le lieu de decider ſi des Adrets avoit ſujet de ſe plaindre de ſon parti ; mais il eſt conſtant que la Ville de Lion avoit alors plus de beſoin d'un Chef politique & populaire, que d'un grand Capitane. Son Magiſtrat avoit intercepté une Lettre du Roy de Navarre au Comte de Sommerive, fils aîné du Comte de Tende, Gouverneur de Provence, dont le ſens étoit, que la Cour luy ſeroit d'autant plus obligée de ce qu'il perſeveroit dans la Religion Catolique, que ſon Pere eſtoit le protecteur ſecret des Calviniſtes, & que ſes Freres s'étoient declarés pour eux. On l'avertiſſoit enſuite de prendre ſoin d'un Gouvernement dont il avoit la ſurvivance, c'eſt à dire qu'on l'engageoit à decrediter ſes plus proches, & à leur laiſſer ſi peu de pouvoir qu'il leur fût deſormais impoſſible d'en abuſer. Enfin on luy envoyoit des commiſſions pour augmenter les Troupes de ſon Pere qu'il avoit débauchées, pour aller joindre Tavannes & Maugiron, pour faire avec eux le déguât aux envrons de Lion ; & pour commer enſuite le blocus de cette grande Ville, en atendant qu'on luy envoyât des forces ſufiſantes pour y former un ſiège regulier.

1562.

Les Calviniſtes de Lion avoient envoyé cette Lettre aux Suiſſes Zuingliens, pour les exciter à leur donner du ſecours, en leur montrant le beſoin qu'ils en auroient bien-tôt ; & les Suiſſes s'étoient comportés en gens qui d'un côté ne vouloient pas que la Bourgeoiſie de Lion dont la Religion étoit preſque ſemblable à la leur perit tout à fait, & de l'autre, n'oſoient l'aſſiſter ouvertement de peur de perdre les penſions qu'ils tiroient tous les ans de la France. Ceux de Berne avoient accordé huit Enſeignes ; Ceux de Neuchâtel, trois ; & ceux de Valais, quatre ; Mais à condition de n'agir que pour la défenſe des murailles de Lion. Soubiſe informé de cette clauſe, remontra au Conſeil de Berne qu'une Ville auſſi peuplée que celle de Lion n'avoit pas beſoin de Soldats pour défendre ſes murailles, mais pour y faire entrer du pain, & pour l'empécher d'être aſſiegée. Cette raiſon ſecondée par l'éloquence, & plus encore par le credit du fameux Libraire Jean Frelon, à qui rien ne manquoit que l'experience pour les grandes affaires, obligea ceux de Berne à revoquer la condition ; mais ceux de Neuchâtel & de Valais au lieu de les imiter, ne chercherent pas même de pretexte pour r'apeller leurs sept Enseignes qui n'étoient qu'à deux journées de Lion.

Blacons joignit avec de la Cavalerie, les huit Enseignes de Berne, & les conduisit en Auvergne à l'Abbaye de la Chaise Dieu, où il étoit assuré de trouver un tres-grand magazin de bled. La forte situation du Monastere, & la garnison que les Moines y entretenoient ne l'exemterent pas d'être forcé ; mais Blacons pressé de se retirer à la hâte par les Troupes Catholiques des Troits Saints (c'est ainsi que l'on nommoit les Seigneurs de Saint ᵃ Chaumont, de Saint ᵇ Héram, & de Saint Vidal) qui marchoient à ses trousses, fut conttaint de laisser dans la Chaise-Dieu l'élite de ses Soldats sous la conduite de Montroux, qui ne se défendit pas avec tant de resolution qu'il avoit témoigné de brutalité dans l'assassinat de la Motte-Gondrin, comme s'il eût voulu donner un exemple celebre que la veritable valeur n'est pas plus éloignée de la lâcheté, qu'elle l'est de cette fausse valeur qui sert à commettre les grands crimes. Il capitula sans attendre l'extremité, quoy qu'il luy fût aisé de prevoir que la foy ne luy seroit point gardée : Et il eut le dépit d'éprouver que ce fut seulement à son égard que les Catoliques la violerent. Ils le menerent piés & poings liés à Riom, où l'on tâcha inutilement de le faire mourir en prison à force de mauvais traitemens, la crainte de des Adréts empéchant de mettre en usage les voyes ordinaires.

Mais Blacons fut bien-tôt sujet à l'inconvenient ordinaire à ceux qui commandent des Soldats étrangers & mercenaires ; car son Infanterie deserta tout d'un

a Christofle, Seigneur de S. Chaumont, en Forests.
b Gaspard de Montmorin, Seigneur de S. Hérem, en Auvergne.

1562.

coup. Mendoſſe Ambaſſadeur de France en Suiſſe, 1562. ſçût ſi bien remontrer au Canton de Berne qu'il violoit l'aliance contractée depuis cent ans avec les Rois Tres Chrétiens, & le menaça ſi fortement de le faire declarer perfide par les autres Cantons, qu'il obtint de luy la revocation des huit Enſeignes qui ſervoient ſous Blancons.

Soubiſe qui n'avoit pû parer ce coup, tâcha de le rendre moins dangereux en faiſant lever de la Cavalerie Alemande, au lieu de l'Infanterie Suiſſe, mais il n'évita pas la terreur que le départ de celle-cy jetta dans la Bourgeoiſie de Lion. Elle fut ſi generale que la Ville eût été deſertée, ſi Soubiſe n'en eût arrêté les Habitans par une diſſimulation ſi ſubtile, que tout autre qu'un Courtiſan achevé comme luy n'en eût pû venir à bout. Non ſeulement il ne s'opoſa pas à ceux des deux Religions qui ſe preſentoient pour ſortir, mais il offrit même de leur donner eſcorte. Il ajoûta que ſa Charge l'obligeoit à prendre un ſoin tout particulier de leurs biens pendant qu'ils ſeroient abſens, & qu'ainſi il ne pouvoit ſe diſpenſer de leur demander un état exact & fidele de ce qu'ils laiſſoient dans Lion, qu'il promettroit de repreſenter à leur retour tous les effets qui ſe trouveroient ſur le livre qui ſeroit dreſſé de concert avec eux, mais qu'il declaroit auſſi n'être pas reſponſable de ce qu'on luy demanderoit au delà. Les Bourgeois découvrirent une partie de l'artifice de Soubiſe, & jugerent que ſa precaution ne venoit pas tant de charité à leur égard, que de deſſein qu'il avoit de s'emparer de leur biens ſous pretexte de retenir des gages de leur retour pour les vendre immediatement aprés qu'ils feroient partis, & pour trouver ainfi le fonds neceffaire à la fubfiftance de fa garnifon fans incommoder ceux qui demeureroient à Lion.

L'unique moyen d'arrêter les refolutions extrémes, eft de fufpendre la premiere impetuofité qui porte à les executer. La crainte de perdre ces effets retint la Bourgeoifie qui vouloit fortir, & luy donna le tems de refléchir fur fon action; & l'adreffe de Soubife la reduifit à faire de fon gré ce que toute fa garnifon n'eût pût la contraindre de faire par force. Le fuccés de cette rufe eut plus d'étenduë que n'avoit prevû Soubife. Des Adrés tout fon ennemi qu'il étoit, l'admira d'autant plus qu'il étoit naturellement moins capable de parvenir à ces fins par des voyes fi delicates; & n'ofant plus envier le Gouvernement de Lion à un homme qui s'en aquitoit fi finement, alla décharger fa colere fur le Comte de [a] Suze.

Celuy-cy aprés avoir manqué Boulenne, ou [b] Ventabren avoit été bleffé dangereufement en écrivant le nom de fa maîtreffe au plus haut de la muraille, par une galanterie qui étoit alors en ufage, avoit pris & pillé Vaureas, il s'étoit enfuite campé fous l'artillerie de la Place, lors que des Adrets d'un côté & Montbrun de l'autre, quoy que plus foibles, refolurent de le forcer. Ils l'ataquerent fi brufquement qu'ils ne luy donnerent pas le loifir de fe reconnoiftre; & le feul nom de des Adrets mit en fuite la plûpart des Catoliques. Suze fit tout ce que pouvoit faire le Soldat le plus déterminé & le plus fage Capitaine; il par-

[a] *François de la Baume, Comte de Sufe, en Daufiné.*
[b] *Guillaume de Quinquéran, Seigneur de Ventabren, en Provence.*

Dans la Relation de la défaite de Vaureas.

loit & montroit l'exemple à des gens à qui la peur avoit ôté à son égard l'usage des yeux & des oreilles.

1562.

Cette victoire aquit à des Adrets la Principauté d'Orange, & le Comtat Venaissin. La Ville d'Avignon trembloit déja dans la crainte de le revoir au pié de ses murailles ; mais l'assurance qu'un Soldat luy avoit donnée de l'introduire par intelligence dans Carpentras, luy fit quiter une conquête assurée pour une qui étoit imaginaire. Le Soldat n'executa pas ce qu'il avoit promis, parce que ceux qui le devoient seconder manquerent de resolution ; & le défaut de vivres où des Adrets étoit souvent reduit à cause de la longueur & de la promtitude de ses marches, l'obligea de retourner à Valence. Le séjour qu'il y fit r'apella dans sa memoire ses mécontentemens passés. Il se souvint à contre-tems, qu'il servoit des ingrats ; & cette reflexion le porta insensiblement à passer du dépit au chagrin, & du chagrin à l'oisiveté, quoy que d'ailleurs il fût le plus diligent des hommes, & que son party n'eut jamais eu plus de besoin de son assistance qu'il en avoit alors.

Le Comte de Sommerive avoit achevé de dépoüiller le Comte de Tende son Pere du Gouvernement de Provence, & avoit renfermé dans la Ville de Cisteron tous les Calvinistes de la Province dont il se défioit. Il les y avoit ensuite investis, & Mouvans qui prenoit le soin de les défendre, perdant l'esperance de resister à la longue, parce que Suze qui s'étoit sauvé de Vaureas à course de cheval, avoit r'alié de sa défaite seize Compagnies d'Infanterie & deux Cornettes de Cavalerie qu'il avoit menées à Sommerive. Il n'y avoit que des Adrets qui pût dégager Cisteron ; & l'apparence étoit qu'il refuseroit d'autant moins de rendre cet Office à Mouvans, que Mouvans étoit sorty de Provence pour l'accompagner devant Grenoble, à la premiere demande qu'il luy en avoit faite. Cependant ny les Lettres puissantes de Mouvans, ni le voyage d'un adroit Calviniste qui passa travesti au travers des lignes de Sommerive, & rendit un comte exact de l'état du siege à des Adrets ne le toucherent point. Il differa aussi long-tems qu'il eut des pretextes de delay, & ce ne fut qu'après les avoir tous épuisés qu'il feignit de ceder aux importunités de la Noblesse Calviniste du Daufiné, qui vouloit en toute maniere être conduite au secours de ses Fréres assiegés dans Cisteron. Il r'assembla son armée au Pont S. Esprit, & détacha Montbrun avec cinq cens hommes, pour conduire l'artillerie gagnée au combat de Vaureas, par le chemin de la Croix haute qui étoit le plus propre au chariage. Il promit de le suivre par le chemin des Baronies, le plus court à la vérité, mais aussi le plus incommode, & luy commanda de l'atendre à Nions. Il prit ensuite sa route par Saint Laurent des Aubres, & par Roquemaure qu'il força. Il extermina tous les Italiens qui se trouverent dans le Pont de Sorgues, qu'il venoit de surprendre. Sa diligence toute incroyable qu'elle étoit, ne fut toutefois pas assés grande pour seconder la fortune qui l'eût fait entrer dans la Tour de Villeneuve & dans le Fort de S. André, d'où les garnisons avoient fuï par une terreur panique, & l'eût par conséquent rendu maître d'Avignon, s'il se fût assés tôt présenté pour

Dans les causes de la défaite de Montbrun.

pour y entrer. Il ne laiſſa pas neanmoins de donner heureuſement le change à Serbellon, qui le prétendoit défaire par ſtratagême. Serbellon avoit envoyé des barques pour l'amuſer au deſſus du Rhône, pendant qu'il ataqueroit ſon camp avec l'élite de ſes Troupes ; mais des Adrets s'étant contenté de mener la moindre partie de ſes gens, contre les barques, laiſſa le reſte à Mirebeau, avec ordre de battre le chemin d'Avignon. Mirebeau trouva Serbellon au ſortir de la Ville, & le batit avec d'autant plus de facilité, que la Cavalerie du Pape ſe renverſa preſque d'abord ſur l'Infanterie.

Des Adrets vainqueur avec tant de facilité, décendit comme un tourbillon vers la Durance, & renverſa tout ce qui parut, avoir deſſein de l'arrêter. Il prit Cavaillon, & ſçachant que pour l'obſerver, les Troupes deſtinées à la conſervation d'Arles, s'étoient avancées de l'autre côté de la Durance, & poſtées à Orgon petite Ville, vis à vis de Cavaillon, il trouva le moyen de paſſer à gué la riviere, qui par hazad ſe trouva plus baſſe qu'à l'ordinaire, & fit donner ſi promtement l'eſcalade à Orgon, la nuit du dernier Aouſt au premier Septembre 1562. que tout ce qui s'y étoit jetté, paſſa au fil de l'épée.

Rien ne s'oppoſoit plus à la jonction de des Adrets avec Montbrun, qui aprés avoir ſurmonté par la patience, & par l'induſtrie, une infinité de dificultés jugées invincibles, étoit arrivé ſans perte au rendés vous que ſon Général luy avoit donné, lors que des Adrets gagné par les intrigues dont on parlera dans la ſuite de cette Hiſtoire, ou perſuadé que les aſſiegés dans

Cisteron, n'étoit pas si pressés qu'ils écrivoient, ruina par une négligence affectée, les affaires de son parti, que sa vigilence avoit établies par tant de victoires. Il changea le projet de joindre Montbrun dans les montagnes, en celuy de marcher par la plaine, & mena ses Troupes devant la Ville d'Apt, leur faisant accroire que Sommerive ne l'auroit pas plûtôt senti devent cette importante Place, qu'il leveroit le siege de Cisteron. Montbrun atendit inutilement des Adrets à Nions, & n'y recevant aucune de ses nouvelles, crût devoir aller au secours de ceux de Cisteron, qui luy mandoient ne pouvoir plus tenir que trois jours. Il s'avança jusqu'à Lorgron Village à demie lieuë de la Ville d'Orpieres, où Suze l'atendoit avec l'élite des Troupes Catoliques qu'il avoit tirées du siege de Cisteron. Le combat fut long ; mais enfin le plus grand nombre vainquit le moindre. Montbrun plus foible de la moitié, fut défait, & Suze recouvra l'honneur & l'artillerie qu'il avoit perdus à Vaureas. Son retour devant Cisteron, augmenta le courage aux assiegeans, sans le diminuer aux assiegés. Les premiers firent une bréche de cent quarante pas, & les seconds la reparérent avec tant de courage, que les femmes & les enfans marchoient hardiment sur les corps de ceux qui venoient d'être tués, pour jetter pluftoft aux lieux qu'il falloit, la terre, le fumier, & les fascines. L'assaut ne ne laissa pas d'être donné au même endroit, & de continuer avec une égale ardeur durant sept heures. Les deux partis y consumérent ce qu'ils avoient de poudre, & combatirent depuis avec des pierres & à coups de main. Les assiegés n'ayant plus de vivres, résolu-

LIVRE III.

rent de se sauver la nuit par un sentier dont les Catoliques avoient négligé la garde, sur ce qu'il n'y avoit aucune aparence que des hommes eussent jamais passé par là. Un Calviniste mécontent de Mouvans, alla reveler à Sommerive, que les assiegés avoient dessein de s'enfuïr par cet endroit. Suze voulu envoyer des gens de guerre pour se saisir de l'avenuë, mais il en fut détourné par [a] Cental, prévenu de la pensée que c'étoit une ruse des Calvinstes, inventée à dessein de l'obliger à tirerer de ses lignes un bon nombre de Soldats, afin que lors qu'elles seroient affoiblies les assiegés fissent une sortie, & donnassent sur l'artillerie des assiegeans. Ainsi les Catoliques ; par un excés de rafinement perdirent l'occasion d'exterminer ce qui pouvoit un jour relever le parti Calviniste dans la Provence ; Mouvans tout blessé qu'il étoit, sortit par une fausse porte avec la garnison, & la Bourgeoisie de Cisteron fit une retraite qui ne sçauroit être assés estimée.

La nuit du quatre au cinq de Septembre 1562. Il fit charger sur les chevaux qui luy restoient, les enfans, les malades, les blessés & les vieilles gens. Il traversa le Pont, le Bourg, le défilé & la montagne de Molard, & ne donnant à ses gens que le loisir de reprendre haleine, il les fit marcher prés de vingt-quatre heures par des chemins écartés, sans dormir, jusques à ce qu'ils arriverent à Bargues, Village éloigné de Cisteron de sept grandes liuës. Il y fit la reveuë, & trouva plus de quatre mille personnes dont il n'y avoit que mille Soldats. Il distribua ceux-cy à la tête & à la queuë, & s'étant rafraichi dans le Village de Salonet, il tira

[a] *Gabriel de Bouliers, Seigneur de Cental en Provence.*

1562.

droit à celuy d'Ubaïe, où il pretendoit passer la Durance ; mais en la reconnoissant, il aperçût des Troupes Catoliques postées sur deux costeaux, au travers desquels les Calvinistes devoient passer : ce qui le jetta dans un étrange embaras, car s'il avançoit, il étoit perdu sans resource, & s'il retournoit sur ses pas, il deviendroit avec tous les siens, la victime des Païsans Catoliques que son passage avoit alarmez par tout, & qu'il retrouveroit par consequent sous les armes en état de luy disputer le retour. Il ne luy restoit qu'une seule voye pour se sauver, qui étoit celle de se réfugier en Piémont ; mais le Duc de Savoye n'y souffroit point de Calvinistes, & n'étoit pas d'humeur à consentir sans être forcé, qu'ils portassent delà les Alpes, les semences de leurs erreurs. Mouvans ne laissa pas neanmoins d'en prendre la route à tout hazard, Il tourna tête vers le Pas de Lozet, qui n'est qu'une roche fenduë par où l'on sort de France, & l'on entre dans la Valée de Terranova en Piémont. Il avoit détaché ses meilleurs arquebusiers qui s'étoient saisis du Pas : mais les Habitans de la Valée qui les avoient découverts, étoient courus aux armes ; & l'ataque aloit commencer, lors qu'il arriva avec l'arriegarde Calviniste. Il prévit judicieusement que le succés luy en seroit également desavantageux, soit qu'il fût vainqueur, ou qu'il fût vaincu, parce que si les arquebusiers étoient chassés du Pas, ses Calvinistes demeureroient en proye à leurs ennemis, ou à la famine ; & que si les Piémontois étoient repoussés, l'inutilité de l'éfort qu'ils auroient fait, attireroit dans la Valée les Troupes destinées par le Duc de Savoye, à

LIVRE III.

la garde de ses Frontieres qui ne donneroient point de quartier aux Calvinistes. Il faloit donc mettre le différent en négociation ; & Mouvans qui connoissoit des personnes dans la Valée, les fit venir en donnant des ostages. Il les ménagea avec tant d'adresse, qu'il convint par leur entremise, avec les autres Habitans de la Valée, qu'il retireroit du Pas ses arquebusiers, & que les femmes, les enfans & les personnes inutiles, auroient la liberté de passer le même Pas, & de se rafraichir dans la Valée : Que l'on dépécheroit cependant à la Cour du Duc, pour recevoir ses ordres, & qu'en les atendant, Mouvans avec ses gens de guerre, s'arréteroit à une raisonnable distance deça le Pas. Ainsi les bouches inutiles passèrent dans l'état déplorable où elles étoient & leur vuë atendrit les Piémontois de sorte, qu'ils mandèrent deux ou trois heures aprés à Mouvans, qu'il pouvoit venir avec le reste de sa troupe en toute seureté.

Les Calvinistes délogérent dés le lendemain septiéme, nonobstant une grosse pluye qui dura jusqu'à midi, & ne les empêcha pas neanmoins de coucher dans le Village de Sanpaolo. Leur dessein étoit de rentrer en France le huitiéme, par le Dauphiné ; mais l'avis d'une embuscade que l'Archevêque a d'Ambrun leur avoit dressée, les contraignit de prendre la route de Pragelas, toute rude & deserte qu'elle étoit, & de coucher au Village de la Chanau, qui ne leur fournit que des choux. Ils montérent le neufiéme la fâcheuse Montagne de la Guéle. Ils s'ouvrirent l'épée à la main, un chemin au travers des Troupes Catoliques que la Casette Gouverneur de Briançon, avoit mises

1562.

a *Guillaume de S. Marcel d'Avençon.*

dans le Village de Mélieres, pour les arrêter ; & se contentérent aprés une longue traite, du peu de pain & de laitage que leur offrirent par pitié les Habitans de Biajas. Le dixiéme ils passérent le Mont de l'Argentier, & se logérent sur le soir dans le Vilage de Sauze, à une lieuë de Pragelas, où la commodité des vivres, & le peu d'aparence d'y estre ataqués, les inviterent à prendre quatre jours entiers de repos. Mouvans y profita de l'occasion pour remettre en discipline ses Soldats, & pour les ranger sous huit Enseignes, afin qu'ils se divisassent plûtôt & plus aisément, lors qu'il seroit necessaire d'agir en même tems dans des lieux trop éloignés.

Ceux de Pragelas & d'Angrogne, les défrayerent gratuitement huit jours entiers, leur donnerent des vivres, les accommoderent de poudre dont leurs arquebusiers manquoient, & les escorterent jusqu'à Sauze, où ils retournerent le vingt-septiéme, dans l'intention d'aller à Grenoble ou à Valence. Ils couchérent le vingt-deuxiéme dans le Village de Sezanne ; & Mouvans persuadé que la Casette ne manqueroit pas de luy dresser une seconde embuscade, la prévint en partant à minuit. Il avoit passé à la vuë de Briançon, lors que le jour commença de paroître, & il aloit traverser la Durance sur le pont qui n'en étoit éloigné que d'un quart de lieuë ou environ. Mais la Casette s'y étoit retranché de sorte, qu'il fut impossible de l'en déloger. Mouvans descendit plus bas, où il y avoit un autre pont. Il le trouva rompu, & le desespoir eût alors jetté le desordre entre les siens, s'il n'y eût remedié par une admirable présence d'esprit. Il ne laiſſa pas d'aller droit au pont, & demeurant à l'arriere-garde avec ſon Infanterie, pour reſiſter à la Caſette qui s'avançoit pour l'enfoncer, il fit paſſer l'eau à ſa Cavalerie, avec ordre de chercher s'il ne ſe trouveroit point au delà, dequoy refaire le pont. Les Catoliques y avoient laiſſé par hazard les planches qu'ils en avoient oſtées, & les Calviniſtes les rajuſtérent ſi habilement, qu'ils eurent le loiſir de paſſer durant que Mouvans combatoit. Il les ſuivit incontinent aprés s'être démêlé de ſes ennemis, & ne s'arrêta qu'au Village d'Orpére, où des moutons que les Païſans Catoliques avoient négligé d'emmener avec eux, ſervirent de nourriture aux ſiens. Il aprit le 23. à Saint Bonnet, que Vinai Lieutenant général de l'Armée Catolique, avoit inveſti Grenoble, & prit à l'inſtant la réſolution de s'y jetter avec ſes Gens de guerre, ne voyant rien de meilleur à faire pour ſon party. Il ſe propoſoit de laiſſer à deux lieuës de cette Ville, les bouches inutiles qu'il avoit amenées de Ciſteron, & de les faire paſſer ſurement juſqu'à Valence. Il avoit commencé d'éxécuter ce projet, en prenant la route de Corpt, auprés de Gap, & s'aloit mettre ſans y penſer à la diſcrétion des Catoliques : car Vinai au prémier avis de ſa marche, avoit levé le blocus de Grenoble, & s'êtoit ſaiſi de Corpt, comme du Poſte le plus commode pour dreſſer une embûche aux Calviniſtes ; mais un Païſan avertit les troupes de Mouvans, ſans les reconnoître, du danger qu'elles couroient, & leur facilita l'accés de Triéves, d'où elles arrivérent le vingt-ſeptiéme à Grenoble.

Elles y trouvérent un ordre de Soubiſe, pour aller

1562.

Ceſar d'Anceſune, Seigneur de Vinai en Dauphiné.

1562.

à Lion, & se mirent trois jours aprés en devoir de l'exécuter. Des Adrets leur écrivit à Moïrenc, où elles logérent le premier Octobre, qu'il les atendoit à Virieu pour les escorter, parce que l'Armée Catolique du Duc de Nemours, observoit les grands chemins. Elles s'y rendirent à point nommé, & des Adrets les faisant marcher toute la nuit du troisiéme au quatriéme, les conduisit jusqu'à Crémieu, où elles trouvérent des bateaux qui les porterent le septiéme à Lion, où ceux qui les virent ne purent assés admirer le bonheur & la conduite de leur Chef, qui par des routes inconnuës, les avoit tirées d'une infinité de périls que la prudence humaine sembloit ne pouvoir éviter.

Claude Seigneur de Montchenu, en Dauphiné, à cause de Marie de Montchenu sa femme, fille aînée de Marin Seigneur de Montchenu, premier Maître d'Hostel du Roy, Senechal & Gouverneur de la Marche, & de Limousin, &c. & d'Antoinette de Pontbriand.

Comme il ne paroissoit plus en Provence de Calvinistes armés, depuis la retraite de Mouvans, Sommerive envoya ses Troupes à Tavannes, qui se disposoit à convertir le blocus de Lion en un siege regulier, lors que la Cour s'avisa à contre-tems de le rapeller. La Régente s'étoit imaginé que Soubise vivoit toûjours dans sa dependance, & sur ce faux principe elle avoit promis au Triumvirat, de le tirer de Lion par des voyes plus sures & plus éficaces que celles de la force. Elle avoit dépéché vers luy Monchenu, gendre de celuy qui avoit été Favori de François I. avec des offres plus que sufisantes pour tenter un homme, qu'elle suposoit n'être engagé dans le party Calviniste, que par l'amitié qu'il avoit contractée avec l'Amiral. Mais Soubise ne s'étoit trouvé ny ambitieux, ny inconstant, & Monchenu n'avoit pû tirer de luy d'autre réponse, sinon que la Régente avoit interest qu'il conservât jusqu'à la majorité du Roy son Fils,

la

LIVRE III.

1562.

la plus importante Ville du Royaume, aprés celle de Paris. La Régente indignée de s'eftre trompée, & d'avoir hazardé inutilement fon autorité, acquiéça par dépit à la propofition que luy fit le Duc de Guife, d'envoyer le Duc de Nemours affieger Lion. Elle ne croyoit pas qu'il dût donner aucun fujet à Tavanes de fe mécontenter, parce qu'elle n'eftimoit point Tavanes affés fier pour refufer d'obéïr à un Prince : mais la vertu des Courtifans ne va pas jufqu'à ceder volontairement le Généralat à qui que ce foit, quand ils ont commencé de l'éxercer avec une autorité prefque fouveraine, & Tavanes jugeant qu'il y aloit de fon honneur de n'être plus que Lieutenant général dans une armée qu'il avoit commandée en Chef, fe retira en Bourgogne.

Le fuccés du fiege que le Duc de Nemours mit enfuite devant Lion, fit douter fi la retraite de Tavanes venoit d'un véritable dédain, où plûtôt de la prévoyance que le fiége ne feroit point heureux. Et de fait, le Duc de Nemours aprés s'eftre engagé mal à propos devant Lion, fut contraint de fe retirer abandonné par trois mille Italiens qui defertérent faute d'eftre payés à point nommé. Leur vie avoit efté fi licentieufe, que les Païfans ne jugérent pas la pouvoir expier d'une autre maniere qu'en brûlant toutes les Chevres des lieux par où ils avoient paffé. Mais le Duc de Nemours n'eftoit pas affés mal avec la fortune, pour en eftre perfecuté, fans qu'elle travaillât un moment aprés à réparer par une faveur imprévûë, l'affront qu'elle venoit de luy faire. L'on penfoit qu'il fut encore devant Lion, lors qu'il fe prefenta en bataille devant la Ville de Vienne, où commandoit pour les Calvi-

Tome I. M m

nistes, François du Terrail, Seigneur de Bernin, héritier du nom & des armes, mais non pas de la valeur du Chevalier Baïard. Soubife dont il estoit obligé d'exécuter les ordres, luy avoit écrit plus d'une fois de se tenir enfermé dans sa Place, & de n'en sortir pour aucune occasion que ce fût. Sa sureté & celle de la Place, consistoient à obéïr exactement, parce qu'il avoit plus de Troupes qu'il n'en faloit pour s'empêcher d'estre surpris ; & d'ailleurs des Adrets avoit promis d'estre à luy avec toutes les forces de Dauphiné en deux jours. Mais Bernin oublia son interest & son devoir à la vuë des coureurs du Duc de Nemours. Il sortit à la teste de sa Cavalerie pour les charger, & les trouvant plus forts qu'il n'avoit crû, rentra dans Vienne avec une terreur panique qui luy osta le jugement. Il s'imagina qu'il luy seroit impossible d'y soûtenir la premiére ataque, & la laissant en proye aux Catoliques, il s'enferma dans le Château : Mais il y porta sa crainte, & sous prétexte qu'il n'en trouva pas la cisterne en bon estat, il le rendit peu d'heures aprés au Duc de Nemours. Une capitulation si promte, déconcerta tous les projets des Calvinistes, tant deçà que delà le Rône.

Des Adrets s'estoit mis en campagne au premier bruit de la marche du Duc de Nemours ; & comme il sçavoit admirablement la guerre, il s'étoit douté de l'intention de ce Prince ; mais il n'avoit pressenty ny l'imprudence, ny la lâcheté de Bernin : au contraire, il s'estoit imaginé que s'il ne luy donnoit le loisir de le secourir avec toutes ses forces, il tiendroit au moins jusqu'à ce qu'il fût à luy avec sa Cavalerie légere : Et

ce fut là la prémiére fois que la vigilance de des A-
drets fut furprife. Il prit quatre cens arquebufiers à
cheval, & les avoit conduits jufqu'à Beaurepaire, lors
que le Duc de Nemours qui n'avoit employé que
cinq heures à la réduction de la Ville & du Château
de Vienne, les fit enveloper avec toute fa Cavalerie,
& les défit fi univerfellement, que des Adrets eut luy-
méme bien de la peine à fe fauver. Le refte de fa petite armée qui fuivoit, eût efté fujete au même inconvénient, fans la merveilleufe intrépidité de Montbrun
& de Furmeïer, Officiers de des Adrets, qui jugérent
fagement du malheur arrivé à leur Général, par l'aproche trop promte du Duc de Nemours avec fa Cava-
rie. Ils fe rétrancherent à la hâte, & fe défendirent
un jour entier ; mais ils euffent efté le lendemain emportés par les Catoliques, renforcés de fept mille hommes d'Infanterie, & de quatre pieces de campagne, fi un
Domeftique du Duc de Nemours, qu'il prirent à l'entrée
de la nuit, ne les eût avertis du fecours qu'attendoit
fon maiftre : cette nouvelle les obligea de déloger
incontinent, & de ne s'arrêter qu'à la Côte Saint André, où n'ayant pris que trois heures de rélâche, ils
continüerent leur rétraite jufqu'à Romans, fans avoir
trouvé d'autres obftacles à furmonter, que les rochers.
Des Adrets fe remit à leur tête, & fe laiffa tellement
tranfporter à la vengeance de l'affront qu'il avoit reçû,
qu'il les ramena à Beaurepaire, fans faire réfléxion que
le lieu luy eftoit fatal, & fans informer Soubife de fon
intention, de crainte qu'il ne la traverfât, Il y trouva
le Duc de Nemours, qui plus fort de la moitié, le défit une feconde fois.

1562.

Dans la defaite de Beaurepaire.

Jacques Ram-baud, Seigneur de Furmeier en Dauphiné.

1562.

Mais la préfence d'efprit & l'expérience, ne paroiffent jamais avec tant d'éclat à la guerre, que dans les adverfités les plus furprenantes. Des Adrets reconnut fa faute au moment qu'il vit fes Saldats commencer à fe mettre en defordre; & il la répara avec la même froideur d'efprit & d'action, dont un autre qui ne l'auroit pas commife, eût efté capable. Il réduifit infenfiblement le combat en efcarmouches. Il détacha par un coup de maiftre, fes efcadrons & fes bataillons d'avec ceux des Catoliques. Il donna le fignal de la retraite, & la fit fans perdre fes rangs jufqu'à Bourgoin qui en étoit éloigné de quatre lieuës, n'y reçût ny plaintes, ny reproches de la part de Soubife, foit que celuy-cy eût plus d'admiration de fa vertu, que de reffentiment de fa précipitation, où qu'il n'ofât le pouffer, de peur de le reduire au defefpoir, dont les Calviniftes foupçonnoient qu'il n'eftoit déja que trop proche : au contraire il luy envoya deux mille Suiffes que le Colonel Lambiel avoit amenés fans aveu, autant d'Infanterie Françoife, fous la conduite de [a] Senas, & trois cens chevaux, commandés par Mouvans.

[a] *François de Gerente, Baron de Senas, en Provence.*

Des Adrets devenu de cette forte, contre fon efpérance, plus fort qu'il n'eftoit avant fes deux difgraces de Beaurepaire, forma fur le champ, & éxécuta de même, une entreprife qui rétablit tout à fait fa réputation. Il alla jufqu'aux portes de Vienne, préfenter un troifiéme combat au Duc de Nemours, qui ne pût l'accepter, parce que fes foldats prefque tous mercenaires, demandérent d'eftre payés de tout ce qui leur eftoit dû, avant que de combatre, quoy qu'ils fçûffent bien que ce Prince n'avoit point d'argent.

LIVRE III.

L'avantage que les Calvinistes en tirérent, fut de traiter à leur tour les Catholiques de vaincus. Des Adrets campa sur le bord du Rône, entre Vienne, & & Lion, tint comme bloquée la prémiére de ces deux Villes, reduisit à d'étranges extrémités l'Armée Catolique qui n'en vouloit pas sortir, & mit Soubise en état d'enlever à son aise tous les vivres qui se trouvérent à dix lieuës aux environs de Lion, & de les y conduire.

1562

Cette facilité de ravitailler une grande Ville, dans le tems qu'il y avoit moins de sujet de l'espérer, passa pour la récompense d'une action de Soubise, d'autant plus conforme à l'esprit du Christianisme, qu'elle sembloit éloignée des loix les plus rigoureuses de la guerre. Il n'avoit presque plus de pain que pour nourrir sa garnison; & son Conseil étoit d'avis qu'il chassât les bouches inutiles. Il y en avoit plus de sept mile; & c'eût esté les exposer à une mort certaine, parce que les regles de la bonne guerre ne s'obfervoient plus depuis que des Adrets les avoit violées, & les Catoliques vengeoient irrémissiblement le massacre de Montbrizon, sur tout ce qu'ils trouvoient de Calvinistes. Mais les résolutions injustes sont quelquefois sujétes à estre changées par l'oposition d'un seul homme de bien.

Le Ministre Viret eut la hardiesse de répréfenter à Soubise, qu'il n'estoit pas permis de sacrifier un innocent, pour quelque cause que ce fût, & que Dieu étoit trop juste pour laisser long-tems Lion entre les mains des Calvinistes, s'ils tâchoient de le conserver par de si mauvaises voyes. Soubise touché de cette re-

Dans l'Eloge du Ministre Viret.

montrance, retint les bouches inutiles; & comme si l'action eût esté trop belle pour demeurer plus de trois jours sans récompense, des Adrets luy facilita précisément au bout de ce terme, le ravitaillement de Lion.

Mais rien n'est si dificile que de se ménager dans un bonheur inespéré. L'empressement qu'eut Soubise de faire provision de blé, luy fit vuider les gréniers de la Principauté de Dombes, & le Duc de Montpensier à qui ils appartenoient, Prince ménager, comme le sont d'ordinaire les personnes passées de trés-peu de bien, à de grandes richesses, en conçût un ressentiment qui ne fut appaisé, ny par les raisons, ny par les soûmissions de Soubise.

Emanuel Philibert, Duc de Savoye.

Le Duc de Savoye avoit regardé jusques-là les troubles de France, avec plus d'atention, que d'espérance d'en profiter; mais Lion n'eût pas plûtôt été pourvû de vivres, qu'il prévit sagement que la conjoncture étoit venuë de récouvrer les six Places les plus importantes du Piémont, que la France s'étoit réservées par la Paix de Cateau-Cambresis. Car il ne faloit point douter que le Triumvirat n'ayma mieux reprendre la Ville de Lion, que de conserver ce qui restoit au Roy, de là les Alpes. Cependant il n'y avoit plus aucune aparence de tirer cette grande Ville des mains des Calvinistes, qu'en intéressant le Duc de Savoye à les en chasser. Le Duc de Nemours, bien loin d'y remettre le siége, n'estoit pas même en estat de tenir la campagne, & Soubise commençoit à mépriser les Catoliques, depuis qu'il avoit à dos le Dauphiné libre, & l'armée de des Adrets. Il n'avoit plus rien à craindre, si les Triumvirs ne mar-

LIVRE III.

choient en perfonne contre luy, avec toutes leurs forces, animées par la préfence du Roy; ce que vray-femblablement ils n'oferoient entreprendre, de peur d'expofer Paris à la difcrétion du Prince de Condé, qui rétabliffoit fon Armée, & ne manqueroit pas de s'en faifir, auffi-tôt qu'il verroit les Catoliques trop éloignés pour le fecourir.

Sur ce fondément, le Duc de Savoye mit en ufage trois fortes de négociations. La prémiére, publique & folemnelle, confiftoit dans la propofition d'un échange des Villes que la France s'eftoit refervées en Piémont, avec quelques-unes de celles qu'elle avoit reftituées. La feconde, fecréte, & fans la participation d'autres perfonnes que de la Régente & du Triumvirat, fe faifoit à deffein de convenir des affiftances que le party Catolique tiréroit de la Savoye, & du Piémont, moyennant l'évacuation des fix Places ; & la troifiéme, encore plus fecréte, fe paffoit toute entre la Régente, & la Ducheffe de Savoye.

Il y avoit plufieurs fiecles qu'il n'eftoit forty de la Maifon de France, une Princeffe plus accomplie que Marguerite Ducheffe de Savoye ; mais fon inclination dominante, étoit directement contraire à celle que l'on a remarqué fur la fin du regne de François I. dans les Filles de la Maifon d'Aûtriche. Non feulement elle ne s'eftoit point facrifiée comme elles, pour agrandir le Chef de fa Famille, à l'exemple des Tantes, des Sœurs, des Filles, & des nieces de Charles-Quint, mais elle avoit même réfufé d'époufer le premier Prince du Sang, lors que le Roy fon Pére, qui avoit droit de le luy commander, & le Daufin fon Frére l'en avoient priée

1562.

Fille du Roy François I.

Antoine de Bourbon Duc de Vendôme.

pour le bien de l'Etat. Elle leur avoit nettement répondu, que son cœur estoit reservé pour un Souverain, & qu'elle ne pouvoit se résoudre d'épouser un Prince, qui pour estre de la plus auguste Maison du monde, ne laissoit pas d'estre né sujet, & le feroit apparemment toute sa vie. Une fierté si obstinée, avoit coûté à la France toutes ses Conquestes d'Italie durant trente ans, parce qu'il avoit falu rétablir le Duc de Savoye, en luy donnant cette Princesse pour femme. On s'estoit neanmoins consolé sur l'espérance qu'elle étoit désormais trop âgée pour avoir des enfans; & l'on s'y estoit d'autant plus confirmé, qu'on l'avoit vûë passer les deux prémiéres années de son mariage, sans devenir grosse : mais elle avoit déclaré qu'elle l'estoit sur la fin de la troisiéme; & l'on s'estoit aperçû incontinent aprés, qu'elle n'estoit pas moins atachée que son mary, à renvoyer les François de-là les Alpes. Elle avoit toûjours conservé une étroite liaison avec la Régente; & comme elle avoit sçû faire l'Hospital Chancelier, sans la participation de personne, elle ne desesperoit pas de rendre par la même voye, le Duc son mary Souverain indépendant, de précaire qu'il étoit, puis que les François tenoient sa Ville principale, & les clefs de ses Etats. Elle obtint dans ces vûës, une conférence entre deux Députés de France, & autant de Savoye, sous prétexte de terminer quelques differens de peu d'importance, que la Paix de Câteau-Cambresis, avoit laissés indécis. Le Président a Seguier, & Antoine Chandon, nommés par la Régente, sans estre informés de ses véritables intentions, portérent en gens d'honneur les intérests de

a Pierre Seguier, second Président au Parlement.

LIVRE III.

de leur patrie, & conférerent six mois avec Cassien del Pozzo & Loüis Odinetti, Députés du Duc. Le succés n'eut rien d'extraordinaire, & les parties aprés s'estre souvent enroüées à force de disputer, se separérent sans rien conclure, & raportérent de longs procés verbaux pour acte de leur diligence.

1562.

Celuy des Députés de France, contenoit en abrégé, Que le Comté de Nice appartenoit au Roy, & luy devoit estre restitué avec les fruits que les Ducs de Savoye s'en estoient apropriés depuis l'année mil trois cens quatre-vingt-huit : Que les Banlieuës de Monte-régio, de Coni, de Fossan, de Savillan, de Quiers, & d'Ast, estoient de même nature, pour avoir fait durant tant de siecles partie du Comté de Provence, sans que néanmoins la France pût prétendre aucune restitution des fruits, lors que ces Places luy seroient renduës. Que l'on nommât des Commissaires pour éxaminer les Titres des Chambres des Comtes de Provence & de Dauphiné, qui justifieroient que la Ville de Turin & son ressort, estoit au Roy, soit qu'on le considerât en qualité de Dauphin, ou qu'on le prit comme Comte de Forcalquier ; & que cependant, la prétention demeurât dans toute sa force : Que pour le reste du Piémont, & pour la Savoye, le Duc fit raison au Roy, de la moitié qu'il en devoit posséder, comme principal héritier de Loüise de Savoye sa bisayeule, & qu'il le dédommageât des frais de la guerre que son Pére & son Ayeul avoient faite sur le réfus du feu ᵃ Duc, de les satisfaire.

Dans le procés verbal des Zéputés François.

ᵃ *Charles III. du nom, Duc de Savoye, frère de Loüise de Savoye, mére du Roy François I.*

Le Procés verbal des Députés de Savoye, disconvenoit de tous ces faits, & soûtenoit au contraire

Tome I.   N n

1562.

Que les Ducs de Savoye étoient devenus legitimes Proprietaires du Comté de Nice, par la faute des Comtes de Provence, de ne l'avoir pas dégagé dans le terme prescrit par le Traité d'engagement: Que les Villes de Monterégio, de Coni, de Fossan, de Savillan & de Quiers, avoient esté données aux mêmes Ducs, pour lever les Troupes qu'ils avoient eux mêmes conduites à Naples, pour la Maison d'Anjou: Qu'ils tenoient le Comté d'Ast de la libéralité de l'Empereur Charlequint, à qui la France l'avoit cedé par trois Traités autentiques; & qu'enfin Loüise de Savoye estoit suffisamment excluse de la succession de son Frére, par la Loy fondamentale de la Maison de Savoye, qui en frustroit toutes les femelles, tant qu'il y auroit un mâle capable de porter le Nom & les Armes, & qui les condamnoit en ce cas à se contenter d'une somme d'argent pour leur legitime.

La seconde négociation ne fut pas plus éficace; mais la troisiéme eut tout l'effet que le Duc de Savoye s'en estoit promis. La Duchesse sa femme, émût si puissamment la Régente par trois considérations, qu'elle luy fit violer la raison, la justice, les loix fondamentales de l'Etat, & les intérests de ses propres enfans. La première consistoit à se procurer un azile, en cas que celuy des deux partis en France, qui demeureroit vainqueur, entreprît de la déposer. Il est vray que dans une telle extrémité, elle n'avoit point de retraite plus convénable en Europe, que le Piémont, puis que le Duc de Florence Chef de sa Famille, estoit son ennemy, & qu'en se refugiant en Angleterre, ou dans les Etats de la Maison d'Aûtriche, elle perdoit tout ce qu'elle avoit d'amis dans le Royaume. Cependant il n'y avoit point d'autres Souverains que ceux-là, auprés de qui elle pût eftre dans une entiere fureté. La feconde confidération eftoit tirée de la perte irréparable pour la Monarchie, des Provinces fituées le long du Rône, fi le Duc de Savoye travailloit avec les Calviniftes, à les faire revolter, Parce que le Prince de Condé pouvoit aifément conclure avec ce Duc, un Traité qui luy abandonneroit le Marquifat de Saluffes, & ce que la France tenoit en Piémont, & le Duc en échange, pouvoit l'aider à fe cantoner, & à former une Souveraineté indépendente, dont Lion feroit la capitale. Enfin la derniére confidération eftoit que la Régente n'avoit point de troupes dont elle fût affurée, & qu'on la leurroit de l'efpérance de celles qui gardoient les Places du Piémont, aprés qu'on les auroit reftituées.

Ainfi la Régente perfuadée de la néceffité qu'il y avoit pour elle, de contenter le Duc de Savoye, & le Triumvirat n'ofant s'atirer à contre-tems un ennemi fi redoutable, l'ordre fut envoyé au Maréchal a de Bourdillon, de rendre au Duc de Savoye, tout ce que la France poffedoit en Piémont, pour les Places de Pignerol, de Savillian & de la Peroufe, où il luy feroit permis de mettre garnifon.

Le Maréchal qui ne devoit pas tant fa fortune à la Maifon de Guife, qu'à fa propre vertu, ne concevoit rien de plus honteux à fa réputation, que d'obéir à l'ordre qu'il recevoit. Il le communiqua aux Officiers des Troupes, qui n'en furent pas moins indignés que luy : Et les Peuples n'en furent pas plûtôt avertis,

a *Imbert de la Platiere, Seigneur de Bourdillon en Nivernois.*

1562.

Dans la prémière remontrance du Maréchal de Bourdillon.

qu'ils allerent en foule le conjurer de ne pas souffrir qu'ils retournaſſent ſous la domination de leurs Ducs, tant celle de France leur avoit eſté douce.

Cette correſpondance l'encouragea de faire une remontrance à leurs Majeſtés, concuë en termes généraux, qui ſans toucher au fonds de l'affaire, ne faiſoit mention que du ſang répandu pour la conqueſte des Places, des ſommes immenſes qu'elles avoient coûtées à conſerver, de l'obſtination des Soldats François à les vouloir garder, & de l'averſion des Peuples à changer de maître. Mais au lieu d'y avoir égard, on luy dépécha Florimond Robertet, Secrétaire d'Etat, avec des Lettres de Juſſion, plus fortes & plus circonſtanciées. Elles portoient, *Qu'il tirât inceſſamment des Villes que les François tenoient en Piémont, les munitions de guerre & de bouche, & qu'il les abandonnât pour recevoir enſuite Savillan, Pignerol & la Pérouſe.* Jean de Morvilliers Evêque d'Orléans, & René de Birague depuis Chancelier de France, furent nommés Commiſſaires pour regler avec ceux du Duc, le territoire des deux dernieres Places.

La Ducheſſe ſe promettoit déja l'avantage de la négociation, lors que Bourdillon témoigna qu'il ne déferoit pas plus au ſecond ordre, qu'il avoit fait au prémier. Il ſoûtint que l'affaire eſtoit de trop grande importance pour eſtre reglée durant une minorité, & que la même Loy qui défendoit aux Tuteurs de dépoüiller leurs Pupiles, obligeoit indiſpenſablement un Maréchal de France, à garder des Places confiées à ſa fidelité, juſqu'à ce que le Roy ſon maiſtre, fût en âge d'en diſpoſer. Il pretendit que ſa vie n'eſtois

LIVRE III.

pas moins engagée que son honneur, dans une restitution si importante. Et il raporta les propres termes du Contract d'engagement de l'année 1388. pour le Comté de Nice, qui ne pouvoient estre plus formels en faveur de Loüis d'Anjou, Comte de Provence qui en estoit Engagiste. Il ajoûta ceux de la Transaction faite en 1353. entre le Roy Jean, Dauphin de Viennois, & le Comte [a] de Savoye, qui justifioit que ces deux Etats avoient esté meslés l'un dans l'autre : Et il prouva par des Actes autentiques, que la Bisayeule du Roy, en qualité de Sœur de Pere & de Mere du Duc Philbert, luy avoit dû succeder, au moins en ce qui regardoit les biens allodiaux de la Savoye, quoy que d'ailleurs, par les Loix de l'Empire Romain, & par les Constitutions de celuy d'Alemagne, les Filles fussent exclusés des investitures accordées aux seuls mâles ; & par consequent, ces biens allodiaux devoient suivre la nature des autres biens dont les femelles estoient capables : Qu'il faloit avant toutes choses, executer l'Arrest contradictoire du Parlement de Paris, donné le 10. Juin 1390. qui déclaroit Fief du Daufiné, le Marquisat de Salusses, & condamnoit le Comte [a] de Savoye à restituer toutes les Places de ce Marquisat, que luy ou ses Predecesseurs en avoient occupées. Ces Places estoient au nombre de ving-sept. Barges, Cavours, Pancalier, Epimie, Villeneuve du Solier, Morete, Muret, Carignan, Monasterol, Cardé, Vigon, Villefranche, Cavalmont, Raconis, Maulibaune, Carail, Sommerive, Caravagio, Cavalier Lion, Palanquiers, Casalgias, Forpas, Faule, Mulasson, Villefalier, & Lusque : Que l'investiture de ce Marquisat

1562.

[a] *Amé V. du nom dit le Verd : Comte de Savoye.*

[a] *Amé VI. du nom.*

1562.

Dans les investitures d'Othon I.

donné par l'Empereur Othon premier, à Aléran premier du nom, Marquis de Monferrat l'an neuf cens soixante-sept, comprend en termes exprés, les Villes & dépendances de Coni, de Fossan, de Mondouis, de Savillan, de Cental & de Busque ; & que les Empereurs ayant depuis consenti qu'elles fussent alienées aux Comtes de Provence, elles devoient estre restituées au Roy Trés-Crétien, à deux titres. Le premier, comme Proprietaire de ce Marquisat, par l'extinction entiere de la Famille, que ses Prédécesseurs Daufins de Viennois, en avoient investi ; & le second, en qualité d'héritier & de donataire tout ensemble du Comté de Provence, dont les Comtes de Savoye avoient autrefois pris l'occasion d'usurper les Seigneuries qui s'estoient trouvées le plus à leur bienséance, pendant que les Comtes de Provence estoient occupés à la Guerre Sainte, ou travailloient à recouvrer le Royaume de Naples : Qu'enfin la Ville de Turin se voyant abandonnée par le Duc Charles de Savoye ; qui luy avoit dit de penser à ses affaires, en la maniere qui luy seroit la plus commode, avoit eu recours au Roy François I. l'an 1535. s'estoit donnée à luy dans les formes les plus autentiques, l'avoit conjuré de l'unir à la Monarchie Françoise, & n'avoit perdu la crainte de retourner sous la domination de ses Ducs, qu'aprés avoir passé les dix ans, qui la devoient rendre inaliénable : Qu'une donation si volontaire, avoit esté enregistrée à sa requeste dans tous les Parlemens de France, & que les trois Rois suivans, l'avoient confirmée à leur avenement à la Couronne.

Mais les raisons du Maréchal de Bourdillon, cedérent au deſſein qu'avoit la Régente, de gagner en toute maniére le Duc de Savoye, pour le beſoin que penſoit avoir le Triumvirat, des Troupes Françoiſes reſtées en Piémont, & parce que le Cardinal de Lorraine, partant de Paris pour aller à Trente, accomplir les vaſtes deſſeins qui ne regardent pas cette Hiſtoire, s'eſtoit mis en teſte d'obliger l'Eſpagne à luy eſtre favorable, en rétabliſſant le Duc de Savoye.

1562.

Bourdillon reçût un troiſiéme ordre, qui ne le ménaçoit de rien moins que d'eſtre déclaré rébelle; & l'évacuation des Places n'eut pas plûtôt eſté faite, que le Duc de Savoye, pour punir la Bourgeoiſie de Turin de ſon inclination pour la France, & pour luy ôter l'eſpérance de retourner un jour ſous une domination ſi déſirée, fit élever ſur les ruines de l'Egliſe de Saint Soluteur, la plus belle & la plus ſpacieuſe Citadelle qui eût eſté vûë en Europe, depuis que l'on y commençoit à travailler ſur les nouvelles regles de l'Architecture militaire.

Mais on ne touche point impunément aux parties nobles du corps politique, non plus qu'à celles du corps humain. Non ſeulement la Régente & le Triumvirat furent fruſtrés des offices qu'ils avoient prétendu tirer de la reſtitution des Places ſituées dans le Piémont, mais encore les Calviniſtes en tirérent des avantages plus grands que le Conſeil de France ne s'eſtoit imaginé, puis qu'ils eurent occaſion d'attirer ſur leurs ennemis, l'indignation de tous les gens de bien, en leur reprochant d'avoir trahi les intereſts de leur patrie, & de leur Roy.

Ceux de Guyenne, trop éloigés des principales forces du Triumvirat, & encouragés par la préſence de la Reine de Navarre, que la Cour, par une faute ſignalée, avoit laiſſé partir d'auprés de ſon Mary, demandérent une Egliſe aux Catholiques de Bordeaux, & uſurpérent à Agen & à Nérac, celles des Cordeliers.

Le fameux Juriſconſulte Roaldés, inſpira les nouvelles erreurs à la plûpart de la jeuneſſe qu'il inſtruiſoit dans l'Univerſité de Cahors; & ſon auditoire fût devenu la pépiniére du Calviniſme, ſi on n'eût obligé les péres de ſes diſciples, à rapeller leurs enfans: Ce qui ne ſe fit pas néanmoins ſi-tôt, que les Egliſes ne fuſſent auparavant profanées, & pillées, mais les Catoliques reſtés les plus forts, par le départ des Ecoliers de Droit, ne ſe contenterent pas de recouvrer leurs Egliſes, ils coururent à leur tour, au Temple des Calviniſtes, y tuérent quarante-cinq perſonnes, & entraînerent les corps morts dans le feu. Les Calviniſtes de Fumel, qui s'étoient trouvés dans le Temple de Cahors, & s'étoient ſauvés du carnage, rencontrerent, en retournant dans leurs maiſons, leur ᵃ Seigneur revenu depuis peu de l'Ambaſſade de Conſtantinople. Il étoit en équipage de chaſſe, & ſon zele pour la Religion Catolique, ne luy permit pas d'apercevoir entre ſes vaiſſeaux, un Diacre Calviniſte de Cahors, ſans l'injurier. Celuy-cy, luy rendit inſolemment la pareille avec uſure; & Fumel ne le pouvant ſouffrir, luy déchargea ſur la teſte un coup de la croſſe de l'arquebuſe qu'il tenoit. Ses vaſſaux prirent auſſi-tôt le party du Diacre, contre luy, & l'euſſent tué, ſans la vigueur, & l'agilité de ſon cheval

1562.

ᵃ N.... Baron de Fumel Querci.

Dans la Relation de la mort de Fumel.

val qui le tira de la presse, & le ramena dans son Château. Il y fut incontinent investi ; mais la Place estoit assés bonne pour atendre du secours, si Fumel ne se fût laissé voir imprudemment, d'une guérite, où il reçut une arquebusade dont il tomba demi mort. Pendant que ses domestiques le portoient dans son lit, ses vassaux entrérent avec des échelles dans le Château, enfoncerent la porte de sa chambre, le tirerent par les piés hors du lit, & acheverent de le massacrer à petits coups. Il y avoit lieu de croire que leur rage seroit satisfaite par les indignités qu'ils exercerent ensuite sur son corps, mais elle s'étendit encore sur sa femme, & sur ses enfans, qui n'évitérent aucun des outrages où sont exposées les Places prises d'assaut.

1562.

Cette action abominable d'elle même, & plus dangereuse encore, par le scandale horrible, & le pernicieux exemple qu'elle donnoit, reveilla la Noblesse de Languedoc, demeurée jusques-là dans l'indiférence, en luy persuadant que les Peuples, sous prétexte de Religion, travailloient à se défaire chacun de son Seigneur, sur l'opinion que les Ministres avoient insinüée dans les esprits, que pour estre de veritables Calvinistes, il se faloit mettre en République, à l'exemple des Suisses, & commencer comme eux, par exterminer tous les Gentilshommes. On n'a pas sçû précisément, d'où venoit le bruit qui s'en répandit, mais il reçut un accroissement notable, par la monnoye que les Calvinistes fabriquérent en même tems, à Montauban, avec cette inscription, *Monnoye nouvelle de la République de Montauban.*

1562.

Mais les desseins que forme le Peuple, se déconcertent d'ordinaire pour estre trop tôt découverts. Les Calvinistes de Toulouse s'estoient accommodés avec les Catoliques de cette Ville, à condition que les Calvinistes auroient cent hommes armés dont ils répondroient, pour les garder pendant qu'ils seroient dans leur Temple, situé dans un des Fauxbourgs: Que les Catoliques en auroient deux cens dont ils répondroient aussi, pour garder en même tems la Ville; & que tous ceux qui n'estoient point Bourgeois, ou qui ne demeuroient point dans Toulouse, par la nécessité de leurs affaires, en sortiroient dans vingt-quatre heures. Mais outre que le traité ne pouvoit estre au plus, que provisionel, puis qu'il n'avoit été ratifié, ny par le Triumvirat, de qui les Catoliques dépendoient, ny par le Prince de Condé, pour les Calvinistes, deux évenemens que les Loix, & les Magistrats n'avoient pû détourner, renouvellerent la défiance réciproque des deux partis.

a *Nicolas Compaing Conseiller au Grand Conseil.*
b *Pierre Girard Lieutenant de la Prevôté de l'Hôtel.*

a Compaing, & Girard, Calvinistes secrets, que la Cour avoit pris pour Catoliques zélés, & nommés Commissaires pour faire le procés aux séditieux de Cahors, voulurent épargner ceux de leur Secte, sous pretexte qu'il avoient esté suffisamment punis par le massacre commis dans leur Temple, & exercerent toute leur severité sur les Catoliques qu'ils pretendoient avoir animé les autres à ce massacre: le plus considerable d'entre eux, estoit Mainfroi de Cardaillac-Bioule, Chancelier de l'Université. Ils se saisirent de sa personne, & l'eussent fait executer à mort, si les principaux de la Noblesse Catolique, aprés avoir tenté

LIVRE III.

d'autres voyes pour luy sauver la vie, & ne se fussent avisés d'intimider les Commissaires qui s'enfuyrent, & d'obtenir du Conseil, qu'on leur substituât de plus équitables Juges.

Les Calvinistes s'en estoient plaints comme d'une violence faite à la Justice, & l'on ne s'estoit pas mis en peine de les satifaire. Leur mécontentement s'estoit acrû, de ce que leurs Freres de Castelnaudari n'avoient pas laissé d'estre ataqués dans leur Temple, quoy qu'ils eussent fait un espece de traité avec les Catoliques du lieu, pour leur sureté commune ; & ils avoient conclû de ces deux contraventions Publiques, qu'il leur seroit desormais impossible de subsister dans les Villes dont ils ne seroient pas tout à fait les maîtres. Ils avoient là-dessus concerté de surprendre Toulouse ; & le projet estoit d'autant moins éloigné de l'aparence du succés, que les Capitoux, qui sont les Magistrats populaires, estoient presque tous Calvinistes, comme le Parlement estoit presque tout Catolique. Le plus adroit d'entr'eux, nommé [a] Lanta, estoit allé conferer avec le Prince de Condé à Orleans, sur les circonstances de l'execution, & à son retour elle avoit esté determinée pour le dix-huitiéme May 1562. Les preparatifs des Calvinistes, se faisoient avec un secret merveilleux, lors qu'un Gentilhomme du Comté de de Foix, passant par Cahors, demanda à son hôte s'il ne connoissoit point quelqu'un qui fût amy de Montluc. L'hôte luy nomma la Roque des Arts, avec lequel il eut conference. Il declara qu'il venoit d'Orleans, où il avoit pris la peste, dont il n'estoit pas encore gueri, & qu'un des Capitoux de Toulouse y

1562.

Dans les causes de la sedition de Toulouse en 1562.

[a] *Pierre Hunault, Seigneur de Lanta.*

avoit negocié, & conclû de mettre sa Ville entre les mains des Calvinistes, le dix-huitiéme May.

La Roque des Ars en écrivit incontinent à Montluc, qui envoya la Lettre à [a] Mazencal, premier President au Parlement de Toulouse. Mazencal le reçût le matin du douziéme May; mais au lieu de la communiquer à peu de gens, il la lût, les Chambres assemblées, & son imprudence le jetta presque dans le precipice qu'il pensoit éviter: car une Compagnie si nombreuse ne s'estant pas toute trouvée capable de garder le secret, les Calvinistes furent incontinent informés du veritable motif de la resolution qu'elle prit, de faire entrer dans Toulouse les quatre Enseignes de Montmor, de Clermont, de Basourdan, & de Treboux, Capitaines Catoliques. Jean Cormeri, surnommé de Barelle, qui de Cordelier défroqué, estoit devenu Ministre, ne se mêloit pas moins des affaires politiques, que des Ecclésiastiques, & possedoit toutes les qualités propres pour alumer une sedition, quoy qu'il n'en eut aucune de celles qui eussent été necessaires pour l'éteindre. Il estoit vain, turbulant, vindicatif & sans jugement; & comme son éloquence émouvoit les passions, sans le secours de la raison, elle ne recevroit d'applaudissemens que du menu peuple: Mais ces aplaudissemens estoient si grands, que Barrelle étoit assuré de le tourner en la maniere qu'il luy plairoit; & de fait, il n'eut qu'à faire un Prêche extraordinairement emporté, ou pour mieux dire, une satire, pour inspirer aux Calvinistes de Toulouse, d'avancer de six jours entiers, l'execution de leur entreprise, quoy qu'ils eussent à peine, la moi-

[a] Jean de Mazencal.

LIVRE III.

1562.

tié de ce qu'il faloit pour y réüssir.

Cependant elle fut si proche du succés, qu'aparemment rien ne l'en éloigna que la Providence Divine, qui ne vouloit, ny que l'Heresie s'emparât entierement des Provinces Françoises de delà la Loire, ny qu'elle élevât sur le Trône le Prince de Condé, comme Barelle avoit osé le proposer en plaine chaire. Saux, Capitaine Calviniste, suivi de trois cens Soldats Gascons, qui avoient été les plus diligens à venir, heurta si doucement à la porte de la Maison de Ville, sur les neuf heures du soir, que le Portier ouvrit, & fut aisement poussé. Les conjurés s'en saisirent sans repandre de sang, aussi bien que des Coléges de S. Martial, & de Sainte Caterine. Ils se retrancherent ensuite, dans les deux Carrefours voisins, & ils s'êtoient déja rendus maîtres de la porte de Villeneuve, & des Tours qui la défendoient, lors que les Catoliques coururent aux armes.

Le premier soin du Parlement, fut de depecher des Couriers, pour demander du secours à [a] Fourquevaux, Gouverneur de Narbonne, à Bellegarde, à Montluc, & à Terride ; & le second, de donner un Arrest pour coure sus aux Calvinistes, dans toute l'étenduë de sa Jurisdiction. Montluc s'estoit mis en campagne, avec sa Compagnie de Cavalerie, & celles de [b] Gondrin, & de [c] Fimaçon, aprés avoir détaché celles de Bellegarde, & du [d] Massés, qui entrérent à point nommé dans Toulouse, la même nuit que les Calvinistes tâchoient de surprendre cette Ville.

[a] *Dans le Iournal pour la surprise de Toulouse.*

[b] *Raimond de Pavie Seigneur de Fourquevaux, en Languedoc.*

[c] *Roger de saint Lari, Seigneur de Bellegarde, depuis Maréchal de France.*

[d] *Antoine de Lomagne, Baron de Terride.*

e *Hector de Pardillan, Baron de Gondrin & de Montespan.*
f *Jean de Narbonne, Seigneur de Fimarcon.*
g *Aimeri de Béon Seigneur du Maſſés.*

h *Jacques Seigneur de Charri, en Nivernois.*

Mais rien ne contribua tant à la conſerver, que la précaution dont uſa Montluc, en mettant ſon Infanterie ſous le Capitaine ʰ Charri, dans un poſte avantageux, entre Montauban & Touloufe, d'où il empeſcha la communication de ces deux Places, & ferma le paſſage aux Calviniſtes qui ſe tenoient dans la premiere, en atendant l'ordre d'aller dans la ſeconde.

Les Catoliques animés par l'entrée du renfort qu'on leur envoyoit de tous côtés, foûtinrent le lendemain treiziéme, avec une vigueur incroyable, les prodigieux efforts que firent les Calviniſtes contre les moulins du Bazacle, où ils étoient aſſurés de trouver le pain dont ils craignoient de manquer dans peu de jours; & contre la Place de Saint Georges, d'où ils euſſent percé juſqu'au centre de la Ville. Les plus hardis Calviniſtes demeurerent ſur la place, & ceux qui reſterent, ne penſerent plus qu'à garder ce qu'ils avoient pris d'abord, juſqu'à la venuë des Troupes de Montauban, qu'ils atendirent en vain.

i *Odet de Carmain & de Foix, Comte de Carmain en Languedoc.*

Le quatorziéme, le Parlement fut obligé de faire proceder la Bourgeoiſie Catolique, à la creation nouvelle des Capitoux, parce que la plûpart de ces Magiſtrats s'eſtoient declarés pour les Calviniſtes; & le Gouverneur de Narbonne, & le Comte de ᵢ Carmain, s'étant mis inutilement en devoir d'accorder les deux partis, le Catolique à ſon tour, ataqua le Calviniſte;

LIVRE III.

& ne le pouvant déloger par force de la Maison de Ville, mit le feu dans les boutiques des Libraires, sur la suppofition que les matieres y eftant plus faciles à s'embrazer, la flâme pafferoit en un moment jufqu'aux ennemis : mais le vent ne fecondant pas leurs deffeins, les Calviniftes furent en même tems affaillis à la Tour de Nageac, à la ruë de la Pomme aux Pérolliers, à Saint Rome, & à Matebuou. Ils fe défendirent par tout, avec tant de vigueur, que l'on ne pût emporter un pié de terrain fur eux ; & lors que les Catoliques fe furent retirés, ils fe virent chargés par leurs ennemis, qu'ils fuppofoient eftre dans une extréme laffitude. Leur deffein eftoit d'aller droit au Palais, qui étoit le principal pofte des Catoliques, s'ils n'en euffent efté detournés par le Capitaine Saux, qui les conduifit dans d'autres quartiers qu'ils forcetent ; & ils euffent pouffé leur avantage au delà, fans le Comte de Carmain, qui les contraignit de fe retirer aprés un long combat, où il fut bleffé. Ils retournerent à la charge le lendemain quinziéme, & prirent les Convents des Cordeliers, des Dominiquains, & des Auguftins, pendant que les Catoliques s'amufoient inutilement à recouvrer la porte de Villeneuve : Mais les Catoliques brûlerent deux cens maifons autour de l'Hôtel de Ville, & recommencerent une ataque qui dura jufqu'à midy du lendemain feiziéme, que les Calviniftes, faute de vivres, demanderent une fufpenfion d'armes pour vingt-quatre heures, & capitulerent avec Fourquevaux, durant cet intervale. On

1562

1562. leur promit une entiere seureté pour leur sortie, & pour leur retraite, à condition de laisser leurs armes dans les lieux qu'ils abandonneroient ; mais le traité ne s'executa pas avec tant d'exactitude, qu'il n'en fût tué prés de trois mile avant qu'ils arrivassent à Montauban.

ARGUMENT
du quatriéme Livre.

LEs Catoliques délibérent s'ils affiégeront Roüen, ou Orleans; & la neceffité d'empecher les Anglois de s'établir en Normandie, les détermine au Siege de Roüen. La Cour de France y va, & la Ville eft ataquée avec toute la vigueur imaginable ; mais Montgommeri fe deffend de méme. L'émulation qui fe met entre le Roy de Navarre, & le Duc de Guife, atire ce Roy dans la tranchée, où il reçoit un coup mortel. Les Affiégeans conduits par Sainte Colombe, fe rendent maîtres de la bréche, aprés avoir tüé jufqu'au dernier des Soldats qui la deffendoient; & les Calviniftes pour fe relever de la perte de Roüen, tirent du fecours d'Angleterre. Des Adrets mal traité par eux, penfe à changer de party : Les Calviniftes en ont de la jaloufie, & en écrivent au Prince de Condé : On leur répond avec mepris pour des Adrets : Les Calviniftes interceptant la Lettre, & la luy envoyent : Son dépit s'en r'allume ; mais pendant qu'il differe de fe vanger, il eft arrêté : Les Calviniftes menent leur Armée en Normandie, pour recevoir l'argent des Anglois, & les Catoliques les fuivent : Ils les ateignent à Dreux, & quelques fautes commifes par le Prince de Condé, & par l'Amiral, les empéchent d'éviter le combat, quoy qu'ils en ayent pris la refolution : La bataille fe donne : Les *deux Armées combattent avec des circonstances singulieres de part & d'autre ; & si le camp demeure aux Catoliques, avec le Prince de Condé qu'ils font prisonnier, les Calvinistes se retirent sans perdre leurs rangs, & prennent aussi le Connétable, Chef de l'Armée Catolique.*

CHARLES IX.

LIVRE QUATRIEME.

OV L'ON VOIT LES CHOSES les plus memorables arrivées sous son Regne, durant une partie de l'année 1563.

Ees executions militaires dont l'on vient de parler dans la Province de Languedoc, étoient bien capables d'entretenir la guerre civile en France, mais non pas de la terminer; & les plus judicieux prévoyoient que la querelle du Prince de Condé, & des Triumvirs, ne se vuideroit que par eux-mêmes.

1562.

Les Triumvirs aprés la prise de Bourges, avoient mis en délibération à quoy ils occuperoient leur Armée, encore trop fraîche pour estre mise en quartier d'hiver ; & le Maréchal de Saint André, toûjours auteur des conseils violens, & decisifs, avoit proposé d'as-

Pp ij

1562.

siéger Orleans. Ses raisons étoient, que cette Ville devoit être considerée comme le centre, & la pepiniere, pour ainsi dire, de la guerre civile, puis que le Prince de Condé, & l'Amiral, qui donnoient le mouvement au parti des Calvinistes, s'y étoient retirés : Que les forces destinée par les Protestans d'Alemagne, au secours de l'heresie, étoient aux écoutes sur la frontiere du Royaume, en atendant la resolution des Catoliques : Que si elles apprenoient que ceux qui leur avoient promis le pillage des plus rches Provinces, se fussent renfermés dans Orleans, elles les accuseroient de s'ête reduits à l'impossibilité de tenir parole, & le dépit d'être frustrés de leur esperance, les remeneroit dans leurs maisons, d'où le desir du gain les avoit tirés : Qu'Orleans n'avoit pour toutes défenses que ses murailles ; que les Calvinistes s'étoient avisés trop tard de fortifier les Isles voisines ; qu'il étoit aisé de les en chasser en les ataquant avant que leurs travaux fussent achevés ; & qu'en suite une baterie de trente gros canons, continüée sans relâche, sufiroit pour faire une breche raisonnable. Mais le Connetable de Montmorency, & le Duc de Guise, pretendoient au contraire, que le Prince de Condé n'étoit que trop fort pour soûtenir un siege, quoy qu'il ne le fût point assés pour tenir la campagne; & qu'il ne pouvoit desirer rien de plus utile au rétablissement de ses affaires, sinon que ses ennemis s'engageassent dans une entreprise qui ruineroit infailliblement leur Armée : Qu'il y avoit sept mille vieux Soldats dans Orleans, qui enleveroient tous les quartiers des assiegeans l'un aprés l'autre, sans qu'il leur fût possible de s'entrese-

courir, feparés, comme ils le feroient par la fitüation
de la riviere & des Ifles ; qu'il faloit au moins pour
un fiége de cette importance, cent mil livres de poudre, douze mille boulets de canon, & deux mille pionniers, & que la provifion n'en étoit pas fi facile à faire, qu'on n'y mît au moins un mois entier : Que l'Armée Catolique demeureroit cependant inutile, & qu'il
valoit bien mieux l'occuper au fiege de Roüen, dont
la reprife n'êtoit guere moins importante dans la con-
jonture prefente, que celle d'Orleans ; que les Anglois n'y étoient pas encore en affés grand nombre pour
donner la loy à la garnifon Françoife des Calviniftes
qui les avoit apelés, mais que pour peu qu'on différât,
ils y feroient leur place d'armes, pour rétablir leur
domination en Normandie : Que les Catoliques aprés
avoir remedié au mal le plus preffant, retourneroient
fur leurs pas, & camperoient devant Orleans avec
d'autant plus d'efperance de l'emporter, que rien ne
pourroit deformais les obliger à lever le fiege : Que
les Troupes Proteftantes que d'Andelot menoit d'A-
lemagne, n'auroient pas durant cét intervale, le paffage libre pour joindre le Prince de Condé, pourvû
qu'on leur oppofât quinze cens chevaux, & quatre
mille fantaffins, fous un Chef de valeur, & d'experience, qui profitant des trois notables avantages qu'il
auroit fur elles, la commodité des Villes, la faveur
des Peuples, & le rampart des rivieres, fe metroit en
état de ne pouvoir être reduit à combatre malgré luy,
empêcheroit les ennemis d'entrer en Campagne, en-
leveroit leurs vivres, & leurs quartiers, lors que la neceffité les contraindroit de fe feparer, les obligeroit à

P p iij

marcher serrés, & les extermineroit ainsi, par la faim, & par la lassitude.

Cet avis prévalut, & le Maréchal de saint André s'étant chargé de disputer le passage aux Alemans, le Connêtable & le Duc de Guise marchérent contre Roüen. L'avis qu'ils reçûrent en chemin, de la conclusion du Traité entre le Prince de Condé, & l'Angleterre, leur fit doubler le pas, au lieu de les arrêter. Ils prévirent que si on ne fermoit promtement cette porte à l'ancien ennemi de la Monarchie Françoise, il rentreroit par là dans les Provinces qu'il avoit long-tems possedées; & le Duc de Guise en particulier apréhendoit que la gloire qu'il avoit aquise par le recouvrement de Calais, ne fût obscurcie, si les Anglois s'emparoient d'un autre lieu plus commode pour décendre en France, que n'avoit été celuy-là. Sa crainte ne pouvoit être mieux fondée; & comme l'Angleterre n'avoit jamais eu de Roy si prudent ny plus interessé que la Reine Elisabeth, qui regnoit alors, aussi la France n'avoit jamais été si proche d'une entiere revolution. Elisabeth avoit établi le Calvinisme dans son Royaume, & elle ne l'y pouvoit maintenir qu'en demeurant armée. Elle avoit besoin pour cela d'une guerre qui fût étrangere; & elle en cherchoit l'occasion avec soin, lors que le Prince de Condé l'envoya solliciter par le Vidame de ª Chartres, de luy prêter de l'argent pour la deffense de leur commune Religion. Elle repartit avec son stile ordinaire, qui étoit de cacher sous un pretexte de pieté, ses projets d'ambition, & de vangeance, Que la charité chrêtienne obligeoit à la verité d'assister ceux qui s'êtoient comme elle dé-

1562.

ª *Iean de Ferrières.*

livrés de l'esclavage de Rome, pour vivre dans la pureté de l'Evangile ; mais que n'étant pas maîtresse absoluë des biens, non plus que de la vie de ses sujets, elle ne pouvoit disposer de l'argent qu'ils luy avoient accordé, sans leur rendre comte de l'avantage qu'ils en tireroient.

Le Vidame vit bien qu'on luy demandoit une Place de sureté, & le pouvoir qu'il avoit apporté, luy permettant d'engager la Ville de Diépe, ou celle du Havre de Grace ; il offrit Diépe : mais Elisabeth ne la trouva pas si commode que le Havre, car outre qu'elle n'étoit pas si forte, elle n'avoit pas l'avantage d'être située à l'embouchure de la Seine. Neanmoins Elisabeth ne s'en expliqua pas d'abord, & se contenta de differer, sur de nouveaux obstacles qui luy étoit aisé de faire naître les uns sur les autres, supposant comme il arriva, que lors que le Prince de Condé seroit plus pressé, il offriroit le Havre, au lieu de Diépe. Et de fait, Bourges n'eut pas plûtôt capitulé, que le Vidame reçût un Courier qui portoit l'ordre de conclure en toute maniere ; & Elisabeth eut la satisfaction de voir des François par un aveuglement déplorable, luy presenter eux-mêmes la clef de la Normandie.

La ceremonie qu'elle fit en l'acceptant, merite d'être sçûë. Elle manda les Ministres des Princes Etrangers, & sur tout, Paul [a] de Foix Ambassadeur de France en Angleterre, qui s'étoit inutilement opposé à ce commerce, & comme si elle eût aprehendé d'estre trompée dans le tems qu'elle trompoit les autres, elle declara qu'elle n'entendoit pas que la Place qu'on luy livreroit en Normandie, luy tint lieu de recompense

1562.

[a] *Paul de Carmain*, dit *de Foix.*

1562.

pour ſes prétentions ſur Calais. Aprés cette precaution, elle ſigna le Traité qu'elle avoit fait dreſſer en ces termes, Qu'elle s'eſtoit enfin laiſſée vaincre aux inſtantes prieres de ſes freres les Calviniſtes François, qui luy avoient repreſenté que l'oppreſſion qu'ils ſouffroient en France, ſous un Roy mineur étoit ſi cruel qu'il ne leur eſt permis ny de vivre en ſureté dans leur patrie, ny de chercher ailleurs un refuge inviolable : Qu'ils l'avoient conjurée de leur aider au moins à s'aſſurer de quelques Ports qui facilitaſſent leur retraite, ſi la crainte d'une rupture entre les deux Couronnes, la retenoit de les aſſiſter directement ; & qu'elle n'avoit pû ſans impieté, leur refuſer ce charitable office : Qu'elle eſtoit donc convenuë avec eux, de leur entretenir trois mille hommes pour la ſureté du Havre ou de Diepe ; mais que pour montrer combien luy eſtoient chers les intereſts du Roy Trés-Chrétien, elle n'accordoit un ſi foible ſecours à ceux de ſa Religion, tout perſecutés qu'ils étoient, qu'à condition que les Magiſtrats, & les autres Officiers François, ſeroient continués dans la libre & entiere fonction de leurs Charges, & que rien ne ſeroit changé dans les deux Places, que la garde qui ſe feroit aux portes, & ſur les murailles.

La Reine d'Angleterre ſauvoit juſques-là les apparences, mais le venin étoit à la queuë, & ce qui ſuivoit ne pouvoit eſtre favorablement interpreté. Elle ajoûtoit dans le plus conſiderable des articles ſecrets, Qu'elle preteroit au Prince de Condé cent quarante mille écus pour les frais de la guerre, & que le Prince de Condé, pour gages du rembourſement conſentiroit qu'elle mît trois mille Soldats en garniſon dans le

LIVRE IV.

le Havre, afin que les trois autres mille Anglois dif- 1562.
tribués dans Roüen, & dans Diépe, fussent assurés de
leur retraite, en cas de disgrace. Le Triumvirat avoit
trop d'interest à convaincre de rébellion le parti contraire, pour tenir caché le Traité dont on vient de
parler, conclû à Hamptoncourt. Il en fit imprimer,
& publier par tout, la copie que l'Ambassadeur avoit
euë par adresse. La convention du Prince de Condé
avec l'Angleterre, parut si horrible à tous les bons
François, qu'elle attira sous les Enseignes des Triumvirs, les Calvinistes restés jusques-là dans leurs maisons, sur le doute s'ils feroient bien de porter les armes, pour ou contre leur Religion; & l'Armée Catolique devint si grosse, que le Duc de Guise n'apréhenda plus de mener la Cour devant Roüen.

On a déja vû que le Comte de Montgommeri a-
voit esté nommé Gouverneur de cette importante
Place, & que rien ne lui manquoit pour soûtenir un
long siége; mais sa négligence, & le plaisir qu'il ne
trouvoit que trop souvent dans l'oisiveté, étoient trop
connûs du Prince de Condé, & de l'Amiral, pour
obliger deux personnes si défiantes, à se raporter entiérement à sa conduite.

On lui avoit donné pour surveillant a Briquemault, *a François de*
Gentilhomme de mérite, & qui n'avoit point d'autre *Briquemault,*
défaut que d'estre si zelé pour la Religion Calviniste, *Seigneur de*
qu'il ne reconnoissoit point de crimes qu'il ne crût per- *Briquemault.*
mis, pour en obtenir le libre exercice: Mais un Chef de
guerre manque rarement à connoître les espions qu'on
lui donne, soit que le personnage qu'on leur fait joüer
soit trop difficile à représenter, ou que la délicatesse de

Tome I. Q q

1562

l'ame foit plus grande en matiere d'indépendance, que dans toutes les autres fonctions de l'esprit. Montgommeri ne demeura pas long tems sans se douter de la verité; & il en fut convaincu dans la prémiere montre que Briquemault fit toucher à la garnison, où il lui sembla que ce Gentilhomme parloit aux Soldats avec plus d'autorité qu'il n'apartenoit à un simple Commissaire. Le dépit de se voir traité de la sorte, par les Calvinistes qu'il avoit si bien servis, en surprenant Bourges, & la honte qu'il y avoit à demeurer dans un parti où il estoit soupçonné, l'eussent au moins porté à se retirer comme son prédécesseur Morvilliers, s'il n'eût pris de plus violentes résolutions, dont l'on sçavoit assés qu'il estoit capable; mais la prudence de Briquemault, retint cét homme également ambitieux, & vindicatif, sur le point qu'il n'avoit plus à faire qu'une démarche pour aller si loin, qu'il lui eût esté désormais impossible de revenir. Une vertu médiocre se fût contentée d'agir selon le pouvoir qui lui avoit esté donné; mais Briquemault passa plus outre. Il présuposa que la jalousie de Montgommeri ne cesseroit qu'en le voïant sortir de Roüen, & même qu'elle ne cesseroit pas si absolûment, qu'elle ne se renouvellât à la prémiére ocasion, si cét esprit outré, n'estoit gueri, de sorte qu'on l'obligeât à croire que sa jalousie avoit esté sans fondement. Briquemault pour remédier à ces deux inconveniens, feignit d'estre envoïé en qualité de Gouverneur de Diépe, & de ne s'estre arresté dans Roüen, que pour satisfaire le Prince de Condé, qui l'avoit prié d'en visiter la garnison, & de lui mander s'il la jugeoit assés résoluë, pour disputer

Loüis de Launoi, Seigneur de Morvilliers.

LIVRE IV.

1562.

le terrain à une Armée Roïale. Il écrivit au Prince, une Lettre qui lui rendoit un compte exact de cette prétenduë commission : il la montra à Montgommeri, il le chargea de la faire tenir ; & il partit dés le lendemain pour Diépe, où il reçeut les Anglois que menoit le Comte de Varvick, dont il envoïa une partie à Roüen.

On ne sçait si ce procédé détruisit entiérement la jalousie qui s'étoit insinüée dans l'ame de Montgommeri: mais il est constant qu'il agit depuis, comme s'il n'eût été prévenu d'aucun ressentiment. Il fut sommé de rendre la Ville le 28. Septembre, & sur son refus, les assiégeans firent une ataque au Fort Sainte Caterine, d'où ils furent repoussés avec perte. Le trentiéme, ils emportérent le Fauxbourg saint Hilaire ; & le deux Octobre, les assiégés firent une sortie qui coûta la vie à quelques Oficiers des troupes du Roi. On tira les trois jours suivans, six cens coups de canon, contre le Fort que Montgommeri venoit de bâtir, pour couvrir celui de Sainte Caterine, & l'on enfonça au passage de Caudebec, de vieux vaisseaux massonnés pour lui fermer le secours que les assiegés atendoient du Havre : mais le flux de la Mer, plus grand sans comparaison, vers les côtes de Normandie, & de Holande, au commencement d'Octobre, qu'en nulle autre saison, secondé par l'adresse de ceux qui conduisoient les galéres des Calvinistes ; surmonta toutes sortes d'obstacles, & Montgommeri ne laissa pas de recevoir par cette voïe, sa [a] femme, ses [b] enfans, douze canons, & d'autres munitions de guerre, & de bouche. Le sixiéme, l'on surprit des espions qui portoient l'avis à Montgommeti, que les

[a] *Elisabeth de la Touche.*
[b] *Jacques & Gabriel Comtes de Montgommeri. Gilles, Seigneur de Lorges.*

Claule, Seigneur de S. Iean. Gédéon, Charlotte, & Roberte de Montgommeri.

trois mile Anglois destinés à son secours, étoient arrivés au Havre; que d'Andelot avec les Troupes Alemandes, étoit entré en Champagne, malgré l'oposition du Maréchal de Saint-André; que le Prince de Condé aloit au devant; & qu'aprés leur jonction, ils travailleroient de concert, à la levée du siége de Roüen.

Comme la nouvelle étoit certaine, & que le cas dont elle parloit, arrivant, le Duc de Guise eût été réduit à lever le siége, il fit donner l'assaut aux deux Forts Sainte Caterine, par l'élite de ses Troupes, & choisit l'heure, entre les neuf, & dix du matin, pour la plus commode, parce qu'il avoit gagné le Capitaine Loüis, Oficier de la garnison, qui l'avoit averti que c'étoit-là précisément, le tems que prenoient ceux d'entre les assiégés qui défendoient les deux Forts, pour s'aler rafraichir dans la Ville. La nécessité de réüssir à l'ataque, ou de voir encore un coup les Anglois maîtres de la Normandie, inspira tant de courage aux assiégeans, que la résistance des Calvinistes, plus rude qu'on ne devoit l'atendre de gens surpris, & plus foibles de la moitié qu'il ne faloit, n'empêcha pas que les deux Forts ne fussent enfin emportés l'épée à la main.

La perte fut irréparable des deux côtés, parce que les Catoliques qui furent tués, étoient presque tous considérables par leur naissance, ou par leur mérite. C'étoit la moitié des Compagnies Colonelles de l'infanterie Françoise, qui s'étoit chargée de défendre les deux Forts. Elle étoit composée des plus vaillans, & des plus expérimentés Soldats que la France eût janais produits; d'Andelot leur Colonel, avoit eu l'adresse de les engager dans son parti; & leur plus grand malheur fut de mou-

LIVRE IV. 309

rir pour les Calvinistes, quoi que Catoliques. La Bouverie, Revelles, & Confolant, qui les commandoient, ne voulurent point recevoir de quartier, & le Duc de Guise fut quite à bon marché, des promesses faites au Capitaine Loüis, car un de ses Soldats le voïant aider les assiégeans à monter, le renversa lui même d'une arquebusade dans le fossé.

L'impétuosité des vainqueurs, ne se termina point à cete grande action. Ils se jetterent sur les Troupes sorties de la Ville, au secours des Forts. Ils les mirent en fuite, & les poursuivirent de si prés, que les assiégés furent contraints de fermer plûtôt qu'il ne faloit, la porte par où elles estoient sorties. Cette précaution fut presque également funeste aux deux partis; parce que d'un costé, tous les Calvinistes qui ne purent entrer furent tués; & de l'autre, on fit main basse sur les plus intrepides des assiégeans; qu'un excés de courage avoit fait entrer dans la Ville, aux trousses des fuïards, ou qui tâchoient de grimper sur le boulevard de Martinville. L'on blâma la Régente d'avoir mené le Roi son fils, dans les forts aussi-tôt qu'ils eurent été pris, comme si elle eût eu dessein d'acoûtumer au carnage, les yeux de ce jeune Prince; & l'on trouva mauvais qu'elle eût regardé trop curieusement, le corps nû d'une fille morte, qui s'étoit travestie en homme, pour augmenter le nombre des défenseurs, tant on est jaloux de ne rien pardonner aux Grands.

L'artillerie des Catoliques fut aussi-tôt mise en baterie sur les deux Forts, sur la montagne de Jérico, au Fauxbourg S. Hilaire, & sous les fourches de Bihorel. On découvroit de ces cinq endroits, jusqu'au centre de la

1562.

Q q iij

1562.

a René Iuvana, Seigneur de Valfrénieres.

Ville, & on la foudroioit de front, par les deux flancs. On miroit à l'aise, quiconque paroissoit sur les remparts: cependant le Capitaine ᵃValfrénieres fit une si furieuse sortie, qu'il avoit passé jusqu'au Fort de Maugiron, lors que le Duc de Guise acourut en personne au bruit, & le contraignit de rentrer dans Roüen. Le neuviéme, les assiégés reçûrent cinq cens Anglois; mais le vaisseau qui les portoit, chargé de provisions, avoit été coulé à fonds par l'artillerie de Caudebec: Et les assiégeans emploiérent les trois jours suivans, à percer la Tour du Coulombier qui fut reparée. Le treisiéme, ils donnérent un furieux assaut, & le continüérent inutilement depuis dix heures du matin, jusqu'à six heures du soir, parce que les rampars, quoi qu'entiérement découverts, ne manquoient point de nouveaux défenseur de l'un & de l'autre sexe, qui remplissoient la place des mourans, & des blessés. Le quatorziéme, le Protonotaire de Vely, natif de Roüen, demanda à parler à ses compatriotes, de la part de la Cour, & fut reçû dans le boulevart de la porte Cochoise; par Montgommeri, assisté de Soquence, de Bertonvilliers, & d'Emandreville. Il exhorta les assiégés de prévenir, par un promt recour à la clémence du Roi, les horeurs d'un sacagement inévitable; & l'on promit de lui rendre réponse le même jour, à quatre heures du soir: Mais incontinent après qu'il fut rentré dans le camp, les assiégeans assaillirent avec une vigueur inconcevable, le rampart Saint Hilaire, quoi que la bréche ne fût pas raisonnable, & ils s'obstinerent si long-tems à l'emporter, qu'enfin, ils plantérent dessus, trois de leurs Enseignes, aprés une ataque de six heures. On commença pour lors,

Dans le Iournal du Siege de Roüen.
a Vincent Grucher Sieur de Soquence, Eschevin de Roüen.
b Iean Cotuon Sieur de Bertinville Bourgeois de Roüen.
c Iean du Bosc Sieur d'Emandreville President à la Cour des Aides de Roüen.

de combatre à coups de main ; & pour exprimer autant qu'il est possible à un Historien désinteressé, l'extrême valeur des deux partis, il sufit de remaquer, que les assiégeans y virent tomber huit cens de leurs meilleurs soldats, & les assiégés cinq cens, & pourtant, ni les uns ni les autres ne perdirent courage. Mais enfin, les assiégés fâchés de soufrir plus long tems leurs ennemis sur la bréche, firent un tel éfort, qu'ils les repoussérent au delà du fossé, & comme si la fortune eût pris plaisir à favoriser les deux partis, chacun à son tour, les Catoliques qui préferoient la mort; aux reproches du Duc de Guise, piqués de honte, & de dépit, retournerent à la mélée, & s'atacherent à la porte Saint Hilaire, se saisirent enfin du dessus, & y firent un logement, d'où l'on batoit dans les ruës des Celestins, & de Sainte Claire.

L'avanture du plus hardi, & du plus robuste des assiégés, dans le combat dont on vient de parler, mérite d'être raportée, en passant. François de Civille, jeune Gentilhomme Calviniste des environs de Roüen, s'étoit jetté dans cette Ville, avant qu'elle fût assiégée, & Montgommeri l'avoit mis à la teste d'une Compagnie de Fantassins, avec ordre de garder un poste dangereux, entre la porte S. Hilaire, & les Fourches. Il y reçût une arquebusade dans la machoire droite; & la violence du coup, qui entroit fort avant dans la teste, le renversa du haut des ramparts, en bas, où les pionniers travailloient à un retranchement. Ces gens brutaux, & trop acoûtumés au sang, pour se laisser toucher à la pitié, prirent Civille pour mort, ou du moins, jugérent qu'il le seroit bien-tôt, en le dé-

1562.

1562.

Dans la Relation de l'avanture de Civille.

poüillant, ils recompenférent par avance, de la fépulture qu'ils lui alloient donner, & quoi qu'il ne fût qu'à demi mort, ils le mirent dans un foffé, auprés d'un Soldat qu'ils enterroient. Il y avoit fix heures qu'il étoit enterré, lors que l'affaut ceffa. Son Valet qui l'atendoit dans la ruë, avec fon cheval, ne le voïant pas revenir, & aprenant par un bruit confus qu'il étoit mort, alla trouver Montgommeri, pour s'en éclaircir. Montgommeri lui dit la maniére dont il croïoit que Civille avoit efté tüé: & le Valet extraordinairement afligé, demanda par grace, qu'au moins on lui montrât l'endroit où eftoit fon Maîftre, afin qu'il pût le déterrer, & raporter le corps à fes parens. Jean de Clére, Lieutenant des Gardes de Montgommeri s'ofrit de l'y mener. La nuit eftoit des plus fombres, & l'on n'eût ofé fe fervir de lumiére, fans eftre tiré auffi-tôt par les ennemis. Le Lieutenant avoit neanmoins remarqué fi précifément la foffe, que le Valet y trouva les deux corps; mais les plaïes qu'ils avoient reçûs au vifage, & la terre limoneufe dont ils eftoient couverts, les avoient tellement défigurés, qu'il ne fut pas poffible de diftinguer celui de Civille d'avec l'autre; ainfi, le Valet fut réduit à les remettre dans la foffe d'où ils les avoit tirés. Cependant, le danger où il s'expofoit en rendant ce pitoïable ofice, & la diftraction d'efprit, caufée par la bizarrerie de fon avanture, ne lui permirent pas de le faire avec tant d'exactitude, qu'il ne laiffât un bras fans le couvrir de la terre. Il s'en retourna acablé de triftefle; mais lors qu'il fut fur le point d'entrer dans la ruë, & qu'il eût perdu de vûë l'endroit où il avoit

caché

LIVRE IV.

caché son Maître, il tourna la teste pour le regarder encore une fois. La Lune qui se levoit, luy fit appercevoir le bras sortant de terre; & la crainte qu'il n'atirât les chiens à deterrer les deux corps, & à les dévorer, fut assés puissante sur le Valet, pour l'obliger à retourner, afin de couvrir le bras.

1562.

Il trouva en le maniant, une bague au doigt, que les pionniers y avoient laissé, pour s'estre trop hâtés, & la considerant de prés, il reconnut le diamant que son Maître avoit accoûtumé de porter. Il le deterra, & sentit en l'embrassant, que la chaleur naturelle n'étoit pas encore tout à fait éteinte. Il le mit sur son cheval, & le mena dans le Monastere de Sainte Claire, destiné pour les blessés. Les Chirurgiens après l'avoir visité, jugerent qu'il seroit inutile de le penser, & le rendirent au Valet, qui ne sçachant qu'en faire, le porta à l'Hôtellerie où il logeoit, Il l'y garda quatre jours sans pouvoir luy faire prendre de nourriture; & ce ne fut que le cinquiéme, que Grente, & le Gras, fameux Medecins, avertis qu'il vivoit encore, l'alerent visiter par curiosité, plûtôt que sous l'esperance de le soulager. On luy desserra les dents, on netteya sa playe, & on reconnut, en luy appliquant le premier appareil, que la nature avoit encore assés de force pour se rétablir, pourvû que l'art la secondât. Et de fait, elle commençoit à réüssir, au grand étonnement de ceux de Roüen, lors que la Ville étant forcée, des Officiers Catoliques qui avoient querelle avec le frere de Civille, coururent à l'Hôtellerie où ils apprirent qu'il logeoit, ceux qui leur en avoient donné l'avis, s'étant trompés, sur ce que les deux freres portoient le même nom.

Tome I. R r

Le deſſein de ces Officiers étoit de tüer leur enne-mi; & le dépit de le voir échapé à leur vangeance, parce qu'il n'étoit plus dans Roüen, fut ſi grand, qu'ils dechargerent leur colere ſur ſon miſerable frere. Ils ne voulurent pas neanmoins l'achever, & comman-derent à leurs Valets, de le jetter par les feneſtres: ce qui fut executé à l'inſtant. Mais rien n'eſt capable d'oſter la vie à un homme, quand ſa derniere heure n'eſt pas venuë. Civille tomba ſur du fumier, que ceux qui le jetterent, n'avois pas vû; & comme ils ne penſerent enſuite, qu'à piller promptement ce qu'ils trouverent dans la chambre, pour aller en faire au-tant ailleurs, ils ne ſe mirent point en peine de ce qu'il étoit devenu, non plus que leurs Maîtres qui é-toient ſortis, aprés avoir commandé de le jetter. Il demeura trois jours ſur le fumier ſans recevoir de nour-riture, juſqu'à ce que ſon Valet ayant informé ſes pa-rens de ce qui luy étoit arrivé, le plus charitable d'en-tre eux nommé Coroiſſet, gagna à force d'argent les Soldats Catoliques qui l'enleverent du lieu où il étoit, & le porterent à une maiſon champeſtre auprés de Roüen, où il fut penſé avec tant de ſoin, qu'il vécut depuis, prés de cinquante ans.

Le quinziéme, l'émulation du Roy de Navarre, luy fut fatale. Il étoit informé que le Duc de Gui-ſe s'expoſoit tous les jours aux fonctions les plus dan-gereuſes, & le deſir d'y prendre part, l'obligea de ve-nir à la tranchée, où le Duc luy donna à dîner. Il ſe retira à l'écart, aprés le repas, pour quelque ne-ceſſité naturelle, & il y reçût une arquebuſade, dans l'épaule gauche, au même endroit où le Duc de Guise fut depuis blessé, comme s'il eût esté déterminé que l'un & l'autre periroient de la même sorte. Le Duc courut à luy, & le fit porter hors de la tranchée, sur un ais qui servoit aux Soldats, & aux Pionniers blessés, faute de mieux. La tente la plus proche étoit celle du Rhingrave Othon Loüis, & les Gentilshommes qui se chargerent de porter le Roy de Navarre, n'eurent pas moins de peine que de peril. La douleur que ce Prince ressentoit de sa blessure, le forçoit de les conjurer à tous momens de l'arrester. Cependant, les assiegés qui jugeoient assés par l'apparence, que la personne blessée étoit de tres-grande qualité, & qui supposoient que ce pouvoit estre le Duc de Guise, faisoient un feu extraordinaire.

1562.

Dans la Relation de la mort du Roy de Navarre.

Le Roy de Navarre arrivé dans la Tente, fut sondé par deux Chirurgiens, qui ne pûrent trouver la bale, ny par l'incision, ny avec la sonde. Il y reçût visite de la Régente, du Prince de la Roche-sur-Yon, & du Connétable, qui le firent transporter à Dernétal, d'où il estoit party.

Cét accident fit differer l'assaut qui devoit estre donné ce jour-là, jusqu'au lendmain seiziéme, que le different fut sur le point d'estre terminé à l'amiable. Il ne tint qu'à l'article des Ministres, que la Cour pretendoit devoir estre au moins envoyés en exil, & que ceux de Roüen s'obstinerent à retenir. L'assaut fut donné, & encore une fois repoussé; & le dix septiéme, le President d'Esmandreville renoüa inutilement la negociation.

Le dix huitiéme, Damville defit au Bois de saint Goré, quatre cens Arquebusiers qui venoient de Diépe, au secours des assiegés ; & les assiegeans donnerent un assaut, que la pluye fit cesser deux heures aprés qu'il eut commencé. La mine qu'ils creusoient sous la porte S. Hilaire, fut éventée par un coup de canon tiré de dedans la Ville ; mais en échange, ils reüssirent à détourner la riviere de Robec.

Le vingtiéme, une exhortation patetique du Ministre des Rochers, empêcha les assiegés d'accepter la paix qu'on leur offroit, à telle condition qu'ils desireroient, pourvû que le Prince de Condé n'y fût pas compris ; & le vingt-uniéme, les assiegés soûtinrent vaillamment un assaut, à la porte S. Hilaire, & demontèrent celle des bateries du Duc de Guise, qui les incommodoit le plus. Le vingt-deuxiéme, ils comblerent le fossé des assiegeans, à la chaussée de Martinvillé, qui detournoit les eaux de Robec, & sechoit la prairie, & reparerent aussi la breche, que plus de deux mille coups de canon avoient faite à la Tour du Colombier. Le vingt-cinquiéme, la Tour du Colombier fut ataquée avec toute la vigueur, & toute l'obstination possible. Le Duc de Guise fit mettre le feu à trois mines, dont l'effet ne fut pas considerable, & les Soldats Catoliques, au lieu d'en estre rebutés, donnerent avec plus de vigueur ; mais leur effort tout extraordinaire qu'il étoit, ne fut pas plus heureux que les precedens. Ce n'étoit que le lendemain vingt sixiéme, qu'ils devoient entrer dans Roüen par la bréche ; & l'assaut general fut preparé avec tant de secret, que les assiegés bien loin d'en estre avertis comme ils l'avoient esté les autresfois, s'imaginerent qu'ils auroient le loisir de se rafraîchir. La principale ataque fut des

LIVRE IV.

tinée contre la Tour qui deffendoit la porte Saint Hilaire ; & le Duc de Guiſe qui avoit vû ſes meilleurs Soldats rebutés d'y retourner, ſoupçonna qu'il y avoit un faux flanc dans le recoin de la Tour, & que les meilleurs Arquebuſiers Calviniſtes y pouvoient eſtre à couvert. Pour s'éclaircir là-deſſus, il commanda à [a] Bellegarde, qui fut depuis Maréchal de France, d'aller reconnoître la Tour.

Bellegarde avoit paſſé dans les Guerres du Piémont, pour un bravache, & pour un mangeur de ravelins : cependant le danger luy parut ſi grand, qu'il remontra au Duc, qu'il n'avoit-là, ny caſque ny rondelle. Le Duc luy preta les ſiens, & Bellegarde n'ayant plus d'excuſe, executa l'ordre de ſon General. Il reçût au retour, deux arquebuſades dans ſa rondelle ; & le raport qu'il fit, n'oſtant pas entierement la défiance au Duc, ce Prince luy redemanda ſes armes, & y alla luy-même. Le feu que les ennemis redoublerent à ſa vûë, ne l'empêcha pas de reconnoître la Tour, à ſon aiſe, ny de revenir au petit pas : il dreſſa, ſur ſes propres lumiéres, le plan de l'aſſaut general, & le communiqua au dernier des trois Freres ſortis de l'illuſtre Maiſon de Sainte Colombe en Béarn, qu'il obligea de mener les enfans perdus à l'aſſaut. Sainte Colombe avoit autrefois aquis beaucoup de reputation, & exercé diverſes Charges dans l'Infanterie Françoiſe, mais il étoit alors ſans employ, & ſolicitoit un procés. On n'a pas ſçû s'il ne fut touché que d'un ſimple deſir de gloire, ou s'il eut l'intention d'expier la faute qu'il avoit faite, de vivre ſix ans à la Calviniſte, en donnant ſa vie pour la Religion Catolique ; mais

1562.

[a] *Roger de Saint Lari.*

C'eſt ainſi qu'on nommoit alors les plus déterminés Soldats.

Dans la priſe de Roüen.

1562.

il est certain que le Duc aprés l'avoir embrassé, luy permit de choisir dans toute l'Armée les soldats dont il vouloit estre accompagné dans une si dangereuse occasion. Sainte Colombe jetta les yeux sur cinquante Basques qui venoient d'arriver de Mets, où ils avoient demeuré en garnison, & mêlant entr'eux vingt Cadets dont il avoit éprouvé la valeur, il se mit à leur teste.

Il avoit à vaincre ce qui restoit de vieux soldats dans dans les Compagnies Colonelles, c'est à dire à tüer jusqu'au dernier des Soldats, resolus de mourir sur la bréche qu'ils deffendoient. Comme ils n'étoient pas d'humeur à demander quartier, il ne faloit point atendre qu'ils en donnassent. Ils étoient commandés par le plus jeune des freres de Gordes, que l'on appelloit Gordillon, à cause de la petitesse de sa taille. Moneins, Gentilhomme de Périgord, extraordinairement grand, & de bonne mine, portoit l'Enseigne Colonelle, & se faisoit remarquer par sa rondelle, & par sa bourguinotte, couvertes de satin verd. Ils combatirent avec une valeur que le Duc de Guise, qui s'estoit avancé vers l'élite de la Noblesse Catolique, pour soûtenir Sainte Colombe, ne se lassa point d'admirer. Il ne pouvoit s'empêcher, ny de souhaiter, ny de regreter la perte de tant de vaillans hommes, qui luy avoient autrefois aidé à prendre Calais & Tionville, & il les avoit reduits à faire dependre la conservation de Roüen, de leur seule valeur. Car ils n'avoient pas eu le loisir de faire des traverses, capables de les garantir de la baterie que le Duc avoit élevée sur le Fort Sainte Caterine, & cette baterie les foudroyant de tous côtés, l'on n'en vit neanmoins aucun, faire le moindre signe

Aimar de Simiane, Seigneur de Rochegiron, en Provence.

de crainte, ny refuser de prendre la place de son ca- 1562.
marade qui venoit d'estre emporté. Mais enfin, Gordillon ayant les deux jambes brisées, & la cuisse rompuë,
& la plusparc de ses Soldats estant hors de combat,
Sainte Colombe entra le premier dans la Ville, quoy
que blessé à mort, d'une arquebusade au visage. Les
Seigneurs ᵃ d'Andoüins, de Castelpers, de Saint Martin, a *Paul, Sei-*
& de Brion, pour l'avoir suivi de trop prés, furent trai- *gneur d'An-*
tés, de même; & les Catoliques irritez eussent fait main- *doüins, en*
basse sur tout ce qu'ils trouvérent d'ennemis, si le Duc *Guienne.*
de Guise ne leur eût crié de sauver les François.

Montgommeri, s'estoit si bien atendu d'estre forcé,
qu'il tenoit preste la galere où il s'embarqua, avec
autant d'Anglois qu'elle estoit capable d'en contenir.
La raison qui luy fit preferer les Etrangers aux François, fut la crainte d'estre mal reçû en Angleterre, où
il avoit dessein de passer, s'il eût exposé à la boucherie, les Soldats que la Reine Elisabeth luy avoit envoyés. Ce fut donc autant pour leur sauver la vie, que
pour conserver la sienne, qu'il promit aux forçats de
leur donner la liberté s'ils le pouvoient conduire jusqu'au Havre. L'entreprise estoit apparemment impossible, à cause de la palissade, & des vaisseaux en-
foncés devant Caudebec, mais la hauteur de la marée, &
la vigueur des hommes, triompherent de ces obstacles.

Les Ministres & les principaux assiegés qui s'estoient
retirés dans le vieux Palais, y furent investis par Saint
Estéphe, qui les contraignit de se rendre à discretion;
mais les Soldats qui les gardoient, s'estant debandés la
nuit, pour piller, donnerent le loisir à tous les prison- ᵇ *Augustin*
niers de se sauver, excepté le Ministre Marlorat, & le *Marlorat.*

1562.

Dans le Procés de l'Amiral.

Préfident d'Emandreville, qui s'eſtoient imaginés que deux mille écus d'or, dont ils avoient fait proviſion, eſtoient une ſomme plus que ſufiſante pour les tirer du peril, ſans eſtre expoſés à l'inſolence de la Soldateſque, qu'ils trouveroient dans les ruës. On prit leur argent, & on ne laiſſa pas de les mener au Connêtable, qui leur fit eſſuyer les ſaillies les plus importunes de ſa mauvaiſe humeur. Il leur reprocha qu'ils avoient eu deſſein d'élever le Prince de Condé ſur le Trône, à condition qu'il inveſtiroit incontinent aprés, l'Amiral, du Duché de Normandie, & d'Andelot, du Duché de Bretagne ; & commanda qu'on les reſſerrât, juſqu'à ce que Parlement retourné de Louviers, fit leur procés. On les envelopa dans le crime de Soquence, & de Bertonville, & on les excepta de l'Amniſtie, ſous pretexte qu'ils étoient complices du Traité conclû avec l'Angleterre. On les interrogea ſur cet article, & ils ne répondirent autre choſe, ſinon que le Prince de Condé avoit eu recours à la Reine d'Angleterre, en qualité d'Aliée de la Monarchie Françoiſe, & l'avoit conjurée par l'intereſt qu'elle avoit à défendre la Majeſté Royale, de luy aider à tirer le Roy de captivité ; & par ſon zele pour la Religion Calviniſte, d'empécher qu'on ne mal traitât en France, ceux qui en faiſoient profeſſion. On prit cette déclaration pour un aveu, & l'on demanda aux coupables, par l'ordre de qui, ils avoient pris les armes. Ils repartirent que c'eſtoit le Prince de Condé qui les avoit aſſurés que la Régente entendoit que les Calviniſtes ſe deffendiſſent par cette voye, contre ceux qui entreprendroient de violer l'Edit de Janvier. Enſuite,

on

on les fit retirer, & on leur prononça l'Arrest de mort. ᵃ

Le Maréchal de Brissac obtint le pardon du Capitaine Valfénieres ; mais les soins du Duc de Guise, furent inutils, pour sauver la vie au Capitaine de ᵇ Croses, dont il avoit tant de fois admiré la prodigieuse valeur. L'action d'avoir livré le Havre aux Anglois, fit oublier les Forts emportés l'épée à la main devant Calais, & devant Tionville ; & l'on présuposa qu'un homme, quelques services qu'il eût rendus à sa patrie, ne meritoit plus de vivre, aprés qu'il y avoit introduit les plus anciens, & les plus irreconciliables de ses ennemis.

La bonté du Duc, ne fut pas plus heureuse à l'égard de Sainte Colombe. Il aperçût de loin, porter un blessé dans une chaise nattée, & commanda à Boissi son Ecuyer, d'aller voir ce que c'estoit. Il raporta que c'estoit Sainte Colombe, & le Duc se détournant de son chemin, courut au grand galop l'embrasser, & luy demander de ses nouvelles. Sainte Colombe répondit qu'il sentoit aprocher sa fin, mais qu'il mourroit content d'avoir donné sa vie pour sa patrie, & pour sa Religion, pourvû qu'il fût asuré des bonnes graces de sa Majesté, & des siennes. Le Duc repartit qu'il devoit prendre courage, & travailler à se guerir, pour joüir long-tems de la gloire, & de la recompense dûës à son incomparable valeur ; qu'il auroit sujet d'estre content de la fortune où le Roy l'alloit élever, mais que quand il ne le seroit pas, il pouvoit en tout cas, faire son comte que le Duc de Guise partageroit la sienne avec luy, comme avec son frere d'armes. Ce dis-

1562.

ᵃ *Le Président d'Esmandreville, eut la teste tranchée, & Soquence: Bertonville, & Marlorat, furent pendus.*
ᵇ *Iean de Croses, qui eut la teste tranchée.*

Tome I. S s

cours arracha des larmes à Sainte Colombe, & le Duc aprés les avoir mêlées avec les siennes, luy rendit durant sa maladie, tous les Offices qu'exige la plus tendre amitié, lors qu'elle est soûtenuë par une singuliere estime; & jamais on ne l'a vû si triste que lors qu'on luy vint dire que Sainte Colombe étoit mort. Il honora de sa presence, les funerailles de ce brave homme, & sa gratitude alla jusqu'à vouloir connoître particulierement, & à gratifier les Soldats qui avoient servy sous cét illustre mort. Ce Prince qui venoit de recouvrer Roüen, reçût ensuite de leurs Majestés, tout l'accüeil qu'il meritoit, mais il ne les pût empécher de permettre au Parlement de se vanger des Calvinistes, qui l'avoient chassé sous pretexte de retablir l'autorité Royale.

La severité de ces Juges irrités, fut si grande, que le Prince de Condé, & l'Amiral, crurent la devoir arréter, en usant du droit de represaille que la guerre autorise. Un de leurs partis avoient enlevé auprés de Tours, Odet [a] de Selve, que leurs Majestés envoyoient en Espagne, en qualité d'Ambassadeur. [b] Sapin Conseiller au Parlement de Paris, & [c] l'Abé de [d] Gâtine, furent pris avec de Selve, & aprés que la nouvelle de la penderie de Roüen, eut été portée à Orleans, on leur ordonna de se preparer au même supplice, qu'ils endurerent. De Selve en fut exemt, mais ce ne fut point en faveur de son caractere. On le rendit aux prieres de son [e] frere, Calviniste, & confident du Prince de Condé; & la crainte qu'eut le Triumvirat d'être abandonné, si ceux qui le servoient, étoient désormais exposés à la corde, luy fit arréter la severité des

[a] *Maître des Requestes.*
[b] *Baptiste Sapin.*
[c] *Jean de Troyes.*
[d] *En Touraine, Religieux de l'Ordre de S. Augustin.*

[e] *Claude de Selve, Maistre d'Hôtel de la Reine de Navarre.*

Juges, du confentement du Roy de Navarre, qui fe voyant proche de la mort, panchoit du côté de la clemence.

1562.

Le coup qu'il avoit reçû dans l'épaule gauche, avoit fait entrer la bale jufqu'à la jointure du bras, de maniere qu'elle avoit pouffé devant elle une petite portion d'os qui y étoit demeurée. Il faloit l'ôter de là, & commencer la cure par une dilatation de la playe : mais l'extréme douleur qu'eut fouffert le Roy de Navarre, ayant fait juger aux Medecins & aux Chirurgiens que cette operation n'étoit pas abfolument neceffaire, l'opinion la plus douce fut preferée à la plus falutaire, & il fut refolu que la bale feroit laiffée dans le lieu où elle eftoit, puis que le tréfonds n'y pouvoit ateindre fans qu'on agrandit la bleffure. Mais cette portion d'os qui fut incontinent couverte de chair fe corrompit facilement, parce que les medicamens ne purent pas aller jufqu'au fonds de la playe. Un Medecin Italien nommé Vincent, l'entretenoit cependant de l'efperance de guerir, & les Filles d'honneur de la Régente, qui le vifitoient fouvent à deffein de le divertir, il y en avoit une nommée Mademoifelle [a] du Roüet, qui étoit la moins propre que l'on eût pû choifir pour moderer l'inflammation. C'eftoit une beauté achevée que le Roy de Navarre [b] aimoit, & ce Prince achetoit fi cher, la fatisfaction de la voir, qu'il fe forma un abcés dans fon bras gauche, d'où il fortit un pus fi malin, qu'il infecta la chambre. Il luy furvint encore une apoftume au genoüil du même côté ; & l'opinion qu'il s'en formoit une troifiéme, entre les côtes les plus proches de la bleffure, y fit mettre le rafoir.

Mais nonobftant ces dangereux fimtômes, le Roy

[a] *Loüis de la Beraudière, de la Gauche, des Seigneurs de l'Ifle Roüen en Poiêtou.*
[b] *Il en avoit eu Charles de Bourbon, qui fut Archevêque de Roüen.*

1562.

de Navarre éprouva que la derniere chose dont on guérit icy-bas, est l'ambition. Il voulut prendre part à la joye du recouvrement de Roüen, & il s'y fit porter par une espece de triomphe, pitoyable d'un côté, & ridicule, de l'autre. On rompit les murailles de sa chambre, & des Suisses le porterent jusques dans la Ville, où il arriva sur le soir, precedé de deux Cavaliers Allemans qui batoient des timbales. Mais la fiévre ne le quitant point, quelque incision qu'on luy fît, il crût la Régente, qui s'étoit chargée de l'avertir de se disposer à la mort ; & sans juger icy s'il y avoit du surnaturel dans le changement qui survint alors en sa personne, on peut assurer qu'il ne s'en estoit jamais remarqué de si grand, ny de si soudain, dans aucun Prince. Il renonça tout d'un coup à ses deux inclinations, la gloire, & le plaisir. Il ne reçût plus de visite des Dames, & il témoigna à a Chantenai, Ambassadeur d'Espagne, frere du Cardinal de b Grandvelle, qu'il ne pensoit plus à la Sardaigne. Il se confessa à l'Official de Roüen, & il reçût l'Eucaristie de sa main. Mais il montra bientost après par une triste experience, qu'il est quelquefois plus aisé de renoncer à des passions indomptables, que de se défaire des défauts naturels.

Quoy qu'il eût l'esprit penetrant, il ne l'avoit pas ferme, & soit qu'il fût sujet à une prodigieuse inconstance, ou pour mieux dire, à un continüel flux & reflux de pensées, ou qu'il se méfiât de soy-même, jusqu'au point de croire qu'il n'étoit pas capable de former aucune resolution solide, il changeoit de dessein autant de fois qu'on luy en proposoit de nouveaux, & le dernier qui luy parloit, avoit toûjours l'avantage de luy inspirer ses sentimens.

a *Thomas de de Perrénot, Baron de Chantenai, au Comté de Bourgogne.*
b *Antoine Perrenot de Grandvelle, Evêque d'Arras.*

ns, lors qu'il eut satisfait à tous les devoirs Catoliques, on le laiſſa mourir en repos ; mais on n'eut pas le ſoin d'oſter d'auprés de luy Raphaël de a Taillevis. Méſiéres, ſon Medecin, Calviniſte ſecret, qui connoiſſant le foible de ſon Maître, prit pretexte de ce que la Régente en quitant le Roy de Navarre, l'avoit exhorté de ſe faire lire l'Ecriture Sainte. Il ſe chargea de la lecture, & ſe ſervit ſi adroitement de quelques paſſages obſcurs du Livre de Job, pour repreſenter au malade, qu'il avoit eu tort de changer de Religion, qu'il le jetta dans de nouvelles inquietudes ; & aprés un accés de Fiévre chaude, ce Prince demanda avec tant d'inſtance, d'eſtre mené par la riviere, à ſa Maiſon de S. Maur, où l'air eſtoit ſans comparaiſon meilleur qu'à Roüen, qu'on fut obligé de le tranſporter. Il ſembla d'abord qu'il ſe portoit mieux ſur l'eau, mais une ſueur froide dont il fut ſaiſi à Andeli, l'ayant obligé de s'y arreſter. Il y mourut le dix-ſeptiéme Novembre 1562. à l'âge de quarante-deux ans, & delivra la Régente, & les Triumvirs, de la crainte où ils étoient à tous momens, qu'il ne changeât de party.

1562.

a *Seigneur de Méſiéres en Vendomois.*

Ils avoient trouvé dans Roüen, les clefs de Caën & de Diépe, que l'aprehenſion d'un pareil traitement, avoit obligés d'avoir recours à la clémence du Roy, & la vigilance de Montluc, les avoit délivrés des Troupes Gaſconnes qui marchoient ſous la conduite de Duras, au nombre de huit mille, pour joindre le Prince de Condé. Elles avoient enlevé l'Evêque b de Cahors dans ſon Château de Mercurés, & prétendoient en faire autant à celuy de Sarlat, enfermé dans ſa Ville Epiſcopale, lors que Montluc aprés la priſe de Leitou-

Sinforien de Durfort, Seigneur de Duras en Agenois.

b *Pierre Bertrand, frere de Iean Bertrand, Archevêque de Sens, Cardinal & Chancelier de France.*

1562.

a *François de Saint Nectaire.*
b *Charles de Coucy, Seigneur de Burie, Lieutenant pour le Roy de Navarre au Gouvernement de Guienne.*

b *N..... de Montferrand, Seigneur de Langoiran, auprés de Bourdeaux.*

Jean d'Escars Seigneur de la Vauguion.
Charles de la Rochefoucaud, Comte de Raudan, Colonel general de l'Infanterie.
Philippe de la Roche, Seigneur de Fontenilles en Comminge, marié avec Françoise de Montluc.

re, s'aprocha d'elles, avec les Soldats Catoliques de Guienne, dont il commandoit une partie, & a Burie, commandoit l'autre.

La discipline militaire étoit si mal observée dans le camp de Duras, que non seulement il ne fut point informé de la marche des ennemis, mais encore il se logea dans le Bourg de Saint Andras, éloigné d'une demie lieuë du Bourg d'Alvaire, où son Infanterie estoit campée. Il y avoit à la teste de ce Bourg, douze maisons separées, occupées par des Cabarétiers qui donnoient retraite aux Marchands de Périgueux, & de Bergerac, lors qu'ils alloient de l'une à l'autre de ces deux Villes. Les Coureurs de Montluc qui pousserent jusqu'à ces maisons, y firent prisonniers les Seigneurs de Salignac, & de Moncaud, occupés à faire aprêter le souper qu'ils vouloient donner à b Langoiran leur cousin, au retour de la chasse, où il estoit allé avec le Peuch-Pardaillan.

Les Coureurs se découvrirent si peu, & se retirerent si promptement aprés leur prise, que Duras s'imagina que c'estoit le Prévôt de Périgueux, & ses Archers: ce qui l'empêcha de passer la riviere d'Isle, & de se mettre en sureté par un trajet si necessaire. On ajoûte que Duras, résolu de se vanger du Prévôt, jetta le Bordet avec soixante Cavaliers choisis, dans un Bois prochain pour l'atraper, & s'avança avec le reste de ses Troupes en bataille, jusques devant le Vilage de Ver. Les Compagnies de Burie, d'Escars & de Randan, qui alloient renforcer la Brigade de Montluc, trouverent le Bordet dans le Bois, & furent si rudement chargées, qu'elles étoient sur le point de fuïr, lors que Fontenille gendre de Montluc, survint à leur secours, & les dégagea. Duras reconnut alors qu'il avoit en teste toutes les forces Catoliques de Guienne, & demanda l'avis de Pardaillan, sur ce qu'il avoit à faire. Pardaillan répondit que la France n'avoit que trop apris devant Saint Quentin, que quand deux Armées ennemies étoient en presence, celle qui pensoit à la retraite, cédoit la victoire à l'autre ; & que si les Calvinistes étoient plus foibles, ils avoient en recompense l'avantage du champ de bataille. Mais l'opinion du Bordet fut contraire, & Duras le suivit, parce qu'on le vint avertir que sa Cavalerie étant déja sur le bord de l'isle, elle faciliteroit à l'Infanterie le moyen de la passer, avant que les Catoliques arrivassent. Il se mit à l'arriere-garde, aprés avoir donné l'avantgarde à Pardaillan, & le corps de bataille, où étoit l'artillerie, fut conduit par Sainte Hermine : Mais il n'eut pas fait demy quart de lieuë, que les Catoliques l'ateignirent. Il se fût neanmoins prévalu d'une situation presque aussi avantageuse que celle qu'il venoit de quiter, si on luy eût donné le loisir de monter sur la coline, au pié de laquelle on le trouva. Il y fut ataqué si brusquement, qu'on l'obligea de tourner visage, & d'essuyer l'artillerie des ennemis. Sa Cavalerie resista peu, mais son Infanterie presque toute composée de vieux Soldats, tint long tems la victoire en balance : Aussi de vingt-trois Enseignes qu'il y avoit, il en perit dix-neuf, & de treize Cornettes de Cavalerie, il n'y en demeura que cinq.

Comme les Catoliques eussent perdu la Guienne, s'ils eussent été batus, ils la recouvrerent si pleinement

1562.

Dans la Relation de la bataille de Ver.

par le gain de cette bataille, donnée le quinze Octobre 1562. que la Rochefoucaud qui affiégeoit S. Jean d'Angeli, fut contraint de lever le fiége, & de fortir de la Province. Il joignit Duras à Montmorillon ; mais l'un & l'autre n'avoient plus que deux cens hommes, lors qu'ils arrivérent au camp du Prince de Condé. S'ils y euffent pû mener les douze mille qu'ils venoient de perdre, le Prince eût fans doute triomphé à Dreux, puis que fans cela il fut fi prés de vaincre. La Cour eût été contrainte d'affoiblir l'Armée Royale, & d'en détacher une partie, pour la donner au Duc de Montpenfier, qu'elle envoyoit dans la Guienne, au lieu que ce Prince tira de cette Province, onze Compagnies de Gendarmes, & vingt-trois Enfeignes de Gafcons, & d'Efpagnols, qui fe trouverent à point nommé à la Journée de Dreux.

Il ne reftoit plus d'autre reffource au Prince de Condé de là la Loire, que le fecours qu'il atendoit de Provence, & de Daufiné ; mais il en fut auffi fruftré par une bizarre avanture. Montluc Evêque de Valence, avoit obtenu de la Régente, la permiffion d'aller faire un tour à fon Evêché, il fut affés malheureux en paffant par Annonai, pour tomber entre les mains des Calviniftes ; ils le retinrent prifonnier, & aprés avoir envoyé fes papiers au Baron des Adréts, qui les examina, il pretendit y avoir trouvé des preuves fufifantes pour faire le procés à l'Evêque ; il demanda qu'il luy fut livré, & envoya des gens pour le recevoir. L'Evêque qui eftoit le plus adroit Courtifan que la France eût élevé, ne perdit point le jugement dans un fi grand péril. Il fit apréhender aux Soldats qui le gardoient,

de

de se commettre avec Soubise, dont l'autorité estoit supérieure à celles de des Adréts, s'ils livroient leur prisonnier sans son consentement, il leur persuada de le demander, avant que de répondre positivement à des Adréts, & par le Courier qu'ils dépêcherent à Soubise, il le fit souvenir de l'amitié qu'ils avoient contractée en Italie, il y avoit trente ans : Il exagera la cruauté de des Adréts, Il representa l'obstacle qu'elle aporteroit à la Paix, si on luy abandonnoit pour victime, celuy des Evêques de France, qui avoit aquis le plus de reputation chés les Etrangers, & qui avoit servi sa patrie avec plus de gloire : enfin il le conjura d'user de son autorité, en commandant à ceux qui le tenoient, de le conduire à Lion, sous pretexte qu'il y seroit plus surement gardé.

1562.

Soubise fit ce que désiroit l'Evêque, mais ce ne fut pas tout-à-fait pour les raisons qu'il luy avoit écrites. Il luy en vint dans l'esprit une plus éficace, qui consistoit à ne vouloir pas s'atirer la haine irréconciliable de la Régente, en laissant perir le plus intime confident de cette Princesse, lors qu'il le pouvoit sauver. Il envoya donc, un ordre aux Soldats qui le gardoient, de luy mener leur prisonnier : mais la nuit qui preceda le jour destiné pour leur départ de l'Evêque, craignant que des Adréts ne l'enlevât en chemin, & trouvant l'occasion de se sauver, ne la laissa pas perdre. Des Adréts s'imagina que ç'avoit esté du consentement de Soubise, & cette supposition rappella dans sa memoire, tous les sujets de mécontentement qu'il prétendoit avoir reçûs des Calvinistes en general, & de Soubise, en particulier. Il accusa d'ingratitude les premiers,

1562.

pour luy avoir refusé le Gouvernement de Lion, aprés tant de dangers courus, & de victoires remportés pour eux ; & reprocha au second, de pousser l'insulte trop loin, en ne se contentant pas de luy avoir ôté la recompense dûë à ses travaux, mais en entreprenant de plus, sur sa Charge, qui luy laissoit le commandement des armes Calvinistes dans le Vivarais, & dans le Daufiné, & luy permettoit par consequent, de profiter de la rançon du plus considerable Evêque du Royaume, que la fortune avoit fait son prisonnier.

Les passions excessives cessent d'ordinaire aprés avoir été satisfaites, ou du moins elles changent d'objet. Des Adréts ne s'étoit fait Calviniste que pour se vanger de la Maison de Guise. Il avoit apparemment sujet d'estre content, puis qu'il n'y avoit jamais eu de simple Gentilhomme en France, qui eût porté la vangeance si loin. Il ne luy restoit plus que de retourner parmy les *Dans les causes* Catoliques, pour se vanger des Calvinistes ; & s'il ne *de sa detention.* le fit pas d'abord, il en voulut au moins donner la peur à ceux de son party. Il prit occasion d'une Lettre que le Duc de Nemours luy avoit écrite, pour le prier de traiter en prisonniers de guerre, deux Soldats Italiens tombés entre ses mains, & il répondit à ce Prince, d'un stile tout different de celuy dont il avoit accoûtumé d'user. Il y fit son apologie, luy qui se soucioit autrefois si peu de l'estime d'autruy : & il n'oublia pas une des actions qu'on luy reprochoit, sans l'excuser, ou la déguiser. Il rejetta le meurtre de la Motte-Gondrin, sur la sedition des Calvinistes de Valence, qu'il avoit esté impossible de calmer avant qu'ils eussent exterminé celuy qu'ils supposoient estre le seul qui em-

LIVRE IV.

1562.

péchoit l'exercice de leur Religion. Il imputoit les sanglantes executions de Vauréas, de Boulenne, & de Pierrelate, à la necessité d'obliger les Catoliques à faire bonne guerre aux Calvinistes, qu'ils envoyoient au gibet aussi-tôt qu'ils les prenoient. Il ajoûtoit qu'aprés avoir obtenu cette condition si necessaire à son parti, il s'estoit exactement contenu dans les loix de la guerre, qu'il avoit aprises en Piémont, & il en prenoit à témoin, les maisons qu'il avoit exemtées d'embrazement, & les femmes dont il avoit sauvé l'honneur. Il concluoit enfin, par une serieuse protestation, que comme il estoit Calviniste de créance, & non pas de party, il feroit toûjours prest de poser les armes, sans autre prétention que celle de la liberté de conscience.

Le Duc de Nemours aussi rafiné politique, que grand Capitaine, pressentit par le changement de stile, & par les derniers mots de la Lettre de des Adréts, qu'il étoit mécontent. Il chercha les voyes d'exciter sa colere, & luy fit dire par de Gast, Gentilhomme Calviniste, qu'il seroit ravy de l'entretenir, & qu'il esperoit que la conference se termineroit à l'avantage des uns & des autres.

Des Adréts avant que de rien conclure, mit l'affaire en déliberation avec les principaux Officiers de son Armée; Mouvans, Senas, Blacons, Ponsenad, Cugi, ce Peigne, & Bataille, qui furent tous d'avis qu'il é-coutât ce que le Duc de Nemours avoit dessein de luy proposer. Mais les Ministres qui n'avoient point esté consultés, & les Anciens des Eglises, dont l'autorité commençoit à balancer celle des Généraux d'Armée,

Paul Richaud. Baltazard de Gerente. Hector de la Forest de Mirambel. Claude de Bous.

Tt ij

entrerent incontinent dans la défiance si fatale, & neanmoins si ordinaire au Calvinisme, & jugérent que des Adrés vouloit changer de Religion. Ils en a-vertirent le Comte [a] de Crussol, qui prenoit soin des affaires des Calvinistes en Languedoc : Soubise qui se défioit depuis long-tems de des Adréts : & le Comte de Beauvais, c'est ainsi que le Cardinal de [b] Châtillon se faisoit nommer, aprés avoir préféré sa [c] Maîtresse, à la Pourpre.

Ces trois Chefs du party Calviniste le long du Rône, estimérent la chose assés importante pour estre communiquée à l'Amiral, & au Prince de Condé, & leur dépêchérent un Officier de la garnison de Lion ; mais ils furent malheureux en leur choix, car encore que l'Officier eût toutes les qualités nécessaires pour s'aquiter de sa commission, il n'aimoit pas assés le Calvinisme, pour négliger de faire sa fortune, en le trahissant ; & son inclination dominante étoit de porter encore une fois les armes, sous le Maréchal de Brissac, qu'il avoit servi dans les Guerres de Piémont, en qualité de simple Soldat. Il alla dans cette disposition à Orleans, mais il en partit incontinent aprés avoir reçû une réponse écrite de la main de l'Amiral, & l'aporta au Maréchal de Brissac, assuré d'une récompense proportionnée au service qu'il tendoit. Brissac, par ordre de la Cour, envoya au Duc de Nemours, la dépêche de l'Amiral, & aprés l'avoir instruit de la maniére dont il devoit agir pour irriter davantage des Adréts, il luy envoya une Lettre qu'il écrivoit à ce Baron, pour préparer le poison que celle de l'Amiral luy devoit faire avaler.

Aimé d'Vrre de Golav, Seigneur de Cugi, en Suisse.

[a] *Antoine Comte de Crussol.*
[b] *Odet de Coligni.*
[c] *Isabelle d'Hauteville, Dame de Loré.*

1562.

L'Amiral mandoit à Beauvais, à Cruſſol, & à Sou- 1562.
biſe, qu'il eſtoit de leur ſentiment en ce qui regardoit
des Adréts, mais qu'il faloit ſupporter encore un peu
de tems ſon inſolence, de peur de la faire dégénérer
en frénéſie, avant que l'on fût en état de la répri-
mer.

Saint Sernin, Gentilhomme de Daufiné, qui porta
cette Lette au Duc de Nemours, luy en mit en main
deux autres de la Régente, & du Duc de Guiſe, qui
luy propoſoient un moyen infaillible pour traiter avec
des Adréts. Il conſiſtoit en ce que le Duc de Guiſe
ſe démettroit de ſon Gouvernement de Daufiné, en
faveur du Duc de Nemours, afin de faire ceſſer la cauſe qui avoit engagé des Adrets dans l'héréſie. Le Duc
de Nemours, obligé par un ſi puiſſant intereſt, à tenter toutes les voyes poſſibles de ramener des Adréts,
luy envoya Saint Sernin, qui le jetta dans toute l'indignation dont il eſtoit capable, en luy montrant la
Lettre de l'Amiral. Il tâcha enſuite de luy inſpirer d'autres ſentimens, en luy donnant une Lettre du Maré-
chal de Briſſac, qui le traitoit avec autant d'affection *Dans la Lettre*
& de franchiſe, que s'il eût été ſon fils. Il luy écri- *de Briſſac à des*
voit, que le dépit de le voir maltraité par des ingrats, *Adréts.*
dont il maintenoit ſeul le party, l'avoit porté à luy repréſenter dans la liberté que les Guerres du Piémont
luy avoient aquiſe, que les plus courtes folies étoient
les meilleures, & qu'en perſiſtant dans le party où la
paſſion l'avoit précipité, il ne pouvoit éviter d'être aſſaſſiné par les ſiens, ou déchiré, s'il eſtoit pris par les
Catoliques : au lieu qu'en ſe racommodant avec la
Cour, on luy offroit une amniſtie en la forme qu'il dé-

Tt iij

1562.

désireroit, une Compagnie de cinquante hommes d'armes, entretenus en tout tems, l'Ordre de Saint Michel, & cent mille livres à prendre sur les Tailles de Daufiné, au cas qu'il voulût demeurer dans le Royaume, & joindre ses armes à celles du Duc de Nemours: que s'il étoit résolu de persévérer dans le Calvinisme, & s'il aimoit mieux par conséquent sortir du Royaume, que de combattre contre ceux de sa Religion, Brissac s'obligeoit en son nom, à luy faire recevoir dans Strasbourg, ou dans quelque autre Ville qu'il nommeroit, cent mille écus comtans.

Saint Sernin n'oublia rien de ce qui pouvoit estre ajoûté de vive voix, à des propositions si avantageuses; mais ny son éloquence, ny celle d'un domestique de Dugast nommé la Duche, que le Duc de Nemours luy envoya immédiatement aprés, ne sufirent pas pour le faire succomber à une tentation d'autant plus dangereuse, qu'elle flatoit en même tems ses interests & son ressentiment. Il ne voulut point oüir parler d'un accommodement particulier, & il n'accorda l'entrevûë qu'on luy demandoit, qu'aprés avoir consulté Soubise, qui luy répondit qu'il ne la désaprovoit pas. Le Comte de a Montrevel, & b Mandelot, furent donnés pour ôtages, de la part des Catoliques; Ponsenac, & Blacons, de la part des Calvinistes.

Ceux qui étoient venus pour assister le Duc de Némours, & le Baron des Adréts, s'abordérent au plus fort de la conference ; & les Catoliques remarquérent la précaution de des Adréts, en ce qu'il avoit eu soin de mener un Domestique de Soubise, pour servir de témoin. C'estoit un jeune Gentilhomme nommé Jean

a *François de la Baume 2. du nom, Comte de Montrevel en Bresse.*
b *François de Mandelot, Seigneur de Passi, Lieutenant général au Gouvernement de Lionnois, Forests & Beaujolois, & Chevalier du S. Esprit.*

LIVRE IV.

Poltrot, Seigneur de Meréen Angoumois, qui avoit esté nourri dans la maison d'Aubeterre, & avoit suivy *a* l'héritiere de cette Maison, lors qu'elle avoit épousé Soubise. Il n'avoit point d'autres talens que d'estre juste arquebusier, & de dire le mot pour rire ; & c'étoit par son enjoüement, qu'il avoit empêché son Maître allant à Lion, d'estre pris au Port de Digoin, par le Bailly de Dijon, qui s'estoit amusé avec ce causeur, pendant que Soubise fuyoit à toute bride. Mais il estoit si sujet à se vanter, & à exagérer toutes choses, le plus souvent aux dépens de la vérité, que ceux qui le connoissoient le mieux, avoient le moins d'égard à ce qu'il disoit. De-là vint qu'on ne fit alors aucune réfléxion, sur ce que s'entretenant avec les Domestiques du Duc de Nemours sur la mort du Roy de Navarre, & sur les avantages que les Calvinistes en avoient tirés, il luy échappa de s'écrier, en jettant un profond soupir, que ce n'estoit pas là la victime qui leur étoit dûë, & qu'il leur faloit le chien au grand colier. On luy demanda de qui il vouloit parler, & il ne se contenta pas de déclarer que c'estoit le Duc de Guise, mais il ajoûta, en levent la main droite. *Voilà le bras qui fera le coup.* Il répéta les mêmes termes, & réitera la même action de Soubise, en rapportant ce qu'il avoit vû à la conférence, lors qu'il fut retourné à Lion, & l'on n'observa point, que Soubise l'en reprit.

Le Duc de Nemours proposa cependant, de la part de la Régente, à des Adréts, de remettre le Daufiné dans la tranquilité dont il joüissoit avant la guerre civile, à condition d'estre reçû pour Gouverneur au Par-

1562.

a Antoinette Bouchard, fille de François Bouchard Vicomte d'Aubeterre, en Perigord & d'Isabeau de Pompadoux, mariée avec Jean l'Archevêque de Partenai Seigneur de Soubise.

lement de Grenoble, sur les provisions que la Cour luy en avoit accordées, par la démission du Duc de Guise. Il demanda de plus, que les Ministres sortissent pour un tems de la Province ; que les Calvinistes se contentassent de l'exercice de leur Religion, chacun chés soy ; & que l'on accordât une Tréve de quelques jours, pour ajuster les articles de moindre importance.

Dans l'Interrogatoire de des Adrèts.

Des Adréts répondit, qu'il raporteroit à ceux de son parti, ce qu'il venoit d'entendre, & qu'il feroit sçavoir au Duc, leur résolution. L'Armée Calviniste & le Conseil donné à des Adréts, conclurent également, que les propositions du Duc de Nemours étoient raisonnables, & qu'il faloit accepter la Tréve. Ils la jugérent avantageuse à Soubise, sur ce qu'il leur avoit écrit qu'il commençoit à manquer de vivres, & priérent des Adréts, de l'aller trouver, pour lever les obstacles que ce Gouverneur de Lion, plus Courtisan, que Capitaine, y pourroit aporter. Des Adréts eut avec luy une longue conférence, mais elle fut inutile. Soubise témoigna une aversion insurmontable pour les Traités séparés, & protesta de n'en signer jamais d'autre, que celuy qu'il verroit signé de la main du Prince de Condé.

a Fabrice Serbellon Milanois Cousin du Pape Pie IV.

Les Calvinistes de Daufiné, ne laissérent pas d'accepter la Tréve, qui fut si religieusement observée des deux côtés, que l'on permit à des Adréts de décendre avec son Armée le long du Rône, pour recouvrer Vauréas & quelques autres Places du Comtat que ª Serbellon luy avoit enlevées. Il revint ensuite à Montelimar, où les principaux Calvinistes s'étoient assemblés.

Il

LIVRE IV.

Il leur représenta que toutes les choses nécessaires pour la subsistance d'une Armée, luy manquoient, & les avertit d'y pourvoir au plûtôt par une prompte subvention, s'ils n'aimoient mieux accepter les offres du Duc de Nemours. Les Calvinistes du Daufiné, épuisés d'argent, & les Colonels de leur Armée, qui désespéroient de retenir plus long-tems sous leurs Enseignes les Soldats de leur party, opinérent tous à la Paix, & ordonnérent à Remi, Conseiller de Grenoble d'en dresser les articles, ce qu'il fit si bien que tout le monde y trouvoit son comte, à la réserve des Ministres. Mais de quelque désintéressement qu'ils se piquassent, ils furent assés puissans pour exciter en secrét le tiers des Députés à changer de sentiment, & à demander la révocation de ce qu'ils avoient arrété, sous prétexte que le Duc de Nemours n'étoit pas plus en estat d'éxécuter ce qu'il promettroit, qu'il l'avoit esté de sauver la vie à Mazéres, & à a Castelnau, durant la conspiration d'Amboise. On répondit pertinemment à cela, que la différence étoit toute visible, & que le Duc n'avoit point alors eu de pouvoir de traiter, comme il l'avoit maintenant : Mais on ne pût empêcher que Changi, & quelques autres Gentilhommes n'allassent tumultuairement au logis de des Adréts, & ne luy protestassent qu'ils ne poseroient point les armes sans la participation du Prince de Condé. On ne sçait si des Adréts fût plus indigné, ou de leur inconstance, ou de leur insolence ; & des Rélations remarquent que son emportement alla jusqu'à vouloir jetter dans le feu, le projét du Traité. Il en fut pourtant empêché par ceux qui l'environnoient, dont

1562.

a *Iacques de Castelnau, Baron de Chalosse, en Tursam.*

Tome I. Vu

1562. l'inclination étoit plus portée à la Paix. Ceux-cy le pressérent de sacrifier son ressentiment au bien de son party, & luy firent espérer que le projét seroit universellement agrée dans la prochaine Assemblée, pourvû qu'on y changeât deux ou trois articles qu'ils luy montrérent. Mais ceux de la cabale des Ministres, voyant qu'on leur alloit oster le prétexte de les critiquer, & de s'en plaindre, s'avisérent de dire qu'il faloit avant toutes choses, que les provisions accordées au Duc de Nemours, pour le Gouvernement de la Province, fussent réformées, parce qu'il y étoit parlé de séditieux, & de rebeles, & que ces mots ne pouvant estre entendus que des Calvinistes, les noircissoient autant que s'ils les eussent distinctement exprimés.

Des Adréts aprit cette nouvelle chicane au Pont S. Esprit, où il avoit esté contraint de courir, sur l'avis que les Comtes de Beauvais, & de Crussol, avoient envoyé les Capitaines Bullargues, & ᵃ Spondillan, pour surprendre cette importante Place, sous couleur d'en renforcer la garnison. Le dépit de voir que ceux de son party, travailloient à le dépoüiller de ce que sa valeur luy avoit acquis, bien loin de l'aveugler, & de le transporter hors de luy-même, comme l'on croyoit ne servit qu'à luy rafiner l'esprit, & à le faire agir avec plus de retenuë, en luy découvrant le nombre, & la qualité des ennemis qu'il avoit entre les siens. Il se contenta de mettre au Pont S. Esprit, celles de ses Troupes, dont la fidélité luy étoit le moins suspecte; puis, faisant une réflexion sérieuse sur la supercherie dont les Comtes avoient voulu user à son égard, il prévit que s'il ne tâchoit de les détourner de leur des-

ᵃ N.... du Cailar, Seigneur de Spondillam, en Languedoc.

fein, pendant que le regret de ne l'avoir point executé, les toucheroit encore par la honte de l'avoir
entrepris inutilement, il feroit difficile de les empêcher de le tenter une autre fois ; & que son éloignement en feroit naître une nouvelle conjoncture.

1562.

Il feignit sur ce raisonnement, de n'avoir pas sçû les
auteurs de la conspiration faite pour luy ôter le Pont
Saint Esprit, & pressa les Comtes, d'une entre-vûë,
sous prétexte de leur communiquer ses projets pour la
campagne suivante.

Les Comtes l'accordérent avec d'autant plus de facilité, qu'ils résolurent de profiter de l'occasion que
leur donneroit des Adréts, de se saisir de sa personne,
parce qu'il offroit d'aler avec peu de gens, au lieu qui
luy seroit marqué.

Et de fait, il s'aloit jetter entre leurs bras, par un
excés de confiance, lors qu'un Gentilhomme de Languedoc, à qui les Comtes n'avoient pû s'empêcher de
communiquer leur dessein, à cause du besoin qu'ils
avoient d'un homme déterminé, pour commander les
Soldats qui se saisiroient de des Adréts, l'avertit de ce
qu'on avoit résolu contre luy ; soit qu'il ne pût souffrir une si noire ingratitude, ou qu'il apréhandât que
ceux qui le mettroient en action, ne se défissent de
luy, immédiatement aprés qu'il l'auroit commise, suivant la maxime la plus ordinaire des politiques emba-
rassés dans la guerre civile, de chercher leur impunité
dans la perte de leurs complices.

Des Adréts s'excusa facilement d'aler trouver les
Comtes, parce qu'un Général d'Armée trouve assés de
prétexte pour ne la pas perdre de vûë, quand il en

V u ij

1562.

Jacques Pafer, Seigneur de Saint Auban.

cherche : Mais il fçût peu de jours aprés, que le piége qu'il venoit d'éviter, n'eſtoit ny l'unique, ny même le plus grand de ceux qui luy étoient tendus. Saint Auban Gentilhomme de Daufiné, étoit le plus dangereux de ſes ennemis : car outre qu'il ne le connoiſſoit pas pour tel, il n'avoit garde de ſe défier d'un voiſin, d'un alié, d'un confident, & d'un Frére-d'armes. Toutes ces qualités ſe rencontroient en la perſonne de Saint Auban ; mais il eſtoit ambitieux & bigot dans la profeſſion Calviniſte, c'eſt à dire poſſédé d'un zéle indiſcret en tout ce qui la regardoit. On n'a pas pû démêler, s'il viola l'amitié jurée avec des Adréts, par le déſir de le ſuplanter, ou ſi les Miniſtres le réduiſirent à ce point, en tournant à leur mode, la tandreſſe irréguliere de ſa conſcience. Mais il eſt certain, qu'il prit le premier prétexte qui ſe preſenta de faire un voyage à Orleans, quoy que le danger n'en pût être plus grand, depuis que les Catoliques penſoient au ſiége de cette Ville, aprés la priſe de celle de Roüen ; qu'il eut diverſes conférences, premiérement avec l'Amiral, & enſuite, avec le Prince de Condé ; qu'il leur donna de l'ombrage pour la conduite de des Adréts, & qu'il leur perſuada de le tirer de Daufiné, ſous prétexte que le ſeul champ digne de ſa valeur, étoit d'agir en qualité de Lieutenant général du Prince, dans l'Armé Fraçoiſe, & Alemande, qui s'aloit oppoſer à celle du Triumvirat.

Les Lettres du Prince, que Saint Auban ſe chargea de mettre en main propre à des Adréts, étoient conçûës en ces termes ; mais il en porta d'autres qui découvroient tout le miſtere. Elles s'adreſſoient à [a] Sou-

[a] *Jean l'Archevêque.*

LIVRE IV.

bife, aux Comtes de ^a Beauvais, & de ^b Cruſſol, & aux autres Chefs du party : Elles rendoient les raiſons ſecretes de la dépoſition de des Adréts : Elles excuſoient la ſupercherie dont on uſoit à ſon égard : & comme elles marquoient diſtinctement, que le deſſein des Calviniſtes eſtoit de l'empêcher de rentrer jamais dans le Daufiné, s'ils l'en pouvoient une fois tirer ; elles ſubſtituoient en ſa place Saint Auban, ſans laiſſer aucune eſpérance à celuy qu'elles dépoſſedoient de recouvrer un jour, ſa dignité.

1562.

a *Odet de Coligni, Cardinal de Chatillon.*
b *Antoine, Comte de Cruſſol.*

Mais on ne ſurprend pas auſſi aiſément les hommes heureux, que l'on éblouït les plus éclairés. Saint Auban, aprés s'eſtre joüé de la crédulité de l'Amiral & du Prince de Condé, s'en retournoit avec une eſcorte de quatre-vingts Cavaliers qu'ils luy avoient donnée, lors qu'il fut rencontré vers la Montagne de Tarare, par un eſcadron Catolique, qui l'enleva, & le conduiſit au Duc de Nemours. On luy trouva toutes les Lettres qu'il portoit, parce qu'il n'avoit pas eu le loiſir de les déchirer, & le Duc les envoya à des Adréts, qui y étoit le plus intereſſé.

Dans les Lettres trouvées ſur Saint Auban.

Des Adréts n'entra pas neanmoins tout à fait en les liſant, dans les tranſports qu'on luy vouloit inſpirer : car encore qu'il ſe vît univerſellement décrédité dans ſon party, il ſe contenta de ſe plaindre en général à l'Aſſemblée Calviniſte qu'il avoit convoquée à Valence, des atentats de ſes ennemis, contre ſon honneur, & contre ſa dignité. Il en par la même ſi peu, qu'il donna lieu de croire, qu'il en avoit conçû plus de mépris, que d'indignation. Il paſſa aux affaires plus importantes, & demanda ce qu'il

V u iij

1563.

y auroit à faire, au cas que le Duc de Nemours ne voulût pas renvoyer ses provisions à la Cour, pour estre réformées.

L'assemblée résolut que des Adréts négocieroit avec le Duc de Nemours, une Tréve de quatre mois, & qu'à tout évenement, son Généralat luy seroit continué. Le Duc refusa la Tréve ; & des Adréts pour ne plus tomber dans les inconvéniens qu'il venoit d'éviter, tâcha de se rendre maître de ses Troupes, en cassant les Officiers qui luy étoient suspects ; en mettant à leur place, des gens dont il avoit éprouvé la fidélité ; en tirant des Places conquises, ceux qui s'étoient déclarés contre luy ; & en les remplissant de personnes intéressées à le maintenir.

Mais l'aveuglement de l'homme n'est jamais si déplorable, que lors qu'il se trompe au choix de ses amis. L'humeur fiére, & indocile de des Adréts, luy en avoit acquis si peu, que la plûpart de ceux dont il s'assuroit, ne l'étoient point. Et de fait, malgré toutes ses précautions, un ordre par écrit de Soubise, sufit pour le faire arrester le 10. Janvier 1563. dans la Ville de Romans, qu'il avoit choisie pour son azile. Il devint ainsi, la preuve de la maxime dont il s'estoit tant de fois moqué, que la cruauté ne plaît qu'aussi long-tems que dure le profit qu'on en tire ; & que l'ame se remet d'elle-même à la considérer avec horreur, dés que le premier transport de la passion qui en déguisoit la laideur commence à se ralentir.

L'avantage que trouvérent les Catoliques dans cette détention, fut que les Calvinistes le long du Rône, divisés entr'eux, ne pûrent envoyer le secours

LIVRE IV.

qu'ils avoient promis au Prince de Condé, & le réduisirent ainsi à mettre toute sa ressource dans le renfort qu'il atendoit d'Alemagne. Il y avoit envoyé Jacques a Spifame, qui pour épouser une b Boulangére, étoit devenu d'Evêque de Nevers, le dernier Ministre de Genéve. Il se lassoit déja de sa Profession ; & soit qu'il n'y fût pas tout à fait propre, ou qu'il eût un pressentiment secrét qu'il devoit périr dans Genéve par la main d'un Boureau, il avoit brigué la négociation d'Alemagne, & s'en aquita avec un succés plus grand que ne l'atendoient les Chefs de son party. Les obstacles qu'il y trouva, ne pouvoient estre plus aparemment invincibles ; & pour se figurer la peine qu'il eut à servir des gens qui le récompensérent si indignement, il sufit de présuposer que le Pape, l'Empereur, la France, & l'Espagne, conspiroient à le traverser. La Régente avoit choisi trois des plus habiles Conseillers d'Etat, d'Oisel, Laubépine, & Rambouïllet, pour les oposer à Spifame : La conjoncture estoit d'autant plus favorable à la Cour, que la Maison d'Autriche briguoit alors ses Offices pour l'élection du Roy des Romains. Cependant Spifame sçut représenter avec tant d'adresse aux Princes Protestans, que leur conservation dépendoit de celle des Calvinistes de France, qu'ils donnérent de l'argent pour lever une Armée dans leurs Etats.

Rambouïllet qui n'avoit pû détourner ce coup, tâcha de le rendre inutile, en corrompant les Colonels Ratzenberg, & Schatin, qui s'estoient chargés de la levée. Il en vint à bout, & les Colonels firent naître des obstacles qui eussent empêché le Prince de Condé,

1563.

a *Succesivement Conseiller au Parlement, Président des Enquestes, puis Maistre des Requestes.*
b *Caterine Gasperne, veuve de Jacques le Gresle, Procureur au Parlement.*
Il eut la teste tranchée le 25. Mars 1565.

Dans la Negociation de Spifame.
Henri Clutin, Seigneur d'Oisel, Chevalier de l'Ordre, Lieutenant general en Ecosse, & Ambassadeur à Rome.
Claude de Laubépine, Secretaire d'Estat.
Jacques d'Angennes, Seigneur de Rambouïllet.

1563.

a *Philippe Landgrave de Hesse Cassel.*

de recevoir avant l'Eté de l'année suivante, le secours d'Alemagne, si le Landgrave ᵃ de Hesse, d'autant plus zélé Protestant, que son Pére avoit esté maltraité par les Catoliques, n'eût découvert l'intrigue de Rambouïllet, & ne l'eût en même tems punie par la déposition des Colonels, qu'il traita de Colonels d'Eté. Il mit à leur place, Fédéric de Roltzhausen, Maréchal de Hesse, & écrivit au Prince de Condé, d'envoyer un homme capable de commander l'Armée, jusqu'à ce qu'elle fût arrivé à Orleans. Il n'y en avoit point dans le party Calviniste, de plus propre que d'Andelot, pour une si dangereuse commission. Il s'offrit : on l'accepta. Il alla nonobstant une infinité de difficultés, jusques à la Ville de Bacara sur le Rhin. Il y fit la revûë des Troupes qu'il devoit conduire : il y trouva trois mille Cavaliers, sous dix-neuf Cornettes, & quatre mille Fantassins, sous douze Enseignes. Il les mena par

b *Antoine de Croy, Prince de Portien.*

le chemin de Strasbourg, où le Prince ᵇ de Portien l'ateignit avec cent Gentilshommes François, tous bien montés ; & il estoit déja passé de l'Alsace, en Lorraine, lors qu'il tomba malade d'une fiévre quarte. Comme il n'y avoit point d'autre sureté pour luy, que celle de l'Armée qu'il commandoit, il estoit obligé de se faire mettre dans une litiére au milieu du Camp, les jours de l'accés, & les autres ne l'empéchoient pas de s'aquiter infatigablement de toutes les fonctions de Général. Il traversa de cette sorte la Lorraine, & trouvant les frontiéres de Champatrop bien garnies, parce que le Duc de Nevers, Gouverneur de la Province, qui les deffendoit avec la Noblesse, & la Milice du Païs, pouvoit estre renforcé par les Troupes que le Maréchal

de

de Saint André avoit logées aux environs de Troyes, il se jetta comme un torrent dans la Bourgogne, & traversa la riviere d'Yonne, à Crevant, avant que les Catoliques fussent en estat de s'opposer à son passage. Il usa de la même diligence jusqu'à Montargis, d'où il joignit à Orleans, le Prince, qui l'atendoit pour se mettre en campagne avec les trois cens chevaux, & les quinze cens Hommes de pié, que le Comte de la Rochefoucaud, & ª Duras, luy avoient amenés. Il ne s'en estoit pas sauvé davantage de la défaite de Ver; mais en récompense ils étoient tous vieux Soldats, & fort zélés pour le Calvinisme. Le Maréchal de Hesse fit d'abord espérer au Prince de Condé, qu'il atireroit sous ses Enseignes tous les Alemands qui servoient dans l'Armée Catolique: & de fait, il débaucha d'abord quelques Reîtres, avec le Comte de Valdec leur Commandant ; mais la civilité, & les précautions militaires du Duc de Guise, bornérent les intrigues du Maréchal, à ce petit nombre de déserteurs, & conservérent le reste dans le party Catolique, de quelque Religion qu'il fût.

La Régente se mit en devoir d'empécher de son côté, la Noblesse Calviniste qui s'estoit retirée dans ses maisons, de remonter à cheval pour renforcer l'Armée du Prince, & fit dresser une Amnistie nouvelle, en meilleure forme que les précédentes, pour tous ceux qui voudroient se contenter de vivre à leur mode dans leurs Châteaux. Les Seigneurs de b Piennes, & de c Belleville, Confidens du Prince, l'accepterent, & furent imités par tant d'autres, qu'on ne trouva point de meilleur expédient pour les arrester, que de traiter les

1563.

a *Simforien de Durfort, Seigneur de Duras en Agénois.*

b *Charles d'Halvuin, Seigneur de Piennes.*

c *N... Seigneur de Bellevilles, en Poitou.*

transfuges de ridicules, en les nommant Quille-bédoins, & de mettre en campagne l'Armée Calviniste, aprés l'avoir renforcée de tout ce que le Prince put tirer des garnisons, où il n'y avoit plus tant à craindre, parce que le siége de Roüen avoit notablement affoibly l'Armée Catolique.

La première entreprise du Prince, fut contre Pitiviers, où il y avoit un magasin capable de ravitailler Orleans. Les Prêtres, & les Moines y furent tués, & les Capitaines pendus, pour avoir fait une trop longue résistance. Mehun, & Boisgency se rendirent à la prémiere sommation ; & le renfort que le Maréchal de S. André, en alant joindre à Paris, le Connêtable, & le Duc de Guise, avoit jetté dans Pontoise, n'exempta pas cette Ville d'estre forcée. On y délibéra si le Prince iroit saccager les Fauxbourgs de Paris, où s'il s'occuperoit à prendre les Villes circonvoisines qui serviroient a l'affamer. Le premier de ces deux partis, eût donné beaucoup de réputation aux armes des Calvinistes, & jetté la terreur dans les cœurs des Parisiens qui s'estoient montrés les plus irréconciliables. Mais outre qu'il n'y avoit aucune aparence d'emporter les Fauxbourgs, où l'on trouveroit retranchées les Troupes victorieuses de Roüen, l'Armée Calviniste estoit assurée en cas qu'elle l'emportât, d'estre défaite par une sortie des Triumvirs sur ses Soldats, aprés qu'ils se seroient débandés, pour mieux piller.

Le second party fut donc preferé, & les Villes de Montlhery, de la Ferté-Aléts, & de Dourdan, cederent à la premiere impetuosité des Calvinistes. Corbeil qu'ils assiegerent ensuite, se fût rendu, si le Maréchal de

S. André n'y eût entré avec des Troupes qui contraignirent le Prince de Condé de lever le siége. Il ne laissa pas neanmoins de se presenter devant Paris, & d'aller ensuite se camper à Juvisi, où la Regente l'amusa par des propositions de Paix, pendant que l'armée Catolique se retranchoit hors les Fauxbourgs de S. Victor, de S. Marcel, de S. Jacques, & de S. Germain, pour les couvrir. On négocioit cependant, & aux propositions qui se faisoient plus ou moins avantageuses, selon que les Calvinistes témoignoient plus ou moins d'aversion à l'acommodement, succédérent des entrevûës des principaux Chefs des deux partis, avec le succés ordinaire à de semblables conférences; c'est à dire que ceux qui n'avoient pas la Cour pour eux, y furent toûjours la dupe des autres.

La Régente eût esté ravie de traiter en personne avec le Prince de Condé, & le Prince s'y estoit engagé; mais la défiance des Calvinistes, le contraignit de feindre d'estre malade, pour avoir prétexte de manquer de parole. Ils le tenoient trop foible en matiére de négociation contre une si habile Princesse, & ils aimérent mieux remetre leurs interests entre les mains de l'Amiral qu'ils apelloient leur Nestor, comme ils nommoient le Prince, leur Achile. L'Amiral évita bien avec son adresse ordidaire, les piéges qu'on lui avoit dressés dans le cabinet, mais il ne perçût pas seulement de deux inconvéniens où la conférence réduisit son parti, bien loin de les éviter. Le premier fut, qu'il donna le loisir de renforcer l'Armée Catolique aux Troupes de Guïenne, qui n'aïant plus d'exercice dans céte Province, de-

1563.

Ils apelloient alors le Prince de Condé & l'Amiral, de ces deux noms comme il paroist dans les pieces du tems.

X x ij

puis la victoire de Ver, venoient joindre l'Armée Roïale. Le second, que les gentilshommes des deux costés s'étant mêlés, pendant que leurs Chefs s'entretenoient à part, les Catoliques qui avoient pouvoir de promettre les graces, & les autres biens que la Cour est en possession de distribüer, furent en état de corrompre beaucoup de Calvinistes, qui ne s'estant engagés avec le Prince, que pour s'agrandir, prirent confiance en eux; & les Calvinistes au contraire, bien éloignés de faire largesse, puis qu'ils n'avoient pas même l'argent pour païer leurs Alemands, ne séduisirent pas un Catolique.

Le mal ne parut que lors qu'il n'y avoit plus de remede, & le pis fut, que les Calvinistes enclins à soupçonner légérement, commencérent à se défier de ceux de leur parti qu'ils avoient vû dans la derniére conférence, converser trop familiérement avec les Catoliques. Genlis fut de ce nombre, & l'on ajoûta pour le noircir, qu'on l'avoit oüi parler à l'avantage du Duc de Guise. Le Conseil du Prince ne lui estoit pas déja trop favorable, parce qu'il acusoit Ivoi Genlis son frére, de ne s'estre pas défendu assés long tems dans Bourges. De là vint qu'il fut résolu de ne lui point communiquer le dessein d'ataquer la nuit suivante, les rétranchemens des Catoliques: mais le Prince ne garda pas le silence avec toute l'exactitude qu'il avoit promise; il s'estoit proposé d'engager Genlis par un entretien, à lui avoüer ingenuëment, si le soupçon qu'on avoit de lui, estoit bien fondé, ou d'en tirer en tout cas quelques éclaircissemens. Cependant il ne fit ni l'un ni l'autre, & de plus, il eut la foiblesse

François de Hangest.

LIVRE IV.

de révéler son secrét à Genlis sans aprendre le sien.

Aprés l'avoir entretenu sur diverses circonstances de l'entrevûë du jour précédent ; entre le Connêtable, & l'Amiral, il lui demanda si Damville estoit bien intentionné pour la Paix. La curiosité du Prince estoit fondée sur ce que Damville estoit le mieux aimé des cinq Fils du Connestable, il y avoit aparence que son Pére ne lui avoit pas caché les sentimens du Triumvirat, sur la Paix ; & Genlis qui ne pensoit qu'à se vanter de la confiance que Damville lui avoit témoignée, dit au Prince qu'on lui renvoïeroit le lendemain signer les derniers articles qu'il avoit envoyés à la Régente.

Le Prince qui ne vouloit point d'acommodement, fut tellement déconcerté par une si surprenante nouvelle, qu'il lui échapa de dire d'un ton de voix, que l'indignation, & le dépit avoient altérés. *Ce sera donc aprés que nous aurons visité cette nuit les Triumvirs dans leurs tranchées.* Genlis aprit tout d'un coup par ce peu de mots, que la résolution estoit prise de forcer les retranchemens des Faux-bourgs de Paris, & qu'il n'y avoit point esté apellé, quoy qu'il fût des principaux Oficiers de l'Armée Calviniste.

Les transports de ressentiment, & de vangeance qu'il en conçut, ne pouvoient estre plus violens, mais la dissimulation estoit nécéssaire pour les exécuter ; & Genlis fut tellement maistre de son extérieur, qu'il repartit avec la même gaïeté qui le rendoit si agréable dans la conversation, qu'il prétendoit estre de la visite, & qu'il s'aloit parer de ses habits de cérémonie. Et de fait, il ne fut pas plûtôt de retour dans son

1563.

Dans les causes du mécontentement de Genlis.

poste de Montrouge, qu'il s'arma de toutes piéces, & monta sur le meilleur de ses chevaux. d'Avaret son Lieutenant, estoit le plus zélé, & le plus déterminé tout ensemble, des Gentilhommes Calvinistes, aprés la Nouë. Le Prince lui avoit confié le secrét de l'ataque, & lui avoit commandé de n'en rien dire à Genlis. Il fut surpris de le voir à cheval, & y monta lui-même, sous prétexte de lui tenir compagnie, mais en éfet à dessein de l'observer. Genlis ne laissa pas néanmoins d'estre fort embarrassé. Il conduisit insensiblement d'Avaret jusqu'auprés des retranchemens des Catoliques, il lui raconta son entretien avec le Prince, & il ajoûta que ne pouvant plus demeurer avec honneur dans un parti où il estoit suspect, il aloit trouver la Régente, & la conjurer de lui permettre de se retirer en sureté dans l'une de ses Terres de Picardie.

D'Avaret ne fut pas tant surpris du discours de Genlis, que de la ferme résolution qu'il lui témoigna de vouloir passer outre, quelque remonstrance qu'il fit pour l'en dissuader. Il s'imagina que Genlis ne lui découvroit qu'une partie de son intention, & qu'il ne s'aloit jetter parmi les Catoliques, que pour retourner à leur Communion, & pour recouvrer l'amitié des Triumvirs, en leur révélant le projet de l'ataque. La crainte qu'il en eut, lui donna la pensée de mettre la main au pistolet, & de tuer Genlis, mais il en fut retenu par une autre pensée contraire, & plus raisonnable, qui consistoit en ce que l'inconvénient qu'il pretendoit éviter par le meurtre de son Capitaine, au lieu de cesser par sa mort, deviendroit plus grand, & plus inevitable, puisque si son pistolet manquoit, Genlis croiroit que le Prince auroit commandé de faire le coup, & en feroit d'autant plus tenté de découvrir l'entreprife; s'il ne manquoit pas, les Catoliques accoureroient au bruit, & trouvant par terre un homme auffi qualifié que Genlis, fupoferoient incontinent qu'Avaret qu'ils verroient fuïr, l'auroit tué, & ne pouvant s'imaginer que ce fût fans caufe, ils en concevroient un ombrage qui les obligeroit à fe tenir fur leurs gardes.

Ainfi Genlis eut la liberté d'appeller les fentinelles des Catoliques, & de fe faire mener au corps de garde, d'où l'on le mena au Louvre. Mais l'évenement juftifia qu'il avoit efté plus fincere qu'Avaret n'avoit crû; car non feulement il ne revela point le fecret du Prince, mais encore, il refufa les propofitions avantageufes des Triumvirs, pour le porter à changer de party. Il perfifta dans la refolution de pofer les armes, fe retira dés le lendemain dans le Château dont il portoit le nom, & fe contenta de la fauvegarde qu'on luy donna pour y vivre à la Calvinifte.

Il eft vray que fa fidelité fut inutile au party qu'il venoit de quiter, parce que le Confeil du Prince, qui raifonnoit fur cette maxime de politique, que la vertu la plus inconnuë, & la plus inutile aux transfuges, eft celle de garder inviolablement le fecret, fuppofa que Genlis l'avoit découvert, & changea le projet de l'ataque, en celuy de paffer en Normandie, où le Prince devoit recevoir d'Angleterre des Troupes, & de l'argent, pour payer fon Armée.

Il avoit promis d'éviter la Bataille avant cette jonction, mais il éprouva qu'un General qui n'eft pas le

1563.

Dans la vie de l'Amiral de Châtillon.

plus fort, ne peut s'exemter de combatre en pleine campagne, lors qu'il marche en païs ennemi, & qu'il a en teste un autre General hardi & experimenté. Le Triumvirat n'eut pas si tôt pressenti le dessein des Calvinistes, qu'il se mit à leurs trousses ; & le Prince aprés avoir atiré l'Armée Catolique en Beausse, par la feinte qu'il fit, de vouloir assiéger Chartres, proposa dans le Conseil de guerre, de retourner sur ses pas en toute diligence, & d'ataquer les retranchemens des Fauxbourgs de Paris. Ses raisons furent, qu'il y arriveroit infailliblement avant l'Armée du Triumvirat ; qu'il les trouveroit dégarnis ; qu'il s'en saisiroit d'abord, & des Fauxbourgs ensuite, & qu'il obligeroit par là, les Catoliques à prendre un long détour, afin de passer la Seine, & de rentrer dans Paris par l'autre côté de cette riviere : Que cependant les Parisiens épouvantés, & ne voyant point d'apparance d'estre secourus, ouvriroient leurs portes, ou du moins se racheteroient par une contribution plus notable, que ne seroient les sommes que l'on atendoit d'Angleterre.

Les principaux Officiers eussent aprouvé ce dessein, si l'Amiral ne les en eût détournés, en les pressant d'observer que l'Armée ne pouvoit rien desirer de plus funeste, que de réüssir en la maniere que pretendoit le Prince : car elle n'auroit pas plûtôt emporté les Fauxbourgs, qu'elle se verroit assiegée entre Paris, & les forces du Triumvirat, qui se trouvant plus nombreuses de la moitié, ne laisseroient pas de la suivre de pres, & que cette seule incommodité l'obligeroit à se debander d'elle-même : Que les Soldats Alemans n'estoient pas si satisfaits de la fertilité de la Beauce, où ils trouvoient

voient à manger, & à boire, le jour & la nuit, sans rien payer, qu'il ne leur échapât de tems en tems des plaintes de ne pas recevoir leur montre, à point nommé, comme on leur avoit promis ; & que fi on les reduifoit à la neceffité de n'avoir ny vivres ny argent, leur mecontentement degeneroit en une fedition d'autant plus à craindre, qu'elle procederoit d'une caufe apparemment équitable ; & comme ils étoient plus forts que le refte de l'Armée Calvinifte, ils s'affureroient des perfonnes du Prince, & des plus riches Gentilshommes, qu'ils meneroient en leur Païs pour fervir d'ôtages, s'ils ne les livroient au Triumvirat, pour acheter à ce prix infame, la liberté de s'en retourner en affurance, ou eftre payés comtant de ce qui leur eftoit dû. D'où l'Amiral conclut qu'il valoit mieux pourfuivre la route de Normandie, & s'ouvrir l'épée à la main, le chemin du Havre, où l'Armée Calvinifte deviendroit à peu prés égale à la Catolique, par les fecours d'Infanterie, & d'argent, dont elle avoit befoin, & feroit en état de la batre, puis qu'elle la furpaffoit en valeur.

Cette opinion n'eftoit pas moins embaraffée que celle du Prince, quoy qu'elle ne le parût pas tant, parce qu'il faloit traverfer une vafte Province ennemie, & paffer la riviere de Seine. La premiere de ces deux neceffités eftoit indifpenfable, & l'execution de la feconde, ne pouvoit eftre fans temerité, parce qu'il s'agiffoit du trajet d'un fleuve large, impetueux, profond, fujet au flux, & au reflux de la mer, dont les ponts eftoient tous au pouvoir des Triumvirs, & les bords gardés de diftance, en diftance, par des troupes reglées, & fur tout, avec le grand obstacle d'une Armée en queuë, qui estoit beaucoup plus puissante. Cependant, comme l'Amiral avoit plus d'autorité que le Prince, dans l'Armée, son sentiment fut suivy ; & il avoit d'autant plus lieu de s'en étonner, qu'il ne s'estoit pas expliqué de la principale raison qui l'obligeoit à le proposer.

Perdriel [a] Baubigni estoit fils aîné du Greffier de l'Hôtel de Ville de Paris. Son Pere aprés avoir aquis d'immenses richesses, tant par les grandes succcessions qui luy étoient arrivées, que par sa longue épargne, & son travail infatigable, n'avoit eu d'ambition que pour l'agrandissement de ses enfans. Il avoit à la verité, negligé le conseil de ses amis, qui l'exhortoient à se défaire de sa Charge, pour en prendre une qui pût annoblir sa grande famille ; mais il avoit pourtant fait entrer Baubigni dans la Maison du Maréchal de Saint André, qui passoit alors pour le meilleur endroit où l'on pouvoit mettre un jeune Bourgeois, dont le dessein estoit de s'avancer par la profession des armes. Baubigni s'y estoit d'abord maintenu dans quelque consideration, parce que son Pere servoit de caution pour l'ordinaire au Maréchal, lors qu'il avoit besoin d'argent, & qu'il s'adressoit à des creanciers resolus de n'en pas prester sans caution Bourgeoise. Mais enfin, cet homme s'estoit lassé de repondre, & même, avoit pressé le Maréchal, en Justice, de le garentir des poursuites de ses creanciers.

Les Grands ne s'irritent pas tant d'estre refusés de la premiere grace qu'ils demandent à leurs inferieurs, que lors que ceux-cy discontinüent, aprés avoir com-

---

1563.

[a] Pierre Perdriel, fils de Pierre Perdriel, sieur de Baubigni.

mencé de les obliger. Le Maréchal lassé de souffrir que
le pere de Baubigni le sommât si souvent de garantie,
& que Baubigni même osât luy en parler de tems en
tems, eut recours à l'artifice ordinaire aux personnes
de son rang, pour se defaire des importuns. Saint Sernin jeune Gentilhomme de Daufiné, neveu du Maréchal, à la mode de Bretagne, prit querelle avec Baubigni, & luy donna un souflet. Baubigni, d'autant
plus incapable d'oublier une telle injure, qu'elle déconcertoit absolument les mesures qu'il avoit prises de
faire fortune par la voye de l'épée, pressa le Maréchal
d'obliger par son autorité, Saint Sernin à luy faire une
reparation convenable, ou de ne pas trouver mauvais
qu'il le fît apeller. Le Maréchal offensé de la comparaison que Baubigni sembloit affecter avec son neveu,
repartit fierement qu'il estoit fâché de l'action, & qu'il
donnoit le tort à Saint Sernin; mais il ajoûta qu'il y
avoit trop de disproportion entre la naissance de ce
Gentilhomme, & la sienne, pour donner lieu à un duel.
Baubigni presque autant irrité du mépris caché dans
les derniers mots qu'il venoit d'entendre, que du souflet qu'il avoit reçû, sortit de la maison du Maréchal,
& mit tant de gens en campagne pour épier Saint Sernin, qu'il le surprit à son avantage, & l'assassina.

Le Maréchal n'eut pas l'esprit tellement occupé de
la perte de son neveu, qu'il ne pensât à profiter des
biens que le pere de Baubigni luy avoit donnés en le
[a] mariant. Il fit instruire le procés par le grand Prevôt de l'Hôtel. On cita le criminel dans les formes :
on le condamna par coutumace, & le Maréchal obtint
sa confiscation.

[a] *Avec Anne de S. Simon, fille de Loüis de S. Simon, Seigneur de Rasse, & d'Antoinette de Mailli.*

1563.

On ne sçait si la crainte qu'eut Baubigni de mourir par les mains d'un Boureau, s'il estoit pris, & le desir de chercher l'occasion de se vanger, furent les seuls motifs qui le porterent dans le party Calviniste, où s'il y fut atiré par principe de Religion ; mais il est constant qu'il n'y demeura pas trois mois sans se satisfaire, comme l'on verra dans la suite de cette Histoire.

Il ne fut pas plûtôt arrivé au camp du Prince de Condé, qu'il s'ingéra de le tirer de l'inquietude où le mettoit l'approche des Catoliques, en luy proposant de surprendre la Ville de Dreux, où il trouveroit d'un côté, les vivres dont il avoit besoin, & de l'autre, il s'y retrancheroit de sorte, qu'il ne pourroit estre contraint de hazarder la bataille. Le Prince & l'Amiral luy demanderent les moyens dont il pretendoit se servir, & il répondit, que son Pere possedoit le Château de Mésiéres, auprés de la Ville, & que la grange de ce Château, estoit si proche d'une porte de Dreux, qu'on la voyoit de là, ouvrir, & fermer ; qu'il se cacheroit de nuit, dans la grange, avec des Soldats choisis, dont une partie s'avanceroit le ventre à terre, si proche de la porte, qu'ils pourroient entrer à l'instant qu'elle seroit ouverte ; que le reste accoureroit pour les seconder, & donneroit le signal de venir aux Troupes Calvinistes, aussi tôt qu'il se seroit assuré de la même porte.

Dans le projet de la surprise de Dreux.

Le projet de Baubigny fut approuvé ; & le brave Sourdeval qui s'estoit jetté dans Dreux avec une Compagnie de Chevaux legers & cinq Enseignes d'Infanterie, ne l'eût point exemtée d'estre prise, si l'arquebuse d'un Soldat caché dans la grange, n'eût tiré par ha-

Iean de Carbonel, Seigneur de Sourdeval, en Normandie.

LIVRE IV.

zard. Le bruit donna l'alarme au corps de garde Catolique le plus proche, & ceux que Sourdeval fit sortir pour en reconnoître la cause, délogérent incontinent la troupe de Baubigni.

Cette disgrace fut suivie d'une autre moindre en apparence, mais plus importante en effet. L'Armée Calviniste pour subsister plus commodément, & pour estre mieux disposée à combatre, au cas qu'elle fût ataquée à la sortie de la Beausse, où ses Cavaliers n'auroient plus tant d'espace, s'estoit divisée en deux Corps. Le premier, portoit le nom d'Avant-garde, & le second, de Bataille, quoy qu'il n'y eût point d'arriére-garde; & la même discipline militaire qui les avoit obligés de se separer, vouloit qu'ils ne fussent pas neanmoins dans une telle distance, qu'elle donnât occasion aux Catoliques de les ataquer separement, & d'en tailler un en pieces, avant que l'autre pût le secourir. Cependant, les Maréchaux des Logis, Calvinistes s'aquiterent de leur commission avec tant de negligence, que le Corps de Bataille se trouva le 17. d'Octobre 1562. dans le Vilage d'Ormoy, plus avancé d'une lieuë, que l'avant-garde postée dans le Vilage de Néron. Cette irregularité reduisit les Calvinistes à la necessité du combat qu'ils vouloient éviter, parce que le Triumvirat qui s'étoit contenté de les suivre à six lieuës de distance, pendant qu'ils marchoient dans les plaines de la Beausse, où leur Cavalerie plus forte de la moitié que la sienne, eût eu la liberté de s'étendre, s'aprocha davantage, lors qu'il les vit entrer dans un païs inégal, couvert d'arbres & entrecoupé de rochers, & de ravines; & l'Amiral aprés avoir reconnu la faute des Maréchaux

des Logis, fut obligé d'aller trouver le Prince, & d'af-
sembler le Conseil de guerre, pour y mettre remede.
Il ne s'en trouva point d'autre, que d'obliger le corps
de bataille à demeurer tout le lendemain 18. dans son
poste d'Ormoi, pendant que l'avant-garde prendroit le
devant ; ce qui ne pût estre executé avec tant de promtitude, & de secret, que les Catoliques n'eussent le
tems d'arriver à deux petites lieuës d'Ormoi, la riviere
d'Eure, entr'eux, & leurs ennemis.

 Le Prince songea la nuit qu'il donnoit trois batailles ; que les Triumvirs y étoient tués ; & qu'ensuite,
se voyant à son tour blessé à mort, il s'étoit fait mettre sur les corps de ses trois ennemis, où il avoit expiré. Il soûtint le lendemain sur la foy de ce songe,
qu'il y auroit combat, contre l'opinion de l'Amiral,
qui s'imaginoit que la plaine de Dreux étant encore
trop spacieuse pour les Catoliques foibles en Cavalerie,
ils attendroient que les Calvinistes fussent entrés plus
avant en Normandie, pour les charger à leur avantage;
& l'évenement justifia que le Prince ne s'estoit pas trompé, car la Bataille se donna le lendemain à Dreux, où
Baubigni tua le Maréchal de S. André. Poltrot assassina bien-tôt aprés, le Duc de Guise, devant Orleans.
Le Connêtable mourut du coup de pistolet qu'il reçût ensuite de la main de Stuart, à la Bataille de Saint
Denis. Et enfin, le Prince fut renversé d'un semblable coup, que luy donna Montesquiou, à la Bataille
de Jarnac.

 Les Triumvirs postés si prés du Prince, reconnurent
la faute que les Calvinistes avoient faite, de ne pas laif-
ser Dreux à main droite, & de ne pas s'avancer à la

LIVRE IV.

gauche, jusqu'à Châteaneuf, où ils euſſent été délivrés 1563. de la crainte d'eſtre ataqués non ſeulement en ce lieu, mais encore dans le reſte de leur marche, pour en profiter. Biron Maréchal de Camp, reçût ordre du Connétable, de chercer un gué commode dans la riviere d'Eure, pour le trajet de l'Armée Catolique; & les Coureurs Calviniſtes le découvrant, lorſqu'il travailloit à s'acquiter de ſa commiſſion, raporterent en diligence à l'Amiral, & au Prince, que leurs ennemis paſſoient l'eau. L'Armée Calviniſte s'avança dans l'eſperance d'en trouver la moitié deça, & l'autre moitié de-là la riviere, & de la défaire avec la facilité de vaincre, qu'aporte l'embarras d'un trajet, aux Chefs qui ſçavent s'en prévaloir. Mais ſes Avant-coureurs l'arrêterent au milieu de ſa marche, en raportant que ce n'avoit point été l'Armée du Triumvirat qui avoit paru ſur le bord de la Riviére, mais ſeulement un de ſes eſcadrons qui ne s'y étoit arrêté que peu, & s'en étoit allé rejoindre ſon gros, poſté à une lieuë de là.

L'avis étoit vray, puiſqu'en effet Biron aprés avoir ſondé la riviere, & trouvé deux endroits commodes pour le trajet des Troupes, & de l'Artillerie, étoit retourné promptement vers le Connétable, pour luy rendre compte de ſa commiſſion. Il étoit encore vray ſemblable, en ce qu'il n'y avoit aucune apparence que les Triumvirs qui étoient de grands Capitaines, euſſent voulu combatre en un temps où il ne reſtoit qu'une heure & demie de Soleil, les tenebres étant bien favorables aux Armées les plus foibles, mais non pas à la leur, plus nombreuſe ſans comparaiſon, & qui avoit beſoin de lumiere pour étendre ſes bataillons, & pour enveloper les Calviniſtes.

Dans les Diſcours de la Noüe.

1563. Les maximes de la Guérre conseilloient au Prince, & à l'Amiral, dans cette conjoncture, de passer outre, & d'aller loger dans les meilleurs Vilages situés sur le bord de la riviere, dont les Catoliques se saisirent six heures aprés, ou de camper au moins sur le lieu où il se trouvoient, d'où ils eussent oüi le bruit qu'eût fait l'Armée Catolique, en passant la riviere. Cependant, ils ne firent ny l'un ny l'autre, & il ne parut jamais plus évidemment, que l'excés de confiance a toûjours été fatal, & neanmoins assés ordinaire aux François.

Les Catoliques traverserent la riviere d'Eure, la nuit du 18. au 19. Decembre 1562. avec tant d'ordre & de silence, qu'ils eurent le loisir de s'emparer des Vilages situés au delà, avant leurs ennemis, qui étoient retournés coucher dans les lieux où ils avoient passé la nuit precedente, sans laisser des bateurs d'estrade, & sans donner des commissions si necessaires en semblables rencontres, d'observer l'ennemy.

Le Prince levé deux heures avant le jour dix-neuviéme pour signer ses dépêches, aprit que les Triumvirs étoient plus proches de luy qu'il ne pensoit, & manda à l'Amiral de le venir joindre. L'Amiral persista dans son opinion, que le Triumvirat ne hasarderoit point la Bataille contre les Calvinistes qu'il pouvoit affamer, en les enfermant dans un coin de la Normandie, ou contraindre de quiter la partie, en passant dans l'Angleterre. Il ne laissa pas neanmoins d'aller joindre le Prince, mais ce fut sans avertir la Cavalerie de se preparer au combat, d'où il arriva que plusieurs Gentilshommes de ce Corps, se trouverent desarmés lors que la Bataille se donna, & chargerent pourtant l'ennemy avec une hardiesse qui ne sera jamais assés loüée.   Les

LIVRE IV.

Les Catoliques au contraire, s'étoient preparés à combatre, & le Duc de Guise avoit déja reçû les Sacremens de la Penitence & de l'Eucaristie, lors que le Maréchal de Saint André l'abordant à la sortie de l'Eglise, se repentit de ne l'avoir point imité, & donna des marques d'un secret pressentiment de sa mort prochaine. Ils allerent tous deux à la Tente du Connêtable, où l'on demeura d'accord que le Maréchal de Saint André rangeroit l'Armée en Bataille. Il s'en aquîta d'une maniere qui fut également admirée des deux partis; & les meilleurs Capitaines avoüerent qu'il étoit impossible de la disposer plus avantageusement, eu égard à l'inégalité des lieux.

1563.

Elle étoit enfermée de haïes, & postée de sorte, que les Calvinistes ne la pouvoient découvrir toute entiere. Elle avoit à dos la riviere d'Eure, à côté droit, le Vilage de Nuisement, où étoit son bagage; & au côté gauche, un bois bordé d'Arquebusiers. On ne pouvoit aller à elle, que par un chemin étroit, si long, & si découvert, qu'il faloit se resoudre d'essuyer avant que de l'aborder, trois décharges de son Artillerie. Comme sa Cavalerie étoit moins forte de la moitié que la Calviniste, on l'avoit divisée, & mêlée dans chaque bataillon d'Infanterie, afin de la rendre plus ferme au choc de la Cavalerie ennemie, si elle donnoit sans être suivie de ses Fantassins. Il y avoit en tout, dix-neuf mille hommes de pié & deux mille chevaux. Le Connêtable étoit au Corps de Bataille avec dix-sept Compagnies d'hommes d'armes, toute la Cavalerie legere, vingt-deux Enseignes Suisses, & dix-sept Françoises, precedées de huit canons.

1563.

Le Duc de Guise étoit à la tête de l'aîle droite, avec le reste de la Cavalerie Françoise, qui montoit à dix-neuf Compagnies de Lances, onze Enseignes d'Alemans, & les vieilles Bandes du Piémont. Et le Maréchal de Saint André s'étoit chargé de mener l'aîle gauche, où il n'y avoit point de Cavalerie, parce qu'elle étoit suffisamment couverte par les maisons des Vilages, & par les chariots de l'Armée, rangés aux lieux où les maisons manquoient, mais il y avoit en recompense, quatorze pieces d'Artillerie, autant d'Enseignes Espagnoles, & vingt-deux de vieille Infanterie Françoise.

Le Prince, & l'Amiral surpris de la diligence des Catoliques, s'avancerent pour les reconnoistre avec d'Andelot, qui entroit alors dans l'accés de sa fiévre quarte, & n'étoit monté que sur une haquenée, sans autres armes que son bonnet de nuit, & sa robbe fourrée, dont il étoit envelopé. Il ne laissa pas en cette posture, d'observer plus exactement que les deux autres, l'Armée Catolique, dont ce qu'il pût découvrir, luy parut si regulierement ordonné, & si avantageusement posté, qu'il jugea qu'il y auroit de la temerité à l'ataquer : car encore que le chemin qu'il y avoit à faire, semblât plein & uny, il ne l'estoit pas en effet, puis qu'il faloit decendre dans un valon, & monter ensuite sur une coline. Si les Calvinistes aloient vîte, ils se mettroient hors d'haleine ; & s'ils aloient doucement, ils seroient plus long-tems en bute à l'Artillerie du Triumvirat. De plus, l'Armée Catolique occupoit de front tant de terrain, que si les Calvinistes l'eussent choquée au lieu où elle étoit, elle eût pût se courber

Dans le second volume de Beze.

LIVRE IV.

en forme de croissant, & les developer.

Ces deux raisons sufirent pour exciter le Prince à changer le dessein de combatre, en celuy de faire s'il étoit possible, une retraite honorable vers le Bourg de Trion. Les Calvinistes étoient comme auparavant, divisés en deux gros de six mille vieux Fantassins, & de quatre mille chevaux. Le premier qu'on nommoit l'avant-garde, étoit composé de trois cens cinquante Lances Françoises, de quatre Cornettes Alemandes, de six Enseignes de la même Nation, & d'autant de Gasconnes. L'Amiral qui le commandoit, marchoit à une distance raisonnable du Prince qui menoit le second, tenant lieu de corps de bataille. Il y avoit cinq cens hommes d'armes François, six Cornettes de Reîtres, autant d'Enseignes d'Infanterie Alemande, douze de Fantassins François, & six Compagnies d'Arquebusiers cheval, qui servoient de Cavalerie legere.

Le Connêtable qui voyoit filer devant luy de si belles Troups ennemies, n'avoit pour les vaincre, qu'à demeurer immobile, pendant qu'elles executeroient le dessein qu'elles s'étoient proposé; qu'à les suivre de prés, & qu'à les ataquer, lorsquelles seroient arrivées à Trion, tant elles y eussent été logées à leur desavantage. Elles abandonnoient un lieu où leur Cavalerie avoit toute l'étenduë necessaire pour agir, & se retiroient dans un autre si resserré, que les seuls bataillons Catoliques y étoient capables de leur resister. Le grand nombre de chariots que traînoient leurs Reîtres, non seulement n'eût pû servir de rampart en cas de besoin, mais encore eût infailliblement causé du desordre, par la longueur du temps qu'ils eussent mis

1563.

Zz ij

à paſſer l'un auprés l'autre, par des chemins raboteux, & preſque tous environnés de fondrieres, d'où nul effort humain n'eût pû tirer les chevaux qui s'y fuſſent une fois engagés. Outre que quand il n'y fût point arrivé de confuſion, le tiers de l'Armée Catolique eût fuſi pour les y arrêter, & pour les defaire ſans rien hazarder: Que ſi le Connêtable n'eût pas voulu expoſer à un évenement certain, le tiers de ſes forces, il n'eût eu qu'à ſe mettre de prés aux trouſſes des Calviniſtes, & qu'à leur retrancher les vivres, parce que tout le païs tant de ça que de-là la Seine, leur étant contraire, ils n'en euſſent pû avoir qu'à la pointe de l'épée. Ce qui n'eût pas été facile en preſence de l'ennemi.

Mais il n'appartient qu'aux plus grands Capitaines, de demeurer fermes ſur un avantage qu'ils ont reconnu ſolide, quelque violente que ſoit la tentation qui les preſſe de l'abandonner, pour courir aprés un autre, ſans comparaiſons plus grand en apparence, que la fortune leur offre à deſſein de leur donner le change. Le Connêtable laiſſa paſſer la brigade de l'Amiral, parce qu'étant plus foible que celle du Prince, & marchant ſur une ligne beaucoup plus longue que large, elle étoit moins diſpoſée à recevoir un grand échec de l'artillerie Catolique. Mais il n'eut pas plûtôt aperçû la brigade du Prince, qui s'aprochoit davantage des Catoliques, parce qu'elle étoit plus forte, & que ſa forme étant quarrée, elle occupoit plus de terrain, que la trouvant en beau début, il fit tirer toute ſon artillerie dans le flanc qu'elle luy montroit. Les boulêts emportérent des rangs entiers d'Arquebuſiers à cheval, & de Reîtres, qui n'étant point encore accoûtumés à de telles ſalves,

LIVRE IV.   365

eurent tant d'effroy qu'ils se mirent presque tous à fuir, & à pousser leurs chevaux pour arriver plus vîte dans un valon où ils alloient entrer, hors la portée de l'artillerie.

1563.

Ce desordre paroissant plus grand qu'il n'estoit en effet, tira mal à propos le Connêtable de son poste. Il s'imagina qu'il acheveroit de renverser les Calvinistes à la premiére charge, & sur cette fausse présuposition, il s'avança sur le terrain dont on a déja parlé, large seulement de mille à douze cens pas, & resserré entre les deux Vilages de Lespine, & de Blainville, & quita le lieu qui luy eût donné tant d'avantage sur ses ennemis, s'ils fussent venus par là contre luy. Comme l'espace n'avoit pas plus de largeur, que le terrain que le corps de bataille des Catoliques venoit de quiter, il le remplit entiérement, & contraignit ainsi l'aîle droite du Duc de Guise, de demeurer derriére, & l'aîle gauche du Maréchal de S. André, de s'en écarter. Le Prince de Condé jugeant d'un côté, qu'il ne pouvoit éviter le combat, & de l'autre, qu'il ne le commenceroit jamais dans une conjoncture plus favorable à son party, que celle où le Corps de Bataille des Catoliques estoit hors d'état de recevoir à tems du secours de ses deux aîles, convint avec l'Amiral de l'ataquer avec toutes les forces des Calvinistes, c'est à dire de le charger avec sa brigade par la pointe gauche où estoient les Suisses, pendant que l'Amiral avec la sienne, le prendroit par la pointe droite où estoit la Cavalerie Catolique, sous les ordres du Duc d'Aumale & de a Brichantau-Nangis.

a *Nicolas de Brichanteau Seigneur de Beauvais Nangis, Che-*

En quoy les plus intelligens accusérent depuis, le

1563.

valier de l'Ordre.
Dans la vie du Prince de Condé.

Prince d'avoir commis trois notables fautes. La premiére, que laissant à côté les deux aîles ennemies, il se reservoit plus de matiére qu'il n'en faloit pour un nouveau combat, lors qu'il seroit las de la défaite du Connêtable : ceux qu'il negligeoit, étant trop habiles pour ne pas fondre sur luy, quand ils le verroient dans les extrémités où se trouverent ceux qui ont acheté trop cher une victoire douteuse. La seconde, d'avoir laissé toute son Infanterie derriere, & ainsi, de l'avoir exposée à l'une ou à l'autre, & même à toutes les deux aîles Catoliques, qui la trouvant sans Cavalerie, pouvoient aisément la tailler en piéces. La troisiéme, en ce qu'estant plus fort de la moitié en Cavalerie que les Triumvirs, il luy étoit inutile d'ataquer leur Infanterie, qui se fût infailliblement renduë aprés la défaite de la Cavalerie du Duc d'Aumale, & Brichanteau. Quoy qu'il en soit, le Prince de Condé, dont les hommes d'armes avoient des casaques blanches, pour les distinguer des Catoliques qui en portoient de rouges, donna le signal de la charge aux Compagnies de Moüi, & d'Avaret, qui choquérent le bataillon des Suisses avec tant d'impétuosité, qu'elles l'ouvrirent, & passérent au travers ; mais ces vieux Fantassins instruits de jeunesse en l'art militaire, & braves au delà de l'imagination, se rejoignirent, & se rétablirent si promtement dans leur premier ordre, qu'il n'y paroissoit point d'autre changement, sinon que le bataillon étoit plus petit par le défaut des morts, & des blessés.

Le Prince de Condé non moins indigné de leur résistance, que surpris de leur valeur, & de leur conduite, ouvrit par une seconde charge, la queuë de leur bataillon, & l'éclaircit de sorte, que ceux qui resterent, ne s'estant pû r'alier assés-tôt, les Reîtres y entrérent en troisiéme lieu, & firent une boucherie, qui ne peut estre mieux représentée, qu'en disant qu'il y mourut treize Capitaine Suisses, & des Soldats à proportion. Le front du même bataillon ne laissa pas de demeurer immobile, & de menacer l'ennemy par le mouvement des piques croisées ; ce que le Comte de la Rochefoucaud ne pouvant souffrir, il se mit en devoir de l'ouvrir pour la quatriéme fois. Son ataque ne céda point en furie aux trois précédentes, & fut même d'abord plus heureuse, puis que le Colonel des Suisses fut tué d'un coup de lance : mais les Soldats au lieu d'estre intimidés par la perte de leur Chef, s'obstinérent à le vanger, ou à le suivre, & par un prodige de valeur qu'on aura de la peine à croire, repoussérent la Rochefoucaud.

1563.

Damville s'estoit avancé par l'ordre du Connétable son pére, pour les soûtenir avec trois Compagnies d'hommes d'armes, & autant de Chevaux legers ; mais les Reîtres du Prince, & la Cavalerie Françoise du même party, commandée par Vaudrei, le reçurent d'une maniére, qu'ils le contraignirent enfin de se retirer vers l'aîle droite, aprés avoir perdu Montberon, le quatriéme, & le mieux fait des cinq Fils du Connêtable. Il n'y avoit point à la Cour de Gentilhomme plus fier que celuy-là ; mais il n'y en avoit point aussi qui soûtint sa fierté par de plus véritables marques de courage. Il avoit pris querelle deux ans auparavant, contre un Ecuyer du Prince de Condé, qui l'avoit menacé de le tuer par tout où il le rencontreroit avec armes éga-

Dans les mélées de Camusat.

Gabriel de Montmorenci.

les. La Bataille de Dreux fut le premier lieu où ils se revirent, & l'Ecuyer n'exécuta que trop véritablement sa promesse.

[1563.]

L'Amiral étoit cependant venu fondre avec impétuosité sur l'autre bout du Corps de Bataille du Connétable, & l'avoit mise dans le plus effroyable desordre où l'on eût vû depuis long-tems l'élite de l'armée Françoise. La Cavalerie Catolique plia, aprés que Brichanteau l'un de ses premiers Officiers, eut été mis hors de combat; & l'Infanterie tirée de diverses Provinces, que l'on avoit eu soin de séparer pour luy donner de l'émulation, ne se piqua que de fuïr avec plus de vîtesse. Le mal passa par contagion des simples Soldats, aux Chefs les plus célébres; & le malheureux ᵃAussun, de qui la valeur étoit passée en proverbe, se vit en même tems abandonné de la fortune, & de son propre courage. Il se trouva dans le moment fatal aux plus grands Héros, où l'ame surprise & entraînée par un simptôme de crainte qu'elle n'avoit jamais senti, se cherche inutilement en elle-même, & a recours en vain, à sa premiére vertu. Non seulement il fut dés plus échauffés à fuïr, mais il alla même sans se reconnoître, jusques à Chartres, où la lâcheté qu'il venoit de commetre, le toucha d'une telle sorte, qu'il en mourut. Il y en eut d'autres que la frayeur ne quita qu'aprés les avoir accompagnés jusques aux Portes de Paris, où ils arrivérent le lendemain à huit heures du matin, & publiérent que les Catoliques avoient perdu la Bataille.

ᵃ *Pierre Seigneur d'Aussun.*

Le Connétable porté par terre d'un coup de pistolet qui lui rompit une partie de la machoire fut

contraint

LIVRE IV.

contraint de se rendre à ᵃ Vézines, à qui les Reîtres l'enlevérent. Ils rencontrérent le Prince de ᵇ Porcien ; & la présence de cét ennemi avec lequel le Connêtable avoit un démêlé lui fit juger que sa fin étoit proche. Il avoit offensé la Comtesse ᶜ de Sénighen, mére de ce Prince, en la retenant prisonniére, pour l'obliger à païer cinquante mille écus, pour le Duc d'Arscot, frére de son mari, sous prétexte qu'elle l'avoit aidé à se sauver du Bois de Vincennes, & qu'elle avoit frustrée ainsi, le Connêtable, de la rançon que le Roi lui avoit acordée. Mais rien n'est si capable d'étoufer les sentimens de haine dans une ame véritablement grande, que quand elle voit son ennemi à sa discrétion. Le Prince de Porcien fut touché de la disgrace du Connêtable, lors qu'il le vit en état de lui demander la vie. Il n'usa à son égard, ni d'insultes, ni de reproches, & l'on ajoûte méme, qu'il fut assés généreux pour tâcher de le consoler. Le jeune ᵈ d'Annebaut, Seigneur de grande espérance, fut tué en voulant dégager le Connêtable, qui avoit neanmoins été ᵉ l'Auteur de la disgrace de son Pére, & la Compagnie de Givri, fut presque toute taillée en piéces avec son Capitaine.

Brichanteau renversé d'un coup de lance, fut trouvé sous un tas de morts, & n'en fut tiré que pour expirer peu de tems aprés. ᶠ d'Oraison, Rochefort, & ᵍ Esclavoles, furent pris prisonniers. Saint ʰ Hérem qui l'étoit aussi, fut relâché par un Trompette de son païs, & ⁱ Piennes toucha de compassion la Louë, à qui il s'étoit rendu. Il le disposa à le mettre en liberté, en lui remontrant que si l'Amiral étoit averti de

1563.

ᵃ *Robert Stuart, Seigneur de Vésines.*
ᵇ *Antoine de Croi.*
ᶜ *Françoise d'Amboise. Philippe de Croi. Charle de Croi, Comte de Porcien.*

ᵈ *Iean, Seigneur d'Annebaut, fils de Claude Amiral de France.*
ᵉ *René d'Anglure, Seigneur de Givri.*
ᶠ *Antoine Baron d'Oraison en Provence.*
ᵍ *N.... Guédon Seigneur d'Esclavoles.*
ʰ *Gaspard de Montmorin.*
ⁱ *Antoine d'Hallvvin, Seigneur de Piennes.*

Tome I.   A a a

1563.

sa détention, il le traiteroit de déserteur. Le Duë d'Aumale eut l'épaule démise, dont il fut long-tems à guerir. Et les dix-sept Compagnies Bretonnes qu'il soûtenoit, n'étant plus couvertes par le Connétable, lâchérent le pié.

La Cavalerie du Prince, eut alors le passage ouvert pour aller jusqu'au bagage de l'armée Catholique, dont elle pilla une partie ; & l'infanterie Alemande des Calvinistes, ne pouvant souffrir que les Suisses osassent tenir ferme devant elle, aprés avoir été mis tant de fois en desordre, les attaqua une cinquiéme fois. Elle s'étoit proposée de décider dans une si fameuse Journée, l'ancienne contestation, qui des deux Nations l'emportoit sur l'autre pour les combats à pié, & la présuposition étoit toute entiere pour elle, contre des ennemis fatigués, puis qu'enfin elle n'avoit point encore combattu. Mais les Suisses étoient si fiers d'avoir repoussé la Rochefaucaud, que bien loin de se retirer vers l'aîle droite, où ils eussent eu le loisir de respirer, ils firent la moitié du chemin pour recevoir les Alemands. La mêlée ne fut ni si longue, ni si rude que l'on s'étoit imaginé, puis que les Alemands furent bien-tôt renversés, & les Suisses ne s'amusérent point à les poursuivre, parce qu'ils aperçurent le Prince r'alier ses Troupes, à dessein de leur faire une sixiéme charge. Ils la soûtinrent sans perdre leurs rangs ; & le courage leur étant acrû, ils pensérent à recouvrer les huit pieces d'artillerie que le Connétable avoit mises au front de la Bataille. Ils les vouloient pointer contre l'endroit où le Prince, & l'Amiral faisoient leur raliement, & leur oster ainsi le moyen

LIVRE IV. 371

de remporter une victoire entiére. Mais lors qu'il entroient déja dans le parc de l'artillerie, Moüy, le Prince de Portien, Avaret, & la Nouë passérent par là en revenant de piller le bagage des Catoliques. Le dépit de voir exécuter un projet de cette importance, par des gens plus qu'à demy batus, & dont les piques, & les épées étoient presque toutes brisées, leur fit employer un septiéme effort, plus vigoureux sans comparaison que les six précédens, pour achever de les vaincre. Les Suisses résistérent aussi long-tems qu'il leur resta des armes, & quoy qu'ils fussent forcés de se retirer ensuite vers l'aîle droite, en se défendant avec des pierres, ils remportérent la gloire d'avoir mieux combatu ce jour-là, que l'Infanterie Romaine, dans les quatre cens vingt-cinq Batailles qu'elle avoit gagnées, & ils ne laisserent pas en cét état, de tuer le cheval de Moüi, à qui ils en vouloient, parce qu'il les avoit ouverts la premiére fois, & de le contraindre de se réfugier à pié dans un Bois prochain, où il fut pris.

Les deux aîles de l'Armée Catolique, avoient eu cependant le loisir de se réünir, & de se renforcer de ce qui s'étoit sauvé du Corps de bataille; & d'Andelot selon quelques rélations, où l'Amiral selon d'autres, les ayant aperçûs lors qu'on le félicitoit déja de la victoire, répartit qu'elle n'estoit pas encore remportée, & qu'il voyoit une nüée prête à crever sur les Calvinistes à leur tres grand dommage. Et de fait, le Duc de Guise, & le Maréchal de Saint André, aprés avoir concerté avec Biron, Maréchal de Camp, les moyens dont ils useroient pour arracher la victoire à leurs ennemis,

1563.

Dans le premier Tome de la Popeliniere.

Aaa ij

se jettérent fur l'Infanterie de Grammont, & du jeune Rohan, & la défirent. Ils ouvrirent enfuite le bataillon de l'Infanterie Alemande, & l'abandonnérent à leurs Troupes Efpagnoles, & Gafconnes, qui en firent une horrible boucherie.

Leur troifiéme effort fut contre le Corps de referve des Calviniftes, & contre les Reîtres qui fe r'alioient derriére. Il faloit effuyer quatre volées de canon avant que de l'aborder, & la perte qu'y firent les Catoliques, n'y fut pas fi regrétée, que celle du Duc de a Nevers, qui périt immediatement aprés, par une pitoyable avanture. Il aloit au combat, ferré contre le meilleur de fes amis nommé des Bordes, qui tenoit fon piftolet fur l'arçon en travers ; Il luy dit de le tenir haut, parce que s'il fe débandoit dans l'agitation, il luy donneroit dans la cuiffe ; & il n'eut pas plûtôt ceffé de parler, que ce qu'il apréhendoit, arriva. Le piftolet tira de luy-même, & luy brifa la cuiffe, trois doigts au deffus du genoüil. Le coup étoit mortel, & des Bordes pour fe punir de fon imprudence, s'alla jetter au milieu des ennemis où il fut tué.

Quoy que d'Andelot fut dans l'accés de fa fiévre, il fe mit en devoir d'arrérer l'Infanterie Alemande de fon party, qui fuyoit au travers du Vilage de Blainville ; mais ny fes priéres, ny fes reproches, n'en pûrent retenir un feul. Il reconnut alors qu'il s'eftoit trompé dans le choix qu'il en avoit fait dans les Etats des Princes Proteftans d'Alemagne, & que les Soldats de la meilleure mine & les mieux couverts, n'eftoient pas toûjours les plus vaillans. Sa Compagnie même de Cavalerie, fe laiffa prefque toute perfuader de fuivre leur

a *François de Cléve.*

LIVRE IV. 373

exemple. Il ne luy resta que sept ou huit chevaux ; & ce nombre ne sufisant pas pour se faire jour au travers de cent Cavaliers Catoliques, car il n'y en avoit pas davantage à donner la chasse à l'Infanterie Alemande, il fut réduit à se retirer dans le Bourg de Trion, d'où le lendemain il trouva moyen de rejoindre les siens, feignant d'estre Catolique, & de travailler à prendre les Calvinistes qui s'estoient sauvés dans les Bois.

La trop longue résistance du Corps de réserve, qu'ataquoit le Duc de Guise avec toute la vigueur possible, eût enfin redonné l'avantage au Prince, s'il eût pût persuader les Calvinistes d'en profiter : Mais les Reîtres qu'il avoit r'aliés, s'excusérent d'aller au combat, sur la nécessité de recharger leurs pistolets ; & se retirérent à ce dessein dans un valon, où deux cens Cavaliers François les suivirent. L'Amiral les y joignit avec ce qu'il avoit ramassé de Troupes ; & le Prince en prenoit aussi le chemin, lors que son cheval qui avoit reçû une arquebusade au pié droit de devant, se renversa sous luy. Damville qui le poursuivoit, l'ateignit dans cét instant, & le fit prisonnier. L'Amiral ne fut pas tant afligé de cette perte, qu'il ne cherchât en même tems les moyens de la réparer. Il r'alia ce qui restoit de Cavalerie, tant de sa brigade, que de celle du Prince, à la faveur d'un bois tailli qui couvroit le valon, où les Reîtres s'estoient retirés, & faisant un gros de quinze à seize cens chevaux dont il commandoit le milieu, le Prince de Porcien, l'aîle droite, & le Comte de la Rochefoucaud, la gauche, revint encore une fois à la charge. Le Duc de Guise voyant que pour vaincre,

1563.

Dans la vie de Damville.

A a a iij

1563.

il faloit commencer tout de nouveau, monta fur un cheval frais & le Maréchal de Saint André ne pût faire de même, parce que Pierre Gourde Page de la Chambre du Roy, qui luy gardoit fon fecond cheval de bataille, oubliant fon devoir, s'eftoit mis par un emportement de courage, à pourfuivre un Reître, qui l'ayant défié au combat, l'atira fi loin aprés luy, que le Maréchal de Saint André ne le trouva plus au lieu qu'il luy avoit marqué, & fut ainfi contraint d'aler au choc avec fon cheval recrû. L'amiral chargea la Cavalerie du Duc de Guife avec tant de furie, qu'il l'eût renverfée fans un fecours qui luy fut d'autant plus fenfible, qu'il l'avoit moins prévû. Le Duc de Guife avoit réfervé pour la derniére reffource, prés de deux mille vieux Fantaffins François, & les avoit rangé en bataille dans un endroit où fa Cavalerie les couvroit de forte, que l'Amiral ne les avoit pû voir. Ils obéiffoient au brave Vicomte a de Martigues, devenu leur Colonel par la perte du Comte b de Randan, mort des bleffures reçûës au fiége de Bourges ; & lorfqu'ils aperçûrent le fignal du Duc de Guife, ils fe piquérent de l'honneur qu'il leur faifoit, en les choififfant pour gagner la bataille de Dreux ; comme l'Infanterie Efpagnole s'étoit autrefois piquée de ce que le Marquis de c Pefcaire avoit jetté les yeux fur elles pour remporter la victoire de Pavie. Ils s'avancérent donc, non pas par petits pelotons comme l'Infanterie Efpagnole, parce que le lieu n'y eftoit pas propre, comme l'avoit efté le fameux Parc de la Chartreufe, mais rangés en un feul bataillon quarré, qui prenant en flanc l'efcadron de l'Amiral, luy coucha par terre tant d'hommes, & de

a *Sébaftien de Luxembourg.*
b *Charles de la Rochefoucaud.*

c *Alphonfe d'Avalos.*

chevaux, dés la premiére charge, qu'il le contraignit de quiter la Cavalerie Catolique qu'il tâchoit de mettre en desordre, pour se délivrer de cét importun bataillon.

1563.

La diversion arriva fort à propos pour la Cavalerie Françoise, qui venoit de perdre le Maréchal de Saint André par un accident qui le fit regréter de ses propres ennemis, quoy qu'il fût d'ailleurs le plus hay des Triumvirs. Il agissoit dans le combat, & donnoit les ordres avec autant de soin que s'il eût esté remonté, lors que son cheval qui luy avoit servy à ranger son Armée en Bataille, se trouvant tout d'un coup épuisé, s'abatit, & laissa son maître tellement engagé sous luy, que ne se pouvant relever, il fut contraint de tendre la main, & de se rendre à un Gentilhomme Calviniste qui le dégagea, & le fit monter en croupe, à dessein de le conduire en lieu de sureté. Et de fait, il étoit déja vers le coin du Bois, où les Reîtres s'estoient raliés, lors que Baubigni s'y trouva, qui reconnoissant le Maréchal de Saint André, luy donna du pistolet dans la teste. La a Brosse, Lieutenant du Duc de Guise, fut tué à l'âge de soixante & quinze ans, par un Escadron de Reîtres qui l'avoit envelopé, & son Fils b fut traité de même, en tachant de sauver la vie à celuy de qui il la tenoit.

a *Jacques Seigneur de la Brosse, Chevalier de l'Ordre.*
b *Jean de la Brosse.*

Comme le Duc de Guise étoit averty qu'on en vouloit particulierement à sa personne, il ne prit aucune des marques extérieures qui servoient à le distinguer ; & si d'un costé, sa précaution le sauva, de l'autre, elle perdit Boissi son Ecuyer, qui fut pris pour luy : car outre qu'il luy ressembloit de taille, il estoit monté sur

un cheval que l'on sçavoit estre de l'écurie du Duc de Guise. Les autres Cavaliers furent tellement dissipés, qu'il n'en restoit que quatre-vingts au Duc de Guise, quand l'Amiral le quita pour s'atacher à l'Infanterie de Martigues. Il l'ataqua de front, & l'effort fut si violent, & de si longue durée, qu'il eût enfin ouvert ce gros bataillon, s'il eût eu des lances à donner aux Cavaliers de ses premiers rangs : mais toutes celles dont il avoit fait provision, étant brisées, & les épées que portoient les Hommes d'armes, ne sufisant pas pour couper les piques croisées dont le bataillon étoit herissé ; les places de ceux que les coups de pistolet renversoient, furent si promtement remplies, qu'à peine paroissoit-il qu'elles eussent esté vuides ; & les Arquebusiers tirant sans discontinuer, parce qu'ils se donnoient tour à tour le loisir de recharger, ils mirent tant de Calvinistes hors de combat, que l'Amiral fut contraint d'abandonner le front du bataillon, pour éprouver s'ils seroient moins fermes par les côtés. Il les ataqua tous deux l'un aprés l'autre, avec toute la vigueur, & toute l'obstination qu'inspire le désir de vaincre, quand il est joint à l'expérience la plus consommée ; & comme il trouva à droit, & à gauche, les mêmes obstacles qui s'étoient présentés de front, il y fut repoussé de même. Ce qui ne l'eût pas néanmoins empêché de faire un quatriéme effort sur le dernier bataillon : mais en caracolant pour s'y jetter, lors qu'il y seroit le moins atendu, il aperçût le Duc de Guise qui s'étoit retiré derriére le bataillon, où il avoit eu le tems de r'alier sa Cavalerie, & de la disposer à charger encore une fois celle de l'Ennemi. L'Amiral passa
quelques

quelques momens à la contempler, & s'étant enfin résolu de luy céder la victoire, il se retira du champ de Bataille, dans un ordre beaucoup plus régulier qu'il n'y étoit venu, puis qu'il avoit encore deux gros Escadrons de Reîtres, avec le Maréchal de Hesse à l'Avant-garde. Il menoit luy-mesme au milieu ce qui luy étoit resté de Cavalerie, & d'Infanterie Françoises, avec tout son bagage, & toute son Artillerie ; & les Troupes choisies, commandées par son intime amy Bouchavannes, faisoient l'Arriére-garde. Le Duc se mit à ses trousses, mais à peine eut-il marché sept, ou huit cent pas, que la nuit luy fit perdre de vûë les Calvinistes, qui ne s'arresterent qu'au Vilage de la Neuville, éloigné de plus d'une lieuë du champ de Bataille. Les Catoliques à la vérité, retournérent sur le mesme champ, mais ce ne fut que pour ofter aux Calvinistes le prétexte de pouvoir contester la victoire.

Ainsi se donna la Bataille de Dreux, fameuse sur toutes celles de l'antiquité, par trois circonstances bizarres. La premiére, qu'aucune escarmouche ne la précéda, quoy que les deux Armées eussent demeuré plus d'une heure & demie en présence. La seconde, que les deux Généraux de part & d'autre, furent faits prisonniers. Et la troisiéme, que les Catoliques & les Calvinistes se r'aliérent sans obstacle, autant qu'ils voulurent.

Le Duc de Guise tenoit le plus dangereux, & le moins réconciliable de ses ennemis, en la personne du Prince de Condé. Il sçavoit que ce Prince avoit résolu sa mort, à la conspiration d'Amboise, & qu'il a-

1563. voit cherché depuis, les occasions de le faire périr avec toute sa Famille. Il le connoissoit d'un naturel implacable ; & il étoit persuadé, que si le Duc de Guise fût devenu prisonnier du Prince de Condé comme le Prince de Condé l'étoit du Duc de Guise, la clémence n'y eût point eu de part. Cependant, il voulut vaincre en vertu, son ennemy, aprés l'avoir surmonté par les armes : il ne se contenta pas de luy pardonner dans toutes les circonstances de la générosité la plus exacte, mais encore, il prit un soin tres-particulier de sa vie ; & ne le pouvant mettre en liberté sans l'ordre du Roy & de la Régente, il le mena dans une chambre joignant la sienne, où il l'avertit de ne se montrer à personne pendant son absence, afin de ne pas irriter à contre-tems la fureur de quelque Catolique indiscret, en qui le faux zele auroit plus de force, que de respect pour le Sang Royal. Il ne le quita que pour aller donner ses ordres, & le rejoignit incontinent aprés. Ils soupérent & couchérent ensemble ; & le lendemain le visage du Prince n'ayant pû cacher la passion de douleur, & de crainte, dont il étoit agité ; & le recit qu'il fit de n'avoir pû fermer l'œil, & que le Duc avoit dormi profondément toute la nuit, furent les plus autentiques témoignages qu'il pouvoit rendre à la confiance héroïque & à l'intrépidité du Duc de Guise.

L'Amiral à qui la prison du Prince laissoit le commandement des armes Calvinistes, croyant qu'il y alloit de son honneur d'abandonner quatre piéces de campagne, & quelques Enseignes, au pouvoir des Catoliques, assembla le soir aprés souper, ce qui luy restoit de principaux Officiers, tant Alemands, que

LIVRE IV.

François, & leur proposa d'aller le lendemain vingtiéme de Decembre 1563. attaquer les Catoliques. Ses raisons furent qu'ils seroient d'autant plus aisés à défaire, qu'on les trouveroit moins sur leurs gardes, & qu'ils n'obéïssoient que par bien-séance au Duc de Guise, qui n'avoit pas voulu accepter les Patentes de Général, que la Régente luy avoit offertes; parce que d'un côté, il avoit appréhendé de se commettre avec le Connétable, incapable de souffrir aucune égalité; & de l'autre, il avoit évité la honte qu'il y auroit euë à se contenter du second rang dans l'Armée, aprés avoir esté plus d'une fois Lieutenant Général de l'Etat : que la Cavalerie de ce Duc étoit encore dissipée : & que l'Infanterie de Martigues, qui seule avoit soûtenu les derniers efforts des Calvinistes, ne l'avoit pû suivre : qu'ils ne s'estoient retirés du combat, que parce qu'ils manquoient de lances : & qu'il leur en fourniroit de neuves, s'ils agréoient de le recommencer le lendemain au point du jour.

 Les Officiers François acquiécérent à la proposition, dans l'espérance de recouvrer la personne du Prince, que les Catoliques n'auroient pas eu le loisir de mettre en lieu de sureté. Mais le Maréchal de Hesse, & les autres Officiers Etrangers, remontrérent que les chevaux de la plûpart de leurs Cavaliers estoient blessés ou déferrés; que leurs pistolets avoient besoin d'estre racommodés; & que d'ailleurs, ils n'iroient pas volontiers à la charge, si on les y menoit avant qu'ils eussent eu le tems de rassembler leurs chariots, que les Goujats avoient éloignés du champ de

1563.

1563. Bataille, lors qu'il l'avoient vû balancer afsés souvent pour douter du succés.

Ainsi l'Amiral qui n'eût osé rien entreprendre sans eux, fut contraint de perdre une occasion de se signaler, qui l'eût rendu le plus glorieux Capitaine de son siécle, quoy qu'il en eût pû arriver ; & sçachant que la Cour n'auroit garde de maltraiter le Prince, tant que le Connêtable seroit entre les mains des Calvinistes, il fit conduire celuy-cy par des chemins détournés à Orleans, où d'Andelot eut ordre de se jetter, & de se préparer à soûtenir un long siége.

Les morts à la Bataille, furent si diversement raportés, chaque party ne comptant pas les siens, qu'il est impossible d'approcher de la vérité à trois ou quatre mille prés. La plus juste suputation que l'on en pût faire, est sur une Lettre du Duc de Guise à la Régente, écrite le lendemain de la Bataille, qui faisoit mention de huit mille morts trouvés sur la place, & sur le procés verbal de la revûë de l'Amiral, qui trouva qu'il ne luy manquoit que quatre mille huit cens hommes, y compris les quinze cens Fantassins Alemands qui s'estoient rendus prisonniers.

Les ennemis du Duc de Guise, l'accusérent d'avoir malicieusement laissé défaire, & prendre le Connêtable, afin de se délivrer d'un homme à qui il étoit obligé de céder le commandement des armes. Mais outre que la prudence ne permet pas de juger ainsi des actions purement intérieures, l'Amiral dont le témoignage ne pouvoit estre soupçonné de flaterie, justifia le Duc de Guise, en avoüant que si ce Prince se fût avancé plûtôt qu'il ne fit, c'est à dire avant que d'avoir joint son aîle à celle du Maréchal de Saint André, & de s'eftre renforcé de tant de vaillans Catoliques fauvés du Corps de Bataille, il n'eût pû éviter d'eftre défait en l'une des quatre maniéres fuivantes. Par le Corps de Bataille qui fe fût renverfé fur luy : Par la communication de la frayeur qui n'eft que trop fouvent contagieufe en de femblables rencontres : Par une ataque générale de la Cavalerie Calvinifte, d'autant plus redoutable en ce moment, que les Reîtres ne s'en étoient point encore détachés pour piller le bagage des Catoliques, & pour en aller charger leurs chariots : au lieu que la plûpart d'entr'eux s'étant depuis écartés, le Duc de Guife eut meilleur marché, premiérement de leur Infanterie, & enfuite, de la Cavalerie Françoife Calvinifte, extraordinairement fatiguée par fa longue réfiftance ; Ou enfin par un nouveau choc qu'euffent fait les Reîtres, pour fe garantir des Arquebufiers de Martigues, qui les tuoient impunément, à mefure qu'ils retournoient du pillage, au combat ; & ce fut à proprement parler, de cette circonftance, que s'enfuivit le gain de la Bataille : car les Calviniftes empêchés par ce fatal obftacle, de former un Efcadron affés confidérable pour achever de diffiper la Cavalerie du Duc de Guife, penférent à la retraite ; & les Reîtres maltraités au point que l'on vient de repréfenter, ne voulurent jamais retourner le lendemain à la charge.

L'Amiral ne leur en ofa parler davantage, de peur qu'ils n'écoutaffent les propofitions que les Catoliques leur firent à deffein de les atirer fous leurs Enfeignes. Il leur fit éviter le chant de ces dangereufes Sirénes,

1563.

Brantôme dans la Vie du Duc de Guife.

en les conduisant dans le Berri, où il les paya des Reliquaires d'or, & d'argent, convertis en monnoye, qui se trouvérent dans Selles, dans Saint Agnan, & dans Mont-Richard. Mais la somme ne sufisoit que pour les arrérages passés ; & bien loin d'exciter les Etrangers, en les satisfaisant, à servir fidélement à l'avenir, il sembloit qu'on leur donnât prétexte de déserter, sur ce que rien ne leur étant plus dû, il leur étoit plus libre de quiter un party batu, qui apparemment n'auroit plus le moyen de leur payer aucune montre. Il les faloit donc approcher de l'Angleterre, où ils sçavoient qu'il y avoit de l'argent destiné pour faire subsister en France le Calvinisme ; & ce fut uniquement pour ce sujet, que l'Amiral aprés avoir surpris Gergeau, y passa la Loire, laissant dans Orleans d'Andelor, avec dix-huit Enseignes d'Infanterie, & peu de Cavalerie sous Clermont d'Amboise, Duras, Bouchavannes & Puigreffier.

Le Duc de Guise n'eut pas plûtôt pressenti son dessein, qu'il pria la Régence d'envoyer en Normandie le Maréchal de Brissac, pendant qu'il distribuoit la Cavalerie Catolique dans les Villes du Perche, où les Calvinistes devoient passer. Mais il est rare dans les guerres civiles, de voir une Armée empécher long-tems l'autre de se faire voye dans la Province où elle à dessein d'entrer. L'Amiral ne s'amusa dans la Sologne, & dans la Beauße, que pour se rafraîchir & pour faciliter l'évasion du Prince de Condé, gardé par Damville dans le Château d'Onzain, avec d'autant plus d'exactitude qu'il devoit estre échangé avec le Connétable son Pere. On ne laissa pas néanmoins de corrompre un des Soldats qui le veilloient, mais il fut découvert par son camarade qu'il prétendoit gagner, & pendu devant la fenêtre de la chambre du Prince.

 L'intelligence de l'Amiral avec ce Soldat, estant ainsi déconcertée, il se démêla sans peine de la Cavalerie Catolique opposée à son passage, & se glissa sans combatre jusqu'aux environs des Villes d'Evreux & de Bernai ; le Duc de Guise aimant mieux travailler à recouvrer Orleans durant son absence, que de le poursuivre.

ARGUMENT
du cinquiéme Livre.

LE Duc de Guise délivré des obstacles que la jalousie du Connétable prisonnier, & le luxe du Maréchal de Saint André mort, aportoient à ses desseins, prend seul la conduite de l'Armée Catolique, & réduit en moins de deux mois le Calvinisme à d'étranges extrémités. Il luy laisse faire de petits progrés en Normandie, & va pour luy donner le coup mortel, mettre le Siége devant Orleans : Il force d'abord les Tourelles ; mais comme il est sur le point de donner l'assaut général, Poltrot le tuë. L'assassin est pris ; il acuse l'Amiral, Soubise, & Beze, qui s'en défendent par des Apologies : mais il y a lieu de les convaincre par leurs propres Ecrits. La Régente tire plus d'avantage de la mort du Duc de Guise, que les Calvinistes qui en étoient les Auteurs: Elle conclud la paix : Elle reprend le Gouvernement absolu, & suivant le conseil du Chancelier de L'hôpital, elle fait déclarer Majeur le Roy son fils, par le Parlement de Roüen: Elle luy persuade de former le Regiment des Gardes: d'Andelot en fait assassiner le Mestre de Camp Charri, parce qu'il ne veut pas dépendre de luy, en qualité de Colonel de l'Infanterie Françoise ; mais Strozzi successeur de Charri, ne le reconnoît pas non plus. Le Cardinal de Lorraine va avec les Evêques François au Concile de Trente: Il y répond d'abord à l'atente qu'on avoit conçuë de luy ; mais il n'aprend pas plûtôt la mort du Duc de Guise son frere, qu'il se décourage, & laisse prendre aux Espagnols deux avantages sur le fait de la Presseance.

CHARLES

CHARLES IX.

LIVRE CINQUIE'ME.

OV L'ON VOIT LES CHOSES les plus memorables arrivées sous son Regne, durant l'année 1563.

Ncore que la victoire de Dreux eût infiniment coûté aux Catoliques, & qu'ils y eussent perdu pour le moins autant que les Calvinistes, elle ne laissoit pas néanmoins d'avoir décidé la fameuse querelle qui servoit de cause, ou de prétexte à la guerre civile, puis qu'enfin les Calvinistes n'estoient plus en état de rétablir leur Armée, & que celle des Catoliques se trouva presque aussi forte huit jours aprés, qu'elle l'avoit été devant le combat. Mais ce qu'il y eut de plus contraire à l'opinion commune, fut que le party du Triumvirat

1563.

Tome I.   C c c

que l'on croyoit abfolument ruiné par la prifon du Connétable, & par la mort du Maréchal de Saint André, devint fans comparaifon, plus puiffant lors qu'il fut réduit à la feule perfonne du Duc de Guife.

Pour entendre ce fecret, il faut obferver que le Connétable, & le Maréchal, nuifoient beaucoup plus qu'ils ne fervoient à leur party, dans le tems que fe donna la Bataille de Dreux, quoy qu'il fût vray de dire, qu'en y entrant, ils l'avoient rendu plus confidérable que l'autre, & qu'aparemment la Religion Catolique eût été bannie de France, s'ils fe fuffent d'abord déclarés pour les Calviniftes. Car fi d'un côté, le Connétable étoit confideré par fon mérite, par fa naiffance, par fa dignité, & par fa longue expérience, il étoit méprifé de l'autre, par deux qualités qui luy étoient également préjudiciables, quoy que l'une fût un pur ouvrage de la fortune, & l'autre, un défaut de fes propres lumiéres. Il étoit mal-heureux, & comme perfonne n'ignoroit qu'il avoit été batu, bleffé, ou pris, par tout où il avoit combatu, il oftoit le cœur à ceux que la néceffité, ou quelques autres caufes rangeoient fous fes Enfeignes, en les prévenant de l'opinion qu'ils participéroient à l'infortune de leur Général. Il étoit de plus, fi jaloux d'exercer par luy-même toutes les fonctions de fa Charge, fans en excepter les plus petites; & il pardonnoit fi peu, lors qu'on s'ingéroit par mégarde, ou par néceffité, d'en faire la moindre, que pour éviter de luy donner de l'ombrage, le Maréchal de Saint André avoit été réduit à fe féparer de l'Armée, fous prétexte de récouvrer Poitiers, & le Duc de Guife à n'y commander que fa Compagnie d'Ordonnance.

LIVRE V.

Pour le Maréchal de Saint André, on ne luy pouvoit difputer la qualité de grand Capitaine, mais fon luxe effroyable, & fes concuffions dont il n'y avoit point d'exemple en France, luy avoient atiré la haine publique, & l'on n'aimoit point à vaincre pour un diffipateur, qui ne cherchoit les ennemis que pour trouver dans leur défaite, le moyen de furvenir pour un tems à fa prodigalité.

1563.

Le Duc de Guife au contraire, étoit heureux, & tellement en réputation de l'être, qu'il fufifoit de fervir fous luy, pour s'affurer par avance de la victoire. Il poffédoit l'admirable talent de s'abaiffer, fans que ceux qu'il honoroit de fa familiarité, perdiffent le refpect qu'ils avoient pour luy, & comme perfonne ne s'aquitoit de toutes chofes avec plus d'adreffe, & de fuccés que luy-même, il n'avoit point auffi d'occafion d'eftre jaloux qu'on entreprît de le foulager. Il avoit trouvé le tempérament fi difficile à découvrir entre la magnificence, & le luxe, & il ne s'éloignoit jamais de celle-là, pour donner dans l'extrémité vicieufe de celuy-cy. Les biens que fon Pére luy avoit laiffés, étoient affés grands pour entretenir un train convenable à fa qualité, & s'il avoit reçû quelques gratifications de la Cour, ce n'avoit point été de celles qui étoient à la charge du Peuple.

Dans fon Eloge par Maffon.

Ainfi toutes les vertus du Triumvirat fe trouvant réünies dans la feule perfonne du Duc de Guife, fans qu'il en eût les défauts, il fe mit à faire la guerre aux Calviniftes, d'une manière qui les eût exterminés en une feule campagne, fi elle eût été achevée avec autant de vigueur, qu'elle commença. Il ne s'amufa point à

poursuivre l'Amiral, parce qu'il préſupoſa que les progrés qu'il feroit en Normandie, ne l'empécheroient pas
de périr s'il perdoit Orleans : & ſur ce fondement, dont
la ſolidité parut dans toute ſon étenduë, quoy que l'é-
vénement ne répondit pas à l'atente du Duc, il permit
aux Calviniſtes de s'avancer juſques ſur les bords de la
Mer, les plus proches des côtes d'Angleterre ; il les
laiſſa recevoir les ſecours d'hommes, d'argent, de munitions, & d'artillerie que la Reine Eliſabeth leur envoya dans huit ramberges. Il ne ſe mit point en devoir de traverſer le ſiége qu'ils formérent enſuite, devant le Château de Caën, aprés qu'ils eurent ſurpris la
Ville par intelligence. Il prévit que les progrés de ſes
ennemis s'arréteroient à cette conquête peu importante dans la conjonĉture d'alors ; & ramaſſant ſes Troupes qu'il avoit miſes en quartiers de rafraichiſſement,
il campa le cinquiéme Février mil cinq cens ſoixante-
trois, au Bourg d'Olivet. Il y rétablit avec une diligence incroyable, pour la communication de ſes quartiers, des ponts par où l'on alloit de la chauſſée des
moulins de Saint Sanſon, aux quartiers Catoliques ;
& réſolut de preſſer Orleans dés le lendemain, avec
la même impétuoſité qui l'avoit fait entrer dans Roüen.
Le ſoir s'étant couché en public, ſuivant ſa coûtume,
& enſuite levé pour viſiter traveſti, les quartiers de ſon
Camp, il oüit un dialogue aſſés long entre deux Soldats, dont l'un découvroit le deſſein qu'il avoit formé
d'aſſaſſiner le Duc de Guiſe, & l'autre tâchoit de l'en
détourner. Le Duc aprés avoir remarqué l'endroit,
s'en retourna, fit arrêter les deux Soldats, commanda
qu'on les luy amenât, & leur fit un raport ſi exaĉt

de leur entretien, qu'ils avoüérent la vérité. Le Duc s'adreſſant alors au coupable, qui étoit Calviniſte ſecret, l'interrogea ſur le motif qu'il avoit eu de vouloir conſpirer ſa mort; & le coupable répartit ingénument, qu'il n'en avoit point eu d'autre, que celuy de délivrer ſa Réligion d'un ennemy qui l'alloit ruiner ſans reſſourſſe. Le Duc moins indigné de la fureur, que ſurpris de l'aveuglement de ce miſerable, luy dit avec cét air charmant qui luy ſervoit à gagner les cœurs, qu'il étoit aiſé de juger ſur ce qu'il venoit de dire, laquelle des deux Réligions étoit plus conforme à l'Evangile; parce que ſi la Calviniſte enſeignoit aux Soldats d'aſſaſſiner le Duc de Guiſe qui ne l'avoit point offenſé, la Catolique ordonnoit au Duc de Guiſe de pardonner au Soldat, encore qu'il confeſſât ſon crime. Aprés l'avoir atendry par ce peu de mots, il l'embraſſa, & le mit en liberté; il luy fit même ſentir les effets de ſa libéralité, & luy donna le choix de demeurer dans ſon Armée, ou d'aller ſervir dans celle de l'Amiral.

1563.

Il envoya a Cipiere avec douze Enſeignes de gens de pié, & quatre cens chevaux, ataquer les trois dehors d'Orleans; le Fauxbourg de Porterau, où l'Infanterie Calviniſte s'étoit retranchée par l'avis du petit Feuquiéres, qui ſervoit d'Ingénieur aux Aſſiégés; le côté qui regarde Gergeau, où leur Cavalerie Françoiſe avoit ſon quartier; & le côté de Cleri, où logeoit la Cavalerie Alemande. Les François ſe défendirent dans le Portereau avec tant de vigueur, que l'on ne pût rien emporter ſur eux; mais les Alemands ſaiſis d'une terreur panique, tournérent le dos avec tant de précipitation, que ſans la préſence d'Andelot accouru nonobſtant l'accés de ſa fiévre quar-

a *Philbert de Marcilli, Seigneur de Cipiere.*

Jean de Pas.

te, pour arrester les fuïards, les Catoliques qui s'étoient mis à leurs trousses, fussent entrés dans la Ville. Il y mourut neanmoins autant de Calvinistes François que d'Alemands, parce que les maximes de la Guerre ayant obligé les Assiégés à fermer la porte du Pont, tous ceux de leur party qui n'étoient point entrés, se trouvérent abandonnés à la discrétion des Assiégeans qui en tuérent prés de mille.

Le neufiéme, à neuf heures du soir, les Tourelles furent emportées par cette avanture. Un Catolique monté sur une échelle de plus de quarante piés de haut, se prit aux creneaux, & reconnut qu'il n'y avoit point encore de sentinelles posées, & que les quarante Soldats qui venoient d'y entrer, étoient tous auprés du feu. Il décendit sans bruit pour en avertir ses camarades, qui le crurent si peu, qu'à peine s'en trouva-t'il un qui l'accompagnât à remonter. Les signes que l'un & l'autre firent pour estre suivis, les découvrirent aux Calvinistes, qui sonnérent l'alarme: mais les deux Catoliques faisant de nécessité vertu, & se tenans pour perdus, ataquérent avec tant de résolution, les quarante Soldats des Tourelles, & leur sçûrent si fortement persuader, que les Soldats envoyés à leur secours par le Duc de Guise, montoient à la file, qu'ils tournérent le dos, & décendirent par la même échelle dressée sur le bout du Pont par où ils étoient entrés dans les Tourelles.

Les Catoliques se fussent en même tems rendus maîtres des Isles, si d'Andelot, toûjours obligé d'agir extraordinairement les jours de son accés, n'y fût acouru avec la Noblesse, & n'eût défendu le nouveau re-

tranchement du pont, quoy qu'ils ne fut encore élevé que de quatre à cinq piés, & que les courtines s'y
trouvassent si basses, qu'en combatant, on y étoit à
découvert jusqu'à la ceinture. La Ville avoit été ce
jour là si proche d'estre forcée, que les Calvinistes a-
prés estre revenus de la crainte qu'ils en avoient euë,
passérent en un moment de l'excés de la vaine confiance en celuy de la défiance la plus mal fondée. Ils s'é-
toient imaginés que l'Armée Catolique échoüeroit
contre la Ville d'Orleans, défenduë par huit mille vieux
Soldats, & ils crurent sur ce qu'ils venoient de voir,
qu'elle ne tiendroit pas plus de huit jours. Comme
elle entraînoit avec elle la perte irréparable de leur party, ils n'oubliérent rien de ce qu'ils jugérent nécessaire pour la conserver : & nul autre moyen ne se pré-
sentant à leur imagination, que la mort du Duc de Guise, elle fut alors resoluë, comme disent les Historiens
Calvinistes, ou seulement hâtée, comme soûtiennent
les Catoliques. La personne choisie pour ce détesta-
ble dessein, fut le même Poltrot dont on a déja
parlé.

Cet homme s'étant chargé de faire le coup, vint
trouver le Duc de Guise au Camp devant Orleans, &
luy dit, que Dieu luy ayant enfin ouvert les yeux, &
fait connoître l'abus du Calvinisme, & le crime de rébellion qui y étoit ataché, il vouloit déformais expier
sa faute, en sacrifiant ce qui luy restoit de vie, à la ruine de la nouvelle Religion. Le Duc l'embrassa, luy
fit donner un logis, le retint à dîner, & en continüant
de le recevoir en sa compagnie, & à sa table, luy facilita sans y penser, l'exécution de son dessein : car Pol-

trot eut la commodité de remarquer que le Duc alloit tous les foirs de fon logis, au Fauxbourg du Portereau, & qu'il étoit obligé à prendre un long détour, pour avoir voulu épargner au Roy quatre ou cinq cens écus. Serré Sur-Intendant des Fortifications, luy avoit en vain repréfenté, qu'il ne faloit point avoir d'égard à une fi petite fomme pour refaire le Pont de Saint Mêmin, qu'il traverferoit à cheval avec les Gentilshommes qui l'accompagnoient par honneur, & ne feroit plus en état de recevoir d'infultes, comme il étoit aifé de luy en faire, lors que tous les foirs, devant paffer & repaffer l'eau à Olivet, il la paffoit feul, ou deuxiéme, à faint Mêmin, dans un petit bateau qui n'étoit capable de porter qu'une ou deux perfonnes, & autant de chevaux, il fe trouveroit expofé à la fureur de quiconque feroit affés malheureux pour atenter à fa perfonne. Le Duc répartit (par une confiance fatale à la plûpart des grands Hommes) que ce n'eftoit pas la peine de rajufter le Pont de Saint Mêmin, pour le peu de tems qu'il en auroit affaire, & que l'argent du Roy feroit plus utilement employé pour rétablir ce que les Affiégés avoient détruit du Pont des Tourelles.

Ainfi Poltrot l'ayant plus d'une fois fuivy au Portereau, vit qu'il entroit régulierement tous les foirs, dans le petit bateau qui l'atendoit à Saint Mêmin, & que la Nobleffe qui l'avoit accompagné jufques-là, l'y laiffoit avec le Gentilhomme qui retenoit, & s'en alloit faire un grand tour pour paffer l'eau à Olivet ; que le Duc n'atendoit point cette Nobleffe, & qu'aprés avoir traverfé la riviére, il remontoit à cheval, & retournoit chés luy, par un fentier affés long, au travers

vers d'un bois taillis. La commodité de le tuer quand il y feroit engagé, & de se sauver ensuite parut si belle à Poltrot, qu'il ne la voulut pas laisser perdre. Il acheta de la Mauvoisiére, un cheval d'Espagne six vingts écus ; & devina sur les préparatifs extraordinaires qui se faisoient dans le Camp des Catoliques, que le Duc de Guise avoit résolu d'ataquer les Isles d'Orleans, & la Ville ensuite, la nuit du dix-huit, au dix-neufiéme Février mil cinq cens soixante-trois. Pour le prévenir, il l'atendit quelques heures auparavant, dans le bois taillis, & l'ayant vû passer à cheval, s'entretenant familiérement avec ª Tristan de Rostaing, monté sur une mule, il luy tira par derriére, de six à sept pas, un coup de pistolet chargé de trois balles, au dessous de l'épaule droite, parce qu'il suposoit que le Duc avoit une cuirasse sous sa casaque, ce qui n'étoit pas. Le Duc obligé de se courber par la douleur, se redressa promtement; & rassurant Rostaing, luy dit que ce n'étoit rien, & continua de marcher : Mais le meurtrier assuré de l'avoir blessé à mort, parce que les balles étoient empoisonnées, & transporté par la grandeur du coup qu'il venoit de faire, piqua toute la nuit, & s'éloigna neanmoins si peu, qu'il se trouva le lendemain au Vilage d'Olivet, à la vûë du lieu d'où il étoit party. Le Duc averty par un Chirurgien habile, de l'état de sa blessure, ne pensa qu'à mourir en véritable Chrétien. Il rejeta la proposition de Saint Just ᵇ d'Alégre qui offroit de le guérir avec des linges, des eaux, & des paroles éficaces ; & il témoigna que la vie ne luy étoit point assés chere, pour pretendre de la conserver par le ministere du Démon. Il pardonna de bon cœur à

a *Depuis Chevalier du S. Esprit.*

b *Christofle d'Alégre, Seigneur de S. Just.*

1563.

ceux qu'il foupçonnoit avoir fuborné, & encouragé l'affaffin ; & il expira le vingt-quatriéme Février, aprés avoir donné à Henry de Lorraine fon Fils aîné, âgé feulement de treize ans, des preceptes qui l'euffent rendu le plus heureux, comme il étoit déja le plus accomply Prince de fon fiecle, s'il les eût exactement fuivis.

Poltrot arrêté, & interrogé dans les formes, declara que le Vicomte [a] d'Aubeterre dont il étoit Vaffal, l'avoit mis auprés de Soubife [b] fon Beau frére, avec lequel il étoit allé à Orleans, que c'étoit-là que l'Amiral le connoiffant pour homme de main, luy avoit propofé d'affaffiner le Duc de Guife ; & qu'il s'en étoit excufé, fur ce que l'entreprife luy avoit alors paru trop dangereufe; qu'il avoit mieux aimé accompagner Soubife, d'Orleans à Lion où il avoit demeuré jufque aprés la Bataille de Dreux; que l'Amiral avoit alors écrit à Soubife, de le luy renvoyer ; que Soubife l'avoit dépêché vers l'Amiral, fous pretexte de porter une Lettre qu'il n'ofoit confier à un autre ; & que l'Amiral ne luy avoit parlé de rien, à Selles en Berri où il l'avoit trouvé ; mais qu'il l'avoit emmené à Orleans, où il avoit employé toute fon éloquence, & fon adreffe, pour l'exciter à l'affaffinat qu'il luy avoit propofé fix mois auparavant; que Theodore de Beze, & un autre Miniftre qu'il ne connoiffoit point, & qu'il ne pouvoit dépeindre autrement, qu'en difant qu'il étoit gros, de petite taille, avoit la barbe noire, préfens à l'entretien, avoient ajoûté leurs exhortations à celles de l'Amiral; qu'ils avoient traité de Tiran le Duc de Guife, & Poltrot, de Liberateur du Calvinifme, qu'ils l'avoient affuré par avance, d'une gloire immortelle en ce monde, & du Para-

[a] *François Bouchard.*
[b] *Jean l'Archevêque, marié avec Antoinette Bouchard, sœur de François.*

dis en l'autre ; & que s'étant enfin laiſſé flater par l'exemple de Judith, & par l'eſperance de ſe rendre auſſi celebre que l'étoit cette Heroïne, il avoit ſuccombé à la tentation, & promis d'exterminer le Tiran ; que l'Amiral aprés l'avoir embraſſé, & luy avoir donné vingt écus d'or, l'avoit envoyé dans l'Armée Catolique campée à Meſſac, d'où il l'avoit ſuivie juſqu'à Blois: Qu'il avoit eu durant cét intervale, tout le loiſir dont il avoit beſoin pour obſerver le Duc de Guiſe ; & qu'ayant remarqué qu'il ne paroiſſoit jamais en public que fort accompagné, il avoit deſeſperé de le tuer ſans courre riſque, & étoit retourné vers l'Amiral, pour ſe faire décharcher d'une ſi perilleuſe commiſſion : Que l'Amiral, bien loin de recevoir ſes excuſes, l'avoit preſſé de luy tenir parole, & luy ayant mis en main cent écus d'or dans un papier, l'avoit laiſſé entre les deux Miniſtres dont on a parlé, qui l'avoient enfin encouragé de retourner à l'Armée Catolique, où il avoit tué le Duc de Guiſe.

Cette dépoſition fut depuis la principale cauſe du meurtre de l'Amiral, & ce ne fut pas ſans raiſon qu'il ſe mit en devoir d'y répondre par une Apologie qu'il eut ſoin de faire imprimer, afin qu'elle fût vûë avec plus de facilité. Il y prit Dieu, & les hommes à témoin, de n'avoir connu Poltrot que depuis ſix ſemaines ; que Soubiſe l'ayant envoyé pour ſervir dans l'Armée Calviniſte, & Feuquiéres l'ayant produit pour un excellent eſpion, on luy avoit donné de l'argent, à condition qu'il iroit dans le Camp des Catoliques, & qu'il donneroit avis de tout ce qui s'y paſſeroit : Qu'il étoit revenu trois ſemaines aprés, rendre compte à l'Amiral

1563.

Ddd ij

de ce qu'il avoit obfervé ; & que l'Amiral fatisfait de fes raports, luy avoit donné cent écus d'or pour l'obliger à continüer de rendre les mêmes offices à d'Andelot affiegé dans Orleans. Il foûtint que le refte de la depofition étoit faux, & il écrivit à la Regente, pour la conjurer de fufpendre l'execution de Poltrot, jufqu'aprés la Paix, afin qu'il luy pû eftre confronté. Mais il ajoûta deux circonftances qui, bien loin de le juftifier, augmenterent les foupçons que la plûpart des Catoliques avoient conçûs à fon prejudice : Car en premier lieu, il luy échapa de dire, que quoy qu'il n'eût rien contribué à la mort du Duc de Guife, il en étoit neanmoins tres-aife, parce qu'elle l'avoit délivré du plus redoutable de fes ennemis : Et l'on s'étonna qu'un homme comme luy fi abfolument maître de fes paroles, en eût prononcé de telles, dans une conjoncture, où d'un côté, elles pouvoient eftre mal interpretées, & de l'autre, elles ne pouvoient fervir à quoy que ce fût. En fecond lieu, il pretendit avoir fait avertir le Duc de Guife, quelques jours auparavant fa bleffure, qu'il fe tint fur fes gardes ; & qu'il y avoit un homme atitré pour le tuer. Mais outre qu'il avoüoit par là, d'avoir au moins fçû la chofe, il ne prevoyoit pas qu'on luy reprocheroit que fon ancienne amitié avec le Duc de Guife demandoit un avertiffement plus precis ; & que le Conful Romain * à qui le Medecin de Pirrhus avoit offert d'empoifonner fon Maître, ne s'étoit pas contenté d'informer ce Roy en general, que l'on attentoit à fa vie, mais de plus, il luy avoit en particulier revelé le coupable.

Il eft vray que les deux premiers faits établis dans

Fabricius.

l'Apologie de l'Amiral, font convaincus de fauffeté par deux temoignages qui ne peuvent être fufpects. L'un eft de l'Auteur anonime de la vie manufcrite de Soubife, Calvinifte zelé s'il en fût jamais, qui dit en termes exprés ; *Que Soubife envoya Poltrot, de Lion, à l'Amiral, pour un fujet que l'on raportera bien-tôt, tout à fait éloigné de celuy que l'Apologie luy attribuë.* L'autre eft du Miniftre Beze ; qui bien loin d'avoüer que Poltrot fut allé trouver l'Amiral pour le fervir en qualité de Soldat ou d'efpion, raconte au contraire, que la dépêche de Soubife à l'Amiral, dont Poltrot fut porteur, contenoit ces mots, *Qu'il luy envoyât incontinent le même Poltrot, parce qu'il étoit homme de fervice.* Que fi l'on doit avoir égard au dernier témoignage de Poltrot, comme le moins fufpect, le procés verbal de fon fuplice, porte que les quatre chevaux aufquels il étoit attaché, ayant inutilement effayé de le démembrer, & ceux qui les excitoient, les ayans arrêtés pour leur donner le tems de reprendre haleine, afin qu'ils tiraffent avec plus d'effort qu'auparavant, il demanda la permiffion d'eftre entendu, & dit, Que Soubife en le congediant l'avoit exhorté d'executer fon deffein : que l'Amiral qui le fçavoit, luy avoit donné les moyens de l'acomplir, & que d'Andelot en avoit auffi connoiffance.

Les amis du Duc de Guife, & les perfonnes les plus éclairées de la Cour, crûrent auffi que le Vicomte d'Auberterre, à qui le Duc de Guife avoit fauvé la vie, parce qu'il étoit un des complices de la conjuration d'Amboife, avoit le premier excité Poltrot à commettre l'affaffinat ; que Soubife l'avoit fecondé par une ingratitude encore plus grande, puis qu'au retour de Sienne, où l'on prétendoit qu'il se fût mal comporté, tant à la guerre, que dans la distribution des finances, ses ennemis ayans formé contre luy des accusations qui alloient à luy ôter l'honneur, & la vie tout ensemble, le Duc de Guise l'avoit hautement protegé ; que Poltrot s'étoit enfin laissé persuader par Aubeterre, & par Soubise, dont le premier l'avoit élevé, & l'autre le tenoit chés lui en qualité de Domestique ; & que Soubise en avoit incontinent averti l'Amiral par Chatelier, Gentilhomme discret, quoi que trés-zelé Calviniste : Que l'Amiral, dont la prévoyance étoit profonde en de semblables conjonctures, avoit reparti, qu'on lui envoyât le personnage, sous pretexte de lui porter des Lettres ; mais qu'on l'instruisît si bien, que quand il seroit devant lui, il ne parlât en aucune maniere de son veritable dessein, & qu'il lui dît seulement qu'il venoit pour servir sa Religion. Et de fait, Poltrot, pour mieux executer ce qu'on lui avoit ordonné, se contenta de presenter sa Dépêche à l'Amiral, sans lui rien dire. Comme l'Amiral, aprés l'avoir lûë, ne dit autre chose, sinon, *Monsieur de Soubise me mande que vous avés un grand desir de bien servir la Religon. Soyez le bien venu.* On ajoûte que l'Amiral se fondoit sur cette précaution qui le mettoit hors d'estat d'estre convaincu, lors qu'il poursuivit avec tant d'instance d'estre confronté avec le meurtrier : & l'on conclut, qu'il faloit que le Duc de Guise mourant, fut persuadé que l'Amiral en étoit la principale cause, puis qu'il sembla le désigner par ses paroles assés intelligibles. *Et vous qui en éte l'auteur je vous le pardonne.*

Beze fit aussi son Apologie, & déclara, qu'encore qu'il eût vû plusieure Calvinistes résolus de vanger le massacre de Vassi, sur la personne du Duc de Guise, il leur avoit toûjours anoncé de la part de Dieu, qu'ils ne pouvoient, & ne devoient proceder contre le coupable, que par les voyes de la Justice ordinaire ; & que pour accomplir le premier, ce qu'il préchoit aux autres, il s'étoit mis à la tête, & avoit porté la parole des Députés des Eglises reformées, lors qu'ils s'étoient jettés à Monceaux aux piés de leurs Majestés pour demander raison de l'action du Duc de Guise, qu'il étoit demeuré satisfait de la réponse favorable de la Régente, & que ce n'étoit qu'aprés avoir éprouvé que cette Princesse ne vouloit rien tenir de ce qu'elle avoit promis, qu'il avoit porté les Calvinistes à maintenir par toutes sortes de moyens l'autorité des Edits du Roy, & la Prédication de l'Evangile dans toute sa pureté ; Qu'il les avoit neanmoins exhortés à ne se servir de leurs armes, que comme de l'unique moyen qui leur restoit pour obtenir la Paix, & que bien loin de les animer à l'assassinat des Chefs du party contraire, il les avoit disposés à négliger les avantages que la fortune leur offriroit, pour accepter la liberté de conscience, toutes les fois qu'il plairoit à leurs ennemis de l'accorder : Qu'à la verité il avoit toûjours consideré le Duc de Guise comme le plus grand ennemy du Calvinisme, & que dans cette vûë il avoit souvent prié Dieu dans le fonds de son cœur de le convertir, ou de l'ôter du monde ; mais qu'il ne se trouveroit point qu'il eût jamais parlé de ce Duc en particulier, ny qu'il eût témoigné au dehors ce qu'il en pensoit, bien loin de

1563.

Dans l'Apologie de Beze.

luy avoir fufcité un meurtrier : Que non feulement il n'avoit pas conferé avec Poltrot, mais qu'il ne l'avoit même jamais vû ; & que tout ce que ce fcelerat avoit dit contre luy, étoit faux. Il offroit de fe foûmettre à telle Jurifdiction non fufpecte, qui feroit propofée au dedans, ou au dehors du Royaume, & de paffer pour le plus abominable des hommes, s'il étoit convaincu d'avoir atiré Poltrot, ou quelque autre, pour tuer le Duc de Guife.

Cette Apologie fût conçûë en des termes qui ne pouvoient eftre plus éloquens, ny plus devots. Cependant, il y eut trois circonftances capables de faire douter de fa fincerité. L'une, que Poltrot perfifta dans fa dépofition jufques à ce que la frayeur de fe voir condamné à eftre tenaillé, & tiré à quatre chevaux, fembla luy avoir tourné l'efprit, tant il varia depuis. La feconde, fut que la Paix fe fit peu de tems aprés, & les raifons qui porterent la Regente à la conclure, empêcherent abfolument la recherche de la verité. Et la troifiéme, que Beze ne fe fia pas tellement à fon innocence pretenduë, qu'il ne retournât le plûtôt qu'il pût à Geneve, d'où il n'ofa revenir en France durant la vie du Fils du Duc de Guife.

L'Auteur de la vie de Soubife, ne réüffit pas mieux à le juftifier, quoy qu'il femble ne l'avoir écrite que pour cét unique fujet. Il laiffe fon Lecteur dans une plus grande incertitude qu'il n'êtoit auparavant, en luy fourniffant de nouvelles occafions de douter. Il luy revelé les fources inconnuës de la haine d'Aubeterre, & de Soubife, pour la Maifon de Guife, qui étoient échapées aux autres Hiftoriens ; & il fuppofe que le Maréchal

chal de S. André s'étoit mis en état de s'emparer de la Vicomté d'Aubeterre, la plus belle de France, de-là la Loire, & que la Maison de Guise l'avoit favorisé dans cette usurpation d'autant plus odieuse, que le Vicomte avoit été reduit à se refugier à Geneve, & à s'y faire passer Maître Boutonnier. Il ajoûte que Soubise Beaufrere d'Aubeterre, outre cette raison, en avoit deux autres, d'estre mal avec la Maison de Guise ; L'une, qu'il étoit de la cabale des Châtillons, & du Chancelier de l'Hôpital, pour atirer la Regente dans le party des Calvinistes. L'autre qu'il se retira de la Cour, le soir même que le Duc de Guise, & le Cardinal de Lorraine y retournerent, à cause du danger qu'il y eût couru de la vie, s'ils l'y eussent trouvé. Il fait ensuite un portrait de Poltrot, si surprenant, fondé sur des qualités incompatibles qu'il luy attribuë, qu'il n'est pas possible de le concevoir tel qu'il le dépeint. Il le represente indiscret, égaré, sans prudence, sans jugement, & le fait vanter en tous lieux indifferemment, & devant toutes sortes de personnes, qu'il tuëra le Duc de Guise : Cependant Soubise au lieu de renfermer cét insensé, ou de le chasser au moins de sa maison, le prend pour Confident, & se sert de son ministere dans les plus importantes affaires qui luy surviennent. Il le choisit dans le petit nombre d'amis qui l'accompagnerent dans le voyage perilleux d'Orleans, à Lion. Il ne se debarasse que par l'adresse, & la fermeté de Poltrot, du Bailli de Dijon, resolu de l'arrêter au Pont de Digoin. Il luy commande de luy mener du fonds de Poitou, ses Chevaux de bataille, ce qui paroissoit moralement impossible ; & il est obéy. Il le renvoye pour la dernie-

1563.

a *Caterine Partenai mariée depuis à René II. du nom, Vicomte de Rohan.*

re fois à Madame de Soubife, fur le bruit qui couroit que les Catoliques avoient deffein de la prendre, de la mener aux portes de Lion, & de la menacer de l'y poignarder avec fa Fille [a] unique, aux yeux de fon mary, s'il ne rendoit la Place ; & il retourne avec des Lettres de cette pretenduë Heroïne à Soubife, pour l'exhorter de les laiffer perir toutes deux, & de demeurer fidele à fon party : Enfin Soubife eft en doute du fuccés de la Bataille de Dreux, quoy que le Confeil Calvinifte, & l'Amiral fon bon ami, l'euffent fuffifamment informé de ce qu'ils vouloient qu'il en fçût : Il ne voit perfonne auprés de lui qui le puiffe tirer d'inquietude, finon Poltrot ; Il l'envoye en diligence à l'Amiral, afin qu'il voye par fes propres yeux le veritable état de l'Armée Calvinifte ; Il luy ordonne de revenir avec la même précipitation ; & neanmoins Poltrot oubliant l'ordre fi précis qu'il a reçû, change de maître fans changer de profeffion, devient l'efpion de l'Amiral à l'égard des Catoliques, au lieu d'eftre l'efpion de Soubife à l'égard de l'Amiral ; & pour conclure par les propres termes de l'Apologie, s'amufe à tuer le Duc de Guife.

Il feroit difficile de juger fi cet Ecrivain a voulu perfuader de bonne foy, ou s'il a prétendu fe joüer de la credulité de fes Lecteurs : Mais il eft conftant qu'Aubeterre ne fe tint depuis affuré en aucun autre lieu qu'à Geneve, où il mourut accablé de miferes ; & que Soubife n'alla qu'une fois depuis, à la Cour, d'où il difparut avant que d'avoir été remarqué, tant il aprehendoit que la Maifon de Guife n'eut pas été perfuadée des faits qu'on publioit, pour affoiblir la dépofition d'un assassin qui avoit été son Domestique.

Mais soit que le désespoir de rétablir leurs affaires par quelque autre voye, eût porté les Calvinistes à procurer cette mort, ou que Poltrot en eût formé, & executé le dessein, par le seul motif de se signaler, en délivrant d'un ennemi, le plus grand homme de son siécle, son parti, qu'il eût ruiné sans ressource par la prise d'Orleans, aprés laquelle il auroit contraint l'Amiral de perir dans un coin de la Normandie, ou de passer en Angleterre avec les restes de l'Arme batuë à Dreux ; il est indubitable que le parti Calviniste en essuïa toute l'envie, & qu'il n'en tira pas néanmoins le principal avantage. Ce fut la Regente plus heureuse en ce point, comme en beaucoup d'autres, qu'elle n'eût osé esperer, qui fut délivrée par la mort du Duc de Guise, de tant de maux qu'elle craignoit ; & qui fut si puissamment affermie dans l'autorité souveraine, que la tête de l'Amiral, & le bras de Poltrot sembloient n'avoir travaillé que pour elle.

On a déja remarqué que cette Princesse s'étoit enfin jettée dans le parti Catolique, plus par necessité, que par choix, & qu'elle étoit persuadée que son intereft preferable à toutes choses, consistoit à tenir en balance les deux partis, parce que celui qui auroit le dessus, la déposeroit. Ce n'est pas qu'elle ne vît assés que le Calviniste étoit le plus foible ; mais outre qu'il avoit les meilleures Troupes, & les principales Villes du Royaume, ses ressoufes en Alemagne, & en Angleterre, donnoient lieu de prevoir qu'il resisteroit si longtems, que les Catoliques las de lui faire la guerre, accorderoient la Paix, comme il étoit arrivé en Suisse.

1563.

Dans la negociation de Spifame.

1563.

La Reine prevoyoit encore, que le Triumvirat & le Roy de Navarre ne vivroient pas toûjours en parfaite intelligence ; que la moindre occasion les diviseroit, sans espoir de retour ; que le Connêtable de l'humeur qu'il étoit, ne relâcheroit rien du Commandement, & que si le Duc de Guise, & le Maréchal de Saint André y consentoient, le malheur qui le suivoit par tout, les enveloperoit aussi.

Tous les inconveniens que l'on vient de representer, avoient paru infaillibles à les examiner dans le bon sens; cependant, aucun d'eux n'estoit arrivé : Et comme si la Providence eût eu dessein de renverser en ce fait particulier, le plus grand effort de la prudence humaine, il étoit arrivé tout le contraire de ce que la Regente avoit prévû. Les Calvinistes avoient d'abord presenté la Bataille, & les Catoliques l'avoient refusée. Les Villes dont les Calvinistes s'estoient saisis, n'avoient pas resisté si long-tems que l'on s'étoit imaginé, & le Triumvirat débarassé en peu de mois, de la guerre qu'on luy avoit suscitée dans les Provinces, étoit devenu le plus fort, en r'apellent les Troupes qu'il y avoit envoyée. Il avoit fait quiter la Campagne aux Calvinistes. Il avoit eu le loisir de forcer Roüen, pendant qu'ils atendoient les Troupes auxiliares d'Alemagne. Il s'estoit trouvé encore plus fort qu'eux, aprés cette jonction, & les avoit enfin contraints de hazarder la Bataille.

Le Connêtable n'avoit pas crû déroger à sa dignité, en cedant au Roi de Navarre ; & l'émulation de ce Prince, pour le Duc de Guise, l'avoit atiré dans la tranchée où il fut tué. Les Triumvirs restés seuls, s'étoient parfaitement accordés, parce que le Duc de Guise avoit prévenu la jalousie du Connêtable, en renonçant au Commandement ; & le Maréchal de Saint André étoit demeuré aussi soûmis sous la minorité de Charles IX. qu'il l'avoit été sous le regne de Henri II. Mais le succés de la Bataille de Dreux, étoit arrivé de la maniere la plus opposée aux interests de la Regente, puis que si les Calvinistes l'eussent gagné, cette Princesse n'eût eu de long-tems rien à craindre : Tout l'avantage qu'ils en eussent pû tirer n'étant que de rendre leurs forces désormais égales à celles des Catoliques.

Si le Connêtable n'eût pas été pris, son grand âge, & la lenteur de sa conduite, eussent facilité aux Calvinistes le moyen de se relever de leurs pertes ; & si le Maréchal de Saint André eût survécu, l'ancienne contestation entre les Maréchaux de France & les Princes Etrangers, se fût apparemment renouvellée : au lieu que les Calvinistes étant batus, le Connêtable prisonnier, & le Maréchal de Saint André mort, il sembloit que la fortune eût uniquement prétendu de déposer la Regente, en laissant seul, à la tête du parti Catolique, le plus grand homme de la Crétienté, qui n'ayant plus de jalousie à prévenir, & de compétence à craindre, auroit agi dans toute l'étenduë de son génie extraordinairement heureux ; c'est à dire qu'il auroit ôté dans l'Armée Catolique, les semences de division, persuadé ses Soldats qu'ils seroient à l'avenir invincibles, & pressé les Calvinistes avec tant de violence, que leur perte irréparable n'eût plus été que l'ouvrage de quelques semaines. Aprés quoy, la Regente n'eût eu que des larmes inutiles à luy opposer, s'il eût voulu executer le deffein que le Cardinal de Loraine fon frere, lui avoit propofé à la fin du regne de François fecond; ou fi fe contentant de la direction des affaires, il eût obligé cette ambitieufe Princeffe à lui quiter la place où elle s'étoit élevée avec tant d'intrigues, & dont elle n'avoit point encore plainement joüi, rien n'étoit capable de l'en préferver, que la mort inopinée de ce Duc ; & comme elle étoit arrivée à point nommé, il ne s'agiffoit plus que d'en tirer toute l'utilité poffible pour l'avenir. Elle ne le pouvoit, qu'en accordant la paix au parti des Calviniftes, afin de lui donner le tems de fe relever, ou en atendant qu'on eût pris d'autres mefures pour l'abatre ; & la conjoncture en étoit d'autant plus favorable, qu'il ne reftoit perfonne dans la Maifon de Guife c,apable de continüer les deffeins du défunt, ny perfonne dans le party Calvinifte, dont l'autorité fut affés grande pour traverfer la conclufion de la Paix.

Des cinq Freres que le Duc de Guife avoit laiffé, le Cardinal [a] de Lorraine, le Duc [b] d'Aumale, le Cardinal [c] de Guife, le Marquis [d] d'Elbeuf, & [e] le Grand Prieur ; le Cardinal de Lorraine étoit au Concile de Trente ; le Duc d'Aumale étoit dangereufement malade des bleffures qu'il avoit reçües à Dreux ; l'Amiral tenoit étroitement affiégé le Marquis d'Elbeuf dans le Château de Caën, la Ville luy ayant été livrée par la furprife que les Habitans Calviniftes avoient faites d'une porte qui luy avoient ouverte. Le Cardinal de Guife d'un génie entierement contraire aux autres Princes de fa Famille, n'étoit propre ny aux armes, ny aux affaires ; & le Grand Prieur s'étoit tellement échauffé à la mêlée de la Bataille de Dreux,

[a] *Charles de Lorraine.*
[b] *Claude de Lorraine.*
[c] *Loüis de Lorraine.*
[d] *René de Lorraine.*
[e] *François de Lorraine.*

que retournant tout en sueur, & ne trouvant personne pour l'essuyer, l'extrême froid de la saison luy avoit causé la fausse pleuresie dont il mourut à vingt-neuf ans, en reputation d'un des plus hardis, & des plus vigoureux Princes de son tems, aprés son aîné.

1563.

Le Connêtable, pour estre prisonnier entre les mains de ses Neveux, qui luy étoient redevables de leur fortune, n'en étoit pas gardé avec moins d'exactitude, puis qu'il servoit comme d'ôtage pour la vie du Prince de Condé, qui sans luy, eût pût être traité en criminel de leze-Majesté. Cette raison luy rendoit la prison plus insuportable, dans la crainte où il étoit à tout moment, que sa tête ne répondit du faux zéle de quelque Catolique, qui à l'exemple de Poltrot, quoy que par une maxime toute contraire, atenteroit à la personne du Prince; & si le seul désir de recouvrer sa liberté, nonobstant qu'il n'eût rien de pire à redouter, que la prison l'avoit autrefois porté à négocier la Paix honteuse de Cateau Cambresis, la Regente avoit lieu de croire que le même désir accompagné de tant de chagrin, & d'incertitude pour l'avenir, le disposeroit au moins à seconder le dessein qu'elle avoit de donner la Paix aux Calvinistes. Elle offrit sur ce fondement, à la Princesse de Condé, une entrevûë à Saint Mêmin; & la Princesse l'accepta, ne sçachant pas qu'il luy en coûteroit la vie. Les caresses n'y furent point épargnées; & la Reine qui les prodiguoit en de semblables occasions, quoy qu'elle en fût extraordinairement menagere dans la prosperité, se plaignit d'abord de ce que le Prince qu'elle avoit honoré de sa confidence, avoit sans luy en rien communiquer, declaré la guerre

Tonsot, dans la vie de Philbert Emmanüel.

Leonore de Roye.

par la surprise d'Orleans. Elle ajoûta neanmoins, comme voulant épargner à la Princesse la peine d'excuser son Mary, que cette démarche irréguliére n'avoit en rien diminüé l'inclination qu'elle avoit à luy faire du bien, & qu'il ne tiendroit qu'à luy, qu'il ne succedât au Roy de Navarre, dans la Lieutenance general de l'Etat. La Princesse qui n'étoit ny moins ambitieuse, ny moins credule que le Prince, se laissa d'autant plus aisément surprendre par le faux éclat de cette proposition, que la Regente la rendit plus vray-semblable dans le détail ; en representant que le Fils du Roy de Navarre étoit en toutes manieres incapable de tenir le rang de son Pere, puis qu'il se trouvoit encore dans l'enfance, & que la Reine sa Mere, ne vouloit pas seulement souffrir qu'il vint à la Cour, de crainte qu'on ne l'élevat à la Catolique : Que les autres Princes du Sang, n'auroient garde de prétendre la Lieutenance generale, à l'exclusion du Prince de Condé, qui étoit leur aîné : Que l'ambition du Connêtable ne voloit pas si haut, & qu'enfin, il n'y avoit plus personne dans la Maison de Guise, en état d'executer les desseins qu'on luy avoit imputés.

Le resultat de la conference fut, que la Princesse se chargea d'aller trouver son mari à Onzain, & de lui faire agréer la proposition de la Régente. Elle n'eut pas besoin de ses charmes pour lui inspirer des sentimens qu'il avoit déja. La mort du Duc de Guise avoit adouci son humeur guerriere ; & soit qu'il eût été touché de la crainte d'un semblable accident, ou qu'il méprisât assés les autres Chefs du parti Catolique, pour croire qu'il n'y avoit point d'honneur à s'éprouver contre

tre eux, il étoit également difposé à fortir de prifon 1563.
par un accommodement, ou par une échange avec le
Connêtable. L'efperance d'eftre Lieutenant general,
furvenant là-deffus, acheva de le déterminer en faveur
de la Paix ; & il confentit de la négocier avec le Connêtable, dans l'Ifle aux Bœufs, prés d'Orleans. On les
y mena le feptiéme de Mars, & le premier entretien ne
fut que de pure civilité, & de chofes indifferentes. L'une
& l'autre ayant eu cette defference pour la Regente,
d'attendre à parler d'affaires ferieufes au lendemain,
qu'elle devoit affifter à la conference. Ainfi la négociation fut remife au huitiéme, où la Regente reconnut qu'elle n'avoit pas raifonné tout à fait jufte à l'égard du Connêtable. Elle n'eut pas plûtôt temoigné
fon inclination pour la Paix, que le Prince offrit de la
conclure à des conditions qui regardoient feulement
l'execution exacte, & fincere de l'Edit de Janvier : Mais
le Connêtable, au lieu d'admirer que le Prince, & la Nobleffe Calvinifte, qui avoient fupporté tous les dangers &
toutes les fatigues de la guerre, ne demandoient rien de
particulier pour eux, fe recria fur la propofition qui avoit
efté faite de l'Edit de Janvier, avec un zele auffi emporté,
que fi on luy eut perfuadé de figner l'Alcoran ; Il dépeignit cét Edit avec les plus noires couleurs que les Prêtres, & les Moines luy donnent : Il pefta contre le Chancelier qui l'avoit dreffé : Il luy imputa tous les defordres arrivés depuis ; & déclara qu'il aimoit mieux, non
feulement paffer le refte de fa vie en prifon, mais encore la perdre par la main du Boureau, dans les tourmens les plus horribles, que de recouvrer fa liberté
par cette honteufe condécendance.

Tome I.   Fff

1563.

La Regente qui le connoissoit d'humeur inflexible, ne s'amusa point à le contredire, parce qu'elle apréhenda que le Prince la voyant dans des sentimens opposés à ceux du Connêtable, ne prit occasion de profiter de leur division. Elle aima mieux passer à son avis, & dire que ce seroit négocier inutilement, que de pretendre maintenir l'Edit de Janvier dans toute son étenduë, puis qu'aussi bien les Catoliques ne consentiroient jamais à la Paix, qu'il ne fût modifié.

Le Prince embarassé autant que la Regente, se plaiguit à son tour de ce qu'on l'avoit engagé dans une entrevûë qui ne luy pouvoit estre que préjudiciable, quel qu'en fût le succés ; parce que s'il abandonnoit l'Edit de Janvier, il atiroit sur luy la haine de ceux de son party, & leur faisoit un tort irreparable, en leur ôtant le droit de prendre les armes, sans estre convaincus du crime de leze Majesté ; & s'il ne l'abandonnoit pas, il devenoit l'oprobre de toute la France, en l'empêchant seul, de rentrer dans sa premiere tranquilité. Mais la Regente luy sçût confirmer si adroitement la parole que sa Femme luy avoit portée, sans que le Connêtable y prît garde, que n'osant ny rompre la négociation, afin de ne pas mettre d'obstacle à sa fortune, ny la continuër, de crainte de jetter les Calvinistes dans la défiance qui leur étoit si ordinaire, il demanda permission à la Regente d'entrer dans Orleans, & consentit que pour gage de son retour, elle emmenât le Connêtable. Il choisit cét expédient; plûtôt que celuy de conferer avec l'Amiral, & avec les Calvinistes de sa suite, parce qu'il présupposoit, qu'en communiquant de vive voix avec des personnes assiégées, qui s'atendoient à tous momens d'eftre forcés ; s'il y avoit à efperer quelque relâchement de l'Edit, ce feroit plûtôt de leur part, que du côté des Calviniftes qui étoient en Normandie, dont l'obftination s'étoit acrûë par la conquête de Caën, & par le fecours d'hommes, & d'argent reçûs d'Angleterre. Le fuccés répondit enfin à fa prévoyance, quoy que ce ne fût pas avec toute la facilité qui s'eftoit d'abord imaginé.

1563.

Mais il faut avoüer qu'un autre que luy, n'eût jamais employé fi heureufement, les vertus neceffaires pour terminer cette grande affaire. Il luy faloit le difcernement des efprits, pour juger de l'opofition plus ou moins grande qu'ils formeroient à fes volontés ; l'adreffe pour les gagner tous en particulier, en prenant chacun par fon foible ; & la patience pour effuyer la mauvaife humeur, & le zele irregulier des Miniftres. Il commença par ceux-cy, comme les plus dificiles à ménager ; & s'adreffant aux trois plus moderés d'entre eux. Defmeranges Miniftre d'Orleans, le Roche-Chandieu Miniftre de Paris, & Pierjus, qui avoit efté Miniftre à Roüen. Il leur propofa deux cas de confcience, dont il leur demanda la réfolution par écrit. Le premier, s'il fatisferoit à fon devoir, & à fa Religion, en proteftant à la Regente, que les Calviniftes ayant pris les armes pour l'execution de l'Edit de Janvier, ils ne les pouvoient pofer fans en obtenir la confirmation. Le fecond, fi la Regente aimant mieux la continuation de la guerre, que d'accorder cét article, il pouvoit demander à cette Princeffe, qu'elle propofât donc ce qu'elle connoiffoit de plus propre pour apaifer les troubles.

1563.   Les Ministres reconnurent par là, deux choses qu'il importoit au Prince qu'ils sçussent, sans qu'il se donnât la peine de les déclarer d'une maniere plus intelligible. L'une, qu'il desiroit la Paix. L'autre que si cette Paix ne pouvoit s'obtenir sans sacrifier l'Edit, il étoit prêt de souffrir qu'on y donnât ateinte. La disposition du Prince les inquiéta, & comme le desinteressement dont ils se piquoient, n'estoit pas si épuré, qu'ils ne fussent plus éclairés à décider les matieres qui les regardoient, que celles qui leur étoient indifferentes, ils répondirent au premier point, qu'il étoit indispensablement obligé à maintenir l'Edit, & au second, qu'il n'avoit qu'à rompre la conference, si la Regente ne vouloit d'accommodement qu'à ce prix.

Le Prince informé par la réponse des trois Ministres, de ce qu'il devoit atendre de leurs Colegues, resolut de ne leur plus rien communiquer à l'avenir : Mais soit qu'ils eussent pressenti son intention, ou qu'ils apréhendassent qu'on ne leur imputât tous les maux qui arriveroient de la continüation de la guerre, ils assemblerent jusqu'à soixante & douze personnes de leur Profession, & conclurent que les Calvinistes ne pouvoient en conscience porter les armes, jusqu'à ce que l'Edit de Janvier, dressé par les Députés des Provinces, en exécution de l'ordre des Etats Generaux, fût approuvé dans toute son étendüe, & purgé des modifications que le Parlement de Paris, & quelques autres, y avoient apportées : Que pour prévenir les opinions monstrueuses sur le fait de la Religion, dont tous les Etats de la Chrétienté étoient infectés, à la reserve de la France, il étoit necessaire que la Confession de Foy, presentée, à leurs Majestés il y avoit deux ans, fût autorisée ; & ceux qui la suivoient, mis sous la protection du Roy : Que les Athées, les Libertins, les Trinitaires, & les Anabatistes, fussent châtiés exemplairement ; & que les Calvinistes eussent la liberté de s'assembler où il leur plairoit, pourvû que les lieux destinés à cét effet, leur apartinssent : Qu'il leur fût aussi permis de tenir des Consistoires, & des Sinodes, pour l'établissement, & pour l'entretien de la Discipline Ecclesiastique : Que leurs Enfans ne fussent point rebatisés : Que leurs Mariages fussent reconnus valables, & les enfans qui en sortiroient legitimes : Que leur créance ne passât plus pour nouvelle : Qu'ils participassent indifferemment avec les Catoliques, aux Charges, & aux Magistratures publiques, dont ils étoient exclus sous prétexte de Calvinisme : Que l'on révoquât tous les Arrests prononcés contre eux, où il seroit entré quelque motif de Religion ; & que les matiéres en fussent examinées de nouveau, devant des Juges non suspects : Que l'on fit des enquestes juridiques des massacres de Vassi, & de Sens; & que le procés en fût fait aux coupables, s'ils vivoient encore, ou à leur memoire s'ils ne vivoient plus.

 Cét écrit eut un effet contraire au dessein de ceux qui l'avoient dressé ; & le Prince, & la Noblesse Calviniste, qui l'examinérent, y trouvérent trois fautes de jugement, qui paroissoient insuportables. Car en premier lieu, les vaincus y donnoient sa loy aux vainqueurs, en leur imposant des conditions aussi dures, que si le parti Catolique n'eût plus eu de Troupes, ny de ressource. On demandoit en second lieu, à leurs Majes-

1563.

1563.

tés, ce qu'elles ne pouvoient accorder sans aliéner les volontés de la plûpart de leurs sujéts. Et en troisiéme lieu, par un attentat également injurieux, & ridicule, on prétendoit faire servir le second Prince du Sang, à former au milieu de la Monarchie Françoise, un Etat qui ne dépendît du Roy, qu'autant qu'il plairoit aux Calvinistes dont il seroit composé.

Et de fait, le Prince & la Noblesse indignés que les Ministres qui ne pouvoient avoir part aux dangers, ny aux incommodités de la guerre, s'ingérassent de prescrire seuls les articles de la Paix, & touchés de la mort de deux de leurs principaux Officiers, ª Duras, qui venoit d'estre tué en défendant le Pont d'Orleans, & Avaret qu'une fiévre chaude avoit emporté, convinrent avec les Commissaires Catoliques que la Reine avoit nommés, qu'il y auroit un Edit nouveau, dont la substance étoit, Que les Gentilshommes pourroient établir l'exercice libre de la Religion Calviniste, dans toutes les Terres où ils auroient haute, moyenne & & basse Justice ; & que les Gentilshommes qui n'en avoient point, pourroient vivre à la Calviniste chés eux, avec leurs Domestiques seulement, pourvû que le lieu où ils demeureroient, relevât immédiatement du Roy: Que dans toutes les Prevôtés, d'où on appelloit directement aux Parlemens, il pourroit y avoir un Prêche, aussi bien que dans les Villes où l'on justifieroit que le Calvinisme avoit eu cours avant la Paix, sans avoir été traversé: Qu'il y auroit une Amnistie expédiée en bonne forme ; qu'elle contiendroit une décharge autentique pour le Prince, & pour les siens, des deniers Royaux qu'ils avoient reçûs : Qu'ils seroient rétablis dans

a Simforien de Ducfort.

Dans le premier Traité de la guerre Civille.

LIVRE V.

leur reputation ; & que leurs Majeſtés déclareroient, que tout ce qui avoit été fait durant la guerre, avoit été pour le bien de leur ſervice.

1563.

La diligence de la Reine, à conclure la Paix, prévint l'Amiral qui retournoit à grandes journées de Normandie, à Orleans, pour l'empêcher. Il la trouva ſignée, & le dépit qu'il en eut, le mettant hors d'état de diſſimuler, il témoigna dans une Aſſemblée publique, à ceux qui s'étoient atribués le pouvoir de négocier ſans la participation de leurs Fréres, qu'il s'étonnoit du peu de refléxion qu'ils avoient fait ſur l'état de leurs affaires, meilleures ſans comparaiſon, qu'elles n'étoient avant la Bataille de Dreux : Que leur Armée étoit devenuë plus forte par le renfort des Anglois, & des Troupes levées en Normandie, & que les Triumvirs, ayant offert au commencement de la guerre, l'entiere execution de l'Edit de Janvier, on feroit éternellement blâmé de s'eſtre relâché en ce point, aprés la mort du Duc de Guiſe, & du Maréchal de S. André, & la priſon du Connêtable : Qu'on avoit fait la part à Dieu, qui devoit poſſéder toutes choſes ; en renfermant ſon culte dans un ſeul endroit de chaque Prévôté ; & qu'on avoit cédé aux Catoliques, de gayeté de cœur, pour ne rien dire de plus fort, la Victoire qu'ils n'avoient pû remporter à la pointe de l'épée : Que la Nobleſſe éprouveroit à ſes dépens, quelle incommodité ce luy feroit d'avoir chés elle des Prêches ; & qu'elle n'avoit pas ſans doute prévû cét inconvenient : Qu'en cas que quelqu'un de ſes décendans retournât à la Communion des Papiſtes, ſi l'exercice du Calviniſme ſe faiſoit chés luy, & qu'il n'y eût point d'autre Seigneur de la Reli-

1563.

gion, qui eût haute, moyenne & baſſe Juſtice dans le païs, il faudroit que cét exercice y ſeſſaſt.

 Le Prince tout irrité qu'il eſtoit de la liberté de ce diſcours, n'oſa repliquer parce que ſa conſcience luy reprochoit d'avoir agy dans cette conjonĉture, avec plus d'autorité qu'on ne luy en avoit donné dans un party qui panchoit à ſe mettre en République, par principe de Religion : Mais il ſçu ſi bien ménager les eſprits de la Nobleſſe revenuë avec l'Amiral, en luy remontrant que dans la continüation de la guerre, elle en auroit toute la charge, ſans que les Miniſtres & les Députés des Villes Calviniſtes, luy laiſſaſſent à l'avenir la direction des afaires, qu'au bout de quatre jours elle ratifia la Paix. Ce ne fut neanmoins qu'apres avoir le troiſiéme jour, puny de mort dans Orléans, l'adultere d'un nommé des Landes, avec la femme d'un Bourgeois apellé Jean Gaudin; comme ſi elle eût voulu reprocher à la Juriſprudence Françoiſe, ſa negligence à n'avoir point encore ordonné de peines proportionnées à l'énormité de ce crime.

François de Scépeaux.

 L'Edit pour l'execution de la Paix, fut daté d'Amboiſe, & vérifié au Parlement le vingt-cinquiéme de Mars 1563. Biron fut envoyé en Guyenne ; & le Maréchal de Vieilleville en Languedoc, où l'on prévit qu'il y avoit plus de difficulté à le faire exécuter : Et de fait, il s'en trouva de telles, que le Conſeil du Roy les jugeant inſurmontables, obligea leurs Majeſtés à modifier l'Edit d'Amboiſe, ſous prétexte de l'expliquer, en déclarant que la liberté de s'aſſembler acordée aux Calviniſtes, n'eſtoit point pour les lieux qui apartenoient aux Ecleſiaſtiques, & que l'Egliſe avoit aliénées de nouveau.
                Le

Le Comte de ᵃBeauvais & Saint ᵇRomain, Archevêque d'Aix, furent les deux caufes fecrétes de cét adouciffement. Comme ils faifoient profeffion du Calvinifme, pour l'eftablir dans leurs Diocéfes ; ils ufoient du pouvoir ataché à leurs dignités ; & parce qu'on n'ofoit les dépofer avant la conclufion du Concile de Trente, & que leur Clergé ne devoit pas eftre contraint de leur obéïr, on s'avifa de modérer l'emportement de ces Prélats, & de r'affurer leurs Ecléfiaftiques, en trouvant le moyen de bannir de ces deux Diocéfes la liberté de confcience.

1563.

a *Odet de Coligny Eveque de Beauvais.*
b *Iean de Saint Chaumont, dit de S. Romain.*

On limita l'Article qui permettoit céte liberté dans tous les lieux où elle eftoit prefque publique avant la guerre, en le réduifant aux feules Villes où il y avoit Garnifon ordinaire ; ce qui la baniffoit des plus grandes, & des mieux peuplées. Enfin on ne fe contenta pas d'interdire toutes fortes d'Affemblées Calviniftes dans la Prévofté de Paris, fous couleur que la bienféance ne permettoit pas l'exercice d'une autre Religion que celles de leurs Majeftés, dans le reffort de leur féjour ordinaire ; mais on défendit de plus aux Calviniftes de la Prevofté, d'aller aux Prêches voifins, & on les reduifit, fupofé qu'ils ne s'en vouluffent point paffer, à tranfporter leurs domiciles aux lieux qu'ils auroient choifis, puis qu'il leur eftoit défendu, en cas de contravention, de demeurer dans la Prévofté.

Cét expedient fut inventé à deffein de purger d'Herefie le Parlement de Paris. Quatre ou cinq Confeillers en eftoient fufpects, & l'on n'ofoit les en chaffer, de peur d'exciter une fedition qui eût peut-eftre donné lieu à recommancer la guerre. On s'imaginoit

qu'ils ne se pourroient resoudre à professer le Calvinisme en secret durant toute leur vie; & qu'ils aime-
roient mieux se défaire de leurs Charges, pour aller
demeurer aux lieux où il y avoit des Prêches; si l'ambition ne les disposoit à changer de Religion.

On excepta de la liberté de vivre dans une entiere
sureté, les Moines sortis de leurs Cloîtres à l'ocasion
des troubles. On les obligea d'y retourner au plûtôt,
ou de sortir du Royaume. On declara leurs Mariages
non valablement contractés: Et pour remedier au
mal que l'on croyoit principalement arrivé de la part
des Ministres Etrangers. On les bannit du Royaume,
s'ils n'aimoient mieux renoncer au Ministere. Le menu
peuple Calviniste se plaignit de ces gloses, qu'il soûtenoit estre autant d'infractions du Traité de Paix: mais
on y eut point d'égard, à cause que la Noblesse de
ce party, qui s'estoit déja retirée chacun dans son
Chasteau, avoit besoin de rafraichissemens & ne pouvoit estre si tost en estat de monter à cheval.

Les delices de la Cour avoient fait oublier au Prince
son humeur guerriére, & quand il s'en fût souvenu,
on luy retranchoit avec tant de soin, les ocasions de
la témoigner, qu'une ame disposée comme la sienne,
à goûter la prospérité presente, n'estoit capable que
de s'ennuïer, pour ainsi dire, de son propre bonheur.
Il estoit si bien à la Cour, que les honneurs déférés
au feu Roy de Navarre, son frére, pour l'unir avec les
Triumvirs, n'avoient esté rien, en comparaison de
ceux qu'on luy rendoit, à dessein de le détacher du
Calvinisme. Il estoit à toute heure chés la Reyne, &
cette Princesse n'ayant plus à craindre de donner de

la jalousie au Duc de Guise; le combloit de civilités. Rien d'important ne se décidoit dans le Conseil, ny ailleurs, sans sa participation. Il obtenoit généralement tout ce qu'il demendoit. On évitoit avec une aplication extraordinaire ce qui luy pouvoit déplaire, ou donner du chagrin. Et la Regente après l'avoir restably dans la confidence qu'elle luy avoit acordée sous le régne de François II. ne pouvant luy cacher les précautions qu'elle aportoit pour conserver son amitié, atribuoit ce qu'elle avoit fait au contraire, à la violence dont le Triumvirat avoit usé, en la contraignant de se jetter dans leur party; & témoignoit un desir sincere de reparer cette faute, en élevant si haut le Prince, que rien ne luy manquât de ce qu'il pourroit raisonnablement esperer. La seule chose qu'elle luy demandoit, estoit de ne s'oposer pas à son propre agrandissement, & de ne point irriter à contre tems le party Catolique; qu'il sçavoit qu'elle estoit obligée à ménager, tant pour ses interests particuliers, que pour ceux de la Maison Royale.

On doute neanmoins s'il se fût longtems amusé à des promesses qu'il voyoit frustrées de leur principal éfet, puis qu'on diféroit de luy donner la Lieutenance generale, que la Reyne luy avoit fait esperer, de peur, disoit-on, que la plûpart des Catoliques mécontens de la Paix ne trouvassent là le pretexte qu'ils cherchoient de la rompre. Mais l'amour se mit de la partie, & seconda les artifices de la Reyne. Mademoiselle [a] de Limeüil estoit la plus belle de ces Filles d'Honneur, & le Prince en devint si passionné, que la Princesse sa femme s'en estant aperçuë en mourût [b] de ja-

1563

[a] *Isabelle de la Tour de Turenne, mariée depuis avec Scipion Sardini Noble Luquois.*
[b] *Elle mourut le 23. de Juillet de l'an 1564.*

1563.

Dans la relation de cette intrigue.

loufie. La Regente atentive aux moindres ocafions d'afermir fa puiffance, regarda cette conjoncture, comme l'une des plus favorables qui luy pouvoit arriver. Elle s'imagina que comme les Châtillons avoient engagé le Prince dans l'héréfie, en luy faifant époufer leur niéce, elle pourroit auffi le ramener à la communion de l'Eglife, en luy donnant pour femme, une Fille qui avoit l'honneur d'eftre fa parente, dont les charmes arrefteroient fon inconftance, & luy tireroient les fecréts du Calvinifme. Elle commanda à cette Fille, fur cette préfupofition, de ne rien oublier de ce qui pourroit contribuer à retenir le Prince dans fes chaînes. Mais c'étoit expofer à trop de rifques une vertu médiocre, que de la commettre avec un amant qui fe fervoit des moindres avantages en amour, comme en guerre, pour porter d'abord les chofes à l'extrémité. La Demoifelle, en feignant de l'afection pour le Prince, en prit tout de bon, & pour fon malheur, elle ne fut pas la feule de la Cour, dont le cœur fe trouva infenfiblement engagé.

a *Caterine d'Albon, morte depuis fans alliance.*
b *Henry de Lorraine.*

Marguerite de Luftrac, veuve du Maréchal de Saint André, n'eftoit ny de tempéramment ny d'inclination à paffer le refte de fa vie dans le veuvage. Elle s'y eftoit néanmoins engagée en quelque maniére, en fignant les Articles du Mariage de fa Fille [a] unique avec le Fils [b] aîné du Duc de Guife, puis que çavoit efté principalement en confideration des grans biens qu'elle poffedoit, que l'alliance avoit efté concluë, & que le Maréchal fon mary avoit efté préfervé d'une inévitable ruine. Cependant elle n'avoit pas plûtôt efté veuve, qu'elle avoit fucombé à la tentation ordinaire aux personnes de son rang. Elle avoit formé le dessein de se remarier, & de rompre l'engagement de sa Fille, avec le Prince de Joinville. Pour avoir un prétexte plausible, & capable de couvrir ce qu'il y avoit d'irrégulier dans ces deux intentions ; elle feignit de chercher une plus haute aliance pour sa Fille, & jetta les yeux sur le Marquis [a] de Conti, Fils aîné du Prince de Condé, dans la pensée de persuader les moins éclairés, que si elle recherchoit le Pére, ce n'estoit que pour faciliter, l'union de leurs Enfans, aprés qu'elle l'auroit épousé : Mais elle ne pouvoit s'adresser plus mal ; car dans la disposition où estoit le Prince de Condé, quand même il n'eût point eu d'amour pour Mademoiselle de Limeüil, il eût préferé une simple Païsanne, aux restes du Maréchal de Saint André. Il ne s'en expliqua pas néanmoins aux personnes qui luy proposérent les nôces avec la Maréchale, comme l'unique moyen d'assurer à son Fils, celles de l'héritiére de Saint André : Et il répartit seulement, que ce moïen ne luy paroissoit point infaillible, parce que le Marquis de Conti n'ayant que neuf ans, & les deux Mariages ne pouvant estre célébrés en même tems, la Maréchale auroit la liberté apres qu'elle seroit devenuë Princesse, de rompre les Articles de sa Fille avec le Marquis, aussi légérement qu'elle les avoit rompus avec le Prince de Joinville.

La Maréchale avertie de cét obstacle ne prit Conseil que de sa passion pour le lever : Elle fit ofrir au Prince, par donnation entre-vifs, & sans aucune réserve, sa Terre de Valery en Gatinois, avec les meubles magnifiques dont le Maréchal de Saint André

1563.

Les Etats d'Orleans avoient demandé que l'on luy fit rendre compte.

[a] *Henry de Bourbon.*

l'avoit parée. Il est à croire qu'elle prétendoit par cette libéralité sans exemple, fixer, pour ainsi dire, l'inconstance dont on la soupçonnoit, en se mettant hors d'estat de refuser sa Fille, au Fils d'un Prince à qui elle auroit donné paravance la meilleure partie de son bien, & de suplanter sa rivale, à force de bienfaits, puis qu'elle ne le pouvoit par ses charmes. Mais il est vray que le Présent fut accepté, sans produire l'éfet qu'avoit espéré la Maréchale, soit qu'il fût assés grand pour n'estre pas refusé par un Prince dont la naissance estoit cependant trop élevée pour s'engager en le prenant, ou que le Prince blâmât dans le fonds de son ame, la prodigalité de la Maréchale, dans le même instant qu'il en profitoit.

Mademoiselle de Limeüil fit des réfléxions fort éloignées de la verité, sur une avanture si peu commune. Elle suposa le Prince moins amoureux, ou plus intéressé qu'il n'estoit; & s'imagina que puis qu'il avoit accepté la Terre de Saint-Valeri, il vouloit tout de bon épouser la Maréchale. Sa jalousie en augmenta, de sorte que n'ayant point assés de biens pour égaler la liberalité de sa rivale, il luy prit envie de la surpasser, en acordant au Prince ce qu'elle avoit de plus cher. La grossesse qui suivit de bien prés sa faute, la rendit publique, & elle fut obligée ensuite de se retirer ᵃ de la Cour.

Le Prince également touché de dédain pour une Veuve, qui avoit prétendu acheter son aliance, ᵇ & pour une Fille qui l'avoit recherchée par une voye trop passionnée, negligea l'une & l'autre, pour épouser Françoise d'Orléans, Sœur du Duc de Longueville,

ᵃ *La Reyne la fit conduire par un de ses valets de Chambre nommé Gentil, au Convent des Cordelieres de la Ville d'Ausonne.*
ᵇ *Elle se maria ensuite, avec Geofroy de Camon, Seigneur de Fronsac.*

Princeffe fiére, & d'une vertu auftere, tant il mettoit de différence entre les qualités des perfonnes qu'il vouloit pour Femmes, & de celles qu'il ne recherchoit que pour Maîtreffes. Les cens mille livres que la Cour lui donna pour prefent de nôces, furent tirées d'un fonds de trois cens foixante mille livres, fur les Décimes alienées par l'Edit du mois de May 1563. fans laiffer au Clergé la faculté de rachat.

1563.

Parmi les Edits de Charles I X.

Mais l'amitié que la Régente témoignoit aux Calviniftes, n'empêcha pas la Maifon de Guife de pourfuivre en Juftice l'Amiral, en qualité de coupable de la mort du Duc de Guife. Comme il y avoit trop à craindre que l'affaire ne r'alumât la guerre civile, pour en permettre la décifion par les voyes ordinaires, fur la conteftation qui furvint entre les Calviniftes prétendans que la connoiffance en fût renvoyée au grand Confeil, & les Catoliques foûtenans qu'elle devoit apartenir au Parlement de Paris, comme Juge naturel des Pairs; le Roy fe la referva en fon Confeil: Et ce fut là l'expedient qu'inventa la Regente, pour fufpendre l'animofité des parties, jufques à ce qu'elle les eût difpofées à l'accommodement. Elle trouva enfuite le fecret de réunir les Calviniftes avec les Catoliques, en obligeant les uns & les autres de travailler à l'envy au recouvrement du Havre; & fi les Catoliques eurent l'honneur de commencer le Siege, les Calviniftes remporterent la gloire d'avoir agi dans les tranchées avec une vigueur ordinaire.

Le Maréchal de Briffac l'avoit formé par ordre de la Regente, & fa mauvaife intelligence avec ᵃ d'Eftrées, grand Maître de l'Artillerie, en avoit empéché le pro-

ᵃ Jean Seigneur d'Eftrées, en Artois, Chevalier de l'Ordre.

grés jufqu'à l'arrivée du Connêtable, qui fut le vingtiéme Juillet 1563. que d'Eſtrées luy découvrit le ſecret de forcer promtement la Place, en détournant l'eau du foſſé dans la mer qui étoit plus baſſe. Le travail ne ſe trouva pas ſi difficile dans l'execution qu'il avoit paru dans le projet ; & le Connêtable feignant d'eſtre touché du peril des Anglois aſſiégés, & de prendre ſoin de leur conſervation, leur fit offrir des conditions avantageuſes. Les Anglois repartirent, qu'ils étoient réſolus de s'enſevelir ſous les ruines de la Place : Et neanmoins pour répondre à la civilité du Connétable, le Comte de Varvic qui en étoit Gouverneur, bût à ſa ſanté. Durant ce petit régale, Laïgthon Capitaine Anglois reconnut Monneins Capitaine Calviniſte, avec lequel il avoit ſoûtenu le Siege de Roüen. Il lui témoigna de l'étonnement de le voir agir pour les Catoliques contre des gens de ſa Religion ; & Monneins luy repartit, que la querelle de la Religion ayant ceſſé par le Traité de Paix, les François s'étoient réünis contre les Etrangers qui en avoient voulu profiter. Les Anglois aprirent ainſi, qu'ils avoient ſur les bras toutes les forces d'un grand Royaume, & l'éprouverent incontinent aprés, par les efforts extraordinaires des Aſſiégeans, qui les contraignirent en moins de deux jours d'abandonner le Boulevard, les deux Tours du Quay, & la Paliſſade qui étoit derriere.

L'Ambaſſadeur d'Angleterre ſe mit alors inutilement en devoir d'écrire aux Aſſiégés, ſes Lettres furent interceptées ; on prit ſon Secretaire qui tâchoit d'entrer dans la Place, & l'on s'empara d'un petit Vaiſſeau chargé de quinze Gentilshommes Anglois, que le Gouverneur

LIVRE V.

verneur avoit voulu préserver du danger & de l'incommodité du Siége. L'assaut devoit estre donné le vingt-huitiéme, par le Maréchal de Montmorenci, à la tête de cinquante Gentilshommes François, suivis des Troupes de [a] Charri, de [b] Sarlaboux, de Richelieu, & du jeune Brissac, lors que les Assiégés le prévinrent par une capitulation d'autant plus avantageuse à la France, que la Flote d'Angleterre arriva le lendemain devant le Havre, si nombreuse, & si puissante, qu'elle eût dégagé les Assiégés, s'ils eussent esté en état de recevoir le secours qu'elle leur apportoit.

1563.

[a] *Jacques Seigneur de Chari.*
[b] *Carbeiran de Cordillac.*
[c] *François du Plessis Seigneur de Richelieu en Poitou.*

Mais quoy que le Prince de Condé n'eût presque point sorty de la tranchée, & eût autant contribué que les Chefs Catoliques, à l'avancement des travaux qui avoient réduit les assiégés à l'impossibilité d'atendre le secours d'Angleterre, la Regente en remporta seule l'honneur, & le profit, nonobstant qu'elle n'en eût point aproché de plus prés que Fêcam. La plûpart des François qui ne jugeoient des actions éclatantes, que par l'endroit qu'elles éblouïssoient, s'imaginerent que le succés du Havre devoit estre imputé à la prudence de cette Princesse, qui avoit conclu la Paix dans une conjoncture assés favorable, pour recouvrer sur les anciens ennemis du Royaume, ce qu'ils en avoient usurpé durant la guerre civile, par l'assistance de ceux-là mesmes qui les y avoient introduits. Son crédit en augmenta de sorte, qu'elle recueillit, pour ainsi dire, presque tout le debris du Triumvirat. Les amis du Maréchal de Saint André qui n'avoit point laissé de successeur, se donnerent entierement à elle, & leur exemple fut suivy par le grand nombre des Gentilshommes que le feu Duc de Guiſe avoit ſçû engager dans ſes intereſts.

Il eſt difficile de juger ſi l'abſcence du Cardinal de Lorraine, qui étoit à Trente, en fut la cauſe. Si cette Nobleſſe ſuppoſa mal à propos que le Fils aîné du Duc de Guiſe ne poſſederoit jamais les qualités inimitables de ſon pere, parce qu'il ſemble que les enfans des Heros ſont condamnés à vivre dans l'obſcurité ; ou ſi le beſoin préſent qu'elle avoit des graces de la Cour, l'obligea de s'atacher à la Régente, qu'elle en conſideroit comme la ſource, plûtôt qu'à un jeune Prince qui vray-ſemblablement ne demanderoit rien de long-tems pour autruy, puis qu'il venoit de recevoir pour luy toutes les Charges & tous les Gouvernemens dont ſon pere s'étoit trouvé revêtu en mourant : Mais il eſt certain que Montluc, quoy que le plus dévoüé des Gentilshommes de France, à la Maiſon de Guiſe, conſeilla au Capitaine Chari, ſon intime amy, de s'atacher directement à la Regente, afin de recevoir par une voye plus courte & plus certaine, les recompenſes dûës à ſon incomparable valeur.

Le Connêtable venoit auſſi de perdre la meilleure partie de ſes amis Catoliques, par une avanture d'autant plus afligeante, qu'il n'y avoit rien contribué. Le Maréchal ᵃ de Montmorency ſon Fils aîné, voyant le Prince de Condé prendre ſi hautement la protection de l'Amiral, lors que la Maiſon de Guiſe avoit demandé juſtice contre luy, avoit crû devoir prendre part à l'affaire, ſur ce que l'Amiral & luy, étoient enfans de la ᵇ Sœur, & du Frére. Il avoit demandé Audiance à leurs Majeſtés, & leur avoit déclaré en préſence de tou-

a *François de Montmorenci.*

b *Loüiſe de Montmorenci, ſœur du Connê-*

te la Cour, que dans les circonſtances où il ne s'agiroit, ny du ſervice du Roy, ny des intereſts de la Religion, il ſeroit toûjours preſt de ſe joindre à ſon Couſin germain, & de répandre pour luy juſqu'à la derniere goûte de ſon ſang. Ces paroles prononcées avec
trop de chaleur, dans un tems où l'Aſſemblée étoit
touchée de pitié, à la vûë de toute la Maiſon de Guiſe
en deüil, furent d'un préjudice irréparable à la Maiſon
de Montmorency, en ce que les Courtiſans ne pouvans
s'imaginer que le Maréchal ſe fût tant avancé en faveur de l'Amiral, s'il n'eût point eu d'autres liaiſons
avec luy que celles qui paroiſſoient, jugerent qu'il étoit
Calviniſte ſecret, & que la ſeule conſideration de ſon
Pere, l'empêchoit de ſe déclarer. D'où ils conclurent
qu'il leveroit le maſque auſſi-tôt que le Connêtable ſeroit mort, ce qui les obligeant à chercher une autre
protection, leur fit preſter l'oreille aux Emiſſaires de la
Regente. Leur inconſtance fut contagieuſe à la Ville
de Paris, qui avoit auparavant une affection ſingulie-
re pour le Maréchal ſon Gouverneur. La multitude de
Bourgeois dont elle eſt compoſée, paſſa en un moment
à ſon égard de l'excés de l'afection à l'excés de la haine,
& perdit pour luy le reſpect dont elle luy avoit donné
tant de marques, en s'accoûtumant à le regarder comme
l'ennemy de la Religion.

Ainſi la Regente par un bonheur ineſperé, dont elle
ne concevoit aſſés, ny les cauſes, ny l'étenduë, n'ayant
plus à craindre perſonne dans le Royaume, qui luy con-
teſtât le Gouvernement, crût que la conjoncture étoit
venuë d'executer deux deſſeins d'égale importance ; le
choix d'un Regiment d'Infanterie pour la garde du

1563.

table, & mariée avec Gaſpard de Coligni, Seigneur de Châtillon, Maréchal de France, étoit mere de l'Amiral.

Roy, & le retour du Chancelier de l'Hôpital, qui s'étoit retiré durant la guerre dans sa maison des champs, afin de ne pas donner d'ombrage au Triomvirat. Le Regiment fut composé des dix meilleures Enseignes des Troupes Catoliques, & Chari lui fut donné pour Mestre de Camp. Le Chancelier fut rétabli dans tous les Conseils, & sa reconnoissance parut dans le premier avis qu'il donna à la Reine. Il luy representa que l'occasion dont elle venoit de profiter, ne dureroit pas longtems, & qu'elle changeroit aussi-tôt que le Prince de Condé, la Maison de Guise, & le Connêtable se feroient mis en devoir de réparer les fautes qui les éloignoient du Gouvernement : Que sa Majesté n'auroit plus de prétexte qui la dispensât d'executer la parole qu'elle avoit donnée ; lors que le Prince revenu de ses amouretes, la sommeroit de le mettre en la place du feu Roy de Navarre : Que le Cardinal de Lorraine au retour de Trente, r'alieroit les amis, & rétabliroit les intelligences de sa Maison, que la mort de son Frere avoit dissipées ; & qu'il y trouveroit d'autant plus de facilité, que son Neveu promettoit beaucoup ; & que ce jeune Prince possédant les biens, les Charges, & les Gouvernemens de son Pere, en obtiendroit bien-tôt le crédit: Que le Maréchal de Montmorency n'estoit point Calviniste, & que par conséquent, ceux qui se l'étoient imaginé, seroient bien-tôt désabusés : Que si le Connêtable le croyoit d'une autre Religion que la sienne, il le déshériteroit sans remission ; & qu'en tout cas, son Mariage avec Diane legitimée de France, étoit sterile ; & que l'aversion de Damville son Frere, pour le Calvinisme, reconcilieroit avec la Maison de Montmoren-

LIVRE V. 429

cy les amis que l'imprudence du Maréchal en avoit aliénés : Que l'unique moyen de prévenir tant d'inconveniens également infaillibles, & d'angereux, étoit d'ôter tout d'un coup au Prince, à la Mison de Guise, & au Connêtable, l'esperance du Gouvernement, & de le réünir désormais en sa personne, sous le nom du Roy, en renouvellant la constitution du Roy Charles V. qui déclaroit majeurs les Rois de France à quatorze ans.

1563.

Dans le conseil du Chancelier à la Régente.

L'avis étoit si utile à la Régente, qu'elle l'aprouva sans déliberer ; toute la difficulté qui s'y trouva, fut dans l'execution, en ce que le Roy pour premier acte de sa Majorité devoit confirmer la Paix concluë avec les Calvinistes ; à quoy il y avoit d'autant plus d'apparence, que le Parlement de Paris ne consentiroit jamais ; que nonobstant ses Lettres de Jussion dont on avoit usé pour obliger la Compagnie à verifier l'Edit, qui contenoit les Articles les plus importans du Traité, elle n'avoit pas laissé de faire écrire sur les Registres, qu'elle n'approuvoit l'Edit que jusqu'à la Majorité du Roy. Cependant il n'y avoit point d'autre lieu que le Parlement de Paris, où le Roy pût avec bienséance estre déclaré Majeur, puis que ç'avoit été dans ce Parlement que la constitution du Roy Charles V. avoit été [a] publiée, & que dans le tems qu'elle se fit, il étoit le premier Parlement de [b] France.

[a] *le 21. May 1375.*
[b] *Celui de Toulouse qui est le second, n'ayant été érigé par le Roy Philippe le Bel, que l'an 1302.*

Le Conseil chercha long-tems les expediens propres à contenter la Cour, sans irriter le Parlement, & n'en trouvant aucun, ce fut plus par necessité que par desir de donner ateinte aux Privileges de la Compagnie, que la Declaration de la Majorité se fit au Parlement de

H h h iij

1563. Roüen. Le Roy y tint son lit de Justice le dix-septiéme Aoust mil cinq cens soixante-trois & commença la Ceremonie par un discours assés long, qu'il prononça avec une éloquence, & une gravité extraordinaire aux personnes de son âge. Il remercia Dieu de trois graces singulieres ; la premiere, d'avoir terminé la guerre civile ; la seconde, d'avoir recouvré le Havre, & la troisiéme, d'estre parvenu à l'âge marqué par le plus sage de ses predecesseurs, aux Rois tres Chrétiens, pour sortir de Tutéle. Il ajoûta qu'on s'étoit dispensé en plusieurs rencontres durant sa Minorité, d'obéyr à la Reine sa mere, & qu'il pardonnoit le passé ; mais que l'on ne continuât pas, si on ne vouloit éprouver la rigueur de sa Justice : Qu'il prétendoit maintenir la Paix dans son Royaume, & faire par consequent observer le dernier Edit avec toute l'exactitude imaginable, jusqu'à ce que le Concile de Trente eût décidé les matieres contestées sur le fait de la Religion ; & que cependant, il défendoit de porter les armes, & de traiter avec les Etrangers sans permission. Il parla contre ceux qui de leur autorité s'ingéroient de faire des levées d'hommes, & d'argent, & conclut, en exhortant les Juges de s'aquiter de leurs Charges avec tant d'intégrité, que les particuliers n'eussent rien à craindre dans les conditions qu'ils avoient choisies.

Le Chancelier s'étendit sur l'importance du recouvrement du Havre, & la représenta d'autant plus grande, que la France en la faisant, s'étoit maintenuë dans la possession de Calais. Il dévelopa ce mistere politique, en rapportant l'article de Paix concluë à Câteau-Cambresis, qui contenoit en termes exprés, Que la

France reſtituëroit Calais, ou dédommageroit l'Angleterre en ce point : ſurquoy la Reine Eliſabeth preſſée de ſe déclarer ſur l'alternative, avoit répondu qu'elle demandoit la reſtitution pure & ſimple de Calais, & qu'elle ne pouvoit rien accepter en échange. La France de ſon côté, s'étoit obſtinée à retenir la Place, & tout le temperament que les Mediateurs avoient pû y apporter, s'étoit reduit à faire ſigner aux deux Parties, que la France garderoit Calais huit ans, & ſeroit obligée au bout de ce terme, de le reſtituer de bonne foy aux Anglois, pourvû qu'ils ne recommençaſſent pas la guerre durant les huit années : car en ce cas, ils perdroient entierement leur droit ſur Calais, & la France ne ſeroit plus jamais tenuë de s'en déſaiſir; que le déſir de s'emparer du Havre avoit excité les Anglois à violer ce Traité, & qu'ils en avoient eſté juſtement punis, par la perte de leur pretention ſur la Ville du Royaume qu'ils avoient la plus long-tems poſſedée.

Le Chancelier, aprés avoir redoublé l'atention de ſes Auditeurs, en ſatisfaiſant ainſi leur curioſité, ajoûta que la prudence des Fondateurs de la Monarchie Françoiſe étoit principalement admirable en deux points; l'un, d'avoir évité toutes les ſeditions qui troubloient le repos des autres couronnes Chrétiennes dans le changement de leurs Rois, en ôtant non ſeulement l'effet, mais encore l'ombre de l'interregne par la fameuſe Loy que le Roy mort, ſaiſit le vif; l'autre, d'avoir abregé autant qu'il étoit poſſible humainement, le tems de l'adminiſtration Souveraine en des mains étrangeres, en déclarant les Rois Majeurs à quatorze ans commencés. Il felicita le Roy de s'eſtre voulu charger du poids

1563.

des afaires, dans un âge que les autres Princes emploient aux divertissemens; il l'exhorta de persévérer dans un si généreux dessein; il luy remontra l'estime qu'il devoit faire, & le soulagement qu'il pouvoit tirer des conseils de la Reyne sa Mere, & luy propose la confirmation de l'Edit de Paix pour l'action la plus importante de celles par où il estoit à propos de commencer son Regne.

La Regente, aprés sa harangue, se dêmit du Gouvernement, & décendant de son Trône, alla pour se mettre à genoux devant celuy de son Fils, qui la prévint, l'embrassa, & luy dit qu'il ne recevoit sa démission, qu'à dessein de partager avec elle l'autorité Souveraine.

Ensuite les Grands du Roïaume rendirent leurs soûmissions au Roy, dans cét ordre. Le Duc a d'Anjou; le Prince de b Navarre, que sa Mere avoit envoyé exprés à la Cour pour assister à cette Cérémonie; le Cardinal c de Bourbon, le Prince de d Condé, le Duc de e Montpensier, le Prince f Dauphin, & le Prince g de la Roche-Sur-Yon; les Cardinaux de h Châtillon & de i Guise, le Duc de k Longueville, le l Connestable, le m Chancelier, les Maréchaux de n Brissac de o Montmorency & de p Bourdillon, & le Grand Ecuyer q de Boisi.

Mais on aperçût incontinent aprés, que le Roy n'avoit pas beaucoup avancé, en ce faisant déclarer Majeur au Parlement de Roüen, parce qu'on ne le reconnoissoit en cette qualité, que dans la Province de Normandie, & que les autres Parlemens demeuroient en suspens, dans l'attente de ce que feroit celuy de Paris,

a *depuis le Roy Henry 2.*
b *Henry*
c *Charles*
d *Loüis*
e *Loüis de Bourbon.*
f *François de Bourbon.*
g *Charles de Bourbon.*
h *Odet de Coligny.*
i *Loüis de Lorraine.*
k *Leonor d'Orleans.*
l *Anne Duc de Montmorency.*
m *Michel de l'Hôpital.*
n *Charles de Cossé.*
o *François de Montmorency.*
p *Imbert de la Platierre.*
q *Claude Gouffier Marquis de Boisi, Duc de Roüannés Grand Ecuier de France.*

Paris, dont l'exemple feroit d'autant plus facilement suivy, que sa jurisdiction s'étendoit sur plus de la moitié du Royaume. Il le faloit donc disposer à vérifier l'Edit du Parlement de Roüen sur la Majorité; & comme la négociation estoit tout à fait délicate, & que l'Evêque de Valence n'y estoit pas propre, à cause qu'on le soupçonnoit d'héréfie, la Reyne jetta les yeux sur Loüis de Saint Gelais, Seigneur de Lansac, le plus adroit, & le plus expérimenté de tous les Courtisans aprés l'Evêque. Lansac trouva le Parlement de Paris extraordinairement irrité de ce qu'on venoit de luy faire la plus sensible injure qu'il estoit capable de recevoir; & il n'y avoit personne dans la Compagnie qui ne conçût l'afront aussi grand pour le moins qu'il estoit : Car encore que les Rois précédens l'eussent beaucoup afoibly en establissant d'autres Parlemens dans le Royaume, il avoit neanmoins eu juste sujet de se consoler, en ce que toutes les actions éclatantes où les Rois faisoient une montre extraordinaire de leur pouvoir, luy avoient toûjours esté reservées jusques à present; où il sembloit que l'on eût afecté de luy ôter ce qui luy estoit demeuré des Etats Géneraux, en découvrant à toute l'Europe le secret de sa honte, qui consistoit en ce que le Roy pouvoit estre declaré Majeur dans un autre Parlement.

1563.

Et de fait, quelques créatures que la Reine eût eu soin d'aquerir depuis long-tems dans ce Corps, l'interest de la Compagnie l'emporta dans tous les esprits, sur le desir de plaire à la Cour, & le refus qu'on fit d'aprouver ce qui s'estoit passé à Roüen, fut acompagné de Remontrances fondées sur trois choses : La premiere, que le Parlement de Roüen n'eſtoit point la Cour des Pairs, & ne repreſentoit point les trois Etats: le ſecond, que l'Edit verifié à Roüen, ſembloit autoriſer deux Religions en France, contre une des maximes fondamentales de la Monarchie; & le troiſiéme, que les Pariſiens eſtoient compris auſſi bien que les autres peuples, dans la défenſe de porter les armes, quoy qu'ils en euſſent abſolument beſoin, pour éviter de tomber entre les mains des Calviniſtes, qui avoient tant de fois eſſayé de les ſurprendre, afin de perſuader à toute l'Europe qu'ils eſtoient les plus forts en France, puis qu'ils en tenoient la Ville capitale.

Le Roy répondit aux Deputés, que comme ſon Parlement de Paris s'eſtoit aquité de la premiere partie de ſon devoir; en faiſant des remontrances, il devoit acomplir la ſeconde, par une entiere, & prompte obeïſſance: Que ſa Majeſté n'avoit point d'égard à ce qu'on venoit de luy repreſenter; qu'il avoit eſté en ſa diſpoſition de choiſir le lieu où Elle vouloit declarer ſa Majorité; que la neceſſité de ſes afaires luy avoit arraché les Privileges acordés, ou pour mieux dire, confirmés aux Calviniſtes, qu'Elle n'avoit rien fait en cela, que par l'avis de la Reine, du Conſeil d'Etat, des Princes de ſon Sang, & des Oficiers de ſa Couronne, & qu'encore qu'Elle ne fût pas plus obligée de rendre compte de ſes actions à ſes Sujets, qu'aux Etrangers, Elle en vouloit neanmoins donner la ſatisfaction au premier de ſes Parlemens. Le Roy en achevant ſes mots, apella les perſonnes qu'il venoit de nommer, & leur demanda s'il n'eſtoit pas vray qu'il avoit agy ſelon leur ſentiment. Le Cardinal de Bourbon répartit au nom de tous, que Sa Majefté leur avoit fait cét honneur; & le Roy prenant alors un vifage, & un ton de voix plus fevére, dit qu'il n'entendoit pas d'eftre traité comme on avoit fait la Regente durant fa Minorité, ny que le Parlement de Paris fe mêlaft plus long-tems des afaires dont la connoiffance ne luy apartenoit pas; que fes prédéceffeurs l'avoient eftably pour juger felon les Ordonnances, les procés des particuliers, & qu'ils s'eftoient refervés, ou à leur Confeil, les matiere d'Etat : Qu'il eftoit ridicule de prétendre eftre le fuport de la Monarchie, le Tuteur des Rois, & le Gardien de Paris, & qu'il travaillât de bonne heure à fe guérir de cette préfomption, s'il n'aimoit mieux reffentir les remédes violens dont on feroit contraint d'ufer pour le ranger à fon devoir.

Il n'en falut pas d'avantage pour obliger le Parlement de Paris à la vérification de l'Edit, & le Chancelier pour fignaler fon retour dans les afaires, fut l'auteur de fix Ordonnances.

La premiare, regardoit le repos des Familles, en maintenant les Contracts, quoy qu'il y eût léfion de plus de la moitié du jufte prix. La feconde, créoit Saint Julien, Grand Maiftre des Miniéres de France, & réfervoit au Roy la dixiéme partie du fruit qui s'en tireroit, quoy que le fond n'apartint pas à fa Majefté. La troifiéme, défendoit d'imprimer des Livres nouveaux fans aprobation. La quatriéme, exemtoit les Curés des Charges publiques, & du logement des Soldats. La cinquiéme, eftabliffoit à Paris des Juges Confuls pour les Marchands ; & la derniere, régloit les Confignations. Le Chancelier avoit deffein d'aller plus avant,

1563.

& de travailler à l'entiere réformation de la Justice, mais il en fut détourné par une querelle de Cour, qui fut sur le point de r'alumer la guerre civile.

La Charge de Colonel de l'Infanterie Françoise n'avoit commencé que sous le Regne de François premier, & de ᵃ Tais Gentilhomme signalé dans les guerres de Piémont, en avoit esté le premier pourvû par son mérite : Elle estoit peu considerable dans son origine, mais il luy estoit arrivé ce que les sçavans dans l'Histoire de France ont observé à l'égard des plus importantes dignités de la Couronne, tant de celles qui ont esté suprimées, que de celles qui subsistent encore; c'est à dire que le pouvoir des Colonels s'estoit augmenté à proportion qu'ils avoient eu de faveur. Ainsi le Connestable de Montmorency tout puissant sous le regne de Henry second, ayant obtenu cette Charge pour de Châtillon qu'il aimoit plus que ses Enfans propres, en fit étendre l'autorité, & l'on verra sous le regne Henry III. que le Duc ᵇ d'Epernon favory de ce Monarque, l'ayant achetée de Philippe Sraozzi, l'augmenta, de sorte qu'elle devint la plus belle de la Couronne. L'Amiral ne l'avoit prise que pour la conserver à son Frere d'Anlot, qui par ce moyen épousa l'héritiere de la Maison ᶜ de Laval. Le Calvinismn avoit passé par ce canal, dans l'Infanterie Françoise ; & cela sufisoit à l'estat present des afaires de la Reine, qui n'avoit plus à craindre le Triumvirat, pour la porter à diminüer autant qu'elle pourroit, l'autorité de Colonel.

Et de fait, on avoit dit à l'oreille à Charri, en luy donnant ses Provisions de Mestre de Camp du Regiment des Gardes, qu'on n'entendoit pas qu'il dépendît

ᵃ *Iean Seigneur de Tais en Taimine.*

ᵇ *Iean Loüis de Nogaret la Valette.*

ᶜ *Claude de Rieu Comtesse de Laval.*

de d'Andelot; & ce peu de paroles conformes à l'humeur qui prédominoit en Charri: l'animérent, de forte qu'il ne voulut recevoir aucun ordre de d'Andelot; & que de plus, il afecta de le témoigner aux conrtifans, & aux Soldats; d'Andelot le moins endurant, & le plus fier des hommes, eût porté d'abord l'afaire à l'extrémité, s'il n'eût esté retenu par l'Amiral qui luy perfuada de s'en plaindre au Roy. Les raifons de part & d'autre furent examinées en prefence de la Reine; & celles de Charri fe réduifoient à la nouveauté de la Charge : aux fonctions extraordinaires qu'il luy eftoient atribuées à la perfonne du Roy, qu'elle regardoit d'une façon toute particuliere, & à la néceffité qui luy eftoit impofée, pour s'en aquiter dignement, de ne prefter ferment qu'à fa Majefté : d'Andelot foûtenoit au contraire, que toute l'Infenterie Françoife ayant efté foûmife à fa Charge, le mot de *Toute* devoit s'entendre, non feulement de celle qui eftoit fur pié, lors que fa Charge fut créée, mais encore de celle qui feroit levée à l'avenir, de quelque Nation, ou pour quelque caufe que ce fût. Il le pouvoit par l'exemple du Conneftable, qui n'avoit commandé au commencement que les Soldats François, & depuis avoit eftendu fon pouvoir fur toutes les Nations que les divers intérefts avoient atirées dans les Armées Royales, & fur toutes les Charges militaires créés enfuite, fans en excepter celle de Colonel de l'Infanterie. Le Confeil s'eftoit partagé fur les raifons d'Andelot, & de Charri; & la queftion eftoit demeurée indécife.

On ne doute point que d'Andelot n'eût penfé dé-lors à fe défaire de Charri ; mais il eft à croire que

1563. c'eut efté par la voye du duel : & la conjecture en eft fondée, fur ce que d'Andelot rencontrant peu de jours aprés fon ennemy, fur l'efcalier du Louvre, le tâta fous le manteau, pour fçavoir s'il eftoit armé, & ne luy trouva que fon pourpoint, & fa chemife. Mais Charri prit cette liberté pour un afront : Il en fit un gran bruit dans la Sale : Il s'en plaignit au Roy : Il foûtint, qu'en qualité de Chef de la Garde de fa Majefté, il pouvoit entrer dans le Louvre, armé, ou defarmé, comme il luy plairoit, fans que perfonne eût droit de le vifiter : Et comme il avoit raifon dans le fonds, la Reine ne pût fe difpenfer d'en faire une efpéce de correction à d'Andelot. Mais le remede irrita le mal, au lieu de le guerir, parce que d'Andelot ayant conclû du difcours de la Reine, qu'elle entendoit que Charri fût indépendant, & qu'il n'y avoit point de fureté à luy faire un apel, il réfolut de s'en défaire par un affaffinat ; comme l'écrivent les Catoliques, ou donna feulement des marques de reffentiment, qui porterent fes amis à commettre le meurtre, à deffein de l'obliger, fuivant les rélations des Calviniftes.

Les Châtillons avoient engagé dans leurs intérefts, Châtelier-Portaut, Gentilhomme de Poitou, qui s'étoit trouvé fous le Regne de Henry fecond, au Siege de la Mirandole, & Charri avoit tué fon Frere aîné en düel. Il s'eftoit plaint qu'il y avoit eu de la fupercherie, & que Charri avoit donné le coup mortel à fon Frere, avant qu'ils fuffent arrivés fur le pré : Mais Charri avoit juftifié qu'il s'eftoit batu dans les formes, & Lanfac Lieutenant de Roy dans la Mirandole, en avoit rendu témoignage. Il fembloit même, que le

LIVRE V.

jeune Châtelier en fût demeuré convaincu, parce que depuis il avoit mangé fouvent avec Charri, à la table de Soubife, & continué de vivre avec luy dans la familiarité qu'ils avoient enfemble avant l'apel. Mais foit qu'il eût feulement diferé de fe vanger, jufques à ce qu'il en trouveroit l'ocafion fans rien hazarder, ou que d'Andelot eût r'alumé dans l'ame de ce Gentilhomme, une paffion efteinte ; en luy témoignant le plaifir qu'il luy feroit de la fatisfaire ; Châtelier prit des mefures affés juftes pour ôter la vie à Charri, & pour fe retirer enfuite, avant que la Cour en fût avertie. Il fuborna treize affaffins ; & fi l'Hiftoire n'eftoit obligée de dire la verité fans diftinction, & fans referve, il fembleroit qu'elle dût cacher à la pofterité, que le brave Mouvans fut de ce nombre, puis qu'il corrompit par ce trait de lâche complaifance pour Châtelier, ou pour d'Andelot, la gloire qu'il avoit aquife par tant d'actions fignalées durant la premiere Guerre civile. Il y eut encore entre les meurtriers, un Soldat nommé Conftantin, qui paffoit pour le plus jufte Arquebufier du Royaume.

Le lieu deftiné pour l'affaffinat, fut le bout du Pont Saint Michel, parce qu'il eftoit proche de la ruë de la Huchette, où Charri logeoit : Qu'il paffoit par là, pour aller au Louvre ; & que les meurtriers auroient la commodité de fe fauver par le Quay des Auguftins, & le tems fut un jour de Fefte, afin qu'il ne fe trouvât point de Sergent dans la Barriere prochaine.

Charri n'y fut pas plûtôt arrivé avec le Capitaine la Tourette : & un autre dont on ne fçait pas le nom qu'il vit fortir de la boutique d'un Armurier, Châtelier

1563.

avec ſes complices qui l'environnérent, & le tuérent avec les deux perſonnes qui l'acompagnoient. On obſervera que Châtelier aprés luy avoir enfoncé l'épée juſqu'aux gardes, la tourna pluſieurs fois afin d'eſtre plus aſſuré de ſon coup. Les meurtriers ſe ſauvérent immediatement aprés par le Quay des Auguſtins, dans le Faux-bourg Saint Germain, où ils trouverent des chevaux qui les atendoient. Ils evitérent ainſi les pourſuites de la Juſtice, mais non pas la vangeance Divine, dont les mains ſont plus longues ſans comparaiſon, que celles des Rois. Châtelier fait priſonnier à la Bataille de Jarnac, fut tué de ſang froid par un amy de Charri, qui le reconnut. Mouvans, aprés avoir eſté défait en Périgord par le jeune Briſſac, ſe caſſa de déſeſpoir, la teſte contre un arbre. Conſtantin fut aſſaſſiné à ſon tour; & les onze autres périrent de mort violente.

La Reine ſe promenoit avec l'Amiral, & avec d'Andelot, dans la Salle haute du Louvre, lors qu'on luy porta la nouvelle du meurtre de Charri. Il ne luy fut pas difficile de ſoupçonner qu'ils en eſtoient les auteurs, parce qu'elle ſçavoit la liaiſon de Chatelier avec eux, & que Conſtantin eſtoit à leurs gages: mais il luy fut impoſſible de remarquer aucune altération ſur le viſage de l'Amiral, quoy qu'il y eût lieu de croire que l'ection n'avoit point eſté entrepriſe ſans ſon ordre, ou du moins qu'elle n'avoit point eſté executée ſans ſa participation: d'Andelot ne pût cacher l'émotion dont il fut ſaiſi, quelque artifice dont il uſaſt; ce qui luy fit inventer un menſonge, pour s'ôter de la préſence de la Reine. Il luy dit, Madame, Conſtantin eſt entré
icy

ici avec moi, & il n'y a qu'un moment qu'il y étoit encore. Il le chercha des yeux dans la Salle, & ne le trouvant point, il conclut qu'il étoit dans l'Antichambre, où ils alla pour se reposer, & pour rétablir le calme dans sa personne.

La Reine usa à son tour d'une dissimulation aussi profonde qu'étoit celle de l'Amiral. Elle ne se contenta pas de regarder l'assassinat de Charri, parce qu'il y avoit d'insolent & de téméraire, elle pénétra plus avant; & faisant réfléxion que les Châtillons, aprés s'être défaits du Duc de Guise, au milieu de l'Armée Royale, & du Chef de la Garde du Roy, en plaine Paix, presque à sa vûë, & sans autre motif que le refus qu'il faisoit de recevoir les Ordres d'Adelot, seroient peut-être assés hardis pour commettre les plus grands crimes, s'ils en esperoient tirer de l'avantage. Cette pensée la fit craindre pour sa propre vie, & changea en un moment l'inclination qu'elle avoit conservée pour la Maison de Châtillon, au plus fort de la guerre, en celle de la perdre, ou pour le moins de l'abaisser. Elle entra, à l'égard des trois Fréres, dans une passion mêlée de dépit, de douleur, d'indignation, de timidité & de vangeance; & en atendant que sa bonne fortune la délivrât, de ce nouveau Triumvirat, qui ne luy étoit pas moins redoutable que le précédent, elle suivit le conseil que le proverbe Italien donne aux personnes convaincuës de leur propre foiblesse, & renferma dans elle-même tout son ressentiment. Elle porta même sa prévoyance dans l'avenir, & jugeant que si elle mettoit un François à la place de Charri, elle l'exposeroit à perir par la même voye, elle jetta les yeux sur Philippe Strozzi, Fils [a] de son

1563.

[a] *Pierre Strozzi Maréchal de*

1563.

France, dont la mère Clarice de Médicis étoit sœur de Laurent de Médicis pere de la Reine Caterine.

Cousin germain, & né comme elle à Florence. C'étoit un Seigneur, âgé seulement de vingt-deux ans, qui ne manquoit d'aucunes des qualités necessaires pour se maintenir dans une dignité enviée, & qui plioit son genie jusques au point de s'accommoder à toutes sortes d'humeurs & d'intérests. La Reine supposoit qu'il prendroit des mesures avec les Châtillons, & qu'il augmenteroit l'union qu'ils avoient déja contractée avec luy. Elle étoit si grande, qu'il avoit été sur le point de s'engager avec eux dans les guerres civiles, & la seule crainte d'irriter la Reine, l'en avoit détourné.

Mais la pierre de touche pour éprouver si l'amitié est indissoluble entre les hommes, consiste à les commettre sur la délicatesse du point d'honneur. La Reine se trompa dans sa conjecture ; & Strozzi n'eût pas plûtôt prêté le serment de sa nouvelle dignité, qu'il ne voulut non plus que son prédécesseur, recevoir les ordres d'Andelot. Il fut néanmoins plus secret, ou plus heureux ; & la précaution qu'il eut de se faire accompagner indispensablement à l'Italienne, par tout ce qu'il avoit de gens, luy réüssit de sorte, que si l'on entreprit sur sa personne, ce fut toûjours en vain : outre que la joye qu'eurent les Châtillons de voir mourir le seul Capitaine qu'ils apréhendoient dans le parti Catolique, r'alentit peut être leur humeur sanguinaire.

a Charles de Cossé.

Le Maréchal [a] de Brissac mourut peu de jours aprés de la goute, âgé de cinquante-cinq ans ; & on luy fit une Eloge digne de sa valeur, en avoüant qu'il étoit le seul Capitaine que la France pouvoit comparer avec les anciens Généraux d'Armée, Grecs, & Romains.

Mais les Catoliques eurent à leur tour la satisfaction d'aprendre que les Calvinistes avoient travaillé en vain avec les Lutériens, à la dissipation du Concile de Trente. La France y avoit envoyé une Ambassade qui ne pouvoir estre plus considérable par le merite, & par la sufisance des personnes. Loüis de Saint Gelais, Seigneur de Lansac, en étoit le Chef, & on luy avoit donné pour Colegues, deux des plus fameux Hommes de la Robe, a du Ferrier, & b Pibrac.

1563.

a *Arnaud du Ferrier, Président aux Enquestes.*
b *Gui du Faur, Seigneur de Pibrac.*
c *Alfonse d'Avalos.*

Le Marquis c de Pescaire, Ambassadeur du Roy Catolique, qui n'avoit pas encore pris toutes ses mesures pour leur disputer la préséance, étoit sorty de Trente quelques jours auparavant, sous prétexte que les Calvinistes de Daufiné, qui diféroient de poser les armes, avoient dessein sur le Milanés, dont il étoit Gouverneur; mais en effet, pour donner loisir à son Maître, de préparer les intrigues que l'on verra bien tôt éclater. Aprés que les Ambassadeurs du Roy, eurent présenté leurs Lettres de Créance, Pibrac fit une Harangue qui ne pouvoit estre plus animée, ny plus conforme à la matiére dont il s'agissoit. Il soûtint que l'abus étoit presque également déplorable, de ceux qui vouloient renouveler entiérement l'ancienne Discipline, & de ceux qui prétendoient au contraire, que l'on ne touchât point à celle qui étoit en usage, parce que les uns & les autres n'avoient d'égard, ny à la condition des tems, ny à l'utilité publique: Qu'il faloit de bonne foy imputer à ces deux manquemens, le peu de fruit qu'avoit tiré la Religion Chrétienne de la plûpart des Conciles convoqués dans les derniers siécles; & que celuy de Trente n'auroit point de succés plus favorable, si en

Kkk ij

1563.

retenant l'ancienne Créance dans toute son étenduë, on n'usoit de quelque sorte de condécendance, & de relâchement pour la Discipline. Il passa ensuite à un autre défaut plus grand que les précédens, & d'autant plus inévitable, que les Puissances temporelles & spirituelles y contribuoient à l'envi ; c'estoit la liberté des suffrages que les méchans retranchoient hardiment, & que les bons ne faisoient aucun scrupule de diminüer: Qu'il y avoit des Prélats assés indignes de leur caractére, pour opiner au gré d'autruy par des considérations purement humaines : Que les Conciles précédens avoient fait tort à celuy-cy ; & que pour empêcher que l'on n'en conçût la même opinion, il étoit necessaire de desabuser les esprits, en permettant à tout le monde de dire impunément son avis, en ôtant les suplices du fer, & du feu, si contraires aux veritables maximes du Cristianisme ; en ne violant ny la foy publique, ny la particuliere, sous pretexte qu'on étoit dispensé de l'observer à l'égard des Hérétiques, & en n'atendant le Saint Esprit d'aucun autre lieu que du Ciel : Que l'Assemblée où il avoit l'honneur de parler, n'étoit point le Concile commencé à contre-tems sous Paul III. & continüé sous Jules III. durant les agitations de la guerre entre les Fidéles ; mais un Sinode nouveau, libre, pacifique, légitime, convoqué selon l'ancien usage du consentement de tous les Princes, & de toutes les Républiques Chrétiennes ; où l'Allemagne couroit, comme au reméde qu'elle désiroit depuis tant d'années, & meneroit avec elle les auteurs des nouvelles disputes, qui étoient constamment des plus habiles hommes qu'elle eût.

Il conclut en offrant en ce cas, la médiation & les offices du Roy son Maître; & les Prélats qui ne s'atendoient point à une Harangue si forte, mais seulement à un simple compliment, donnérent par leur silence, des marques d'une surprise extraordinaire. Leur Promoteur ne lisant pas, comme il avoit accoûtumé, sur leurs visages, ce qu'il avoit à répondre, demeura interdit, & la Congrégation se sépara de cette sorte.

Le lendemain les Ambassadeurs demandérent une Audience particuliere aux Légats du Concile, & l'obtinrent. Ils rejetérent le retardement des Evêques François, sur les troubles de leurs Diocéses, & promirent neanmoins qu'ils arriveroient bien-tôt. Ils prétendirent ensuite que les Calvinistes de France ne pouvoient estre guéris des soupçons qu'ils avoient conçûs de la continüation du Concile, & en demandérent un nouveau. Ils ajoûtérent que les Lutériens d'Alemagne étoient de même sentiment: Que l'Ambassadeur de France, & celuy de l'Empereur à Rome, étoient allés ensemble trouver le Pape, & avoient remontré la nécessité d'user de cette indulgence, pour réünir à la communion de l'Eglise, ceux qui s'en étoient separés: Que sa Sainteté avoit répondu, qu'il ne luy importoit pas que l'Assemblée de Trente passât pour un nouveau Concile, ou pour une simple continüation du précédent; & que les seules Couronnes de France, & d'Espagne y avoient interest; la France, parce que ses Prélats n'y avoient pas assisté; l'Espagne, par la raison contraire; Que l'Empereur, & le Roy Trés Crétien s'adressassent à la nouvelle Assemblée, & que comme il étoit indifferent au S. Siége, qu'elle se déclarât ancienne, ou nouvelle, il ratifieroit ce qu'elle décideroit. Sur quoy les Ambaſſadeurs de France demandérent une déclaration nette, & poſitive de la nouveauté du Concile, & par conſequent une révocation ſincére de ces paroles ambiguës dans la Bulle, *Nous le convoquons en le continüant, & nous le continüons en le convoquant*, comme indignes du Chef de l'Egliſe, & comme renfermant en elles-mêmes une entiére contradiction : outre que l'Egliſe de France n'avoit point reçû les Décrets déja faits à Trente, que la Cour de Rome même n'y avoit aucun égard, & que le Roy Henri II. avoit proteſté au contraire.

Les Légats répondirent en termes généraux, que le Concile prononceroit ſur cet article, ce qu'il ne fit pas néanmoins, les Ambaſſadeurs de France s'étant eux-mêmes déportés de leur ſolicitation, ſur l'avis qui leur fut donné que les Légats s'étoient engagés de parole avec les Eſpagnols ; & que ſi le Concile examinoit le point qu'ils propoſoient, il le reſoudroit en faveur de la continüation.

Le Promoteur répondit le lendemain, à la Harangue de Pibrac, par un diſcours dont les trois Ambaſſadeurs furent peu ſatisfaits. Il leur dit, que l'Aſſemblée avoit reçû de bonne part leur avis, quoy quelle le jugeât inutile ; & qu'elle aimoit mieux l'atribuer à une ſincérité toute Françoiſe, qui n'eſtoit pas de ſaiſon, que d'eſtre forcée d'y répondre en des termes plus aigres qui ne permettoit la douceur Chrétienne, dont elle faiſoit profeſſion. Il ajoûta, que pour diſſiper la vaine terreur des Ambaſſadeurs, on vouloit bien leur dire par avance, que le Concile n'auroit point d'égard à la puissance séculiére de qui que ce fût, lors qu'il s'agiroit de maintenir son autorité ; & que s'il promettoit au Roy Trés-Chrêtien ce qui dépendoit de luy pour la conservation de sa Couronne, c'étoit à condition que sa Majesté n'exigeroit rien qui blessât tant soit peu la pureté de la Foy.

1563.

Le Promoteur ne répartit pas avec tant d'aigreur à l'Ambassadeur de Baviéres, quoy que sa Harangue eût été conçûë en des termes aussi libres que celle de Pibrac : Et les Ambassadeurs de France, aprés avoir pris leurs mesures avec celui de l'Empereur, demandérent aussi bien que luy, la Communion sous les deux espéces. Le Concile l'eût accordée, s'il eût crû qu'ils se fussent contentés de la satisfaction qu'on leur donneroit en cét article : Mais l'avis qu'il eut que la résolution étoit prise entre ces Ministres, de solliciter, aussi tôt aprés avoir obtenu le Calice ; les Prieres, la Messe, & l'Administration des Sacremens en Langue vulgaire, le Mariage des Prêtres, & le retranchement des Images des Saints, fit juger qu'il valoit mieux refuser d'abord les Ambassadeurs, que de les encourager par la moindre condécendance, à faire de nouvelles instances.

En effet, on eut depuis si peu d'égard à ce qu'ils proposérent, que Pibrac ennuyé de demeurer inutile à Trente, obtint la permission de retourner en France ; & les deux autres se consolérent dans l'atente du Cardinal de Lorraine, & des Evéques de France, qui n'arriverent neanmoins à Trente, qu'à la fin de Novembre 1563. Ils accompagnerent ce Cardinal à la premiere visite qu'il rendit aux Légats ; & la satisfaction qu'ils reçûrent du discours qu'il fit, leur fut commune avec tous ceux qui l'oüirent. Il ne se perdit aucune des paroles qu'il prononça, & jamais homme ne répondit mieux d'abord, à la grande espérance que les gens de bien avoient conçûë de sa fermeté. Il soûtint que le Concile ne devoit point avoir d'autre but que de réünir à l'Eglise, les Lutériens, & les Calvinistes ; & il ajoûta, qu'après avoir conferé avec les uns & les autres, il avoit trouvé que l'unique moyen d'arriver à cette importante fin, consistoit à reformer les abus : Que le Concile ne trouveroit jamais de meilleure occasion d'y travailler que celle-cy, puis que les Protestans d'Alemagne n'avoient point encore été d'aussi bonne intelligence avec l'Empereur, qu'ils l'étoient alors : Que plusieurs d'entr'eux, & principalement le Duc de Virtemberg, avoient intention de venir à Trente, & qu'il étoit de la charité Chrétienne de les y atirer par un commencement de reforme : Que la France atendoit du Concile, le reméde à tant d'abus dont elle étoit travaillée; & que si on les négligeoit, non seulement on ne rameneroit point les Calvinistes, mais on aliéneroit encore les Catoliques, sans espoir de retour : Que le mécontentement de ceux-cy n'estoit déja que trop grand, de ce que le Pape avoit refusé de les assister puissamment contre les Hérétiques, si le Roy n'obligeoit tous les Parlemens de son Royaume, de renoncer aux libertés de l'Eglise de France : Mais que comme il n'estoit pas venu à Trente en qualité d'Ambassadeur, mais seulement comme Archevêque de Rheims, il laissoit les affaires à Messieurs de Lansac, & du Ferrier.

Il ne fit que redire les mêmes choses en parlant au Concile,

LIVRE V.

1563.

Concile, mais du Ferrier ajoûta, que pour témoigner à l'Assemblée combien le Roy Trés-Chrétien, son Maître, étoit solidement engagé dans ses intérests, il n'avoit qu'à la prier de considerer que ce Prince pouvoit estre le plus heureux, & le plus absolu de l'Europe, en donnant aux Calvinistes les deux satisfactions qu'ils souhaitoient le plus ; l'une de les laisser agir impunément contre la Cour de Rome : L'autre, de rejetter le Concile qui leur étoit suspect, à cause que cette Cour y avoit la principale autorité : Que puis que sa Majesté hasardoit depuis si long-tems sa vie, & sa Couronne pour le Pape, & pour le Concile, il étoit juste que l'un & l'autre luy accordassent la grace qu'elle demandoit, que l'Eglise de France fût maintenuë dans l'usage des libertés dont elle joüissoit, & rétablie dans la pureté dont elle étoit déchuë : Que Constantin s'étoit autrefois signalé en faisant la mesme priere au Concile de Nicée ; & que l'Assemblée en l'accordant, imiteroit la prudence du Darius de l'Ecriture Sainte, qui avoit appaisé les troubles de la Judée, en rétablissant l'ancien Edit de Cirus ; & l'adresse de Josias, qui avoit réformé la Religion, en faisant lire, & observer les Livres de Moïse, que la malice des hommes tenoit cachés : Que si la France étoit refusée, ce seroit en vain que toutes les Puissances Chrétiennes l'assisteroient d'hommes & d'argent, puis qu'elle ne laisseroit pas de succomber enfin sous le nombre des Hérétiques : Que ce refus multiplieroit à l'infini : Que les Catoliques les plus zélés y périroient à la verité, mais que Dieu demanderoit leur sang aux Peres du Concile, qui ne l'auroient point empéché d'estre répandu. Il conclut en priant

Tome I.

l'Assemblée de terminer au plûtôt les contestations formées entr'eux, sur les Articles de la Residence, & de l'Institution des Evéques, afin de vaquer ensuite à l'examen du Memoire que les Ambassadeurs de France avoient à leur presenter. Mais il luy échapa un mot que les Légats du Concile, & les Evéques d'Italie ne pûrent digérer ; car en parlant de la necessité d'ôter les abus, pour remettre le Royaume dans son premier état ; Il se fit cette objection tirée du Chapitre neuviéme, du quatriéme Livre des Rois. On me demandera peut-estre d'où vient que la France n'est point en paix? Et que peut-on répondre, sinon ce que repartit auttefois Jehus au Roy d'Israël Joram ? *Comment pourroit-il y avoir la paix, puis qu'il reste encore.....* Il en demeura là, mais ce fut aprés avoir dit, *Vous sçavez le reste Saints Peres :* Et ceux qui se souvenoit du passage entier où les crimes de l'abominable Jesabel étoient representés ; & qui sçavoient que les Hérétiques prenoient cette Princesse pour la figure de l'Eglise dépravée en general, & de la Cour de Rome en particulier, ne pûrent suporter la hardiesse de Ferrier. On luy eût donné des marques d'indignation plus sensibles que celles que Pibrac avoit reçuës, si la politique ne l'eût emporté sur l'indignation : Mais la conjoncture n'estoit pas semblable, & le séjour des Evéques François à Trente, l'avoient entiérement changée. On n'avoit point encore penetré dans leur dessein, & l'on s'imaginoit leur liaison avec les Imperiaux plus étroite qu'elle n'étoit : On aprehendoit leur jonction avec les Prélats d'Espagne, & l'on suposoit en ce cas, que les points de la Résidence, & de l'Institution des Evêqnes, estant déclarés de droit divin, la puiſſance du Pape ſeroit au moins indirectement renfermée dans ſes anciennes bornes. Cette terreur toute vaine qu'elle étoit, refroidit la bile des Evéques Italiens, que le diſcours de Ferrier avoit alumée, & ſi l'on aperçût qu'elle avoit été émûë, ce ne fut que par le ſujet que ce diſcours leur en avoit infailliblement donné.

1563.

Le Memoire dont il s'agiſſoit, étoit compoſé de trente quatre Propoſitions, dont voicy la ſubſtance. Que l'on n'ordonnât Preſtres, que des perſonnes âgées, dont la vie fut ſans reproche ; & que l'impureté des Eccleſiaſtiques fut punie dans toute la ſéverité des anciens Canons. Qu'il n'y eût point d'autre raiſon pour diſpenſer d'obſerver l'intervale remis à recevoir les Ordres ſacrés, que celle de la neceſſité de l'Egliſe, & que l'on exerçât quelque tems les moindres, avant que de monter aux plus grands. Que l'on rérablît le Decret du Concile de Calcedoine, qui ne reconnoiſſoit point de Titre de Preſtriſe, ſans Office, & que l'on ne fît plus de Prêtres, ſans leur donner en même tems des Benefices, ou ſans les atacher indiſpenſablement à ſervir les Paroiſſes. Que le Diaconnat, & les autres ordres ſacrés ne conſiſtaſſent plus en des Titres imaginaires, & que ceux qui en ſeroient pourvûs, rentraſſent dans l'exercice de leurs anciennes fonctions. Que les Prêtres, & les autres Miniſtres de l'Egliſe, ſe mêlaſſent uniquement des affaires ſpirituelles, & ne s'engageaſſent pas, ſous quelque cauſe, ou pretexte que ce fût, dans les temporelles. Que les Evêchés ne ſe donnaſſent qu'à des perſonnes âgées, irréprochables dans les mœurs, & ſolides dans la doctrine, afin qu'ils édifiaſſent le peuple par la sainteté de leur vie, dans le même tems qu'ils l'instruiroient precisement des choses necessaires à leur salut. Que les Cures ne se conferassent qu'à des Prêtres d'une vertu éprouvée, capables d'enseigner leurs Paroissiens, de leur administrer les Sacremens, de les consoler dans leurs aflictions, & de les corriger à propos, dans leurs desordres. Que l'on ne donnât les Abayes, & les Prieurés Conventuels, qu'à ceux qui auroient enseigné les Saintes Letres dans une Université celebre, ou qui y auroient du moins obtenu des degrés. Que les Evêque prêchassent eux-mêmes, & pourvûssent leurs Dioceses d'un nombre suffisant de Predicateurs pour anoncer la parole de Dieu, les Dimanches, les Fêtes, l'Avant, le Carême, & les jours de jeûne; & que les Curés en fissent autant, dans les Paroisses où il y auroit un nombre suffisant d'Auditeurs. Que l'on rétablît dans les Abayes, & dans les Prieurés Conventuels, les anciennes Ecoles, & le droit d'Hospitalité; & que les revenus atachés à ces deux fonctions ne fussent ny divertis ailleurs, ny changés en Benefices. Que les Ministres Ecclesiastiques incapables de leurs fonctions, reçûssent des Coadjuteurs, ou se démissent de leurs Charges; & que l'on destinât une portion du revenu des grands Benefices, pour ceux qui enseigneroient le Catechisme dans les Vilages. Que l'on suprimât, à cause du relâchement de la discipline, la distinction nouvelle des Benefices compatibles, & incompatibles, inconnuë dans les Conciles. Qu'un homme, quoy qu'il fût de qualité, se contentât d'un seul Benefice capable de le faire subsister dans la frugalité Ecclesiastique. Que ceux qui en auroient plusieurs, fussent

contraints d'opter, & que les Reguliers n'en puſſent
plus conferer aux Seculiers, ny les Seculiers aux Reguliers. Que pour banir de l'Egliſe juſqu'aux aparences
de l'avarice, il ne fût permis, ſous quelque pretexte
que ce fût, de prendre aucune choſe pour l'adminiſtration des Sacremens; & que pour y parvenir, on mît ordre que les Curés & les Eccleſiaſtiques dont ils auroient
abſolument beſoin, euſſent le moyen de vivre honnê-
tement, & de ſurvenir à leur pauvreté; ce que les E-
vêques feroient par l'union des Benefices & par la reſtitution des Décimes, & les Souverains par des ſubven-
tions impoſées ſur les Paroiſſes. Qu'aux Prônes, on
lût, & l'on expliquât l'Evangile mot à mot, ſelon la
portée des Auditeurs, & que les Prieres qui s'y feroient
avec le peuple, fuſſent en langue vulgaire. Que l'on
renouvelât l'ancien Decret des Papes Saint Leon, &
Gelaze, pour la Communion ſous les deux eſpeces; &
que l'adminiſtration des Sacremens fût precedée par une
inſtruction en Langue vulgaire, qui aprît aux ignorans
l'uſage qu'ils en devoient faire, & les effets qu'ils en devoient atendre. Que la collation des Benefices ſe fît
entierement, & immédiatement par les Evêques; & que
ſi ils n'y pourvoyoient dans les ſix mois de la vacance,
leur droit fût dévolu à l'Archevêque, & enſuite au Saint
Siége. Que la chicanne de la Cour de Rome, comme
les Mandemens de pourvoir, les Expectatives, les Pre-
ferences, les Retours, les menus Titres, les Comman-
des, & les Reſignations en confidence, fuſſent abolies;
& que pour empêcher à l'avenir, ſuivant les Canons
des Benefices, de ſe choiſir eux mêmes un ſucceſſeur,
on ſuprimât les Reſignations en faveur, & non autre-

ment. Que les Prieurés chargés du foin des Ames, aux termes de leur fondation, & depuis devenus fimples, par la création en Cour de Rome, d'un Vicaire perpétuel, à qui l'on n'avoit atribué qu'une bien légére portion du revenu, fuffent remis en leur ancien état, à la premiére vacance. Que les Bénéfices qui n'étoient obligés à rien, fuffent par l'ordre de l'Evêque, & de fon Chapitre, chargés d'une partie du fardeau des autres, ou unis aux Cures, ne devant point y avoir de Bénéfices fans Office, & l'abus étant infuportable de prendre le mot *d'Office* pour la feule récitation du Breviaire. Que toutes fortes de penfions fur les Bénéfices ceffaffent, afin que les Titulaires emploïaffent à la fubfiftance des Pauvres, le furplus de ce qui feroit abfolument néceffaire pour la leur ; & que la Juridiction Eccléfiaftique fût reftituée aux Evêques, par l'entiére fuppreffion des Exemptions, excepté celles des Monaftéres, en ce qui regardoit leur Régle, qui demeuroient néanmoins fujéts, même pour ce regard, à la correction des Ordinaires. Que l'Evêque n'ufât de fa Juridiction en aucune affaire importante, fans le confeil de fon Chapitre ; & que les Chanoines, outre les bonnes mœurs, & la doctrine affés grande pour s'entretenir avec Dieu, en chantant fes loüanges, fuffent au moins âgés de quarante-huit ans, parce qu'il étoit ridicule de les donner pour confeillers aux Evéques, en un tems où le Droit ne les jugeoit point encore capables du foin de leurs propres affaires. Que les Difpenfes de Mariage ne s'accordaffent qu'aux Princes ; & que fi l'on n'ôtoit les Images, on enfeignât au moins au peuple le véritable ufage qu'il en devoit faire, comme auffi des Indulgences, des Pélérinages, des Reliques, & des Confréries. Que l'ufage de la Pénitence publique fût rétably pour les péchés de fcandale ; & que les jeûnes fuffent pratiqués felon l'ancienne forme. Que l'Excommunication ne fe fulminât point pour toutes fortes de péchés, mais feulement pour les énormes, où le coupable retomberoit aprés en avoir été repris. Que pour ôter, ou pour abréger au moins, la multitude des procés, qui défiguroient l'Ordre Ecclefiaftique, il ne fût plus permis de mettre en ufage la diftinction du Pétitoire, & du Poffeffoire, en matiére de Bénéfice, introduite par la Cour de Rome, durant le Schifme d'Avignon. Qu'à cét égard les Univerfités perdiffent leurs Priviléges. Que les Bénéfices fuffent conférés à ceux qui les fuïoient, & non plus à ceux qui les recherchoient ; & que l'on jugeât du mérite des hommes, non plus par les dégrés de Licenciés ou de Docteurs, qu'ils auroient obtenu, mais par le temps qu'ils auroient employé enfuite de la Licence, ou du Doctorat, à fervir dans leur Diocéfe, à la fatisfaction de l'Evéque, & du peuple ; Que s'il arrivoit entre les Eccléfiaftiques des procés que la prudence humaine ne pût éviter, il y eût d'abord un œconome creé pour les biens conteftés, & qu'immédiatement aprés, les parties convinffent d'Arbitres ; & fi elles ne le faifoient dans fix mois, l'Evéque en nommât d'Office qui terminaffent l'affaire fans apel. Qu'enfin les Evéques tinffent leurs Sinodes au moins une fois l'année, les Métropolitains des Conciles Provinciaux tous les trois ans, & que l'Eglife univerfelle s'affemblât au moins une fois en dix ans.

Ce Memoire, pour eftre figné de leurs Majeftés, des

1563.

Princes du Sang, des Conseillers d'Etat, & des Officiers de la Couronne, n'en fut pas plus consideré ; & ce qu'il y eut de plus déplorable, fut que les Evéques de France venus à Trente, s'oposerent en secret, à la demande que firent les Ambassadeurs qu'il fût examiné, parce qu'on y touchoit à leur temporel en quelques articles ; & il ne fut pas difficile aux Prélats Italiens de renvoyer à un autre tems la discussion dont il s'agissoit, sous pretexte de vaquer au point de la Residence, qui fut decidé en des termes si obscurs, qu'on ne pouvoit conclure si elle étoit de droit divin, ou seulement de droit humain.

Les Evéques d'Espagne n'oublierent rien de ce qui servoit à moderer la puissance du Pape sur ses colegues, & n'ayans pû l'empécher de les tenir à Rome infiniment au dessous des Cardinaux, en les atachant à leurs Dioceses, ils se mirent en devoir d'arriver à la mesme fin par une autre voye, qui fut de faire décider que leur Institution étoit purement divine.

Cete tentative ne réüssit pas mieux que la precedente, car outre que le nombre des Prélats Italiens dévoüés à la Cour de Rome, étoit plus grand que celui de toutes les autres Nations Crétiennes ensemble, les Espagnols ne furent pas secondés avec toute l'ardeur qu'ils atendoient du Cardinal de Lorraine, & des autres Evéques de France. Ce Cardinal avoit son dessein à part, & s'étoit imaginé qu'en formant une liaison particuliere du Roy avec l'Empereur, pour ce qui regadoit le Concile, il obligeroit le mesme Concile de travailler à la reformation de l'Eglise dans toute l'étendue que desireroient la France & l'Alemagne.

Il alla dans cette vûë visiter l'Empereur à Insprüc. Il eut de longues conferences durant cinq jours, avec ce Prince & avec le Roy des Romains son fils, dont le résultat fut, que l'Empereur aideroit la France de tous ses amis, dans la poursuite qu'elle faisoit au Concile, que son Mémoire fût examiné, pourvû que la France assistât reciproquement l'Alemagne, à obtenir la Declaration de quatre Articles. Le premier, que d'autres personnes que les Légats auroient droit de proposer les matieres qui devoient être décidées. Le second, que l'on examineroit de nouveau tout ce qui avoit été arresté à Trente, durant les deux precedentes Convocations, sous Paul III. & sous Jules III. parce que le nombre des Prélats qui y avoient assisté, n'avoit pas sufi pour rendre ce Concile œcumenique. Le troisiéme, que le Pape s'y trouveroit en personne : Et le dernier, que l'Eglise y seroit également reformée dans son Chef, & dans ses membres.

1563.

On n'a pû découvrir par quelle voye le Pape aprit ce secret, mais il est certain que le plus adroit Ministre de la Cour de Rome fut choisi pour le déconcerter. Ce fut le Cardinal Moron, fils du Chancelier de Milan, si fameux sous le regne de François premier, pour avoir ruiné par sa desertion, les affaires de France, en Italie. Comme les aversions en ce Païslà, passent d'ordinaire des Peres, aux Enfans, le Cardinal Moron profita de l'ascendant qu'avoit son genie sur celuy de l'Empereur, & ne le quita point qu'il ne l'eût entierement tourné au désavantage du Roy.

Le Pape non moins satisfait que surpris d'une si heureuse negociation, réünit toutes ses intrigues pour engager l'Espagne dans ses interests; mais il y trouva plus de difficultés, l'Espagne s'étoit trop ouvertement déclarée contre la Cour de Rome, pour passer sans milieu, d'une extremité à l'autre ; & il n'y avoit pas d'apparence qu'elle prostituât, pour ainsi dire, la reputation qu'elle venoit d'acquerir, en protegeant si hautement la liberté Ecclesiastique, si on ne luy proposoit quelque chose de meilleur, pour le prix, ou pour le motif de son inconstance. Elle s'étoit insensiblement accoûtumée à preceder la France, dans les Assemblées, durant le long Empire de Charles-quint, parce que ce Prince ayant réüni en sa personne les qualités differentes d'Empereur, & de Roy d'Espagne, & se servant d'ordinaire de Ministres Espagnols, les Ministres François leur avoient cedé, parce qu'ils ne consideroient en eux que la dignité Imperiale, qu'ils representoient, sans faire aucune reflexion, n'y sur leur païs, ny sur les autres avantages de leur Maître : Mais lors que l'Empire, & la Monarchie Espagnole se furent divisés par l'abdication de Charles, la France étoit rentrée dans la possession où elle avoit toujours été, de preceder les autres Rois Crétiens, sans distinction, & sans reserve ; c'est à dire que cedant à l'Empereur Ferdinand premier, le rang, & la preseance, elle s'étoit mise au dessus de Philippes II. qui venoit de succeder au Royaume d'Espagne.

Il est constant qu'on ne l'eût point traversée, si elle eût été dans un état aussi florissant que celuy où elle s'étoit trouvée avant la Paix de Cateau-Cambresis : mais le Traité honteux qu'elle y avoit conclu, & l'affoiblissement où l'Hérésie l'avoit réduite, en la divisant en deux parties irréconciliablement oposées l'une à l'autre, avoient donné lieu au Roy Catolique, atentif à ses interests, de penser que l'heure étoit venuë de luy ravir impunément sa reputation, aprés luy avoir enlevé ses dernieres conqueftes. Il n'osa pas néanmoins se mettre au deffus d'elle, & soit qu'il jugeât l'entreprise trop hardie pour un coup d'effay, ou qu'il aprehendât de paroître trop injufte en découvrant toutes ses intentions, il en cacha la moitié, & ne pretendit que d'égaler le Roy Tres-Chrêtien, dans le rang qu'il tiendroit aux Affemblées folemnelles. Celle de Trente étoit la plus celebre qui eût été convoquée depuis plus de cent ans, & l'on ne pouvoit douter que ce qui s'y passeroit, ne servît de préjugé pour l'avenir. Il n'y avoit aucune aparence de demander au Concile l'égalité de seance, parce qu'en luy faifant une femblable propofition, au lieu de s'avancer vers le but où l'on pretendoit arriver, on s'en éloignoit, puis qu'il étoit certain que le Concile avant que de répondre, feüilleteroit les Actes des derniers Conciles de Conftance & de Bâle, qu'il y trouveroit que les Rois d'Efpagne avoient été precedés en la perfonne de leurs Ambaffadeurs, non feulement par les Ambaffadeurs de France, mais encore par ceux d'Angleterre; & que fur ces principes, il traiteroit de ridicule les pretentions de Philipes II. Il faloit donc tenter l'affaire par la voye des Légats; & comme ceux-cy n'étoient que les Miniftres de la Cour de Rome, il étoit néceffaire, avant toutes chofes, de gagner le Pape.

Pour y parvenir, on n'avoit qu'à luy promettre d'impofer filence aux Evêqnes d'Efpagne, qui s'opofoient avec tant de vigueur aux intentions de fa Sainteté :

1563. Et Vargas, Ambaſſadeur d'Eſpagne, à Rome, qui eut l'ordre d'en faire l'ouverture à Pie IV. s'imagina qu'on le prendroit au mot. Il ne ſe mit point en peine de repréſenter les raiſons qui luy furent depuis ſuggérées par les divers Juriſconſultes de l'Europe, dont il acheta ſi cher les Ecrits, pour la défenſe de ſa cauſe. Mais le trouble qu'il aperçût ſur le viſage du Pape, le convainquit qu'il s'étoit abuſé dans ſa conjecture.

Sa Sainteté fit d'un coſté réfléxion que la préſéance du Roy Trés-Creſtien ſur le Roy Catolique, n'avoit point eſté conteſtée juſqu'à ce jour, & qu'elle ne la pouvoit révoquer en doute, ſans renoncer à la qualité de pére commun, bien loin d'y déroger par une action d'éclat; que les Veuves, & les Mineurs étoient propoſés dans l'Evangile pour l'objét néceſſaire de la charité des Chreſtiens, & que les plus méchans ne ſeroient pas moins ſcandaliſés que les plus gens de bien, de voir que le ſaint Siége conjurât avec l'Eſpagne, à priver une femme, & un enfant, de leur prééminence ſur les autres Rois Chreſtiens dans le même tems que l'Héréſie travailloit à les détrôner. Mais de l'autre coſté, l'avantage eſtoit ſi grand pour la Cour de Rome, d'eſtre délivrée, à quelque prix que ce fût, de la perſécution qu'elle ſoufroit des Prélats Eſpagnols à Trente, qu'il n'y avoit aucune aparence de le négliger: Et ce fut pour cette raiſon que le Pape répondit à Vargas, que le Comte de Lune, Ambaſſadeur d'Eſpagne à trente, prît avec ſes Légats, les meſures qu'il jugeroit à propos, & s'il ſe pouvoit trouver quelque expédient propre pour ſatisfaire le Roy Catolique, ſans ofenſer le Roy Trés-Chreſtien, ſa Sainteté agréeroit qu'on s'en ſervît.

LIVRE V.

Toute la dificulté confiftoit dans cét expedient, & de fait, aprés que les Légats eurent conferé avec le Comte de Lune, & qu'ils eurent donné part aux Ambaffadeurs de France, de la perfécution des Efpagnols, les Ambaffadeurs répartirent, qu'ils n'eftoient pas venus à trente pour acorder les diférens entre les deux Couronnes, mais pour tenir le rang qui eftoit dû à leur Maiftre, & qu'on ne luy avoit jamais contefté; qu'ils n'avoient ny ordre, ny deffein de préjudicier en aucune maniére au Roi Catolique, qu'ils honoroient comme Beau-Frére du Roy: mais que fi l'on touchoit tant foit peu à la préfeance qui leur eftoit dûë fur l'Ambaffadeur d'Efpagne, ils avoient ordre de protefter de nullité contre les Actes du Concile, & de fe retirer immédiatement aprés avec tous les Prélats de France.

Les Legats repliquerent en vain, que la France pouvoit foufrir qu'ils fiffent donner vis à vis de leur banc, un Fauteüil à l'Ambaffadeur d'Efpagne, ou au deffous des Ambaffadeurs Ecléfiaftiques, ou enfin au deffous de tous les Ambaffadeurs féculiers. Mais les Ambaffadeurs de France repartirent, que le Comte de Lune obtiendroit par là, tout ce qu'il pretendoit puis qu'il s'exemteroit de fe mettre au deffous d'eux, & que cependant l'intereft de la France eftoit qu'il s'y mît.

Mais l'Efpagne ayant le Pape de fon cofté, n'eftoit pas d'humeur à fe relâcher; elle folicita l'Empereur de donner place au Comte de Lune parmy fes Ambaffadeurs, & ce Prince y confentit, à condition que ce Comte fe tînt debout, pendant que fes Ambaffadeurs feroient affis.

La condition parut fi dure, que l'ambition Efpagnole

1563.

ne s'y pût soûmetre. Le Comte de Lune aima mieux faire proposer aux Ambassadeurs de France, de s'abstenir d'aller à la Congrégation le jour qu'il y seroit reçu; & les François en ayans rejetté l'ouverture; parce qu'ils apréhendoient qu'on ne tramast quelque chose à leur préjudice durant leur absence, le Comte résolut de les y contraindre, en faisant proposer par un Evêque Espagnol, à l'Assemblée, que les Ambassadeurs des Princes séculiers n'assistassent plus desormais aux Congrégations, sous prétexte qu'ils n'y estoient pas entrés dans les anciens Conciles. Mais on eût ainsi irrité en vain les autres Princes, & les Républiques Crétiennes, qui n'eussent pas manqué de se maintenir dans leur nouveau droit, malgré les Légats, & le Comte de Lune, le nombre de leurs Evêques estant supérieur à celuy des Espagnols.

Le dernier expédient qu'inventa le Comte, fut si subtil, & si malin, qu'il triompha de la perséverance des François, par la crainte qu'il leur donna de tomber dans un plus grand inconvénient. Il consistoit à faire ordonner que l'on examineroit dans les Congrégations suivantes, certains Articles à la décision desquels les Ambassadeurs de France n'auroient garde de se trouver : Par exemple, les dommages qui pouvoient arriver à la Crétienté de la Paix concluë en France avec les Hérétiques, & les moyens d'y remédier.

Le Cardinal de Lorraine, & les Ambassadeurs de France, furent extraordinairement surpris, en aprenent que le Comte de Lune remüoit toutes sortes de machines pour exécuter ce dessein. Ils prévirent que si le

Concile s'engageoit dans cette matiere, elle l'ocuperoit long-tems, & les privant ainfi de prendre leur féance, acoûtumeroit infenfiblement le Comte à s'affeoir immédiatement aprés les Ambaffadeurs de l'Empereur, & le Concile à l'y foufrir. Ils crûrent qu'il faloit éviter en toutes manieres de donner ocafion au Concile d'atenter à la Souveraineté du Roy Trés-Crétien, en foûmettant à fa cenfure un Traité purement politique, conclu d'autorité abfoluë, par une néceffité indifpenfable, & pour le bien de l'Etat. Ils fe fouvinrent que les Efpagnols, fur la foy d'une Bule expediée par le Pape Jules II. dans les plus violens tranfports de fa colere, avoient ufurpé la Navarre; & ils apréhenderent qu'il ne leur prît envie de fe faifir de quelque Province de France, s'ils pouvoient obtenir du Concile, qu'il prononçaft un Decret au défavantage de ce Royaume.

Ces raifons qui bien loin d'eftre folides, ne fufifoient pas même pour éblouïr, obligerent pourtant le Cardinal de Lorraine, & les Ambaffadeurs, à confentir que le Comte de Lune s'affit hors de fon rang, vis à vis les Légats, au milieu de la Congrégation, auprés du Secretaire, en un lieu que perfonne n'avoit encore ocupé. Ainfi le Comte aprés avoir laffé par une conteftation de quarante jours entiers, la patience des François, obtint au moins une partie de ce qu'il demandoit; & ne negligeant rien de ce qui pourroit un jour favorifer fes fucceffeurs, en fe faifant acorder le tout, il n'eut pas plûtôt pris place, & fait lire fa Lettre de créance, qu'il commença fon Miniftere par cét Acte de proteftation, Qu'encore que dans cette Affemblée,

1563.

comme dans toutes les autres, son rang legitime fût d'estre assis immédiatement aprés les Ambassadeurs de l'Empereur, & au dessus de tous les Rois, & Princes Crétiens, sans exceptions, & sans reserve, neanmoins, puis que la sainteté du lieu, les matieres que l'on y traitoit, & le tems qu'il y faloit donner à de plus importantes afaires, ne permettoient pas que le cours des décisions divines y fût interrompu par les contestations humaines, il acceptoit le lieu qui luy estoit donné, en protestant que la modestie & le respect dont il usoit à l'égard du Concile, en ne l'interrompant point, ne fût à l'avenir d'aucun préjudice au Roy Catolique, son Maistre, à sa dignité, & à sa personne; que le rang demeurast en même estat qu'il estoit auparavant, & qu'on luy en donât Acte.

Comme la France n'avoit jamais esté remplie de plus de gens d'esprit, & de courage, qu'elle l'estoit alors, la conduite du Cardinal de Lorraine, & des Ambassadeurs, y fut universellement blâmée; & on les traita en public, & en particulier, de prévaricateur, & de perfide. Le Pape même, quoy qu'il aprouvast en secret leur procedé, parce qu'il l'avoit tiré de la peine ou il estoit de satisfaire le Roy Catolique, & sans mécontenter le Roy Trés-Crétien, répondit au Cardinal de la ᵃ Bourdaisiere qui s'en plaignit à sa Sainteté, par ordre de la Cour, Que la faute estoit toute entiere du costé des Ambassadeurs de France, à Trente, qui avoient pour ainsi dire, de gayeté de cœur, renoncé à un droit aquis; & que s'ils ne se fussent pas relâchés, ses Légats avoient ordre de n'acorder point d'autre rang au Comte de Lune, qu'au dessous des Ambassadeurs de

a Philbert Rabeurg, Evêque d'Angoulême.

de France. Sa Sainteté paſſa plus outre, & promit au Seigneur ᵃ de l'Iſle, Ambaſſadeur de France à Rome, de luy donner la place qui luy eſtoit dûe, à la Chapelle qui ſeroit tenuë le jour de la Pentecôte : Mais pour prévenir l'indignation qu'en concevroient les Eſpagnols, les Congregations des Cardinaux aſſemblés ſur ce ſujet, inventérent deux expédiens: Le premier, de mettre l'Ambaſſadeur d'Eſpagne Vargas au deſſous du Diacre, à main gauche; le ſecond, de le placer ſur un eſcabeau à la teſte du banc deſtiné pour les Diacres; mais ny l'un ny l'autre expédient ne ſufiſoit pour éviter la conteſtation en matiere de Préſeance, comme il eût eſté neceſſairé, car outre la place, il reſtoit encore quatre ocaſions de concurrence; la premiere, à porter la queuë du Pape; la ſeconde, à luy donner à laver avant la Conſécration : la troiſiéme à l'encenſement, & la derniere, à baiſer la Paix. On pouvoit neanmoins éviter les deux premieres, en obligeant ſa Sainteté à s'abſtenir de célébrer la Meſſe, & les deux dernieres en donnant l'Encens, & la Paix à tous les Ambaſſadeurs aſſis au coſté droit, ſans en excepter celuy de Florence, & en le donnant en ſuite à ceux qui ſe trouveroient au coſté gauche ou eſtoit Vargas: Mais l'Ambaſſadeur de France repartit, que le Pape luy avoit promis la Préſeance ſur Vargas, & non pas une égalité de Séance, ny des tempéramens qui ne ſerviſſent qu'à rendre litigieux dans la ſuite, un droit préſentement inconteſtable, & il ajoûta, qu'on luy tint parole, ou qu'on luy permît de ſe retirer.

 Le Pape qui ne s'eſtoit point avancé juſques-là, ſans avoir intention d'achever l'afaire à la ſatisfaction du

1563.

ᵃ *André Guillart, premier Préſident au Parlement de Bretague.*

Roy Trés Crétien, confirma ce qu'il avoit dit à de l'Ifle, & fit fçavoir à Vargas, qu'il ne vînt point en Chapelle le jour de la Pentecôte ; ou qu'il s'atendift d'y eftre affis au deffous de l'Ambaffadeur de France.

Vargas repliqua, que puis que fa Sainteté eftoit réfoluë de luy faire cét outrage, il ne pourroit fe difpenfer de luy lire un Ecrit. La ménace fecrete enfermée fous ce dernier mot, mit en peine le Pape & les Cardinaux, qui fe mêloient fous luy de la négociation. Ils en chercherent l'éclairciffement, & pour le tirer de la bouche de Vargas même, s'il eftoit poffible, ils luy reprefenterent qu'on ne lifoit rien à fa Sainteté, qu'elle n'eût fait auparavant examiner, & que l'ufage en étoit d'autant plus loüable qu'il s'eftoit introduit pour éviter les inconvéniens fi fouvent arrivés, des propofitions imprévûës faites en public. Vargas refufa de communiquer l'Ecrit, mais on luy declara fi expreffément que fon obftination luy fermeroit l'entrée à toutes les Ceremonies, qu'on le contraignit de fe relâcher.

L'Ecrit contenoit une proteftation qui mit en colére le Pape, tant il la jugea remplie d'impertinences : Mais Vargas s'en excufa fi fortement, en affurant qu'elle avoit efté concercée dans le Confeil de Madrid, & qu'il avoit ordre de n'en obmettre aucun mot, & de fe retirer à Naples, plûtôt que d'en fuprimer la moindre filabe, que fa Sainteté luy permit enfin de s'aquiter de fa commiffion, pourvû que ce fût dans une Audiance particuliére. Il y patut acompagné de deux Notaires, & de quatre témoins, & lût diftinctement, à genoux, que le Roy d'Efpagne devoit précéder le Roy de France, par l'antiquité de fa Monarchie, par fa puiffance, par fon estenduë, par la multitude des Couronnes, & des autres Etats incorporés, qui le rendoient le plus grand, & le plus puissant Roy du monde, par l'avantage que ses Prédécesseurs, & ses Sujets avoient eu d'estre les premiers éclairés des lumiéres de l'Evangile, par les soins que les uns & les autres avoient pris, d'en conserver la pureté si singuliere, & si heureuse, que l'Hérésie n'avoit pû trouver l'ocasion de s'y glisser; & que c'étoit principalement par les armes d'Espagnes, que la Foy Catolique c'étoit maintenuë durant le dernier siécle. D'où Vargas concluoit que si le saint Siége, non-obstant ces raisons, attribuoit, en quelque maniére que ce fût, la Préséance à la Monarchie Françoise, il commettroit une manifeste injustice, & le Roy Catolique protestoit de nullité contre tout ce qui s'y feroit, comme estant sans connoissance de cause & sans citation des parties.

1563.

Le Pape reçut les protestations avec les clauses prescrites par le Droit Canon, & déclara que la citation n'avoit point esté nécessaire dans une ocasion où l'on ne faisoit rien de nouveau, mais où l'on conservoit seulement à la France une ancienne prérogative.

Vargas ne se trouva pas en Chapele, le jour de la Pentecôte, & de Lisle y parut en son rang. On s'imaginoit à Rome, que Vargas se retireroit dans le Royaume de Naples, pour y digérer à loisir l'afront qu'il prétendoit avoir reçû; mais les menaces qu'il en fit, & le bruit qui en courut, venoient d'un principe plus tranquile que n'estoient les passions de dépit & de vangeance, dont on le soupçonnoit. C'étoit mal connoistre un habile Ministre Espagnol, que de le juger capable de ressentimént, lors qu'il y avoit du profit à tirer d'une insensibilité affectée : & si Vargas en témoigna, ce ne fut que pour obliger le Pape à tenir, comme il disoit, la balance droite, & à réparer le tort qui venoit d'estre fait à l'Espagne, en luy acordant un avantage nouveau sur la France. Le seul que le Roy Catolique avoit à désirer, estoit que le Comte de Lune obtint à Trente, dans les Sessions, le méme rang qu'il avoit eu en Congregation ; & il y avoit d'autant moins d'aparence que les Ambassadeurs de France y consentissent ; que le Roy leur Maistre avoit désaprouvé leur condécendance, à soufrir que le Comte de Lune ne fût point assis au dessous d'eux. Il faloit donc user de surprise à leur égard, & disposer les Légats à servir eux-mémes d'instrument à la supercherie. Il y avoit encore moins d'aparence à leur en faire la proposition, parce que ç'eût esté leur faire une priére incivile, & le nœud de l'afaire consistoit à procurer que le Pape leur en envoïât un ordre absolu : Encore faloit-il que la France ne le pénétrât point, parce qu'il luy eût esté facile de le déconcerter, en menaçant les Légats d'une protestation.

Ainsi toute la politique de Vargas se réduisit à faire entendre à sa Sainteté par les Cardinaux Espagnols, qu'il ne pouvoit plus demeurer à Rome, si l'on ne se mettoit en devoir d'adoucir l'esprit irrité du Roy son Maistre, en obligeant les Légats du Concile à traiter le Comte de Lune, en Session, de la même maniére qu'il l'avoit été en Congrégation.

Le Pape délibera long-tems, mais enfin comme c'étoit à l'Espagne à qui il avoit la principale obligation, de fa dignité, & que pour luy plaire, il avoit fait mourir les trois Neveux de fon prédéceffeur, il négligea le hazard du fchifme où il expofoit la France, en donnant à l'Efpagne une égalité de Séance avec elle, par la confidération qu'un homme, quelque grand qu'il foit, n'eft plus en état de rien refufer à ceux pour lefquels il a une fois violé toutes fortes de Loix, dans une ocafion d'éclat.

1563.

Il voulut qu'on donnât au Comte de Lune, la place dans l'Affemblée entre les Cardinaux, & les Evêques, & pour éviter la compétence qui reftoit à l'égard de l'Encen, & du baifer de la Paix, il ordonna que l'on préparât deux Encenfoirs & deux Patenes, afin que les Ambaffadeurs de France & d'Efpagne fuffent encenfés, & baifaffent la Paix en même tems. Il recommanda fur tout aux Légats, de tenir la chofe fi fecréte que perfonne ne s'en doutât; & ce fut pour céte raifon que le Maître des Cérémonies n'en fut point informé. Et de fait, on ne s'atendoit à rien moins que de voir un changement à Trente, lors que le ving-neufiéme de Juin 1563. le Concile eftant affemblé dans l'Eglife Catédrale, & l'Evêque d'Aoufte, Ambaffadeur du Duc de Savoïe, célébrant la Meffe, on vit tout d'un coup fortir de la Sacriftie un fauteüil couvert de velours noir, qui fut porté immediatement entre le dernier des Cardinaux, & le premier des Patriarches. Le Comte de Lune parut auffi-tôt, & s'affit dans le fauteüil, fans que perfonne s'y opofât, tant il y eut de furprife en toute l'Affemblée; & le Cardinal de Lorraine revenu le premier, de l'étonement où la fupercherie des Légats l'avoit jetté, s'en plaignit hautement à la vérité, mais de sorte, qu'il témoigna plus de regret qu'on luy eût célé le complot, que de dépit de l'outrage que la France en recevoit.

Le Président du Ferrier plus tranquile que Lansac, apella le Maître des Cérémonies, & luy demanda la raison de ce changement. Le Maître des Cérémonies répondit, qu'il ne l'avoit sçû qu'un moment avant qu'il dût estre exécuté, & qu'il n'avoit fait que suivre l'ordre des Légats. Ferrier s'enquit encore si c'étoit là tout ce qu'on luy avoit ordonné, il repartit, que non, & qu'on luy avoit encore commandé de tenir prêts deux Encensoirs, & deux Patenes, & de prendre si bien ses mesures, qu'on les presentât en même tems aux Ambassadeurs de France & d'Espagne. Alors Ferrier informé de l'injure que la France alloit recevoir, fit la fameuse replique dont on a parlé si diversement. Il déclara qu'il ne pouvoit souffrir d'egalité avec les Ambassadeurs d'Espagne sans être prévaricateur, & menaça de protester, non pas contre le Concile qui n'avoit plus de liberté, contre les Legats qui n'estoient que les simples executeurs des volontés injustes de la Cour de Rome, contre le Comte de Lune, où le Roy Catolique son Maître, qui ne faisoient que profiter de l'iniquité d'autruy; mais contre le Pape même.

Il n'est pas possible de representer l'emotion que ces paroles causerent aux Legats, parce qu'ils la cacherent si bien, que ceux qui les observoient de plus prés, ne l'aperçûrent point. Ils ne s'amuserent pas à justifier le Pape, & leur adresse alla jusqu'à feindre de n'avoir rien oüi de ce qui avoit esté dit contre luy. Ils se retirerent froidement ensuite avec les Cardinaux, & les

Ambaffadeurs de l'Empereur, dans la Sacriftie, où ils manderent du Ferrier. On y delibera pendant l'Epître, l'Evangile, & le Sermon, fur ce qu'il y avoit à faire pour apaifer les Ambaffadeurs de France : Et ce long intervale n'aïant pas fufi, on fut obligé de fufpendre le chant du *Crédo*, pour donner loifir aux Cardinaux de Madruce, & des cinq Eglifes, & à l'Ambaffadeur de Pologne, de négocier avec le Comte de Lune.

1563.

Perfonne ne s'en fcandalifa, parce qu'on ne penfoit alors à rien moins qu'aux Miftéres divins. L'Eglife étoit pleine de tumulte, & le Concile général avoit dégénéré en des Conférences particulieres. On n'étoit pas fi curieux de voir quel feroit le fuccés de la nouveauté, que d'en aprendre les veritables caufes ; & chacun cherchoit à deviner ce qui n'étoit connu que des Légats. Le Comte de Lune ne vouloit rien démordre de ce qui luy avoit efté promis, & ce ne fut que dans la crainte que les Légats ne luy manquaffent de parole, puis qu'ils défefperoient d'empêcher par une autre voïe la diffolution du Concile, qu'il confentit enfin, que l'on obmit. céte feule fois la cérémonie de l'Encens, & de la Patene. Le Cardinal de Lorraine, & les Ambaffadeurs de France, crûrent y devoir aquiécer par la confideration, que s'ils refufoient ce temperament, ils avoient reçu d'un côté, la moitié de l'afront, & de l'autre, ils s'en atireroient le refte : Au lieu qu'en cédant au tems, ils reduifoient le Comte de Lune à la moitié de fon avantage, & prenoient le delay qui leur étoit neceffaire, pour y former à l'avenir une opofition invincible.

1563.

La Messe ne fut pas plûtôt finie, que le Comte acoûtumé de demeurer le dernier dans les Congrégations, sortit le premier de l'Eglise, avec la même joïe sur le visage, que s'il eût triomphé des forces de la Monarchie Françoise, aussi bien qu'il en avoit terni la réputation. Il fit instance, les jours suivans, d'être admis à l'égalité de recevoir l'Encens, & de baiser la Paténe: comme le Pape l'avoit ordonné, & les Légats l'avoient promis. Mais les Légats étoient trop prudens, pour s'exposer à l'éfet de la menace de Ferrier, sans en avoir averti sa Sainteté, & reçû d'elle de nouveaux ordres. Ils obligerent le Comte de Lune d'atendre, en luy representant que s'il ne le vouloit faire de bon gré, on l'y contraindroit. Les sufrages des Evêques atachés aux interêts de la Cour de Rome, joints à ceux des Evêques de France, étans plus que sufisans pour faire decider ce point de pure cérémonie, au desavantage de l'Espagne. Le Pape ne jugea point à propos de répondre, sans avoir conferé avec le Cardinal de Lorraine. Il luy manda de venir à Rome; mais durant le voïage les Ambassadeurs de France voïans que le dessein des Légats étoit d'atenter sur les libertés de leur Eglise, & d'assujétir le Roy Trés-Crétien à la Juridiction Eclésiastique, en ce qui regardoit le temporel, protesterent le vingt-deuxiéme Septembre 1563. contre ce qui se passeroit desformais à Trente, & se retirerent ensuite avec les Evéques de leur païs.

L'Espagne renouvella depuis, sous le Pape Pie V. la contestation à Rome pour la Préseance: mais sa Sainteté l'assoupit, en declarant à Réquesens, Ambassadeur du Roy Catolique, auprés d'Elle, qu'elle souhaiteroit

teroit que l'état de la Crêtienté luy permît de luy donner le prémier rang dans sa Chapelle, & de recompenser par là, le zéle & les merites de son Maître : mais que sa Majesté Catolique avoit trop de Religion pour préférer un point d'honneur au péril évident de rendre schismatique la France : Que cette Couronne ne se seroit pas plûtôt séparée du Saint Siege, que l'Alemagne, l'Angleterre, les Suisses, & le Turc l'aideroient à maintenir le Patriarche qu'elle auroit établi, & qu'alors, ce qui resteroit de Catoliques ne sufiroit plus, pour la ramener à la communion des Fidéles : Que l'imprudence n'avoit point d'excés si préjudiciables que de se faire à plaisir de nouveaux persécuteurs, des mêmes personnes qui avoient été ses plus anciens amis ; & si le peu de complaisance de Clement VII. pour un Amant, avoit précipité dans le desespoir l'Angleterre & l'Irlande, il *Henri VIII.* y avoit d'autant plus à craindre, qu'un outrage formel ne divisât la France d'avec le Saint Siége, qu'elle étoit déja remplie d'Hérétiques qui soûpiroient aprés cette separation. D'où sa Sainteté conclut, qu'il faloit que l'Espagne se contentât d'un Bref pour la conservation de ses droits, qui contiendroit qu'encore que son Ambassadeur à Rome, eût ordre de ne se point trouver aux Actes publics, ni en Chapelle, on n'entendoit pas pour cela préjudicier au droit que le Roy son Maître pouvoit avoir à la préséance, tant au possessoire qu'au pétitoire.

Requesens demanda le tems d'informer le Roy Catolique, de l'intention de Sa Sainteté, & reçût ordre d'y acquiécer, soit que l'Espagne desespérât d'obtenir ce qu'elle prétendoit, sous la Papauté d'un homme aus-

1563.

a *Bertrand de de Guesclin Connétable de France qui défit Pierre le Cruel Roi de Castille à la Bataille de Montiel le 14. Mars 1369. & mit sur le trône son frere naturel Henri Comte de Trastamare.*
b *Qui fut tué le 3. Septembre de l'an 713.*
c *Il fut élû Roi d'Oviédo & de Léon l'an 717.*
d *il étoit fils de Favila Duc de Biscaïe, qui fut tué l'an 704. par Vitisa Roi des Visigots pére du Roi Roderic, en qui finit cette race.*
e *il fut batisé à Reims le jour de Noël de l'an 499.*
f *Qui succeda à son pere, Le V cloide l'an 587.*

si sévere qu'étoit Pie V. & qu'elle se reservât pour une meilleure occasion, ou qu'elle jugeât à propos avant que renouveller ses poursuites, de répliquer à l'écrit de Clutin d'Oisel, Ambassadeur de France à Rome, qui sembloit avoir convaincu de faux, toutes les raisons du Roy Catolique, pour la Préséance, en démontrant que les Rois d'Espagne n'étoient pas Oingts à leur sacre; qu'il n'estoient point absolus, les Grands de Castille & la Justice d'Aragon partageant leur autorité dans les points les plus importans; qu'ils relevoient du Saint Siege pour Naples & pour Sicile, de l'Empire pour le Duché de Milan, & de la France pour le Comté de Charolois; qu'ils estoient redevables de leur Couronne, à la valeur des Troupes Françoises commandées par du a Guesclin; que le Royaume des Goths avoit cessé en la personne de b Roderic, & que c Pélage, qui aprés s'estre revolté contre les Sarrazins, avoit fondé le premier Etat Chrétien en Espagne, n'étoit pas Goth d'origine, mais sorty d'une famille de d Biscaïe; Que les Rois d'Espagne n'avoient embrassé la Religion Catolique que prés d'un siecle aprés Clovis Roy de France, & qu'ils avoient esté tous Arriens jusqu'à e Récaréde, ce qui n'estoit point arrivé aux Rois de France: Que les révolutions survenuës en Espagne, jusqu'au Régne de Ferdinand & d'Isabelle, empêchoit de marquer auparavant, le point de sa Grandeur; & que la France estoit déja en possession de la sienne, depuis huit siécles, sans qu'il y fût arrivé de changement qui en eût ébranlé les Loix fondamentales.

Fin du premier Tome.

Extrait du Privilege du Roy.

PAR grace & Privilege du Roy, donné à Chaville le 16. May 1683. signé DALENCE', Il est permis au Sr Varillas de faire imprimer par tel Libraire ou Imprimeur qu'il voudra choisir, *l'Histoire de Charles IX*. par luy composée, pendant le temps & espace de douze années, à commencer du jour qu'elle sera achevée d'imprimer pour la premiere fois: Avec deffenses à tous autres Libraires ou Imprimeurs d'en faire imprimer, vendre ny debiter de contrefaits, sans l'exprés consentement dudit Varillas, ou de ceux qui auront droit de luy., sur peine de trois mille livres d'amande, de confiscations des Exemplaires contrefaits, & de tous dépens, dommages & interests, comme il est plus amplement porté par lesdites Lettres.

Et ledit Sieur Varillas a cedé son droit de Privilege à Claude Barbin, Marchand Libraire à Paris, pour en jouir par luy pendant ledit temps, suivant l'accord fait entr'eux.

Regiftré sur le Livre de la Communauté des Marchands Libraires & imprimeurs, suivant &c. Signé ANGOT Syndic.

Achevé d'imprimer pour la premierr fois, le 20. May 1683.

Les Exemplaires ont esté fournis.